国家自然科学基金项目"农业科技创新体系中农民专业合作社的职能配置及其实现路径研究"（项目编号：71203161）

PEASANT

农民合作社
技术创新模式研究

罗建利　郑阳阳　著

Research on the Technological Innovation Modes
of Farmers' Cooperatives

中国社会科学出版社

图书在版编目（CIP）数据

农民合作社技术创新模式研究/罗建利，郑阳阳著 . —北京：中国社会科学出版社，2022.10

ISBN 978 - 7 - 5227 - 0725 - 9

Ⅰ.①农…　Ⅱ.①罗…②郑…　Ⅲ.①农业合作社—研究—中国　Ⅳ.①F321.42

中国版本图书馆 CIP 数据核字（2022）第 145841 号

出 版 人	赵剑英	
责任编辑	张玉霞　刘晓红	
责任校对	周晓东	
责任印制	戴　宽	

出　　　版	中国社会科学出版社	
社　　　址	北京鼓楼西大街甲 158 号	
邮　　　编	100720	
网　　　址	http：//www.csspw.cn	
发 行 部	010 - 84083685	
门 市 部	010 - 84029450	
经　　　销	新华书店及其他书店	

印　　　刷	北京君升印刷有限公司	
装　　　订	廊坊市广阳区广增装订厂	
版　　　次	2022 年 10 月第 1 版	
印　　　次	2022 年 10 月第 1 次印刷	

开　　　本	710 × 1000　1/16	
印　　　张	24	
插　　　页	2	
字　　　数	382 千字	
定　　　价	128.00 元	

凡购买中国社会科学出版社图书，如有质量问题请与本社营销中心联系调换
电话：010 - 84083683

前　　言

　　技术创新是推动农业发展的根本动力，是实现农业高质量发展的关键。当前我国农业科技创新体系在建设过程中仍存在诸多问题，如创新主体和农户的技术供需矛盾、创新技术扩散缓慢、技术创新收益分配不均等。因此，在推动农业技术创新体系建设过程中，必须有一个代表农民的中介组织——农民合作社，来解决上述问题。截至 2021 年 4 月底，全国依法登记的农民合作社达到 225.9 万家，入社农户超过 1 亿户，入社农户覆盖全国农户近 50%。农民合作社作为新型农业经营主体之一，其健康运行是实施"科技兴农"战略，建立完善的农业技术创新体系的重要途径。本书将立足农民合作社作为农业科技创新体系的重要载体，抓好技术创新"关键变量"，实现农民合作社高质量发展"最大增量"，推进农业农村现代化进程。

　　现有关于技术创新理论的研究对象主要针对传统的利润最大化企业。农民合作社在分配方式、组织治理结构、决策机制和雇佣关系等方面与利润最大化企业存在根本区别。因此，需要根据农民合作社的组织特征，探索适用于合作社的技术创新理论。在推动农业技术创新，建设新型农业技术创新体系中，农民合作社是否具有技术创新能力？合作社能否发挥相应的技术创新作用？在技术创新过程中，农民合作社应该选择哪种技术创新模式？农民合作社如何实施技术创新？以科技创新驱动农民合作社高质量发展过程中，如何培育科技型农民合作社？本书从加快农业农村现代化和农民合作社高质量发展背景下，综合运用共营企业理论、合作社理论和企业技术创新理论，利用案例研究、实证研究和博弈论等研究方法，探讨农民合作社的技术创新模式及其相应的影响因素和实现机制。本书关于农民合作社技术创新模式的研究，对于补充和完善企业技术创新理论具有重要的理论意义；对于拓展农民合作社的服务功能，推动农民合作社高质量发展具有重要的实践价值。

　　本书主要分为五大部分。第一部分为绪论，即第一章对农民合作社的功能、发展及其治理结构进行了文献综述；并阐述了农民合作社的发展历史和组织性质。第二部分为农民合作社的技术创新模式及其影响因素分析，包括第二、第三章的内容。第二章在对农民合作社进行制度分析的基础上，分析了农民合作社技术创新的特征、技术创新模式；第二章利用案例分析和 QCA 方法探讨了合作社技术创新模式选择的影响因素及其组态。第三部分具体阐述三种技术创新模式的具体实施方式、影响因素及其实现机制，包括第四、第五、第六章的内容。第四章阐述农民合作社的引进再创新模式，重点强调合作社技术吸收能力的内涵、影响因素及其提升路径；合作社引进再创新的主要方式及其影响因素。第五章阐述农民合作社的合作创新模式，重点探讨合作社参与产学研合作的方式及其驱动因素、绩效。第六章分析农民合作社的自主创新模式，主要探讨自主创新的主要方式，并分别利用案例研究和问卷调查分析自主创新方式选择的影响因素。第四部分即第七章的内容，在第三部分的基础上，围绕科技型农民合作社的培育为出发点，探讨了相应的政策倡导。第五部分为专题分析，包括第八、第九、第十章的内容。针对技术创新体系中农民合作社的技术溢出、技术创新风险和技术推广这三个重要的主题进行了专题分析。第八章从技术溢出视角，揭示了合作社技术创新模式的"黑箱"，构建了草根社会创新、草根商业创新、引进社会创新和引进商业创新四种新的技术创新模式，进一步丰富了草根创新理论。第九章根据农民合作社组织制度安排的特殊性，从技术因素、外部环境因素、合作社自身因素三个维度探讨了合作社的技术创新风险范式、风险评估及其风险防范。第十章运用多案例研究方法探讨了农民合作社的技术推广服务功能和技术推广绩效，以及农业标准化中合作社的服务功能。

　　由于笔者水平有限，不当之处在所难免，恳请指正！

目　　录

第一章

绪 论

20 世纪 90 年代以来，农产品市场格局逐步由卖方市场向买方市场转变，加入 WTO 要求国内农业与世界农业接轨，我国农业与农村经济发展发生了深刻变化。如何提高农民收入水平，化解小生产与大市场之间的矛盾，弥补农村集体经济和农产品统购统销制度消失之后的制度空白，成为亟待解决的现实问题。在此背景下，农民合作社（以下简称合作社）在全国特别是在沿海商品经济比较发达的地区应运而生，并呈现快速发展的态势。合作社作为农民的经济组织，为社员提供了农资供应、产品销售、市场信息、技术交流等各类服务，部分解决了农户分散、小生产与大市场的对接问题，在农民增收、农业增效、农村发展方面发挥了很好的作用（孔祥智，2005；徐旭初，2005）。为推动农民合作社的发展，国家出台了一系列政策措施。2007 年实施《中华人民共和国农民专业合作社法》（以下简称《农民专业合作社法》）以来，农民合作社迎来了发展的"战略机遇期"，数量持续增长。但是同时也带来了合作社制度安排的一系列相关问题，如合作社规模相对较少，生存空间相对有限等问题。因此，在新形势下如何从注重数量增长向注重质量提升转变，是农民合作社保持可持续、高质量发展的关键。

建立完善的农业科技创新体系，是实施"科技兴农"战略，实施农业农村现代化的一个重要举措。目前农业科技创新体系为农业科技进步和技术成果转化提供了一个中介平台，但仍存在很多问题：①创新主体和农户的技术供需矛盾：政府、科研院所通过技术服务中介组织，或直接与农民进行对接等方式实施农业科技创新，导致技术供应方与农民实际技术需求之间出现了断裂。一方面技术部门提供的创新技术与农业实际需求相脱离，农业科技成果的市场转化率低；另一方面作为农业科技需求主体的农户无法获得相应的农业生产和加工技术。②创新技术扩散缓慢：由于新技术的异质性，其传播和扩散过程要求传播方和接收方具有一定的同质性（M. Rogers and K. Larsen，1988）。然而，政府、技术服务中介组织、农民三者之间由于在技术知识、技能方面存在较大的差异，导致农业创新技术难以扩散，或扩散缓慢，严重制约了农业科技成果的推广效率。③创新收益分配不均：技术创新获得的收益必须在农民、农产品消费者和农业要素提供者之间进行分配。但由于农户具有经营规模小和分散性的特征，这就使农户难以组织起来，因而在收益分配中处于劣势地位。这导致农业科技创新不一定能够增加农民收入，严重挫伤了农民推广新技术的积极性。因此，在推动建设农业科技创新体系过程中，必须有一个代表农民的中介组织——农民合作社，来解决上述问题。

基于农民合作社高质量发展和农业科技创新体系建设之间的高度相关性，本书在合作社高质量发展的背景下，借鉴合作社理论和企业技术创新理论，系统探讨了农业合作社的技术创新模式，推进农业科技创新体系建设。首先，将技术创新模式分为引进再创新、合作创新和自主创新，运用案例研究方法和实证研究方法，详细分析不同类型的技术创新模式对合作社发展的影响机理及影响绩效。其次，提出以技术创新推动合作社高质量发展的政策建议。最后，从技术创新的溢出效应、技术创新风险和农业技术推广三个方面对农民合作社的技术创新进行了专题研究。

第一节　文献综述

一　农民合作社的国内外研究现状

农民合作社作为当前国家大力扶持的经济合作组织，通过联合生产，适度规模经营，搭建"大市场"与"小农户"之间的桥梁，在增加农民收入、推动农村经济发展、转变农业经营方式等方面发挥了巨大的作用。合作社作为现代农业经营体系中重要的经营主体之一，在提高农民收入水平、保障农产品质量安全、提升农民在市场中的谈判地位等方面发挥了重要作用（孔祥智，2005；徐旭初，2005）。目前，关于合作社的研究比较丰富，本部分从合作社功能和合作社的发展及其治理结构两个方面阐述关于合作社的国内外研究现状。

（一）农民合作社的功能研究

作为以社员共同拥有和控制，并追求内部社员利益最大化的合作组织，农民合作社是具有社会功能的企业形态，兼具企业部门和社会部门的功能，在社会主义市场经济发展中发挥"平衡器"的作用（Luo，Guo and Fu，2017；Sexton and Iskow，1993；刘同山和孔祥智，2019；唐宗焜，2007；赵昶和董翀，2019）。目前，关于合作社功能的研究，主要集中于两个方面，即经济功能和社会功能。

1. 经济功能

从社员视角。社员作为合作社的所有者与惠顾者，具有剩余索取权，加入合作社更能获得市场的进入和价格的改进（徐旭初，2006）。在欧美国家合作社发展的早期，农民通过加入合作社解决"小生产与大市场"的问题，降低贫困发生率（Johnston，2003）。Pinto（2009）认为，合作社为农民提供增加收入的机会，使农民获得更多的福利。苑鹏（2013）认为，"农户自办合作社，合作社自办加工企业"的产业化模式中，实现了以农户为主体的纵向一体化，社员福利达到最大化。

从市场竞争视角。Nourse（1922）；Sexton 和 Iskow（1993）认为，合作社的存在，具有市场竞争尺度，能够阻挡利润最大化企业的市场垄断，有效地促进市场竞争。Sexton（1990）通过构建利润最大化企业和农民合作社共存的寡头竞争市场行为模型，分析了存在和不存在农民合作社的产业组织的均衡价格，结果显示合作社具有促进市场竞争的效应。Royer 和 Smith（2007）指出，合作社生产目标不同，将对农户和市场产生不同的影响。Azzam 和 Andersson（2008）以瑞士牛肉产业为研究对象，发现农民合作社加入市场提高生产加工效率，从而有效降低市场上牛肉的价格，主要是因为合作社提高了生产加工效率，降低了生产成本。

从农业现代化视角。孙琳等（2012）通过对陕西省55个合作社275个社员的调研发现，合作社提供的信息和销售功能能够有效提高农业现代化水平。郭晓鸣等（2007）基于制度经济学理论，认为合作社一体化模式是最优的农业产业化模式。从制度演化角度，合作社一体化是最高层次的农业产业化模式。郑金英（2007）分析了合作社与农业产业化的关系，认为合作社参与农业产业的现实选择是做大做强合作社，与龙头企业结为平等的贸易伙伴。

2. 社会功能

农民合作社在实现经济功能的同时，它所呈现出来的社会和文化功能有效地满足了人们休闲、娱乐以及参与社区公共生活的需求。张纯刚等（2014）通过具体的合作社案例分析，发现合作社功能的发展产生了非预期的结果，即扩宽了乡村公共空间。王晓璇（2015）、杨磊和刘建平（2011）认为，在加速农业现代化过程中，农村正面临"解构—重组"过程，合作社作为农民自发形成的经济组织，在盘活农村生产要素、重建村庄治理权威以及推动村庄公共事业等方面发挥了重要的作用。汲朋飞等（2015）通过对河北省肃宁县益源种植专业合作社的养老模式调研，认为合作社养老模式既有社会化养老特征，又符合当地养老风俗，不仅提高社员入社积极性，而且降低家庭养老成本。姚水琼（2014）认为，合作社代表农民的利益，为农业生产提供全方位的服务，在加速北欧国家城乡一体化过程中发挥了重要的载体作用。郭焱（2015）认为，合作社能够从源头上提高农产品质量，因此，破解农产品质量安全事件频发的现实路径选择是提升合作社参与农产品质量的管理。也有学者开始关注合作社在脱贫攻坚、家庭保障等方面的作用。如合作社通过科技指导，使农民应用先进的技术，增加粮食产量。而且，合作社通过现代农业生产技术的培训，培养更多有知识、懂技术、会经营的现代职业农民，最终保障家庭基本生活水平，减少贫困（任笔墨等，2020；刘同山和苑鹏，2020；周海文等，2020；张素勤，2016；李想，2020；郭璐，2014）。总之，农民合作社除了经济功能，还能够在农村社会事业治理中发挥作用，包括参与农村科技事业、农村教育事业、农村文化事业、农村环境治理、农村社会秩序治理、乡风文明建设等（张永翊等，2011）。

（二）农民合作社的发展能力及其治理结构

1. 农民合作社的治理结构

从委托代理视角。Shaffer（1987）分析了合作社组织与社员的契约关系，并与 IOF 的契约关系进行比较发现，合作社无法控制社员的生产行为，而且在面对外部市场时，它们之间的契约存在偶然性和不确定性。Eilers 和 Hanf（1999）探讨了农民合作社中管理者和普通社员的委托代理现象，发现合作社中存在双向的委托代理问题，当管理者向普通社员签订契约时，管理者是委托人；当普通社员向管理者签订契约时，普通社员是委托人。马彦丽和孟彩英（2008）进一步探讨了这种双重委托代理问题，认为我国合作社存在的双重委托代理的主要特征是合作社由少数人控制，而中小社员与核心社员的委托代理成为问题的核心。崔宝玉（2011）基于"大农—小农"资本合作模型，指出了合作社可能出现的"资本锁定"现象，以及"大农—小农"的委托代理问题。

从交易费用视角。Williamson（1991）将治理结构分为市场、混合和科层三种，由于农民合作社是由社员集体所有，所以合作社属于混合型治理结构。Menard（2007）进一步分析合作社混合结构组织的最大特征是"社员明确并自动拥有合作社的大部分所有权和决定权"。但是，也有学者认为合作社是企业形式的一种，或者是生产者所拥有的企业（Hansmann and Hansmann，2009；Hendrikse and Veerman，2001）。管珊等（2015）通过对鄂东 H 合作社的案例分析，认为合作社的治理结构本质上是一种关系网络，能够有效降低交易费用，提供激励机制和信任机制，最终提高合作社的竞争力。林坚和马彦丽（2006）认为，相比于 IOF，合作社能够降低由于信息不完全或不对称以及资产专用性所产生的交易费用。

从博弈论视角。Staatz（1983）把合作社看作一个 n 个人的合作博弈，并以营销合作社为例，假设合作社是由 n 个异质性的成员组成的组织，社员具有选择合作社或其他的销售渠道，合作社通过制定合理分配机制保障合作社的成功运行。同样，Sexton（1986）通过 n 个人的合作博弈，详细分析了社员的行为选择以及他们采取行动的动机。Karantininis 和 Zago（2001）通过非合作博弈，分析了异质性和内生性社员制度对社员及合作社的影响，解释了在什么样的条件下农户选择合作社而不是 IOF，并提出合作社应该提供各种激励措施吸引农户的加入。国内学者张雪莲和冯开文（2008）也注意到了合作社的异质性问题，并构建了核心社员和普通社员的两阶段博弈。同时，合作社作为市场主体之一，Hoffmann（2005）运用两阶段博弈分析了合作社和 IOF 对产品质量的选择，以及组织形式对定价决策和产品质量的影响。Drivas 和 Gian-nakas（2010）通过构建产品质量提升前、中、后三阶段的博弈模型，结果显示，合作社比 IOF 更愿意对产品质量改善或改进进行投资。樊胜岳和梁宇程（2020）分析农牧交错区农民合作社的基本能力对合作社规范程度的影响，结果显示随着农民合作社数量的快速增长，大量不规范合作社现象的存在导致其难以发挥互助合作的作用，也致使国家对合作社的各项扶持惠农政策落空。

2. 农民合作社的发展能力

从服务能力视角。农民合作社通过拓展和深化服务功能进行高质量发展。Royer 和 Smith（2007）认为，目前大多数合作社的业务集中在农产品的粗加工和产品的销售上，只有少数合作社延伸到了产业链的深加工环节，主要是因为合作社的组织特征决定了其在深加工环节无法与利润最大化企业（IOF）相比。温铁军（2013）认为，合作社存在经营实力弱、风险承担能力差和不规范等问题。同时，合作社通过扩宽生产、加工、流通、金融等业务范围，可以有效降低交易费用。倪细云（2012）通过实证分析发现，农民合作社的发展能力包括理事长能力、融资能力、技术创新能力和营销能力。其中，董事长能力中，政府关系能力最多，整体融资能力、内部创新能力和营销能力都不强。

从社员视角。邵科和徐旭初（2013）认为，社员通过业务、资本和管理三个维度参与农民合作社的生产经营活动，共同促进合作社的发展。蔡荣等（2015）认为，社员承诺是合作社得以发展的必要条件，并通过 672 户的农户数据，详细分析了治理机制、经营特征、组织结构、外部环境和社员特征对社员承诺的影响。Karantininis 和 Zago（2001）认为，在合作社组织角色变化过程中，合作社内部的成员异质性凸显，需要对此进行处理。林坚和黄胜忠（2007）认为，在异质性成员结构上，农民合作社的剩余索取权和剩余控制权主要由少数核心成员控制。周春芳和包宗顺（2010）通过对江苏省合作社的实证研究，在目前农村人力、物质资本缺乏的情况下，由少数精英控制的合作社存在一定的合理性，这在一定程度上违背了建立合作社的初衷。

从政府视角。崔宝玉（2014）认为，政府规制的选择性激励和政府俘获推动了合作社发展，同时也造成了合作社发展的"二元化"格局。徐旭初（2014）基于赋权理论，认为在合作社发展中，政府通过行政或资源调配，将自身的一部分公共资源或"权利"让渡给合作社。王晓（2013）基于对河南省三个县合作社的样本描述，详细分析了县域政府在合作社发展中的作用及存在的问题，如行政介入不当、行政效率低、监管不到位等。而 Hendrikse（2006）则认为，随着合作社在西方国家的发展，很多国家的合作社越来越不受政府部门的特殊照顾。

二 农民合作社参与技术创新的国内外研究现状

2021 年中央一号文件指出，坚持农业科技自立自强，完善农业科技领域基础研究稳定支持机制。必须坚持科教兴农战略，把农业科技摆在更加突出的位置，大幅度增加农业科技投入，推动农业科技跨越发展，加强农业科技社会化服务体系建设。

农业科技创新是引领农业高质量发展、提升农业核心竞争力的关键。农民合作社是农业技术创新体系中的重要载体（杨天荣和李建斌，2020）。Yujiro 和 Ruttan（2000）认为，农业的技术创新职能不一定由政府承担，如果技术创新表现为生产者剩余，那么农民合作社就可以成为技术的提供者。国鲁来（2003a）通过具体案例分析了农民专业协会（农民合作社）在农业公共技术创新体系建设中的作用，认为已有农民专业协会建有自己的研究所，开展有针对性的实用技术研究，进一步印证了合作社具有提供农业技术的可能性。但是，目前关于农民合作社技术服务功能的文献较少，且比较零散（张连刚等，2020；陆林和刘烨铭，2020）。Luo 和 Hu（2015）通过数学模型从理论上进一步指出合作社具有自主创新的能力。

技术创新作为推动农业发展的根本动力，能有效推动农民合作社实现高质量发展。如 Beverland（2007）通过对新西兰合作社的分析，发现许多合作社通过农业技术创新提高农产品产量或价格，提升合作社市场竞争力，进而提高合作社绩效。现实中，合作社也具有参与技术创新的动力，而且农民合作社作为新型农业经营主体之一，其创新能力的提升关系到农业整体创新能力。因此，提升农民合作社技术创新能力对实现农民合作社高质量发展、提高整个农业科技创新能力至关重要。

农业技术创新体系中，农民合作社对先进技术推广具有重要的作用（李凌汉，2021；陈志英和王楠，2015）。例如，郑适等（2018）发现，农民合作社有助于加强农户对植保无人机技术的认知和采纳水平，需要进一步发挥农民合作社在科技推广中的作用。张朝辉和刘怡彤（2021）认为，农业科技推广体系中农民合作社的集约化、规模化与组织化有助于果农采纳新型生物农药技术，提升生物农药技术应用广度与推广深度。农民合作社技术采纳的意愿受到合作社资源就绪度、技术组织兼容度、合作社负责人态度、外界支持及技术有用性等因素的影响（王亚娜等，2020）。李嫣资等（2018）以河北省为例，探讨了农民合作社技术推广效率评估的指标体系，并提出相应的政策建议。白静静等（2017）运用 SWOT 分析探讨了农民合作社农业技术扩散的优势、劣势、机会和威胁，并提出提升合作社在新技术推广中发挥引领作用的对策和建议。农业技术推广和农民合作社的发展互相促进。一方面，农民合作社作为农业技术推广的理想载体，在促进农业技术推广方面具有天然优势；另一方面，农民合作社可以利用自身的组织性和规模性特征，通过农业技术推广和应用实现创新发展（杨天荣和李建斌，2020）。虽然农民合作社在技术扩散体系中发挥重要作用，但是目前农民合作社能力不足，应该建立政府和合作社共同推动技术推广的协同机制（韩国明和安杨芳，2010）。

农业技术创新体系中，农民合作社不仅在技术推广中发挥重要作用，而且部分农民合作社能够实施技术引进再创新、合作创新，甚至自主创新（罗建利和仲伟俊，2009）。Luo 和 Hu（2015）认为，技术创新是合作社获取竞争优势的重要影响因素，并运用模糊综合评价法，从合作社内部、外部和技术三个方面分析合作社技术创新的风险范式。罗建利和郑阳阳（2015a）以 5 家合作社为样本，研究发现合作社自主创新的影响因素包括人力资本、结构资本、社会资本。倪细云和王礼力（2012）以 20 家示范性农民合作社为例，以合作社内部技术创新能力和外部创新环境支持能力构建了合作社的技术创新测度模型，结果显示农民合作社的整体创新能力不强，市场创新能力最弱。刘玉玲（2016）以开放式创新为中介条件，实证分析了合作社技术吸收能力对技术创新绩效的影响。黄峰（2015）以三阶段 DEA 模型为工具，分析了全国各省合作社技术创新效率以及各省之间的差异，东部省份创新冗余比较大，需要对合作社技术创新进行精细化管理；由于西部地区科技落后，技术创新效率低。进一步地，罗建利等（2015）基于扎根理论的研究，详细分析了在农业技术创新体系中，合作社的技术获取模式及其影响因素，技术获取模式有自主研发、合作研发和技术引进，影响因素包括合作社情景、技术情景和环境情景。罗建利和郑阳阳（2015b）基于浙江省和江西省合作社的访谈，详细分析合作社参与产学研合作的动机、条件、绩效、形式及其相关关系。郑阳阳和罗建利（2018）从微创新视角，选择 8 家合作社作为研究对象，运用规范的多案例研究方法，具体分析合作社微创新实施的影响因素及其绩效，并探讨合作社微创新实施机理。

也有学者从博弈论视角进行分析，如王麦宁（2020）运用委托代理理论，阐述了作为代理方，农民合作社应该作为技术创新的主体，推动农业供给侧结构性改革；作为委托方，政府应该根据技术创新绩效为农民合作社提供补贴。陈莫凡和黄建华（2018）运用演化博弈理论，发现政府补贴能够促进合作社参与农业技术扩散。Luo（2013）通过两阶段博弈模型，分析了共营企业（合作社）的技术吸收能力对合作社产出、R&D 投资和福利的影响。

三　文献述评

综上所述，目前关于农民合作社理论和企业技术创新理论相对比较成熟，关于农民合作社参与技术创新的研究已经逐步展开，这为研究农民合作社的技术创新模式提供了必需的理论支撑。但已有研究仍存在以下不足之处：

①现有文献关于农民合作社的社会化服务功能，大部分局限在合作社为社员提供农资供应、生产指导、农产品加工和销售等环节。为了推进农业农村现代化水平，还需要进一步关注农民合作社的技术服务，如技术推广和技术创新等社会化服务功能。②目前对农业科技创新体系的研究，其主体局限于政府、农民、农业科研机构、农业科技企业、金融以及其他机构的互动。但是没有合作社的参与，农业科技创新体系在实施过程中出现了技术供需矛盾、技术扩散缓慢、技术创新收益分配不均等问题。③虽然已有部分研究关注农民合作社的技术服务功能，但对合作社参与功能认识不足，如大部分研究仅局限于技术推广职能。然而，农业技术创新的社会化并不意味着农业创新技术都必须由政府和农业科

研院所提供，如果技术创新收益主要表现为农业生产者剩余，那么技术创新就可以成为合作社的行动。因此，合作社在农业科技创新体系中还可以发挥其他的作用和功能。④现有文献关于技术创新理论的研究，大部分局限于传统的利润最大化企业。由于农民合作社在雇佣关系、治理模式和分配方式等方面与传统企业存在较大的不同，决定了合作社的技术创新禀赋独特。基于此，本书借鉴企业技术创新模式理论，结合农民合作社在治理结构方面的独特性（体现在雇佣关系、分配方式、决策方式等），探讨农民合作社的技术创新理论。本书的研究对于补充和完善技术创新理论具有重要的学术价值，同时对提升农民合作社的技术创新能力，助力农民合作社高质量发展具有重要的实践意义。

第二节　农民合作社的发展和性质

一　农民合作社的产生和发展

19 世纪中叶，欧洲农村由于严重的自然灾害，导致大范围的农作物受损和农村大饥荒。同时，农民又无法获得银行的贷款，欧洲农村出现大衰败现象。为了集资扶贫，德国一个山区的村干部 Friedrich Wilhelm Raiffeisen（被尊称为合作之父），召集了 60 多个村民成立"面包合作社"。合作社通过购回小麦，加工成面包低价卖给贫农，帮助贫民摆脱饥荒；同时通过互助合作，养殖奶牛和山羊等，组建畜牧生产合作社，提高农业生产的效率；通过资金互助，成立农村信用合作社，帮助贫农解决资金问题。

1844 年，英国 28 个纺织工人发起成立了世界上第一个成功的合作社——罗虚戴尔公平先锋社（Rochdale Society of Equitable Pioneers）。合作社遵循"入社自愿、退社自由、民主管理、公平交易、二次返利"等原则，即"罗虚戴尔原则"，标志着现代合作社的诞生。

改革开放以来，我国农村经济建设取得显著进展和丰硕成果，农民收入显著提高。但农业生产仍主要遵循传统的小生产方式，导致农户在市场中处于弱势地位。随着农业市场化程度的提高，分散农户小生产与大市场的矛盾日益突出。农民合作社作为农业生产经营的重要组织方式，有利于整合农业产业资源，促进农业高质量发展（廖小静等，

2021）。一方面，农民合作社通过规模经济降低生产成本和交易成本，提高分散农民在市场中的议价能力，减少中间商对农民的盘剥，最终提高农民的收益（海莉娟，2019）；另一方面，农民合作社能够有效提高农民的组织化程度，提高农产品的质量和农产品安全（张永强等，2018）。农民通过抱团取暖增强抵御风险的能力，实现农村经济增长方式从粗放型到集约型增长。因此，农民专业合作社日益成为推进现代农业建设的有效载体，在新农村建设和乡村振兴中发挥着重要作用（李明堂和吴大华，2021）。为了支持并推动农民合作社的发展，国家出台了一系列政策措施。2007 年实施《农民专业合作社法》以来，农民合作社迎来了发展的"战略机遇期"，数量持续增长。为适应新形势的发展，《农民专业合作社法》于 2017 年 12 月 27 日修订通过并予以公布。尤其近十几年来中央一号文件特别重视农民合作社的发展（见表 1 - 1）。截至 2021 年 4 月底，全国依法登记的农民合作社达到 225.9 万家，通过共同出资、共创品牌、共享收益，组建联合社共 1.4 万多家，入社农户超过 1 亿户，入社农户覆盖全国农户近 50%。2020 年 7 月 22 日，习近平总书记在吉林考察时，强调"要积极扶持家庭农场、农民合作社等新型农业经营主体，鼓励各地因地制宜探索不同的专业合作社模式。希望乡亲们再接再厉，把合作社办得更加红火"。

表 1 - 1   中央一号文件扶持农民合作社发展的相关政策

年份	政策内容
2007	大力发展农民专业合作组织。认真贯彻《农民专业合作社法》，支持农民专业合作组织加快发展。各地要加快制定推动农民专业合作社发展的实施细则，有关部门要抓紧出台具体登记办法、财务会计制度和配套支持措施。要采取有利于农民专业合作组织发展的税收和金融政策，增大农民专业合作社建设示范项目资金规模，着力支持农民专业合作组织开展市场营销、信息服务、技术培训、农产品加工储藏和农资采购经营
2008	①鼓励农民专业合作社兴办农产品加工企业或参股龙头企业；②扶持发展农机大户、农机合作社和农机专业服务公司；③积极发展农民专业合作社和农村服务组织。全面贯彻落实《农民专业合作社法》，抓紧出台配套法规政策，尽快制定税收优惠办法，清理取消不合理收费。各级财政要继续加大对农民专业合作社的扶持，农民专业合作社可以申请承担国家的有关涉农项目

年份	政策内容
2009	①抓紧出台对涉农贷款定向实行税收减免和费用补贴、政策性金融对农业中长期信贷支持、农民专业合作社开展信用合作试点的具体办法。②加快农业标准化示范区建设，推动龙头企业、农民专业合作社、专业大户等率先实行标准化生产，支持建设绿色和有机农产品生产基地。③扶持农民专业合作社和龙头企业发展，加快发展农民专业合作社，开展示范社建设行动。加强合作社人员培训，各级财政给予经费支持。将合作社纳入税务登记系统，免收税务登记工本费；尽快制定金融支持合作社、有条件的合作社承担国家涉农项目的具体办法。④支持供销合作社、邮政、商贸企业和农民专业合作社等加快发展农资连锁经营，推行农资信用销售
2010	①按照存量不动、增量倾斜的原则，新增农业补贴适当向种粮大户、农民专业合作社倾斜。②大力发展农民专业合作社，深入推进示范社建设行动，对服务能力强、民主管理好的合作社给予补助，各级政府扶持的贷款担保公司要把农民专业合作社纳入服务范围，支持有条件的合作社兴办农村资金互助社。扶持农民专业合作社自办农产品加工企业。③规范集体林权流转，支持发展林农专业合作社，深化集体林采伐管理改革，建立森林采伐管理新机制和森林可持续经营新体系。④推动农村基层党组织工作创新，扩大基层党组织对农村新型组织的覆盖面，推广在农民专业合作社、专业协会、外出务工经商人员相对集中点建立党组织的做法
2012	①继续加大农业补贴强度，新增补贴向主产区、种养大户、农民专业合作社倾斜。②有序发展农村资金互助组织，引导农民专业合作社规范开展信用合作。继续发展农户小额信贷业务，加大对种养大户、农民专业合作社、县域小型微型企业的信贷投放力度。③鼓励种子企业与农民专业合作社联合建立相对集中稳定的种子生产基地，在粮棉油生产大县建设新品种引进示范场。④通过政府订购、定向委托、招投标等方式，扶持农民专业合作社、供销合作社、专业技术协会、农民用水合作组织、涉农企业等社会力量广泛参与农业产前、产中、产后服务，充分发挥农民专业合作社组织农民进入市场、应用先进技术、发展现代农业的积极作用，加大支持力度，加强辅导服务，推进示范社建设行动，促进农民专业合作社规范运行。支持农民专业合作社兴办农产品加工企业或参股龙头企业。⑤加大信贷支持力度，鼓励种养大户、农机大户、农机合作社购置大型农机具。⑥扶持产地农产品收集、加工、包装、贮存等配套设施建设，重点对农民专业合作社建设初加工和贮藏设施予以补助。⑦支持生产基地、农民专业合作社在城市社区增加直供直销网点，形成稳定的农产品供求关系。扶持供销合作社、农民专业合作社等发展联通城乡市场的双向流通网络

续表

年份	政策内容
2013	①继续增加农业补贴资金规模，新增补贴向主产区和优势产区集中，向专业大户、家庭农场、农民合作社等新型生产经营主体倾斜。②鼓励和支持承包土地向专业大户、家庭农场、农民合作社流转，发展多种形式的适度规模经营。③农民合作社是带动农户进入市场的基本主体，是发展农村集体经济的新型实体，是创新农村社会管理的有效载体。按照积极发展、逐步规范、强化扶持、提升素质的要求，加大力度、加快步伐发展农民合作社，切实提高引领带动能力和市场竞争能力。鼓励农民兴办专业合作和股份合作等多元化、多类型合作社。安排部分财政投资项目直接投向符合条件的合作社，引导国家补助项目形成的资产移交合作社管护，指导合作社建立健全项目资产管护机制。增加农民合作社发展资金，支持合作社改善生产经营条件、增强发展能力。逐步扩大农村土地整理、农业综合开发、农田水利建设、农技推广等涉农项目由合作社承担的规模。对示范社建设鲜活农产品仓储物流设施、兴办农产品加工业给予补助。在信用评定基础上对示范社开展联合授信，有条件的地方予以贷款贴息，规范合作社开展信用合作。完善合作社税收优惠政策，把合作社纳入国民经济统计并作为单独纳税主体列入税务登记，做好合作社发票领用等工作。创新适合合作社生产经营特点的保险产品和服务。建立合作社带头人人才库和培训基地，广泛开展合作社带头人、经营管理人员和辅导员培训，引导高校毕业生到合作社工作。落实设施农用地政策，合作社生产设施用地和附属设施用地按农用地管理。引导农民合作社以产品和产业为纽带开展合作与联合，积极探索合作社联社登记管理办法。抓紧研究修订《农民专业合作社法》。④支持农民合作社、专业服务公司、专业技术协会、农民用水合作组织、农民经纪人、涉农企业等为农业生产经营提供低成本、便利化、全方位的服务，发挥经营性服务组织的生力军作用。⑤发展专家大院、院县共建、农村科技服务超市、庄稼医院、专业服务公司加合作社加农户、涉农企业加专家加农户等服务模式，积极推行技物结合、技术承包、全程托管服务，促进农业先进适用技术到田到户。⑥加强农民合作社党建工作，完善组织设置，理顺隶属关系，探索功能定位
2014	①积极发展农机作业、维修、租赁等社会化服务，支持发展农机合作社等服务组织。②鼓励发展专业合作、股份合作等多种形式的农民合作社，引导规范运行，着力加强能力建设。允许财政项目资金直接投向符合条件的合作社，允许财政补助形成的资产转交合作社持有和管护，有关部门要建立规范透明的管理制度。推进财政支持农民合作社创新试点，引导发展农民专业合作社联合社。鼓励发展混合所有制农业产业化龙头企业，推动集群发展，密切与农户、农民合作社的利益联结关系。落实和完善相关税收优惠政策，支持农民合作社发展农产品加工流通。③在管理民主、运行规范、带动力强的农民合作社和供销合作社基础上，培育发展农村合作金融，不断丰富农村地区金融机构类型。④进一步加强农民合作社、专业技术协会等的党建工作，创新和完善组织设置，理顺隶属关系。⑤积极发展农机作业、维修、租赁等社会化服务，支持发展农机合作社等服务组织

续表

年份	政策内容
2015	①推进合作社与超市、学校、企业、社区对接。②引导农民专业合作社拓宽服务领域，促进规范发展，实行年度报告公示制度，深入推进示范社创建行动；引导农民以土地经营权入股合作社和龙头企业。③逐步完善覆盖农村各类生产经营主体方面的法律法规，适时修改《农民专业合作社法》。④积极探索新型农村合作金融发展的有效途径，稳妥开展农民合作社内部资金互助试点，落实地方政府监管责任
2016	①积极培育家庭农场、专业大户、农民合作社、农业产业化龙头企业等新型农业经营主体。②积极扶持农民发展休闲旅游业合作社。③支持供销合作社创办领办农民合作社，引领农民参与农村产业融合发展、分享产业链收益。鼓励发展股份合作，引导农户自愿以土地经营权等入股龙头企业和农民合作社，采取"保底收益+按股分红"等方式，让农户分享加工销售环节收益，建立健全风险防范机制，加强农民合作社示范社建设，支持合作社发展农产品加工流通和直供直销。④扩大在农民合作社内部开展信用合作试点的范围，健全风险防范化解机制，落实地方政府监管责任。⑤深入推进供销合作社综合改革，提升为农服务能力
2017	①加强农民专业合作社标准化建设，积极发展产销信贷"三位一体"综合合作。②鼓励农村集体经济组织创办乡村旅游合作社，或与社会资本联办乡村旅游企业。③支持有条件的乡村建设以农民合作社为主要载体、让农民充分参与和受益，集循环农业、创意农业、农事体验于一体的田园综合体，通过农业综合开发、农村综合改革转移支付等渠道开展试点示范。④鼓励地方建立农科教产学研一体化农业技术推广联盟，支持农技推广人员与家庭农场、农民合作社、龙头企业开展技术合作。⑤支持家庭农场、农民合作社科学储粮。⑥开展农民合作社内部信用合作试点，鼓励发展农业互助保险。⑦统筹推进农村各项改革，继续深化供销合作社综合改革，增强为农服务能力
2018	①实施新型农业经营主体培育工程，培育发展家庭农场、合作社、龙头企业、社会化服务组织和农业产业化联合体，发展多种形式适度规模经营。②全面深化供销合作社综合改革，深入推进集体林权、水利设施产权等领域改革，做好农村综合改革、农村改革试验区等工作。③创新培训机制，支持农民专业合作社、专业技术协会、龙头企业等主体承担培训
2019	①支持发展适合家庭农场和农民合作社经营的农产品初加工，支持县域发展农产品精深加工，建成一批农产品专业村镇和加工强县。②发展乡村新型服务业。支持供销、邮政、农业服务公司、农民合作社等开展农技推广、土地托管、代耕代种、统防统治、烘干收储等农业生产性服务。③突出抓好家庭农场和农民合作社两类新型农业经营主体，启动家庭农场培育计划，开展农民合作社规范提升行动，深入推进示范合作社建设，建立健全支持家庭农场、农民合作社发展的政策体系和管理制度，落实扶持小农户和现代农业发展有机衔接的政策，完善"农户+合作社""农户+公司"利益联结机制。加快培育各类社会化服务组织，为一家一户提供全程社会化服务，加快出台完善草原承包经营制度的意见。加快推进农业水价综合改革，健全节水激励机制，继续深化供销合作社综合改革，制定供销合作社条例。深化集体林权制度和国有林区林场改革，大力推进农垦区集团化、农场企业化改革

续表

年份	政策内容
2020	①国家支持家庭农场、农民合作社、供销合作社、邮政快递企业、产业化龙头企业建设产地分拣包装、冷藏保鲜、仓储运输、初加工等设施，对其在农村建设的保鲜仓储设施用电实行农业生产用电价格。②重点培育家庭农场、农民合作社等新型农业经营主体，培育农业产业化联合体，通过订单农业、入股分红、托管服务等方式，将小农户融入农业产业链。③有效开发农村市场，扩大电子商务进农村覆盖面，支持供销合作社、邮政快递企业等延伸乡村物流服务网络。④继续深化供销合作社综合改革，提高为农服务能力
2021	①突出抓好家庭农场和农民合作社两类经营主体，鼓励发展多种形式适度规模经营。推进农民合作社质量提升，加大对运行规范的农民合作社扶持力度。②深化供销合作社综合改革，开展生产、供销、信用"三位一体"综合合作试点，健全服务农民生产生活综合平台。③明确地方政府监管和风险处置责任，稳妥规范开展农民合作社内部信用合作试点

为促进农民合作社快速发展，2007 年我国首次颁布实施了《农民专业合作社法》，标志着我国农民合作社的发展进入了一个新的历史阶段。国家政策的倾斜为农民合作社的快速发展创造了有利条件，据国家工商总局统计，截至 2021 年 4 月底，全国依法登记的农民合作社达到225.9 万家，坚持以农民为主体，辐射带动近一半的农户（见图1－1）。

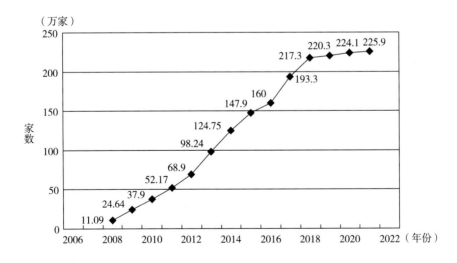

图 1－1　农民合作社的数量发展

二　农民合作社的性质

(一) 农民合作社的办社原则

世界上最早的现代合作社——罗虚戴尔合作社诞生于 1844 年，合作社遵循七项原则，即"罗虚戴尔原则"：①自愿入社；②民主管理，实行一人一票表决权；③按社员与合作社的交易额分配盈余；④限制股金利息；⑤对政治和宗教保持中立；⑥实行现金交易；⑦对社员和职工进行教育。

在"罗虚戴尔原则"的基础上，成立于 1895 年的国际合作社联盟，附加了四项合作社原则：①只对社员交易；②社员退社自由；③按时价或市价交易；④创立不可分的社员财产。

创建于 1956 年的西班牙蒙德拉贡合作社 (MCC) 是西班牙十大企业之一，蒙德拉贡合作社成为欧洲乃至世界最大的合作社集团。蒙德拉贡合作社确定了十大办社原则：①自由入社；②民主管理：MCC 的最高权力机构是由全体职工组成的社员大会；③社员大会遵循"一人一票"制；④劳动者主权：劳动者享有合作社最高权力；⑤资本处于从属辅助地位；⑥社员参与管理；⑦报酬的一致性；⑧合作社之间的合作；⑨普遍合作 (Universality)：蒙德拉贡合作社在社会经济和农业产业等领域，倡导和平、公平公正发展，主张缩小贫富差别；⑩发展教育 (Education)。

1995 年，国际合作社联盟在英国召开了成立一百周年庆祝大会，重新修订了合作社原则。主要内容包括：①自愿和开放的原则；②民主管理的原则：社员有平等的选举权 (一人一票)；③经济参与的原则：社员应公平地入股并民主管理合作社的资金；④自主和自立的原则；⑤教育、培训和信息共享的原则；⑥合作社间合作的原则；⑦关心社区的原则：合作社在满足社员需求的同时，要推动所在社区的可持续发展。

20 世纪 80 年代末，合作社原则发生了改变，例如美国和加拿大地区的新一代农民合作社，开始从事农产品加工业，以提高农产品的附加值。与传统农民合作社类似，新一代农民合作社在结构和原则上遵循民主管理和按惠顾额受益等原则。但是新一代合作社也有其特定的原则，其不同之处表现为：①社员的交易权与其投资水平相联系；②交易权可以转让和可增值；③封闭的社员资格制度，不能随意加入或退出合作社；④利润及时以现金形式返还给社员。

从合作社的发展历程角度，从 1844 年第一个现代合作社到新一代合作社，农民合作社的办社原则不断地演变。但是，他们都遵循民主管理的原则，即由社员控制合作社，而不是资本所有者，资本仅仅从属于附属地位。很多经典的合作社实行"一人一票"民主决策，合作社社员共同分享合作社的利润。

（二）农民合作社的组织性质

现在经济学对企业制度的研究已经形成三种学说，一是新古典经济学假设的以企业利润最大化为目标的利润最大化企业（Profit - maximizing Firm，简称 PM 企业或 PMF），即企业家企业。二是 20 世纪 50 年代后期发展起来的以追求员工平均利润最大化为目标的共营企业，即按照劳动雇佣资本方式安排的企业制度。三是现代发展起来的以追求单位资本利润最大化为目标的股份制企业，即资本家企业。

共营企业模型最早是由 Ward（1958）所提出的。新古典经济学理论假设共营企业有四个特点。①所有员工大多是通过个别持有公司的股票成为这家公司的成员。②所有员工都能够参与公司决策，并拥有公司的控制权及经营权。③每个员工都具有等值的投票权，也就是"一人一票"（one member - one vote），而且投票权直接随着股票所有权移转，且市场上股权非常分散，不存在股权集中在少数大股东的情况。④所有员工均分公司的利润。产权学派理论和企业治理理论代表人物 Dow（2003）认为，判断一个组织是不是共营企业形式主要根据谁具有正式的控制权，如果是劳动提供者，就是共营企业；如果是资本提供者，就是利润最大化企业。

农民合作社作为一种具有法人资格的组织形式，其制度具有哪些优势与劣势，需要从企业制度的角度进行分析，即首先确定合作社属于哪一种企业制度。根据国外合作社和国内合作社的办社原则与合作社的法律法规，合作社具有以下特点。

（1）农民合作社是一种劳动雇佣资本，以劳动者为主体的组织。这由合作社的成员性质以及合作社的资产所有权决定。合作社的成员必须是从事农产品生产的人，如农场主、种植者、牧养者、奶品生产者、水果或坚果生产者等。合作社的资产属于集体所有，这与私人公司的股票资产截然相反。

（2）民主管理原则。绝大多数合作社实行一人一票制，只有为数很少的合作社规定在一人一票的基础票之外，还安排一些额外票。为了防止某些人利用额外票谋取私利，合作社中非交易额获取利润所占的比例都限定在一个较低的比例范围内。

（3）农民合作社以追求社员利益最大化为目标，而不是合作社整体利润最大化为目标。合作社中的社员公平分配利润盈余，采用"惠顾返还额"的形式分配利润。通常农户只要通过合作社买进他所需要的商品服务，或者卖出他的农产品，都视为合作社的"惠顾人"。年终结账时，盈余部分按照惠顾人与合作社交易额或惠顾量，按比例进行分配。

（4）农民合作社的产品一般是农产品、手工业品、奶制品。合作社同时也相应地分为供货合作社、营销合作社、服务合作社、产业合作社等。其中，供货合作社向社员提供各种农用物资和商品，如饲料、化肥、石油、农用化学品、种子、建筑材料等。营销合作社的主要目的和功能则是为社员所生产的农产品和其他产品服务，进行收购、储运和销售等，这类合作社主要集中在柠檬、柑橘、牛奶供应和奶制品等领域。服务合作社主要经营贷款、医疗保健、住院保险、火警、人寿保险；此外，还提供煤气、电力和水利灌溉等方面的服务。产业合作社目前比较罕见，其最早的雏形是1847年成立的辛辛那提铸铁合作社，后来成立的奶牛改良合作社、共同灌溉公司、放牧合作社、多种经营合作社等。这类合作社中比较紧密的结合形式是合伙农场和农业公司，从产权合并上进行结合。

根据合作社的上述特点，结合 Ward（1958）的共营企业组织理论和 Dow（2003）的企业治理理论，合作社是一种典型的共营企业。因此，合作社的技术创新和创新模式选择问题，应该根据共营企业的特点进行分析。

三　农民合作社的组织能力定位

农民合作社作为一种新兴的经济组织，要在激烈的市场竞争中实现既定的利益目标和组织宗旨，必须拥有或培育相应的组织能力（徐旭初，2006）。所谓组织能力，是指组织通过利用自身资源，执行一系列互相协调的任务，以达到组织目标的能力（可星等，2020）。作为农民的集合体，合作社的组织能力是指通过合理配置自身的人才、技术和知识等资源，为实现自身目标所具有的综合能力。然而，组织能力的提升、培育和发挥首先需要对合作社组织能力有一个清晰、明确的定位（黄胜忠和伏红勇，2019）。本书从经济学视角对合作社组织能力定位进行研究，以期厘清合作社组织能力倾向，为提升合作社组织能力提供一个有效的理论框架。

（一）俱乐部理论：合作社组织能力的社员定位

1. 俱乐部理论

俱乐部理论主要是研究非公共物品的配置问题，作为现代俱乐部理论奠基人之一的 Buchanan（1965）最早开始研究俱乐部理论的性质和效率问题，通过个人效用函数的推导确定俱乐部公共产品的供给和俱乐部会员的最优规模。当生产最后一单位产品的边际成本等于边际收益时，被称为最优供给的"萨缪尔森条件"。当总社员数带来的边际成本等于边际收益时，即达到俱乐部最佳人数。另一位具有开创性的学者 Tiebout（1956）在《地方支出的纯粹理论》中首次提出"用脚投票"，认为俱乐部就如市场经济中的私人物品，会员会根据自己的利益偏好，自由地选择进入或退出俱乐部。其后，不断有学者从会员异质性、信息不对称性等方面挑战经典俱乐部的理论假设，丰富和发展俱乐部理论。

2. 基于俱乐部理论的社员定位

合作社的成立在一定程度上满足了社员对俱乐部产品的需求。俱乐部理论认为，俱乐部是由一些兴趣和偏好相同的人组成的，会员"用脚投票"，进入和退出自由。合作社本身扎根于农村，成员主要由本村或附近的农户组成，他们长期生活在一个地区，拥有相同的生活习惯和风俗，随着经济的发展，一家一户的分散生产不能满足市场化的需求，当地农户有需求和期望成立自己的合作社，而这正符合"理性小农"的利益（李建军和刘平，2010）。同时，《农民专业合作社法》规定：社员入社自愿、退社自由，符合俱乐部理论中的"用脚投票"。

从俱乐部物品分析。合作社为社员提供不同层次的俱乐部产品。根据马斯洛需求理论，合作社作为社员和市场的桥梁，能够为社员提供农资产品、开拓市场、提供技术服务、消除产品供给方和需求方的信息不确定性等，最终降低市场交易风险、提高社员收入水平，满足社员低层次的需求。在合作社内部，成立监事会、理事会、社员代表大会。社员代表大会作为合作社最高的权力机构，由全体社员组成，实行"一人一票"制度，合作社的宗旨也是实现共同富裕。这些制度的安排满足了社员的高层次的尊重需求和自我实现需求。而且，从俱乐部物品的属性来看，俱乐部产品具有排他性和非竞争性，合作社提供的各种服务只有社员才能享有，严格区分社员和非社员的权益。因此，这进一步满足了社员不同层次的需求。

从俱乐部最优规模分析。Buchanan（1965）认为，俱乐部存在一个效率问题，在俱乐部产品供给一定的情况下，随着俱乐部会员的增加，会产生"拥挤"效应，降低会员的效用。合作社作为农村分散农户的集合体，合作社社员太多，管理难度会加大，再加上许多社员文化素质偏低、思想不统一，不遵守合作社规章制度的现象经常发生，如不遵守合作社的生产标准等。一些合作社开始考虑限制社员或对新加入的社员进行严格的资格审查，以减少合作社的"拥挤"，以此来提升合作社内部管理和服务水平，最终提高现有会员的私人效用。

从社员异质性分析。经典俱乐部理论假定会员同质，即禀赋相同。农民合作社作为一种特殊的俱乐部，合作社内部社员普遍存在异质性问题，如社员的资源禀赋、要素投入和能力等方面存在较大差别，出现核心社员和普通社员并存的局面（黄胜忠和徐旭初，2008）。Berglas（1976）认为，在俱乐部成员成本、收益均摊的情况下，异质性的俱乐部不能达到帕累托最优，然而，农民合作社内部核心社员一般都是技术能手或当地的贩销大户，与合作社的交易量比较大，从而盈余分配及收益也比较大，而普通社员所占股份较小，收益也就较小，违反了"Berglas假设"。而这也正契合了黄胜忠和徐旭初（2008）基于浙江省372家合作社的实证结果：从激励相容的角度，成员异质性在聚集生产要素和降低代理成本方面具有效率。

上述基于俱乐部理论的分析可以看出，合作社组织能力定位的实质是为社员提供优质的俱乐部物品和服务，满足社员不同层次的需求，最终达到共同富裕和实现合作社的持久发展。

（二）利益集团理论：合作社组织能力的职能定位

1. 利益集团理论

利益集团也被称为压力集团或院外集团，最早出现在 18 世纪欧美国家的政治领域，美国学者詹姆斯·麦迪逊最早研究利益集团，之后，亚瑟·本利特对利益集团理论进行了系统表述。利益集团是指那些具有共同目的的群体，通过相关利益枢纽组织起来，采取共同的行动来维护其利益。对利益集团理论的研究囊括了政治学、经济学、社会学和哲学等，本书主要从政治学和经济学视角进行探讨。从政治学视角，早期利益集团学派认为社会由各种利益集团组成，不同民众通过利益集团影响政府政策制定和实施。精英主义学派则认为精英社会由少数强大的利益集团、精英控制政府重要决策。从经济学视角，Olson（1971）认为，较大的利益集团内部经常出现"搭便车"行为，必须采取"选择性激励"防止这种现象。

2. 基于利益集团理论的职能定位

农民合作社作为一种特殊形态的经济组织，社员主要由农民组成。合作社已成为在公共部门、私人部门以外的第三部门的重要力量，发挥社会可持续发展的平衡器作用，即弥补"政府失灵"和"市场失灵"，提高农民群体的政治和经济力量（黄祖辉和徐旭初，2006b）。因此，农民合作社符合利益集团理论的特征，属于典型的农业利益集团，代表农民的利益。农民合作社在维护农民的权益、矛盾疏导等方面具有重大的政治和经济意义，类似于美国的农场主利益集团和日本的农协（闫威和夏振坤，2003）。

现实中，部分农民合作社的领导人是当地人大代表或政协委员，能够切实代表农民的利益参政议政。政府在制定相关政策时也往往会征求当地影响力较大的合作社领导人的意见。同时，不同的合作社通过跨地区联合，成立合作社联合社，更能增加合作社影响力，增加农民收入。然而，我国农民合作社联合社虽然具有一定的政治经济力量，但目前流行的合作社联合社一般都由政府控制，由政府拨款资助，而且部分合作社联合社由供销合作社控股。因此，我国农民合作社由于缺乏自主性和独立性，不是纯粹的利益集团。

农民合作社作为代表农民的利益集团，承担三种职能。①争取政府支持：相对于单个农民个体而言，合作社通过规模效应，在农业基础设施建设和农业技术创新等领域有更多的机会和能力获取政府扶持。②提高市场议价能力：合作社作为利益集团会积极扩宽营销渠道，提高营销能力，打造属于自己的产品品牌。而且，随着市场经济的发展，贸易全球化对合作社提出了更高的要求，如积极融入国际社会、维护自身国际权益、解决贸易争端等。③充当利益诉求的工具：作为利益集团，农民合作社关心社员利益，倾听社员心声。合作社作为农民的集合体，会及时地将社员的利益诉求传达给政府，充当农民和政府之间的沟通桥梁。

上述从利益集团理论视角分析，合作社的组织能力定位于协调自身与外部利益相关者的政治、经济关系，充当利益诉求的工具。总体而言，合作社作为利益集团的组织能力较弱，相关职能远未发挥，一方面我国合作社整体实力较弱；另一方面与历史因素有关，长期以来，农业基础比较薄弱，虽然连续 18 年中央一号文件聚焦"三农"，但距发达国家农业现代化仍有一定差距。因此，要充分发挥合作社作为利益集团的作用，任重道远。

（三）产权理论：合作社组织能力的产权定位

1. 产权理论

产权是指对财产的所有、占用、支配和使用的权利，以及由此带来的收益权和处置权。对产权理论的研究主要分为马克思产权理论学派和西方产权理论学派。马克思产权理论站在历史唯物主义角度，认为在生产力和生产关系的基础上，所有制形式决定所有权的性质，揭示资本主义的发展规律。现代西方产权理论的创始人为科斯，在《企业的性质》中首次提出企业和市场的边界问题，认为市场运行机制存在产权结构的缺陷，在随后的《社会成本问题》中系统分析产权在克服市场失灵、降低社会成本中所发挥的作用。Williams（1986）是从交易费用的成因和性质出发分析产权理论，认为如果产权清晰，交易费用会很小或等于零，市场达到帕累托最优，即著名的科斯定理。随着交易费用理论成为产权理论的核心分析工具，企业内部产权结构逐渐成为西方产权理论研究的重点，如企业的委托代理关系、所有权、控制权与剩余所有权的关系等。

2. 基于产权理论的产权定位分析

《中华人民共和国民法通则》（以下简称《民法通则》）规定：依法成立；有必要的财产或者经费；有自己的名称、组织机构和场所；能够独立承担民事责任，便可取得法人资格。合作社作为农民的经济组织，具备上述四个条件，具有独立的法人资格，拥有合法的法人财产。但是产权理论认为，公有产权的所有者众多，利益多元，容易出现"搭便车"行为，达成一个最优行动的交易成本会很高。因此，公有产权会产生较大的负外部性，降低了资源的配置效率。合作社是由许多农户构成，利益呈现多元化，同时，《农民专业合作社法》规定，"实现一人一票制，成员享有一票的基本表决权"，即任何社员都享有这些权利。因此，合作社作为公有产权，每个社员都只想从中获取利益，而不关心合作社的内部管理和建设，不利于合作社的长期战略发展。

在私有产权下，所有者承担交易的成本和收益，具有正的激励效用。但是，合作社普遍存在成员异质性，即少数核心社员在合作社占有较大的股份，而多数普通社员所占股份较少。从激励效应分析，合作社发展的好坏对普通社员的利益影响不大，而对核心社员的利益影响较大。因此，少数核心成员具有关心合作社发展的动力，而占多数的普通社员会缺乏关心合作社发展的动机（吴彬和徐旭初，2013）。同时，由于社员的异质性，合作社的控制权到底掌握在谁的手中成为一个问题，如果严格按照《农民专业合作社法》规定"一人一票"制，普通社员可能会做出不利于少数核心社员的规定，这不利于发挥核心社员的积极性。因此，异质性的成员结构影响了合作社合理的产权制度安排。

从利益分配视角来讲，合作社每年都会有一部分盈余。盈余价值的一部分留作合作社日后发展的公积金，对于提取公积金部分，法律没有明确规定的提取比例，每个合作社都自行决定，这虽然提高了合作社的自主性，但实际运行中往往存在分配程序不透明、不规范等问题（邓军蓉等，2014）。而且，如何客观准确地衡量每个社员对公积金的占有份额比较困难，尤其是对于那些中途退出或进入合作社的社员，公积金如何分配成为一个重要的问题。特别地，由于普通农户缺乏谈判能力，许多"政策性收益"被少数核心成员所独享（赵晓峰，2015）。因此，随着合作社规模的扩大、公积金的逐年增加，清晰明确地界定这些财产的产权显得越来越重要。

通过对上述产权理论的分析，发现虽然合作社有清晰的法人地位，但是合作社产权界定比较模糊。这也在一定程度上影响了合作社社员的创新精神，限制了合作社组织能力的发挥。

（四）结论

以上基于俱乐部理论、利益集团理论、产权理论，从合作社社员、职能和产权三个方面对合作社组织能力进行定位研究（见图1－2）。从社员定位来看，农民合作社的成立满足了社员的马斯洛需求。然而合作社在发展壮大过程中存在"拥挤"效应，而社员的异质性也决定了合作社作为一种特殊的俱乐部，违背了"Berglas假设"。从职能定位看，农民合作社作为代表农民利益的利益集团，在争取国家支持、提高市场议价能力、充当利益诉求工具等方面发挥重要作用，然而，由于合作社自身规模小、对政府依附较大，缺乏应有的自主性和独立性。从产权定位看，由于公有产权会产生较大的负外部性，农民合作社内存在"搭便车"行为，合作社社员的异质性也造成内部缺乏有效激励机制，尤其是合作社利益分配机制不清晰。

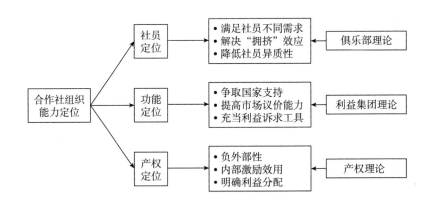

图1－2　农民合作社的组织能力定位模型

农民合作社在增加农民收入、转变农业发展方式等方面发挥着越来越重要的作用。为充分发挥合作社的组织能力，首先有必要对合作社的组织能力进行明确定位。本部分以俱乐部理论、利益集团理论和产权理论为理论基础，从经济学视角对合作社的组织能力进行合理定位。其中，社员定位包括满足社员不同需求、解决"拥挤"效应、降低社员异质性；功能定位包括争取国家支持、提高市场议价能力、充当利益诉求工具；产权定位包括负外部性、内部激励效应、明确利益分配。整体上合作社组织能力有比较清晰的定位，但是也存在许多模糊界限，特别是利益相关者定位和产权定位，这在一定程度上影响了农民合作社组织能力的发挥。基于此，提出以下建议：首先，完善合作社内部治理结构，真正发挥合作社"一人一票"制度，健全合作社的民主管理机制。其次，合作社要注重通过技术创新等途径提升自身实力。同时，政府要通过财政或政策补贴为合作社的发展壮大营造良好的环境。最后，合作社要明晰自身产权，合理、有效地控制合作社社员过度异质化程度，从而提高社员的内部激励效应。

第三节　农民合作社参与农业技术创新的可行性分析

作为一种特殊形态的经济组织，合作社已成为公共部门、私人部门以外的第三部门的重要力量，发挥社会可持续发展的平衡器作用（黄祖辉和徐旭初，2006b）。作为一种典型的共营企业，农民合作社在为广大社会弱势群体提高市场竞争中的地位，减少营利性企业对农民的盘剥，降低交易成本、实现规模经济方面发挥了重要作用（徐旭初和吴彬，2010）。首先，合作社通过履行其成员协议，降低了由资产专用性引起的交易成本（Royer and Sanjib Bhuyan，1995）。其次，农民合作社能够通过开拓市场，消除产品供给方和需求方的信息不确定性，按惠顾额返还机制等方式应对市场不确定性，降低农民的交易风险（Sexton and Iskow，1988）。最后，合作社通过引进新品种、开展业务培训、推广新技术等方式提高农业生产效率和产品质量（Staatz，1984）。

建立完善的农业技术创新体系，以适应和推动农村和农业发展，是实施"科技兴农"战略，推进乡村振兴的一个重要举措。目前，农业创新体系的建设已经引起了政府部门和学术界的关注，建设过程中取得了很大的成效，然而仍存在很多问题：①已有的农业技术创新体系中，政府通过技术服务中介组织，或直接与农民进行对接的方式实施农业技术创新，导致技术提供部门不能很好地掌握农民的真正技术需求。一方面，农业技术创新部门提供的创新技术与农业实际生产相脱离，农业科技成果的市场转化率低；另一方面，作为农业科技需求主体的农户无法获得真正需要的农业技术。②在农业技术的扩散过程中，由于新技术异质性，要使新技术能够有效地实现扩散和传播，其前提是传播方和接收方具有一定的同质性（M. Rogers and K. Larsen, 1988）。在目前的农业技术扩散体系中，由于政府、技术服务中介组织、农民三者之间的异质性，存在较大的技术知识、技能的差异，导致农业创新技术难以扩散，或扩散缓慢，严重制约了农业科技成果的市场转化率。③在实施创新技术之后，技术创新获得的收益必须在农民、农产品消费者和农业要素提供者三者之间进行分配。由于农户经营规模小、农民自身素质低的制约，使农民在三者中处于劣势地位，导致农业技术创新不一定能够增加农民收入。因此，在推动建设农业技术体系、促进农业技术升级方面，必须有一个代表农民的中介组织，解决目前农业技术创新体系中的问题。

我国以政府为主导的科技创新体系面临着严峻挑战，农民合作社在促进农业科技创新等方面的作用日益显著（李中华和高强，2009）。从组织制度角度，合作社不但能够参与公共决策，而且是实现农业科技创新体系社会化的重要前提，尤其是农业技术推广体系的重要组成部分（国鲁来，2003b）。从技术效率视角，合作社能够提高农业技术推广效率、降低推广成本（国鲁来，2003a）。同时，合作社参与农业科技创新能够提高社会福利，降低农产品原材料价格（Drivas and Giannakas, 2006, 2007；Giannakas and Murray E. Fulton, 2003）。从技术创新视角，合作社除了能够进行技术的引入和推广外，相当多的合作社能够进行合作创新，少部分合作社甚至能够进行自主创新，能够加快农业技术创新的步伐（罗建利和仲伟俊，2009；龚春红，2006）。因此，合作社能够有效掌握农民的技术需求，促进农业技术引进和推广应用，加快农产品的标准化生产，提高农业科技成果的转化率，完善农业科技创新体系（李中华和高强，2009；潘代红，2009）。

浙江省于 2005 年、国家于 2007 年分别颁布农民合作社条例等相关法律之后，合作社发展进入了一个新的阶段。农民合作社为社员提供了农资供应、产品销售、市场信息、技术交流等各类服务，部分解决了农户分散小生产与大市场的对接问题，在农民增收、农业增效、农村发展方面发挥了很好的作用（孔祥智，2005；廖小静等，2021；徐旭初，2005）。合作社的健康运行是实施"科技兴农"战略，建立完善的农业技术创新体系，建设社会主义新农村的一个重要实现途径。因此，农业技术创新体系的建设不能忽视合作社的作用。

由于我国从2007年才从法律范畴确立合作社的法人地位，当前农民合作社发展还很不成熟。因此，大部分合作社在农业技术创新体系中没有发挥应有的作用。同时在农业技术创新体系的建设过程中，也没有真正将合作社纳入农业技术创新体系中去。本部分在明确合作社参与农业技术创新体系建设的必要性及制度意义的基础上，根据合作社技术创新的模式，分别从引进再创新、合作创新和自主创新三个方面探讨了合作社在农业技术创新体系中的作用机制。

一 合作社能够解决技术创新成果与农民技术需求的矛盾

在现有的农业技术创新体系中，政府通过技术服务中介组织，或直接与农民进行对接的方式实施农业技术创新，导致技术提供部门不能很好地掌握农民的真正技术需求。一方面农业技术创新部门提供的创新技术与农业实际生产相脱离，农业科技成果的市场转化率低；另一方面作为农业科技需求主体的农户无法获得真正需要的农业技术。

Yujiro 和 Ruttan（2000）指出，在农业公共技术创新体系中，农民合作社和传统利润最大化企业关于价格信号对技术创新的诱导存在较大差别。①社会对于农业公共创新技术的需求，无法通过市场价格直接表达，而是要通过要素和产品之间相对价格间接表达。②单一公共技术创新主体没有意识地对价格信号或农民需求做出反应；公共技术创新行为的驱动力刚开始来自追求学术成就和社会名誉的动机，之后才来自创新成果的公共应用。因此，在价格信号无法对公共技术创新供给产生有效诱导的情况下，需要在市场机制框架之外寻求实现供需双方有效结合的办法。

通过分析美国和日本的实践，Yujiro 和 Ruttan（2000）认为，公共技术创新供给的有效诱导，只有提高农民的组织化程度和政治影响力，技术使用者、技术创新者和机构管理者之间的相互作用才是最有效率的。农民组织化程度的提高，促使公共技术研究部门能够重视农民的技术需求。根据世界各国的实践，农民合作社是代表农户利益，并能有效影响公共选择和公共技术创新体系的组织。总之，农民合作社作为代表农民的组织，能够提升公共决策过程中农民的影响力，是实现农民创新技术需求与研究部门创新技术供给的有效结合，是诱导技术创新活动持续开展并不断深化的必要条件。

二　合作社能够保护农民参与农业技术创新的收入分配

农业技术创新能够为农民、消费者和农业生产要素供应方带来额外的收益，然而由于创新收益需要在三者之间进行分配，因此农业技术创新不一定会增加农民的收入（李伟民和薛启航，2019；秦德智等，2019）。为了避免农业技术创新收益过多地流向消费者和农业生产要素供应方，使农民得到应有的创新收益份额，从而激励和保护农民使用创新技术的积极性，需要一种代表农民的社会组织。农民合作社作为一种制度创新，其出现的目的是代表经济上弱小的农民也有能力参与分享，并且增加农业技术创新所带来的额外收益。一方面，农民合作社能够影响政府农业政策的制定和实施；另一方面，农民合作社能够带领农民分享农业技术创新收益。通过协助组织农产品销售和提供农业生产资料等方式保护农民的经济利益，使农业剩余尽可能多地保留在农民手中。例如，在农产品流通领域，农民合作社通过统一采购农业生产资料、统一销售农产品等方式，提高小农户的溢价能力，防止核心企业的垄断。

三　合作社能够提高农业技术创新的扩散效率

M. Rogers 和 K. Larsen（1988）认为，由于不同技术之间（包括新旧技术）存在较大的异质性，接收方通常无法在短时间内使用并掌握新技术，导致新技术扩散缓慢；新技术能够有效实现人际传播和扩散的前提是传授双方都有一定的同质性。因此，为了提高新技术的扩散速度，需要利用同质的人际关系，通过对异质新技术的认同、接受、消化和吸收等过程，完成新技术的扩散。由于农业创新技术的异质性，作为技术使用者的农户在应用创新技术上存在较大的风险和不确定性；为了提高创新技术扩散速度，农村能人的作用显得极其重要（罗建利等，2019；范凯文和赵晓峰，2019）。

在农业技术的扩散过程中，由于新技术异质性，要使新技术能够有效地实现扩散和传播，其前提是传播方和接收方具有一定的同质性（M. Rogers and K. Larsen，1988）。在目前的农业技术扩散体系中，由于政府、技术服务中介组织、农民三者之间的异质性，他们在技术知识和技能方面存在较大的差异，导致农业创新技术难以扩散，或扩散缓慢，严重制约了农业科技成果的市场转化率。因此，必须由农民自身来推广和扩散农业创新技术，农民之间相同的社会背景和社会关系结构，其同质性更加能够加快对创新技术的认同、接受、消化和吸收，提高农业创新技术的推广效率和效果。部分农村能人作为技术传播和推广者，了解农村乡情和农民的实际技术需求，通过"能人效应"进行农业创新技术推广更容易为农民所认同和接纳（董杰等，2017）。

在农业创新技术的推广中，农民合作社具有其他推广组织和推广手段所难以替代的作用。①农民合作社的组织制度安排决定了合作社管理者和普通社员具有相同的社会背景，从事类似的农业生产，追求相同的农业生产利益，具有很强的同质性。②农民合作社的管理者既是同一区域内的农民，又是农业生产中的"技术能人"或"乡村精英"，他们能够掌握普通社员或农户的生产实际和利益诉求。因此，他们的决策更容易被普通社员或农户所接受。③农民合作社的民主决策机制能够保障普通社员的决策权利，合作社内部创新技术的选择和使用能够反映大部分社员的利益诉求和意志。因此，农民合作社的组织制度安排，以提升全体社员的收益为目标，这种制度设计能够降低创新技术获取和实施的沟通成本和交易成本，提高创新技术实施的效率（国鲁来，2003a）。总之，构建高效的农业技术创新体系，有赖于农民组织化程度的提高；农民合作社通过组织广大分散的农民，是现代农业技术创新体系的重要主体。

第四节　本书结构和主要内容

本书主要分为五大部分和 10 个章节。第一部分在分析农民合作社性质的基础上，探讨合作社与传统利润最大化企业之间的区别；在此基础上，进一步分析农民合作社技术创新的可行性；基于农民合作社特殊的组织性质，需要构建合作社这类组织的技术创新理论。第二部分在农民合作社技术创新制度分析的基础上，阐述了农民合作社的技术创新特征；以国内技术创新能力较强的 40 个合作社为研究对象，分析农民合作社技术创新模式，包括引进再创新、合作创新和自主创新；利用 QCA 方式分析了三种技术创新模式的影响因素及其组态，从而构建农民合作社技术创新模式的理论分析框架。第三部分包括 3 个章节，分别探讨了农民合作社引进再创新、合作创新和自主创新的主要方式、实现机制和绩效等。第四部分在第三部分探讨三种技术创新模式的基础上，提出了以技术创新推动农民合作社高质量发展的政策倡导。第五部分分别从技术溢出、技术创新风险和技术推广三个方面对农民合作社技术创新进行了专题分析。

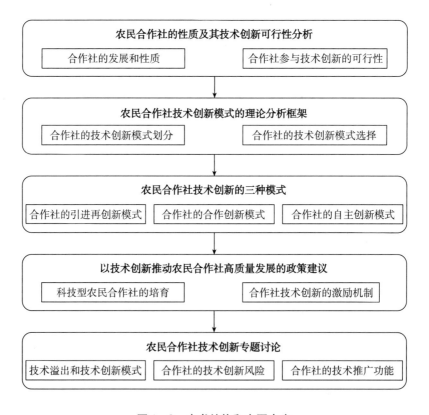

图 1 - 3　本书结构和主要内容

（1）农民合作社的性质及其技术创新可行性分析。第一章绪论在文献综述的基础上，探讨了农民合作社的发展历史、组织性质和组织能力，进一步对农民合作社参与技术创新活动的可行性分析。本章主要从合作社的办社原则出发，分析了农民合作社与传统利润最大化企业在企业目标、决策机制、雇佣形式和分配方式等方面存在的区别；并从俱乐部理论、利益集团理论和产权理论三个角度阐述了农民合作社的组织能力；最后从解决技术需求矛盾、保护农民技术创新收益、提高技术创新扩散效率等方面探讨了农民合作社参与技术创新的可行性。

（2）农民合作社技术创新模式的理论分析框架。第二章通过对国内技术创新能力较强的农民合作社进行案例分析，结合合作社的组织特征，探讨了农民合作社技术创新的主要特征。在此基础上，借鉴传统企业的技术创新理论，构建农民合作社技术创新模式的理论分析框架。该分析框架将农民合作社的技术创新模式分为引进再创新、合作创新和自主创新三种，分别从合作社的内部因素、外部因素和待开发技术特点三个方面系统研究了农民合作社技术创新模式选择的影响因素。

（3）农民合作社技术创新模式选择的影响因素。第三章综合运用扎根理论和 csQCA 方法，分析了农业科技创新体系中合作社的技术创新模式及其影响因素。研究发现，农民合作社的技术创新模式主要包括自主研发、合作研发和引进再创新三种模式。影响合作社技术创新模式选择的因素包括合作社情境、技术情境与环境情境。其中合作社情景因素包括合作社领导、合作社技术创新人才、技术创新资金和合作社的外协资源。技术情境因素包括技术研发成本、技术不确定性和技术距离。环境情境因素包括市场环境和政府支持。合作社引进再创新、合作创新和自主创新并非受单一因素的影响，而是受不同因素组合的影响，且不同因素之间相互关联。

（4）农民合作社的引进再创新模式。第四章通过理论推导和案例分析，从技术引进方式（成套设备、优良作物品种）、技术来源（高校和科研院所、企业）、技术引进主导主体（合作社主导型、政府主导型、技术供应方主导型）和技术溢出率（高、低）等方面探讨农民合作社技术引进的模式划分。在此基础上，探讨不同技术引进模式的特征及其影响因素。

（5）农民合作社的合作创新模式。第五章通过案例分析，采用6C家族模型，抽象出109个概念和14个范畴，分析农民合作社参与产学研合作动机、条件、绩效、形式及其相关关系。进一步运用多案例研究方法分析合作社进行产学研合作创新方式的实现机制。在此基础上，运用扎根理论，以8家合作社作为样本，通过开放编码、轴心编码和选择编码，具体分析合作社产学研合作模式、影响因素与绩效。

（6）农民合作社的自主创新模式。第六章通过多案例研究，构建了合作社实施自主创新的主要模式（技术能人主导模式和合作社主导模式）。在此基础上，探讨合作社实施自主创新的影响因素（人力资本、结构资本和社会资本）。其中，从人力资本角度，合作社社长强化合作社自主创新能力，普通社员弱化合作社自主创新能力。从结构资本角度，组织制度强化合作社自主创新能力，组织文化弱化合作社自主创新能力，组织营销能力强化合作社自主创新能力。从社会资本角度，政府支持、产学研合作和市场环境能够强化合作社自主创新能力。同时进一步利用问卷调查，通过计量方法深入探讨不同影响因素对合作社自主创新模式的影响强度。

（7）以技术创新推动合作社高质量发展的政策建议。为了建立科技型合作社，实施科技兴农战略，第七章首先采用现有科技型合作社的特点和申报原则，界定了科技型合作社的内涵和特征。并从共营企业的新古典经济学学派、产权经济学学派、交易费用经济学学派、企业治理学派分析了科技型合作社进行技术创新激励的制度分析。在此基础上，以西班牙蒙德拉贡合作社为例，探讨了科技型合作社的培育对策，并提出相应的激励机制。

（8）农民合作社技术创新的溢出效应。第八章从技术溢出角度探讨了农民合作社的技术创新模式和创新绩效等。农业技术创新的独特性和农民合作社的企业特性决定了合作社技术创新禀赋独特。从技术溢出和技术获取模式两个构念出发，将合作社技术创新模式分为草根社会创新、草根商业创新、引进社会创新和引进商业创新四种类型。在此基础上，从经济、社会和环境三重底线分别探讨了合作社四种技术创新模式的创新绩效和政策倡导。

（9）农民合作社的技术创新风险。第九章探讨了农民合作社技术创新的风险范式、风险评估和风险防范。首先从技术因素、外部环境因素、合作社自身因素三个维度探讨了农民合作社的技术创新风险范式。其次，在三个风险维度的基础上，利用粗糙集和信息熵相结合的方法确定各个风险指标的权重，并运用模糊综合评价方法确定参与农业科技创新的风险系数。最后，基于三个风险维度，提出了具体的风险防范策略。

（10）农民合作社的技术推广职能。第十章主要分析了农民合作社的技术推广功能、技术推广绩效，及其在农业标准化中的作用。基于"三重底线"理论，分析技术来源、社会嵌入与农业技术推广绩效之间的关系。将农业技术来源分为政府推广技术、引进技术、联合开发技术和自主创新技术。在此基础上，探讨不同类型技术来源的关系嵌入和结构嵌入，及其对技术推广绩效的影响机理。农业技术标准化是提高农业技术推广效率的关键，从资源基础观和资源依赖理论视角，提炼出农业标准化中合作社的作用及其影响因素。

第二章

农民合作社的技术创新模式划分

改革开放以来，中国一直在坚定不移地推动农村经济改革，我国农业与农村经济发展发生了深刻的变化。20世纪90年代以来，随着农产品市场格局逐步由卖方市场向买方市场转变，家庭联产承包经营遇到了很大障碍。合作社的发展解决了农户分散小生产与大市场的对接问题，为社员提供了农资供应、产品销售、市场信息、技术交流等各类服务，在农民增收、农业增效、农村发展方面发挥了很好的作用（万俊毅和曾丽军，2020；孔祥智，2005；徐旭初，2005）。

我国农业与世界农业接轨，农产品科技含量的高低直接影响了产品的市场竞争力。一些进口国为保护本国农产品，设置各种非关税壁垒，加大了我国农产品出口的难度。因此，在现有的制度框架下，为了增强我国农民合作社在国内及国际市场上的竞争力，增加农产品科技含量，积极实施"科技兴农"战略，技术创新成为目前合作社在经营和发展过程中最为重要的部分，技术创新模式的选择问题对合作社实施技术创新战略至关重要。

本章利用案例分析，构建了农民合作社技术创新模式选择的理论分析框架，为后续研究提供理论基础。通过对40多家科技型合作社进行个案分析，讨论了农民合作社技术创新的具体特征，并结合共营企业理论、新古典经济学理论、企业治理理论，系统研究了农民合作社技术创新模式选择的主要影响因素。首先，从新古典经济学理论、产权经济学理论、交易费用经济学理论和企业治理理论等，对农民合作社技术创新进行了制度分析；其次，借鉴传统企业技术创新的特征，结合合作社的独特性，探讨了农民合作社技术创新的主要特征；最后，利用多案例分析，讨论了合作社技术创新模式的划分，并分别从合作社的内部因素、外部因素以及待开发技术特点三个方面，结合现阶段农民合作社发展的特点，系统分析了农民合作社技术创新模式选择的主要影响因素。

第一节 农民合作社技术创新的制度分析

农民合作社是一种劳动雇佣资本，以劳动者为主体的组织，其资产属于集体所有。绝大多数合作社实行一人一票制和民主管理原则，以追求社员利益最大化为目标，而不是追求合作社整体利润最大化为目标，采用"惠顾返还额"的形式分配利润。合作社的产品一般是农产品、手工业品、奶制品。根据合作社的上述特点，结合 Ward（1958）的共营企业（Labor – managed Firms）组织理论和 Dow（2003）的企业治理理论，合作社是一种典型的共营企业。

相对于家庭联产承包责任经营，农民合作社具有较强的优势，有利于改变农民在市场竞争中的弱势地位。首先，通过规模经济，合作社提高了农民在农产品市场中关于原材料购买价格和农产品销售价格等方面的谈判地位。其次，农民合作社更有利于引进新技术或自主创新，提高农产品的科技含量，促进农业产业结构的战略调整和升级。再次，通过集中合作社的力量，有利于涉足农产品加工领域，取得更多的市场份额和加工增值效益。最后，农民合作社有利于建立销售网络，拓宽销售渠道。

合作社作为共营企业的一种组织形式，相对于古典经济学中的利润最大化企业，具有一定的效率和优点，同时也存在很大的不足。杨瑞龙和卢周来（2005）将共营企业理论的研究框架分为四种，分别为新古典理论、产权学派理论、交易费用经济学理论和企业治理理论。借助于杨瑞龙和卢周来（2005）的共营企业研究框架，对合作社制度的优点和缺点进行系统的分析。

合作社作为一种典型的共营企业，是否具有进行技术创新的激励。下面将从共营企业的新古典经济学理论、产权经济学理论、交易费用经济学理论和企业治理理论方面出发，对合作社技术创新的激励进行分析。

一 从新古典经济学理论分析合作社制度的优缺点

以 Ward—Domar—Vanek 模式的共营企业的新古典理论为研究基础，罗建利分别研究了共营企业的技术创新战略（罗建利，2011），存在技术吸收能力的技术创新战略，以及存在技术创新风险的技术创新情况下，共营企业和利润最大化企业在最佳企业规模和创新投资水平之间的区别（Luo and Zhong，2009a，2009b；罗建利和仲伟俊，2010）。结果表明，在相同条件下，共营企业的规模一般低于传统的利润最大化企业，而其技术创新投入或技术创新激励高于利润最大化企业。相对于利润最大化企业，合作社倾向于投入更多的资金进行技术创新。因此，从新古典理论角度分析，合作社是更具有激励作用的制度设计来实施技术创新的。

新古典理论假设共营企业的目标为追求员工收益最大化，切实保护员工的利益。当市场上存在单一共营企业，生产一种产品，两种投入要素（劳动力 L 和资本要素 K），产量为 Q，价格为 P，劳动力工资为 w，资本边际成本为 r。则企业理论为：

$$\pi = PQ - rK - wL \qquad\qquad (2-1)$$

而员工平均利润为：

$$V = (\pi + wL)/L = (PQ - rK)/L \qquad\qquad (2-2)$$

研究得出共营企业在短期内存在如下现象：①"就业不足"现象。当利润为正时，共营企业就业比同类的利润最大化企业规模小，可能导致共营企业经济体出现就业不足的缺陷。②"反常供给反应"——沃德效应。在短期内，共营企业的供给曲线是向右下倾斜的，企业对价格的反应出现反常现象，即当价格上升时，供给反而减少。

从长期分析看，存在如下现象：①规模收益不变时资本对劳动的替代。相对利润最大化企业，如果产品价格上升，共营企业会选择资本更为密集型的生产技术，即产品价格变动会通过提高劳动力成本直接影响生产技术的选择。企业会做出相应的反应，即用资本代替劳动力。②长期供给不变：共营企业的长期供给曲线的弹性无穷大，即不会因产品价格发生变化而调整产量。

因此，从新古典理论角度出发，共营企业主要存在就业不足和反常供给反应等缺陷。合作社虽然是一种共营企业，其自身在劳动者就业和产品供给方面还存在一定的特殊性。首先，整个合作社体系中不仅仅只生产一种产品，而新古典学派假设企业在短期内垄断的共营企业只用一种投入而且只生产一种产品，因此上述关于单个合作社的模型不能推广到整个合作社经济体中。而且一般很少有合作社处于垄断地位。其次，从合作社的自身角度考虑，不存在就业不足现象。因为按照上述模型，即使合作社的成员数减少，其退出的成员仍然可以以家庭为单位生产同样的产品，不存在失业，也就不存在就业不足现象。对于反常供给现象，当价格上升时，合作社的产量降低，即合作社的成员数减少，在合作社内也不会发生。因为即使该合作社成员数减少，由于产品生产进入门槛比较低，退出的成员面对产品价格上升，仍然会以家庭为单位或组建另一个合作社生产同样的产品，至少产量不会降低。

二 从产权经济学理论分析合作社制度的优缺点

产权学派的主要观点是模糊的个人所有权将导致共营企业出现投资不足，比如合作社内部的公共积累不足，以及外部的融资问题。

（一）合作社内部的公共积累不足，缺乏内部投资

造成合作社内部公共积累不足的主要原因是由于"期界问题"引起的。"期界问题"指共营企业现任员工在他们计划离开企业后从其投资回报中得不到收益，因此共营企业想靠牺牲当前的工资来进行内部资本积累将是困难的。即在企业内部，投资只能通过企业剩余的提留来筹集。根据"期界问题"的基本模型（Tortia，2001）和模型的扩展（Zafiris，1982），在所有权属于集体、个人所有权弱化的情况下，会造成员工投资不足，而且员工预计成员资格期限越短，"投资不足"程度越大。

合作社的产权界定不清晰主要表现为公共产权和投资收益权。①公共产权：由于农民合作社实行自愿和开放的社员资格制度，为防止社员随意退出造成内部资金和生产不稳定，大部分农民合作社规定一部分社员股金和部分合作社盈余来作为公共积累，即使社员退出合作社也不能带走。农民合作社的共有产权会造成合作社内部成员对共有财产过度使用"公地悲剧"，即合作社内部成员会倾向于对共有财产的过度使用。另外，由于外部成员加入合作社时，新社员可与老社员享有同样的投资和惠顾权，新社员可以无偿地与老社员分享共有财产，会导致产权的稀释。这种制度设计激发了外部人攫取合作社资源的动机，导致人们在合作社成立之初、效益较差时，持观望态度，而在合作社经营效益较好、积累增加时加入合作社。②投资收益权：由于合作社的收益权必须与投资者对合作社的惠顾相联系，通过惠顾额返利间接体现，这会导致社员缺少投资激励。

因此，从产权经济学角度，技术创新作为一种企业内部的风险投资，具有较大的风险性。而且技术创新的投资收益权具有模糊的产权界定，社员往往更多地会采取年度的分红获得短期收益，缺少技术创新的投资激励。

（二）合作社的外部融资存在道德风险和逆向选择

产权学派还对共营企业外部融资进行了研究，指出共营企业存在内部投资不足。其原因在于共营企业内部缺乏私人所有权，工人获得外部融资存在道德风险和逆向选择问题，导致共营企业试图从资本市场上获得融资十分困难。

合作社作为一种共营企业，很难通过资本市场获得资本，使合作社无法通过商业银行获取贷款。①由于资本市场上的道德风险，银行往往把合作社置于机会主义之下。合作社社员有可能通过过度地提高工资将贷款转移为个人收益，或把贷款投资到高风险高回报的项目中去。②由于信用市场的道德风险，加上合作社缺乏实物资产作为抵押品，很难找到一种使银行相信他们没有机会主义的证据，从而限制了合作社的贷款能力，而且一旦合作社无力偿还贷款，银行将收回成员的个人抵押品，造成合作社员个人财产丧失，使社员承担较大的投资风险。因此，当缺乏技术创新资金时，合作社试图从外部资本市场取得贷款尤为困难。

三 从交易费用经济学理论分析合作社制度的优缺点

Williams（1986）认为，交易费用经济学的核心是根据不同的组织结构来选择不同的交易方式，可以节省交易费用，即只有节省交易费用的经济组织才是有效率的。在农产品投入和农产品的销售与加工领域，很多情况下是农民合作社和利润最大化企业共存，两种企业组织共同发挥作用。因此，根据 Williams（1986）的观点，合作社和利润最大化企业在交易费用方面应该各有优缺点。农民合作社的交易费用主要包括市场交易费用和所有权成本，与传统利润最大化企业存在较大的不同，具体如表2-1和表2-2所示。

表2-1 农民合作社和传统利润最大化企业的市场交易费用比较

市场交易费用	农民合作社	利润最大化企业
监督成本	低	高
锁定问题	效率高	效率低
策略性行为	可以降低或消除由于信息不对称造成的普通员工和管理层在谈判过程中增加的双方达成协议的交易费用	很难消除
偏好传递	可以针对员工的不同要求设计一个最有效率的经济报酬和工作条件组合	有些员工的个人偏好信息可能无法准确无误地传递给管理层
异化	同质性比较强，内部级别划分也比较简单	同质性较弱，内部级别划分比较复杂

表2-2 农民合作社和传统利润最大化企业的所有权成本比较

所有权成本	农民合作社	利润最大化企业
代理成本	更能降低所有权和控制权相分离造成的代理成本	很难降低
风险承担成本	员工风险承担能力弱	投资者风险承担能力强
集体决策成本	高	低

因此，与传统利润最大化企业相比，农民合作社在市场交易费用上有很多优势，但如此高的集体决策成本成为农民合作社发展的制约因素。

自合作社产生以来，经过100多年的发展，形成了合作社与利润最大化企业共存的局面，而且合作社经济在某些领域（如农产品投入品和农产品的销售加工领域）占有重要的地位。同时，合作社也仅仅占经济总量的一小部分，即使在合作社发展最充分的领域，也未能占领整个产业。

合作社的优势在于采用有效的方式将农业生产纳入合作组织内部，

降低了与生产者进行交易时的交易成本。同时合作社又是一种高成本的组织，节约的交易成本和增加的内部组织成本之间的权衡决定合作社的生存空间。与利润最大化企业相比，农民合作社的组织结构介于市场和科层之间。从企业内部监督和管理成本的角度看，在与农民的交易中，农民合作社比利润最大化企业更有利于节约交易成本的制度安排。把交易从市场转移到企业内部不能保证一定会降低交易成本，因为在减少了市场交易成本的同时也增加了内部监督管理的成本。因此，要实现管理成本的节约还必须解决企业内部监督和管理的效率。在农业生产过程难以监督、农产品质量难以鉴定的领域，由合作社来实现前向一体化更有利于节约管理成本。而且合作社的纵向一体化是部分的，生产过程中社员仍然保持相对的独立性。

在资产专用性较高，而流通和加工竞争又不是很充分的领域，合作社的效率比利润最大化企业高。在信息不完全或不对称程度较高的领域，如关于农产品的质量信息，一般鉴定成本较高，此时在产品质量鉴别和信息传递方面，合作社比利润最大化企业更有优势。在农产品的生产和交易过程中，有相邻交易者的行为可能使农业投入品的质量或产品品牌受到损害时，合作社将外部交易内部化更加具有效率性。

然而，合作社也存在很大的缺陷，主要是内部协调成本过高。在合作社内部，社员面对个人利益和集体利益的选择，很容易陷入"囚徒困境"，如生产过多的产品，导致产品价格下降。同时，为了维系合作社社员之间团结、信任和合作，必须付出更高的组织成本。另外，社员的数量增加和社员间异质性程度的增加，将导致合作社的效率大大降低。

四 从企业治理理论分析合作社制度的优缺点

Dow（2003）认为，区分不同组织形式的标准是控制权，而不是所有权。共营企业和利润最大化企业之间的区别最终都可归结为与正式的控制权相关的问题：谁选举董事会？如果是资本提供者，就是利润最大化企业；如果是劳动力提供者，就是共营企业。Dow（2003）还明确了他对共营企业的偏爱，指出共营企业组织形式具有民主、人性化、平等、尊严、共同体等优点。主流经济学和当前的利润最大化企业制度之间存在一种自我增强的机制。即主流经济学越偏向利润最大化企业，就越忽略共营企业的发展。在对已有典型共营企业的案例分析基础上，Dow（2003）指出，共营企业是有效率的，并且能够存在。①经验事实表明共营企业在特定的市场环境反复出现过。②将效率作为共营企业的主要特征无法解释一种组织形式向另一种组织形式过渡。如什么条件利润最大化企业会由职工买断，什么条件下共营企业会被其传统投资者出卖。③如果资本和劳动在物质和制度方面的投入完全对称，那么就不应该先入为主地认为观察到的组织产出会不对称，尤其没有理由预期共营企业和利润最大化企业效率上的差别。

在解释为什么共营企业罕见时，Dow（2003）认为，当资本和劳动完全对称时，共营企业和利润最大化企业之间没有区别。共营企业比利润最大化企业罕见的原因是由于监督和工作激励问题、融资和投资激励问题、集体选择问题。如果能够建立共营企业的成员资格市场，允许离开共营企业的成员在其成员资格被卖出时通过将其价值计算成价格，获得其未来回报的现值，就可以解决共营企业目前存在的问题。如共营企业存在和发展最关键的是与投资相关的期界问题、反常供给问题和投资激励问题。现有的共营企业成员资格市场比共营企业自身还要稀少。但确实存在成员资格市场的例子，如美国西北太平洋胶合厂的案例。而资本和劳动的不对称表现在两个方面：一是工人无法多样化其劳动（同一时期不能拥有多份工作），而资本家可以将其资本投入多样化；二是劳动力是高度异质型投入，而金融资本是同质的。

Ben-Ner（1984）关于组织生命周期的相关观点可视为对 Dow 的观点的补充和完善。他认为，成功的共营企业在一个生命周期后倾向于退化为利润最大化企业。其原因是在有利可图的共营企业中，在任的成员宁愿通过雇用新的雇员，而不愿意外部成员加入分享企业利润。但如果共营企业存在完全平滑的成员资格市场，新申请加入者有义务付费给现任成员以精确补偿他们与新的同伴分享利润造成的损失，这一问题将消失。即成员资格市场完善时，可以防止共营企业退化。

第二节　农民合作社的技术创新特征

自 2000 年迄今，我国的专利申请量以年均 20% 以上的速度增长，

2006年跃居世界第一位。然而，中国的"问题专利"和"垃圾专利"占了所有授权专利的80%以上，这说明我国很多专利无法付诸实践。而合作创新能够从根本上解决农业创新成果的应用问题。因此，在农业技术创新领域，政府应该积极倡导高校、科研机构与农民合作社进行合作创新。

一　农民合作社的技术创新的通用特征

农民合作社主要经营种植业、畜牧业、手工业和农产品等行业。其技术创新按内容分为产品创新和工艺创新，其中产品创新是指企业提供某种新产品或新服务，包括新的农产品、新的工艺品等。工艺创新则是指企业采用某种方式对新产品及新服务进行生产、传输，主要是企业研究和采用新的或有重大改进的生产方式，从而提高劳动生产效率、降低原材料及能源消耗或改进现有产品生产，从而最终实现企业产出的最大化的创新活动，如农产品或手工品加工方法的改进，对畜牧业养殖方法的改善等。合作社的技术创新具有一般企业技术创新的共同特点，如风险性、外部性、时间差异性和一体化等性质（孙红霞等，2019；杨国忠和陈佳，2020）。

（一）技术创新的风险性

技术创新风险主要包括市场风险和技术风险。市场风险是指由于创新产品不适应市场需求变化而导致的未被市场充分有效地接受的风险。主要包括新产品性能、稳定性或消费者惯性等因素一时难以被市场接受；市场需要开拓且难度较大；因价格等原因市场需求不旺或增长过快；市场定位不准，营销策略、营销组合失误；新产品寿命短或开拓的市场被更新的产品替代，不同性质的创新产品，市场风险不同。技术风险包括技术开发难度大，关键技术预料不足；技术知识无法获得；关键技术难以突破；存在技术障碍或技术壁垒；实验基地、设备和工具缺乏。此外，技术创新还包括财务风险、政策风险、生产风险和管理风险等（杨国忠和陈佳，2020）。

（二）技术创新的外部性

技术创新的外部性在农民合作社中主要体现为非社员能够从合作社的技术创新行为中获得收益而不需要支付相应的报酬。农民合作社的创新技术通过技术扩散传播到外部非社员农户中，主要反映在技术的外部性、市场的外部性、创新的利益外部性方面（郑阳阳和罗建利，2020）。

（三）技术创新时间的差异性

不同层次的技术创新所需的时间因其性质不同而异，在农业技术创新中，合作社内部的农业生产工艺改造属于短期创新；从外部引进新技术进行应用开发属于中期创新；而从事农业技术研究的创新则属于长期创新（Luo，Guo and Fu，2017）。

（四）技术创新的一体化

当前农民合作社处于发展初期，大部分合作社不具备自主创新的能力。因此，农民合作社的技术创新体现为政产学研一体化发展趋势，通过各种创新主体的优势互补，保证农业技术创新的实施。另外，在合作社内部，合作社技术研发人员或技术能人在农业技术开发环节、农业技术应用和生产环节形成一体化。

二 农民合作社的技术创新的独特特征

根据合作社的上述特点，结合 Ward（1958）的共营企业组织理论和 Dow（2003）的企业治理理论，合作社是一种典型的共营企业。合作社由于其产品的特殊性，加上合作社作为一种共营企业，其技术创新也与以往研究的企业——利润最大化企业的技术创新有所不同。归纳起来，合作社的技术创新主要包括以下特征：

（一）创新产品的生命周期越来越短

近几年来，随着农业科学技术的发展，尤其是基因技术、生物技术、杂交技术的发展，与国外品种的引进，一些产量比较低，质量和营养价值不高的农产品逐步被新品种代替。由于技术创新，现在的农产品不像以前，一种农产品可以耕种几十年甚至几百年。现在各地农民为了提高收入，纷纷引进不同地区的新品种，以及采取技术创新种植换季产品。如果利用创新技术种植不同地区的产品，以及种植不同季节的产品，对于增加农民收入是至关重要的。因此，随着新品种的更新速度日益加快，以往的品种也逐步退出市场，其生命周期也日益缩短。

（二）以公共部门创新引领自主创新

很多农业创新技术主要是被作为公共品来供给的，农业创新技术具有公共产品的属性。因此，农业创新技术被作为公共产品来由政府供给，从而实现农业技术创新的社会化。农业部门的创新，尤其是基础研究，基本上是由高校、国家科研机构负责，应用研究重点由国家分设机构和地方科研机构负责，开发研究重点由合作社或协会组织的研究机构负责。根据农业科研任务性质以及公益性程度不同，国家、地方政府、合作社分级办科研，各负其责，协调配合，已经成为一种农业科研趋势。美国农业部（USDA）统一负责美国农业技术创新各环节工作的协调。法国政府农业管理部门主要是国家农渔业部及地区、省农林业厅，地区和省农林业厅长均由国家农渔业部长任命，垂直式领导体制保证了全国上下协调一致。荷兰政府对农业实行一体化行政管理，包括"从田间到餐桌"的全过程。韩国农村振兴厅统一负责全国农业技术研究和推广工作，同时还承担农村生活指导以及农场主的培养和农业公务员的培训等。印度联邦农业和农村发展部负责农业和农村的发展工作。

（三）合作社技术创新的知识产权保护相对薄弱

由于合作社所涉及的技术创新一般是由公共部门引导，即使是合作社内部的自主创新或合作创新，其知识产权保护意识比较薄弱。尤其是作为合作社内部成员缺乏专利保护意识，造成其他合作社或私人企业可以无偿获取其创新成果，大大降低了合作社进行技术创新的积极性。

第三节　农民合作社的技术创新模式

所谓技术创新模式，是指企业根据其经营战略和技术创新战略，针对具体的技术创新项目，确定项目实施的具体目标以及所需科技资源和能力的主要来源与利用方式，明确项目实施的具体途径。

一　农民合作社技术创新的模式划分

按照技术创新所需资源和能力的主要来源不同，技术创新模式可以分为自主创新、合作创新和引进再创新（Reinhilde and Cassiman，1999）。三种创新模式的比较如表2-3所示。

表 2 - 3　　　　自主创新、合作创新和引进再创新模式的比较

比较内容	自主创新	合作创新	引进再创新
自身需具备的资源和能力	高	一般	低
利用外部资源和能力	很少	较多	很多
技术开发成本	高	一般	低
技术开发风险	大	一般	小
技术开发和应用速度	慢	一般	快
技术成熟度	低	低	高
对新技术的控制	强	一般	差
应对市场和技术变化能力	一般	强	差
增强技术创新能力	好	好	差
成功创新能带来的竞争优势	显著	明显	很少

资料来源：Reinhilde 和 Cassiman，1999；梅姝娥，2008。

　　技术创新模式选择的研究对象主要针对利润最大化企业，而农民合作社作为一种共营企业组织，其技术创新模式的选择也具有其自身的特殊性。由于目前国内合作社的发展刚刚处于起步阶段，其技术创新能力相对于利润最大化企业仍然存在较大的差异。对浙江省 100 多个合作社的调查分析发现，其创新模式绝大多数依靠公共部门，如政府、高校或科研院所的产品推广。农民合作社根据其产品、市场或区域的特殊性进行应用，属于引进再创新阶段。因此，初级阶段的合作社不宜作为合作社技术创新模式的研究对象。本部分选取技术创新能力较强的 40 个合作社作为考察对象，分析农民合作社技术创新模式。表 2 - 4 是部分合作社的所属产业和技术创新模式分析。

表 2 - 4　　　　　　　部分合作社的技术创新模式

合作社名称	所属产业	技术创新模式
浙江省三门县青蟹养殖合作社	养殖业	自主创新、合作创新、引进再创新
江苏省吴江市梅堰蚕业合作社	养殖业	合作创新、引进再创新

续表

合作社名称	所属产业	技术创新模式
浙江省平阳雪雁蘑菇专业合作社	种植业	引进再创新、自主创新
江西省丰城市恒衍鹌鹑养殖合作社	养殖业	自主创新、合作创新
江苏省常州市聪聪乳业合作社	养殖加工业	合作创新、引进再创新
江苏省东台市民星蚕业合作社	养殖业	自主创新
浙江省温州市西鹿基禽业专业合作社	养殖业	自主创新、合作创新、引进再创新
吉林省榆树市长山村农机股份合作社	种植业	引进再创新
江苏省溧阳市天目湖伍员春茶果专业合作社	种植业、加工业	合作创新、引进再创新
浙江省乐清市红麟果蔬合作社	种植业	自主创新
浙江省瑞安沙洲温萩术专业合作社	种植业、加工业	合作创新
浙江省临海永丰鲜果合作社	种植业	合作创新、引进再创新
浙江省温州市民鑫畜禽专业合作社	养殖业	合作创新、引进再创新
贵州省金沙县禹谟供销合作社酱醋厂	制造业	自主创新
浙江省瑞安市白银豆合作社	种植业、加工业	自主创新、合作创新、引进再创新
浙江省余姚市"味香园"葡萄专业合作社	种植业	自主创新、合作创新
浙江省永嘉县壶山香芋专业合作社	种植业	自主创新、引进再创新
浙江省余姚市绿好棒蜜梨专业合作社	种植业	引进再创新
广东省三新蚕桑食用菌合作社	养殖业、种植业	自主创新、引进再创新
浙江省瑞安市梅屿蔬菜合作社	种植业	合作创新、引进再创新
湖北省建始县益寿果品专业合作社	种植业、加工业	引进再创新
浙江省黄姑镇韩庙蘑菇合作社	种植业	引进再创新
……	……	……

资料来源：笔者对部分合作社案例分析的总结。

从合作社的所属产业来看，目前比较成熟的农民合作社主要分布在种植业、养殖业，以及加工业，而制造业相对较少。在农产品领域，即使是创新能力较强的合作社还处在农产品的生产阶段，而对于附加值较高的加工业，仅仅占到17%（见图2-1）。因此，我国的合作社大部分还处于传统的合作社阶段，政府应该引导传统合作社向新一代合作社发展，鼓励实施合作社在生产的基础上，涉足附加值较高的加工领域，进行纵向一体化。

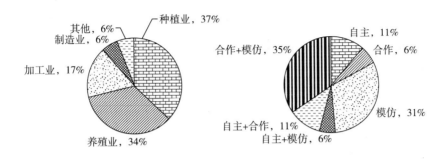

图 2 - 1　部分合作社的产业分布和技术创新模式

　　从创新模式的选择来看，合作社一般不局限于某一种创新模式，大部分合作社采用混合模式，如"自主创新 + 合作创新"模式、"合作创新 + 引进再创新"模式、"自主创新 + 引进再创新"模式，甚至三种模式都有。从创新模式的分布看，即使规模较大的合作社，单纯的自主创新仅占 11%，加上混合模式才占 28%；单纯的合作创新占 6%，加上混合模式占 52%；单纯的引进再创新占 31%，加上混合模式占 72%。因此，目前国内合作社虽然非常强调技术创新，但由于合作社在国内的发展还不成熟，大多数合作社缺乏技术创新能力和意识，即使是知名度较大的合作社也仅仅处于引进再创新阶段，甚至是单纯的引进再创新。也有部分合作社在政府的引导下，和科研院所等知识密集型组织存在合作创新，进行产学研合作，但能够依靠自身的能力和资源进行自主创新的合作社较少。虽然在案例分析过程中，有部分合作社强调很多产品是自主研发，存在自主创新，但是从根本意义上讲，这也是部分合作社为了宣传自己，夸大了自己的技术创新能力和资源。

　　因此，我国目前的合作社还处于引进再创新阶段。在美国和欧洲等国家，新一代农民合作社普遍拥有较强的技术创新能力，合作社内部大多设有科研部门，合作社的功能也越来越向公司企业化方向转变。荷兰许多合作社都建立起了自己的加工企业和新产品开发研究中心。如康宾纳合作社有 6 个加工企业，所属 6 个企业都设立了新产品研制开发部，并雇用了相当数量的食品、化工等方面的专家。美国的新奇士协会

（合作社性质）自己办有研究和技术服务处，总体上按自收自支的方式运作，通过协会的支持，新奇士的包装厂可以用最新的技术以减少包装成本和增加收入。如今，新奇士的工程师已经设计了现代化的包装设备和技术规范，并负责安装和维护它们。新奇士的科学家研究了扩展水果活力、改进加工工艺和消费的方法。来自这个研发机构的设备出租、服务和设备销售的收入不仅弥补了研究的成本和其他运作的开支，而且增加了额外的财务收入。而在我们的调查中，只有江苏省东台市民星蚕业合作社和浙江省余姚市味香园葡萄专业合作社建立有自己的科研基地，但是科研人员较少，设备配备相对落后。

二　农民合作社的技术创新模式选择

选择合适的技术创新模式能够有效地促进合作社高质量发展，面对多种技术创新模式，应该选择何种方式进行技术创新，是合作社面临的重大问题。为了确定具体的技术创新模式的选择方法和原则，需要分析各种模式选择的主要影响因素。根据新古典经济学理论、企业治理理论、技术创新理论，结合多个合作社技术创新的案例分析，技术创新模式选择受到三个方面因素的影响：内部因素、外部因素、待开发技术的特点。其中，内部因素包括企业的产权制度、竞争战略、创新人才资源、组织规模等因素；外部因素包括政府支持（法律、法规和管理制度）、市场环境等因素；待开发技术的特点包括技术的复杂性、技术的缄默性和技术环境等因素（见图2-2）。

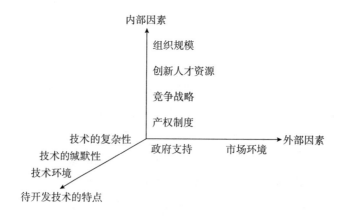

图2-2　合作社技术创新模式选择的理论分析框架

（一）内部因素对技术创新模式选择的影响

合作社技术创新模式的选择首先取决于内因——合作社内部因素。内部因素是影响企业技术创新能力的关键因素，其产权制度、竞争战略、创新人才资源以及组织规模等都决定了合作社技术创新模式的选择。

1. 产权制度与合作社的技术创新模式选择

根据新古典经济学和企业治理理论的观点，合作社作为一种社员自治的企业组织形式，在管理方式上遵行民主管理的原则，在分配制度上按惠顾额分配的原则，可以确定合作社是一种典型的共营企业组织。

假设企业进行工艺创新，产品的成本由 c 下降为 $c-x$，相应的技术创新投入成本为 $u(x)$，市场上产品的价格是产量的逆需求函数 $P=a-Q$。

根据 Ward（1958）的理论，共营企业追求员工平均利润最大化。而利润最大化企业追求企业总体利润最大化。当市场上只有一家合作社和一家利润最大化企业时，两者的技术创新目标函数分别为：

$$\begin{cases} \max_{x_P,l_P} \pi_P = [a-c+x_P-q_P(l_P)-q_L(l_L)]q_P(l_P)-w_Pl_P-u_P(x_P) \\ \max_{x_L,q_L} V_L+w_l = \{[a-c+x_L-q_P(l_P)-q_L(l_L)]q_L(l_L)-u_L(x_L)\}/l_L \end{cases}$$

$$(2-3)$$

其中，w_P、w_L 分别为利润最大化企业和共营企业劳动者的工资水平，l_P、l_L 分别为两个企业劳动者的数量，q_P 和 q_L 分别为两个企业的产量。因此，两种类型企业的技术创新成本投入的效益 x_L、x_P 满足：

$$\begin{cases} \dfrac{\partial \pi_P}{\partial l_P}=0 \\ \dfrac{\partial V_L}{\partial l_L}=0 \end{cases}$$

$$(2-4)$$

根据罗建利和仲伟俊（2010）分析可知，$x_L>x_P$。因此，当两种不同产权制度的企业处于寡头竞争，不考虑其他因素时，合作社的技术创新投资水平大于利润最大化企业的投资水平。

由以上分析可知，相对于利润最大化企业，合作社倾向于投入更多的资金进行技术创新。因此，在其他条件相同时，更多的资金投入为合作社进行自主创新提供了机会。当然，合作社也可以用这些资金进行合作创新和引进再创新。因此，从产权制度的角度分析，合作社更具有激励的制度设计来实施技术创新，尤其是自主创新。

2. 竞争战略与合作社的技术创新模式选择

按照波特的企业竞争理论，企业的基本竞争战略包括成本领先战略、差异化战略和专一化战略。

（1）"成本领先战略"与技术创新模式选择。成本领先战略要求企业必须建立起高效、规模化的生产设施，全力以赴地降低成本，严格控制成本、管理费用及研发、服务、推销、广告等方面的成本费用。如果合作社打算通过技术创新降低生产成本，如加工成本、农产品种植成本、畜牧业或水产品养殖成本，一般是引进某种设备或者依靠某种技术提高产量等。为了实现成本领先战略，企业不需要进行投资过大、风险较高的自主创新或合作创新，而选择技术跟随和引进再创新模式就可以降低企业的创新成本。因此，合作社采取成本领先战略时，只需要跟随、模仿、引入已有的成熟技术或设备，即选择引进再创新模式。

（2）"差异化战略"与技术创新模式选择。差异化战略将公司提供的产品或服务差异化，树立起一些全产业范围中具有独特性的东西。合作社实施差异化战略，一般需要通过杂交技术、基因技术或生物技术生产种植某种特色农产品，或养殖新的动物品种等。因此，相对于成本领先战略，差异化战略技术创新性较强，资本投入较高，面临的风险也较大。目前我国合作社的发展还不是很成熟，在激烈的市场竞争中，要实现差异化战略，可能只有极少数资金比较雄厚、技术人才较多的合作社采取自主创新战略。而大多数合作社单凭自己的能力和资源来解决产品开发、产品创新和市场开拓等技术方面的问题，是不现实的。采用合作创新模式能够弥补合作社资源和能力的不足，依靠政府的资助，与高校、科研机构进行产学研合作，能够降低创新风险、缩短创新时间，提高合作社的市场竞争地位。因此，当合作社实施差异化战略时，一般选择自主创新或合作创新模式。

（3）"专一化战略"与技术创新模式选择。专一化战略是主攻某个特殊的顾客群、某产品线的一个细分区段或某一地区市场。当合作社打算在特定的市场实施专一化战略，组织应该拥有占领该市场的能力和资源，使其在该领域做技术领先者，以确立组织作为市场开拓者和领导者的声誉和地位，构筑较强的技术壁垒，抵御潜在的进入者。因此，实施专一化战略的合作社，一般需要选择自主创新模式。

3. 创新人才资源与合作社创新模式选择

技术开发人员，尤其是中高级技术开发人员的缺乏直接影响合作社技术创新模式的选择。当前农民合作社技术创新人才基础薄弱，信息缺乏。通过对合作社的案例分析发现，对于少量技术开发人员比较强的合作社，如江西省丰城市恒衍鹌鹑养殖合作社、江苏省东台市民星蚕业合作社、广东省龙川县三新蚕桑食用菌合作社等倾向于选择自主创新模式。而国内大部分合作社由于经济总量较小，对于人才的吸引力尚有一定的差距。对于具有一定技术创新人才的合作社往往采取与农业科研所、高校等进行合作创新，实行产学研合作技术创新方式。对于技术比较薄弱的合作社仍然只能采取技术引进，积极采取引进再创新等措施进行技术创新。例如，温州市文成县浙南薯业产销专业合作社、温州市太昌养蜂专业合作社，虽然到大学生毕业专场进行人才招聘，但由于温州市大学生观念的约束，很多大学生不愿意下农村工作，导致温州市合作社的创新人才和技术人才更加缺乏。

4. 组织规模与合作社的创新模式选择

创新经济学的先驱熊彼特指出，组织规模对技术创新有影响，拥有垄断力量的大企业比小企业更具有创新性，更有可能提高产业技术。因为大企业资金雄厚、实力强大、技术人员充裕，且具有规模经济；而小企业资金缺乏、实力较弱、技术人员稀少，难以承担技术创新的重任。

一般来说，规模较大的合作社，其资金雄厚，创新人才较多，更加能够抵御技术创新的风险性，提高技术创新的成功率。因此，规模较大的企业更有可能选择自主创新模式。如西班牙的蒙德拉贡合作社和荷兰合作社都建立起了自己的加工企业和新产品开发研究中心。规模较大的合作社，具备一定的能力和资源建立自己的研发基地，为合作社进行产品的自主创新和合作创新创造了条件。我国大部分合作社刚刚处于起步阶段，规模都比较小，主要依靠引进再创新模式进行技术创新。

目前，大部分合作社规模较小，社员数量100—200户。由于规模的约束，合作社的资金、人才都比较缺乏，导致目前温州市合作社大部分只能采用引进再创新的技术创新模式。

（二）待开发技术的特点对技术创新模式选择的影响

合作社技术创新模式的选择，除了与合作社内部因素、企业外部因素相关，还与待开发技术的特点密切相关，主要包括技术的复杂性、技术的缄默性和技术环境。

（1）技术的复杂性。随着技术的发展，技术之间的相互关系和依赖性越大，技术的复杂性日益增加。企业，尤其是合作社，由于缺乏自主创新的资金和人力，即使是技术创新能力较强的合作社，也更倾向于核心技术的开发，而与之联系的其他技术主要通过合作创新和引进再创新。因此，技术复杂性的增加会迫使合作社选择合作创新和引进再创新模式。

（2）技术的缄默性。技术的缄默性是指技术不易明示化或诉诸文字的程度。根据缄默性的强弱，可以将技术分为隐性技术和显性技术。一般而言，隐性技术由于难以模仿，合作社往往采用自主创新的方式，才能真正利用该技术提高竞争力。而显性知识由于容易被转移，合作社往往采取合作创新或引进再创新的方式，以降低技术创新的风险和创新成本。

（3）技术环境。由于技术创新存在较大的风险性和较高的创新成本，市场上还不存在该技术，而一些科研机构、高校，或者其他企业甚至是竞争对手有意向进行合作创新时，合作社一般会选择合作创新。相反，如果技术市场上没有相似的技术，而又找不到相应的合作伙伴时，合作社倾向于选择自主创新。当技术市场上存在相应的成熟技术或相似技术，合作社倾向于选择引进再创新模式。

（三）外部因素对技术创新模式选择的影响

外部因素就是技术创新的环境因素，合作社技术创新的主要环境因素包括政府支持（法律、法规和管理制度）和市场环境等。

1. 政府支持和合作社的技术创新模式选择

虽然合作社是技术创新主体，但并不意味着政府与技术创新无关，地方政府在合作社技术创新中起到引导与激励作用，并为合作社创造良好的市场环境。科研人员下派、税收减免、贷款贴息、创新基金、财政拨款等都可以看作对合作社技术创新的间接投入。其中，政府对合作社技术创新的支持方式在很大程度上影响合作社的技术创新模式选择。

（1）政府部门为了支持合作社的技术创新，通过农业科技入户工程、农技推广、农业标准化、农村信息网络、农业综合开发等建设项目进行扶持。如甘肃省平凉市、湖南省邵阳市，浙江省、江苏省很多城市经常下派农业领域的专家、学者亲临合作社进行指导和技术培训。政府的这些措施，都为合作社实施引进再创新模式提供了良好的引导作用。例如，瑞安市白银豆合作社在瑞安市农科所和政府的帮助下，邀请温州市蔬菜流动医院科技人员王诚，举办蔬菜植保专家讲座番茄育苗与病虫害防治技术培训班，推广番茄育苗及其番茄曲叶病毒病（TYLCV）防控技术；邀请瑞安市农科所所长丁朝玲进行生产、发展前景及其主要栽培技术的推广；邀请温州市瑞合农资有限公司经理洪申伟进行茄果、瓜类蔬菜主要病虫害防治及其合理使用营养液（叶面肥）等技术的推广。合作社非常注重白银豆栽培技术的改进和完善，与瑞安市农业局合作开发了白银豆反季高效栽培技术。

（2）政府为了积极推进科研成果产业化，鼓励并引导科研机构、高校与合作社进行技术合作，进行产学研技术创新。在这种情况下，合作社往往更加倾向于和科研机构、高校进行合作创新。例如，三门县青蟹养殖专业合作社在三门县海洋与渔业局等部门的牵头下，先后与浙江大学、浙江海洋大学、省水产研究所等十几家科研单位和大专院校联姻结亲，解决青蟹养殖的一些技术难题。与浙江省淡水水产研究所有关专家接触，邀请专家来三门县实地考察。2007年2月，双方终于签订了"青蟹人工繁殖苗种养殖技术试验和推广"合作协议。合作研发成功后，解决了青蟹、梭子蟹苗种数量不足、种质差、品种杂等问题，实现增产增收。乐清市红麟果蔬合作社与温州市职业技术学院、温州市动物研究所、河南普尔素动物药业集团、东方希望集团等单位开展技术合作，进行合作创新，承担完成了"肉鸡标准养殖技术研究及应用"和"肉鸡病毒疾病技术综合防治措施研究应用"等科技项目。现已建立起了一支150多人具有较高技术水准的养殖骨干队伍，通过长期科普教育培训服务，提高了养殖技术，促进产业的发展。

（3）政府为了支持合作社技术创新，通过税收减免、贷款免息、创新基金优先资助、财政拨款等政策进行技术创新扶持。政府加大政策性扶持力度，能够在一定程度上激励合作社进行自主创新。例如，浙江省平阳县雪雁蘑菇专业合作社研究出来的多项蘑菇栽培技术，均为全国首创，并带来了巨大的经济效益。2003—2005 年，合作社获得国家科技部国家级星火项目资助，进行"万亩规范化出口蘑菇基地建设"项目攻关，获得了一系列自主创新成果：一是利用鲜蘑菇杀青液制作蘑菇酱油等，使废弃资源转化增值。二是用生麦粒制菌种的研究，大大简化了操作程序，降低了生产成本，提高了蘑菇品质，现在这项技术已经在全国种菇业中推广使用。三是将满山遍野的茅草收割下来，经过技术处理后成功代替了稻草，当作种蘑菇的原料。四是合作社理事长钱玉夫出版了 3 本专著，荣获 18 项科研成果。五是创建了适应新时期农技推广的五个层次"金字塔"形的全方位科技服务网络新体系，即由专业合作社总部的培训中心科技培育为第一层次"塔尖"的启动点，3 个收购站和加工厂 6 名技术辅导员组成的辅导站为技术服务基层点，5 个中心基地乡镇农技站与 2 个专业协会的技术网络为联络点，18 个基地、18 名农民技术辅导员蹲点包干挨户跟踪技术指导为落脚点，38 个中心基地村择优选设的 38 户科技示范户作为第五层次"塔基"示范点的农技推广服务新体系，并对五个层次服务点明确地落实了不同的职责。

2. 市场环境和合作社的技术创新模式选择

技术创新以市场为导向，即企业将技术创新成果转化为产品和服务的过程中，最终要取决于市场的需求，从而实现创新收益的最大化。能否达到这一目的，客观上取决于一定的市场环境，即市场化程度和市场结构。

市场化程度影响合作社创新模式选择。在一个完善的市场经济条件下，市场公平地决定技术创新者的所得，创新者的回报是消费者对创新产品和服务的接受程度；完善的市场机制还可以部分消除技术创新的不确定性而产生的消极因素；公平、正当的市场竞争迫使企业不断进行技术创新。如果市场机制不完善，市场秩序混乱，假冒伪劣商品充斥市场，不正当竞争行为得不到制止，技术创新的权益得不到保护，合作社就不愿花力气进行技术创新，而选择利用不正当手段来谋利。目前农业技术创新刚刚起步，大部分成果属于公共部门创新，因此整个农业技术创新体系中缺乏创新成果的知识产权保护。合作社的技术创新成果得不到法律保护或缺乏法律保护意识，进行技术创新而得不到回报。在这种情况下，即使合作社进行技术创新，一般会选择引进再创新模式，这也是我国目前大部分技术创新的合作社采用引进再创新的主要原因之一。只有在市场比较完善，整个社会对农业技术创新的知识产权保护意识提高时，合作社才有积极性采用自主创新或合作创新模式。

市场结构影响合作社创新模式选择。市场结构主要存在完全垄断、完全竞争、垄断竞争三种形式。当市场处于完全竞争时，资源和信息可以完全自由流动，创新得不到保护，创新企业难以获得超额利润，创新缺乏足够的利益刺激。熊彼特指出，完全竞争市场对创新是有害的、不适宜的，而不完全竞争则有利于创新，从创新活动中得到的益处足以抵消与市场势力相关的生产无效率所引起的福利损失。一般来说，当市场处于完全竞争状态，合作社的利润相对较小。在选择技术创新模式时，一般会选择风险较低、技术开发成本较小的模式，因此倾向于选择引进再创新模式。当市场处于完全垄断时，合作社往往会为了保持现有产品的垄断地位并获得超额利润，而不易有大的技术创新，其技术创新模式往往也仅局限于引进再创新模式；当市场处于垄断竞争时，合作社可以通过创新获得垄断利润，而由于竞争，这种创新很快被其他企业所模仿；为了继续获得垄断利润，合作社不得不从事新的创新活动，这为企业不断进行技术创新提供了充足的动力。在这种情况下，由于技术创新使合作社的利润增加，此时技术创新资金较为雄厚，技术创新风险抵抗能力较强的合作社一般会倾向于选择自主创新和合作创新模式。目前，我国的农产品市场大部分市场接近于完全竞争状态，进入和退出一般处于自由状态，所以当前大部分合作社采用引进再创新模式。

第四节 本章小结

本章通过对国内技术创新能力较强的农民合作社进行案例分析，构建了农民合作社技术创新模式选择的理论分析框架。首先，基于新古典经济学理论、产权经济学理论、交易费用经济学理论和企业治理理论分析农民合作社组织制度的优缺点。其次，结合农民合作社的组织特征，分析农民合作社技术创新的通用特征和独特特征。最后，根据共营企业的特点,分析农民合作社的技术创新模式划分和技术创新模式选择的影响因素。

(1)从新古典经济学视角,合作社的成员数减少,其退出的成员仍然可以以家庭为单位生产同样的产品,不存在失业。即使价格上升,合作社产量降低,合作社内部也不会出现成员数量减少的现象。从产权经济学理论视角看,合作社内部的公共积累不足,缺乏内部投资。外部融资存在道德风险和逆向选择。从交易费用经济学理论视角看,农民合作社的交易费用主要包括市场交易费用和所有权成本,与传统利润最大化企业存在较大的不同。从企业治理理论视角看,共营企业组织形式具有民主、人性化、平等、尊严、共同体等优点。成功的共营企业在一个生命周期后倾向于退化为利润最大化企业。

(2)合作社技术创新特征包括通用特征和独特特征,通用特征包括技术创新的风险、技术创新的外部性、技术创新的时间差异和技术创新的一体化。独特特征包括创新产品的生命周期越来越短、以公共部门创新引领自主创新和合作社技术创新的知识产权保护相对薄弱。

(3)农民合作社技术创新模式包括引进再创新、合作创新和自主创新。通常,合作社一般不局限于某一种创新模式,大部分合作社采用混合模式,甚至三种模式都有,如案例合作社采取"自主创新 + 合作创新"模式、"合作创新 + 引进再创新"模式、"自主创新 + 引进再创新"模式等。农民合作社的技术创新模式选择受到三个方面因素的影响:内部因素、外部因素、待开发技术的特点。其中内部因素包括企业的产权制度、竞争战略、创新人才资源、组织规模等因素;外部因素包括政府支持(法律、法规和管理制度)、市场环境等因素;待开发技术的特点包括技术的复杂性、技术的缄默性和技术环境等因素。

第三章

农民合作社技术创新模式
选择的影响因素与组态

舒尔茨（2009）认为，技术创新是农业增长的首要条件。然而在现有的农业技术创新体系中，由于文化素质、组织化程度及封闭经营的影响，松散的生产经营单位使农户很难获取相关的生产加工技术。目前，农业技术创新途径主要来自政府的农技推广部门，而农技推广的目的主要体现为政府意图，往往忽视农户的实际技术需求，导致政府的技术供给与农户的实际技术需求相脱节。因此，需要有一个代表农户的组织——农民合作社，解决技术供需的矛盾问题。

随着一系列农民合作社相关法律的出台和近几年中央一号文件对合作社发展的重视，当前我国农民合作社蓬勃发展。农民合作社为社员提供了农资供应、产品销售、市场信息、技术交流等各类服务，部分解决了农户分散小生产与大市场的对接问题（徐旭初，2005）。同时在促进农业技术创新，提高农产品的科技含量，推进农业标准化生产方面发挥了重要作用。合作社作为农民自己的组织，能够掌握农户实际技术需求，为政府农技推广提供平台，更好地了解农户的技术需求。

面对复杂的农业技术创新体系，农民合作社是否具有相应的能力实施技术创新？合作社的技术创新包括哪几种模式？合作社技术创新模式选择的影响因素包括哪些？合作社作为一种共营企业，其技术创新模式与传统的企业存在哪些不同？在每种技术创新模式下，合作社如何才能更有效地实施技术创新？针对以上问题，本章综合运用扎根理论和csQCA方法，分析了农业科技创新体系中合作社的技术创新模式及其影响因素。

第一节　国内外研究现状

科技是农业发展和农民增收的根本动力,针对当前农业技术创新障碍问题,本书将农民合作社纳入农业技术创新体系中。主要对企业技术创新模式及其影响因素和农业技术创新体系中合作社的作用两部分文献进行综述。

一　企业技术创新模式及其影响因素

技术创新模式选择是决定企业发展的必要条件,是企业技术战略的重要组成部分。根据研究视角的不同,相关学者对技术创新模式进行了不同的分类。Zahra(1996)按照技术来源与企业边界的关系,将技术创新模式分为内部研发和外部获取两类,其中外部获取又包括许可、并购、雇用员工等具体形式。Lambe 和 Spekman(1997)以及 Durrani 等(1998)则认为,技术联盟应当单独作为一种技术创新模式,即把技术创新模式分为内部研发、技术联盟和外部获取三类。根据企业在获取技术的过程中自身研发力量的参与度,Cho 和 Yu(2000)将技术创新模式分为内部研发、合作创新和外部购买三大类。Veugelers 和 Cassiman(1999)将企业的技术获取模式分为内部研发、外部购买、合作创新、非自愿性外溢。大部分学者认同将企业的技术创新模式分为自主创新、合作创新和引进再创新。

企业技术创新模式选择受到众多因素的影响。崔雪松和王玲(2005)提出,影响企业技术创新模式的因素包括技术类型、地位、生命周期、需求紧迫性以及投资约束风险五个方面。彭新敏等(2007)通过实证分析,探讨了 IT 企业的技术创新模式,认为影响企业技术创新模式的因素包括技术特性、企业特质、环境特征三个方面。Cho 和 Yu(2000)分别从技术特性、企业特质和环境特征三个方面分析了企业技术创新模式选择的影响因素。Hung 和 Tang(2008)则将技术创新模式分为技术授权、合作创新、合资企业三种形式,并从技术能力、企业规模、以往经验、技术泄露四个方面分析了技术创新模式的影响因素。同时,社会资本也是影响企业技术创新模式的重要因素,企业社会资本作为企业内外部关系网络中可利用的实际和潜在的资源（Nahapiet and Ghoshal，1998），有助于企业建立技术创新的优势。Vanhaverbeke 等（2002）认为，企业间的联系对企业的技术创新模式有着非常重要的影响，王庆喜和宝贡敏（2007）发现，小企业主的社会关系网络是获取外部资源的重要通道，社会关系越广，则其获取外部资源的可能性就越大。

二 农业技术创新体系中农民合作社的作用

作为一种特殊形态的经济组织，合作社已成为在公共部门、私人部门以外的第三部门的重要力量，发挥社会可持续发展的平衡器作用（黄祖辉和徐旭初，2006b）。作为一种典型的共营企业，农民合作社在为广大社会弱势群体提高市场竞争中的地位，减少营利性企业对农民的盘剥，降低交易成本、实现规模经济方面发挥了重要作用（徐旭初和吴彬，2010）。首先，合作社通过履行其成员协议，降低了由资产专用性引起的交易成本（Royer and Sanjib Bhuyan，1995）。其次，农民合作社能够通过开拓市场，消除产品供给方和需求方的信息不确定性，按惠顾额返还机制等方式应对市场不确定性，降低农民的交易风险（Sexton and Iskow，1988）。最后，合作社通过引进新品种、开展业务培训、推广新技术等方式提高农业生产效率和产品质量（Staatz，1984）。

我国以政府为主导的科技创新体系面临着严峻挑战，农民合作社在促进农业科技创新等方面的作用日益显著（李中华和高强，2009）。从组织制度角度，合作社不但能够参与公共决策，而且是实现农业科技创新体系社会化的重要前提，尤其是农业技术推广体系的重要组成部分（国鲁来，2003b）。合作社能够提高农业技术推广效率、降低推广成本（国鲁来，2003a）。从博弈论的角度，合作社参与农业科技创新能够提高社会福利，降低农产品原材料价格，加快农业科技创新，提高农业生产效率（Drivas and Giannakas，2006，2007；Giannakas and Murray E. Fulton，2003）。从技术创新模式角度，合作社除了能够进行技术的引入和推广外，相当多的合作社能够进行合作创新，少部分合作社甚至能够进行自主创新（罗建利和仲伟俊，2009；龚春红，2006）。从技术特征角度，农民合作社在产业共性技术和关键技术的开发和引进中起到重要作用，加快了农业科技创新的步伐（王爱芝，2010）。因此，合作社能够有效掌握农民的技术需求，促进农业技术引进和推广应用，加快农产品的标准化生产，提高农业科技成果的转化率，完善农业科技创新体系（李中华和高强，2009；潘代红，2009）。

三　文献述评

综上所述，目前关于企业技术创新的主要模式和影响因素、合作社的性质界定，以及合作社参与农业科技创新的研究已经逐步展开，这为研究农业科技创新体系中合作社的技术创新模式提供了必需的理论支撑，但仍存在很多不足之处。首先，关于技术创新的相关研究主要针对传统的利润最大化企业，而农民合作社是一种典型的共营企业，在组织结构、分配方式和雇佣关系方面与利润最大化企业存在较大差别（罗建利，2011）。因此，关于合作社技术创新模式、影响因素及其实现机制等问题还有待于进一步研究。其次，目前对农业科技创新体系主体的研究，局限于政府、农民、农业科研机构、农业科技企业、金融以及其他机构的互动，忽略了合作社的参与，农业科技创新体系在实施过程中出现了技术供需矛盾、技术扩散缓慢、技术创新收益分配不均等问题。最后，虽然已有部分研究将合作社纳入农业科技创新体系，但对合作社参与功能认识不足，如大部分研究仅局限于技术推广功能。合作社是否有能力在技术创新方面发挥相应的作用，成为目前解决农业技术供需矛盾的一个重要问题。因此，本书将针对已有研究的缺陷进行深入研究。

第二节　农民合作社技术创新模式选择的影响因素

根据合作社的技术创新战略，选择合作社要实施的技术创新项目后，下一步需要解决的问题是根据技术特点和合作社内外部因素，确定技术创新的具体模式，选择技术创新项目的开发途径。因此，农民合作社应根据合作社的技术创新能力和创新技术特点，选择相应的技术创新模式。

本章的主要目的在于探究农业科技创新体系中合作社的技术创新模式及其影响因素。目前关于合作社的技术创新模式还处于探索阶段，尚未形成成熟的变量范畴、测量量表和理论假设。因此，关于合作社的技术创新模式，需要提供新鲜的观点来建构和发展理论。另外，根据课题组的实地调查，很多农户或合作社成员由于知识结构、文化水平等约束，对技术创新模式的相关概念理解也不尽一致，甚至存在误解，直接设计无差异的结构化问卷对农户和社员进行大样本量化研究未必有效。鉴于此，本章与案例研究方法的优势有着良好的契合度（Yin，2013），符合 Eisenhardt Eisenhardt（1989）所提出的适合案例研究的相关条件。本章采用非结构化访谈对合作社主要负责人和社员代表进行访谈以获取第一手资料，结合第二手资料，采取基于扎根理论的探索性案例分析，以更有效地探索合作社的技术创新模式。

一 案例选择

样本选择需要决定选择标准与筛选过程，主要依据理论抽样（The-oretical Sampling）而不是统计概念来选择样本（Glaser and Strauss，2009）。这是由于案例研究既涉及案例本身又关注现象所处情景，会产生大量变量，若采用统计抽样，变量越多需要考察的案例就越多，导致研究过程过于复杂。因此，在案例研究中，选择样本的标准是根据案例的特殊性而非一般性，即所谓"探索性逻辑"（Yin，2013）。

具体而言，本章的分析单位是具有一定技术水平的农民合作社。根据研究目标，研究团队首先根据对大量科技型农民合作社进行收集和整理，选取了 35 个案例作为备选案例集。选择标准如下：①所选案例必须是农民合作社，并且其组建方式涵盖能人组建、政府牵头组建、龙头企业组建等；②所选案例必须在农业科技创新体系中实施技术创新；③所选案例必须具有代表性，能够涵盖不同行业，可进行专题性对比（部分合作社见表 3 – 1）。

表 3 – 1 部分科技型合作社案例

合作社名称	所属产业	示范性合作社等级
浙江省旗海海产品合作社	养殖业	国家级
浙江省嘉兴市绿江葡萄专业合作社	种植业	国家级
江苏省吴江市梅堰蚕业合作社	养殖业	国家级
浙江省平阳雪雁蘑菇专业合作社	种植业	国家级
江西省丰城市恒衍鹌鹑养殖合作社	养殖业	国家级
江苏省常州市聪聪乳业合作社	养殖加工业	省级

续表

合作社名称	所属产业	示范性合作社等级
浙江省温州市西鹿基禽业专业合作社	养殖业	省级
江苏省溧阳市天目湖伍员春茶果专业合作社	种植业、加工业	国家级
浙江省瑞安沙洲温荄术专业合作社	种植业、加工业	市级
浙江省忘不了柑橘专业合作社	种植业	国家级
浙江省温州市民鑫畜禽专业合作社	养殖业	省级
浙江省瑞安市白银豆合作社	种植业、加工业	省级
浙江省永嘉县壶山香芋专业合作社	种植业	省级
浙江省余姚市绿好棒蜜梨专业合作社	种植业	省级
浙江省瑞安市梅屿蔬菜合作社	种植业	省级
……	……	……

资料来源：笔者对部分合作社案例分析的总结。

案例研究的信度是研究过程的可靠性，所有过程必须是可以重复的。针对所选案例，完成了包含研究目的、研究问题、研究程序和研究报告结构的研究计划书；然后，构建了包含调研报告和资料分析记录的研究资料库，其中的调研报告是对通过不同渠道获取的案例材料进行整理后而形成的。为了提高案例研究的效度，本章采用 Miles 和 Huberman（1994）所描述的三角测量法。即对本章样本中的每一个合作社，主要以实地观察和半结构化访谈的方式收集一手资料，访谈对象至少包括 3 名农民合作社社长、理事长、技术人员等核心成员，以及至少 5 名合作社社员、尽可能多的外部利益相关者。对每个农民合作社的观察和访谈由 3 位课题组成员共同进行，具体资料收集途径包括实地访谈、电话采访、现场参观。对二手资料的收集包括在报纸杂志上发表的与合作社相关的文章，网络和媒体报道，直接从合作社获取的材料，如合作社内部刊物、年度报告、技术资料等。在数据收集过程中，课题组成员对样本合作社资料进行反复审查，以确保所有案例分析具有一致的结构和质量。

二　数据编码

本章采用扎根理论（Ground Theory）这一探索性案例分析方法，利用专业定性分析软件 Nvivo10 对 30 个案例合作社的所有资料进行详细分析和编码。即采用开放编码（Open Coding）、轴心编码（Axial Coding）、选择编码（Selecting Coding）三个步骤构建合作社技术创新模式及其影响因素理论（具体编码过程如图3-1所示）。目的在于从大量定性资料中提炼出案例合作社技术创新的相关主题。资料分析过程采用持续比较（Constant Comparison）的分析思路，不断提炼和修正理论，直至达到理论饱和（另外5个案例合作社的资料不再对理论建构有新贡献）。

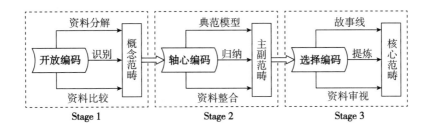

图3-1 扎根理论分析的关键技术工具

（一）开放编码

开放编码主要是将资料分解、提炼和范畴化的过程，要求贴近数据，从资料中产生概念。在此过程中，以一种开放的心态，尽量"悬置"个人"倾见"和研究界的"定见"，将所有资料按其本身所呈现的状态进行编码（陈向明，2000）。开放编码的过程类似一个漏斗，刚开始时范围较宽，需要对资料内容进行逐行检视，随后不断缩小范围。

在具体操作中，课题组3名成员对30家合作社的资料进行编码，然后就编码结果的异同与内涵进行详细讨论，以确定在研究情境下编码的基本规则。接着两位成员继续对剩下的案例独立进行编码，一名成员负责检核。经过以上过程，最终从资料中抽象出自主研发幼雏肛检分辨的雌雄方法、合作开发蛹虫草、引进欧亚葡萄新品种、桑苗价格补贴、产品销售问题、成员企业的技术资源等258个概念（部分概念如表3-2所示）。由于本章主要研究农业科技创新体系中合作社的技术创新模式，通过对所归纳概念的详细检查，并经3名课题组成员一致同意，我们从258个概念中剔除掉70个无关概念，保留188个相关概念。在此基础上，对188个概念进一步分析比较，将概念范畴化（部分范畴如表3-3所示）。

表3-2 概念抽取示例

原始概念	原始语句
反季节优质西瓜种植技术	社长独创了一套"简易棚立式"反季节优质西瓜种植技术，使西瓜从原来1次开花结果到5—7次开花结果，亩产从原来每亩1000公斤提高到5000公斤（HL-GL2-087）
合作开发蚕蛹虫草的试验	合作社一直在探索怎样把栽桑养蚕的产业链来进行延长，这次蛹虫草的试验就是跟苏州大学联合做的。2007年晚秋我们进行了少量的试验，只有7公斤多一点，我们今年稍微扩大了一点，2008年的产量应该比去年增加5倍以上，达到50公斤左右（XN-GL1-053）
穴青蟹网箱幼蟹中间培育	浙江旗海海产品专业合作社和浙江省淡水水产研究所，发明了一种拟穴青蟹网箱幼蟹中间培育方法，包括在幼蟹培育用的网箱内设置底基物和以合理密度进行幼蟹放养（HL-GL2-087）
良种奶牛和先进技术	聪聪乳业合作社不断加强科技投入，引进上海光明良种奶牛与先进技术，完善技术装备，提高技术含量，实行科学化管理（MY-MT-087）
桑苗价格补贴	在平望镇农技推广服务中心的支持下，每株桑苗价格补贴一半，推广新桑品种"农桑14号"（MY-GL1-033）
产品销售问题	社员养殖的下架鹌鹑根本就没人要，为打破市场上淘汰鹌鹑不好卖的格局，孙旭初在全国率先研发加工新工艺，将鹌鹑制成板鹌鹑，2007年合作社以入股的形式建起了鹌鹑加工厂（HY-GL2-015）
产品质量问题	聪聪乳业合作社刚成立时，散户生产的生乳蛋白质含量偏低，原奶中的菌落含量达不到最低标准，因此合作社积极寻找相关技术，寻找解决方案（CC-GL3-011）
政府引导技术创新	在平望县政府的帮助下，梅堰蚕业合作社与苏州大学开展产学研合作，引进苏州大学的接种技术，接种了1200多盒蚕蛹虫草
技术不确定性	"鹌鹑防病丹"系列及"纯系初生鹑肛检分雌雄技术"虽然需要投入大量的精力进行重复试验，但技术复杂程度不高，研发的成功性较大
技术距离	"鹌鹑防病丹"系列及"纯系初生鹑肛检分雌雄技术"是建立在已有技术的基础上，再经过改良而成（HY-GL1-113）
技术创新人才	雪雁蘑菇专业合作社社员中食用菌专家1人、农艺师8人、农民技术员18人、专业科技示范户38户（XY-SY3-012）

续表

原始概念	原始语句
成员企业的技术资源	江西省恒衍禽业公司作为恒衍鹌鹑合作社的成员企业，拥有员工 100 多人，其中高级职称者 3 人，中级职称者 12 人。本公司研发的用纯中草药防治鹌鹑病害的"鹌鹑防病丹"系列及"纯系初生鹑肛检分雌雄技术"一直成为领跑同行的"秘密武器"，现已被科技部门列为"重点技术推广"项目（HY-GL3-007）
朱屹峰	嘉兴市绿江葡萄专业合作社理事长、高级农技师，大胆探索，精益求精，不断引进新品种，使一些欧亚种植的葡萄品种在杭嘉湖地区试种成功，他首创了"简易连株式大棚"和"小拱棚避雨栽培"模式，使葡萄提早上市，品质更优（LJ-GL3-021）
……	……

注：编码采用"＊＊、＊＊＊、＊＊＊"的形式，如 HY-GL1-011，HY 代表合作社名称恒衍鹌鹑养殖合作社，GL1 代表合作社的第一位管理人员，011 代表该访谈人员的第 11 句原始语句。

表 3-3 　　　　　　　　　　　　开放编码示例

主范畴	副范畴	原始概念
技术创新模式	自主创新	自主翻肛门分公母、研制鹌鹑防病丹、发明辨别雌雄鹌鹑方法、茅草代替稻草、反季节优质西瓜种植技术……
	合作创新	合作开发蚕蛹虫草的试验、穴青蟹网箱幼蟹中间培育、无公害标准化奶牛公寓建设……
	引进再创新	引进蚕蛹虫草生产技术、良种奶牛和先进技术，引进 GP-826A 型钢管大棚、引进测报等和杀虫灯……
外部环境	政府支持	桑苗价格补贴、资金扶持、厂房赠送、省领导送技术、政府资金贷款、资金扶持……
技术创新驱动力	驱动因素	产品销售问题、产品质量问题、生产效率问题、政府引导技术获取、技术推动……
技术情境	技术特征	技术环境（知识产权保护）、技术生命周期、技术研发成本、技术不确定性、技术距离……
合作社情境	合作社资源和能力	技术创新人才、成员企业的技术资源、技术能力、融资能力、内部协调能力、外部协调能力、生产能力、合作社规模……
	合作社领导	孙旭初简介、钱玉夫、朱屹峰、叶亦国……

（二）轴心编码

经过开放编码后，原始资料被分为具有不同等级与类型的代码，需要进一步进行轴心编码。在轴心编码中，研究者每一次只对一个类属进行深度分析，围绕着这一个类属寻找相关关系，因此称为"轴心"（陈向明，2000）。具体而言，轴心编码的主要任务是发现和建立概念类属之间的各种联系，在开放编码之后以新的方式重新排列它们。为简单起见，本章采用一种编码典范模式（paradigm model），利用产生现象的条件（condition）、这个现象所寄寓的脉络（context），以及在现象中行动者为了要执行、处理而采用的策略，和采用后的结果，将各个范畴联系起来（见图 3 - 2）。

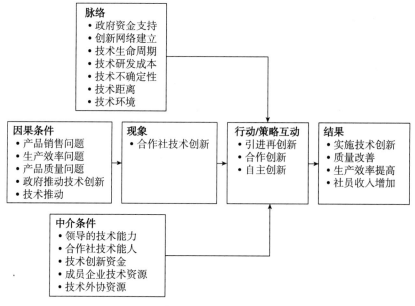

图 3 - 2　合作社技术创新的典范模式

需要说明的是，在满足契合（Fit）与相关（Relevance）条件下，在归纳主范畴时尽量使用商业模式研究中的已有术语，如技术创新模式、技术推广、产品生产与产品销售等，而不是去构建全新的理论概念。这样做使农业技术创新模式既保持了理论研究的延续性，又有利于后续研究与本章进行比较分析。

（三）选择编码

选择编码是从主范畴中挖掘核心范畴，分析核心范畴与主范畴及其他范畴的联结关系，并以"故事线"（Story line）方式描绘行为现象和脉络条件，完成"故事线"后实际上也就发展出新的实质性的理论构架。本章借用 Nvivo 软件中的"矩阵编码"工具对各个主范畴及其下属副范畴之间的编码关联进行查询，并以查询结果为重点通读全部原始文本，以此将各级范畴重置到个案情境并描绘出串联各主范畴的许多条"故事线"（Glaser，1992）。例如，本章确定"合作社参与农业技术创新模式及其影响因素"这一核心范畴，围绕核心范畴的"故事线"可以概括为：技术创新驱动力、技术情境影响因素、合作社情境影响因素、环境情境影响因素 4 个主范畴与技术创新模式这个主范畴存在显著相关。其中，技术创新驱动力是内驱因素，合作社情境是决定技术创新模式的内在因素，环境情境和技术情境是决定技术创新模式的外在因素（见图 3－3）。

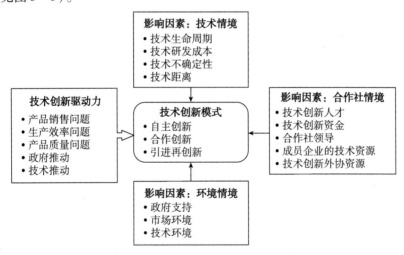

图 3－3　合作社技术创新模式及其影响因素模型

（四）理论饱和度检验

本章用另外 5 个合作社的资料进行理论饱和度检验，结果显示，模型中的范畴已经发展得非常丰富，对于影响合作社技术创新模式的 5 个主范畴，均没有发现形成新的重要范畴和关系，5 个主范畴内部也没有发现新的构成因子。由此可见，上述"技术创新模式及其影响因素"在理论上是饱和的。

三 研究发现

根据上述编码结果和技术创新模式的相关文献可知，农民合作社的技术创新模式包括引进再创新、合作创新、自主创新三种模式。影响合作社技术创新模式的因素可以归纳为 3 个维度和 10 个因素，其中 3 个维度包括合作社情境、技术情境和环境情境。本章采用描述性分析，归纳了采用不同技术创新模式的技术创新项目数量及其相应的权重（见表 3-4）。下面主要分析这些因素对合作社技术创新模式的影响机制。

表 3-4　　案例合作社技术创新模式的影响因素及其权重分析

3 个维度	影响因素	技术创新模式		
		引进再创新 （32 项）	合作创新 （10 项）	自主创新 （8 项）
合作社情境	合作社领导（47 项）	30	9	8
	技术创新人才（44 项）	28	8	8
	成员企业的技术资源（16 项）	12	1	3
	技术创新外协资源（37 项）	25	10	2
	技术创新资金（15 项）	12	2	1
技术情境	技术研发成本（19 项）	3	8	8
	技术不确定性（20 项）	4	8	8
	技术距离（17 项）	3	6	8
环境情境	政府支持（29 项）	20	7	2
	技术环境（42 项）	27	8	7

由于涉及的案例多且分散，为了更加系统地探讨合作社的技术创新模式，本章在具体描述时将集中借助其中 5 个典型合作社的原始语句进行相应的阐述（表 3-1 的前面 5 个合作社）。

（一）合作社情境

合作社情境的影响主要表现在 5 个方面：合作社领导、技术创新人才、成员企业的技术资源、技术创新外协资源、技术创新资金。

1. 合作社领导

企业家是技术创新活动的主体（Schumpeter and Nichol，1934）。从

表 3 – 4 可以看出，合作社领导与 50 条技术创新模式的关联关系中，有 43 条显示明确相关关系。首先，从合作社组建方式角度，8 项自主创新项目中，全部与合作社领导相关，而且这些科技型合作社全部是由技术能人组建。例如，江西省丰城市恒衍鹌鹑养殖合作社社长孙旭初自主研发了幼雏肛检分辨的雌雄方法、杂交法辨别雌雄鹌鹑技术、鹌鹑防病丹、翻肛门分公母的技术、研制鹌鹑专用饲料、板鹌鹑的制作等多项发明专利。浙江省平阳雪雁蘑菇专业合作社社长钱玉夫自主研发了生麦粒制菌种技术、茅草代替稻草技术、鲜蘑菇杀青液制作蘑菇酱油技术并出版蘑菇种植技术专著。其次，32 项引进再创新项目中，26 项与合作社领导相关，10 项合作创新项目中 9 项与合作社领导相关。例如，浙江省旗海海产品专业合作社社长叶亦国与浙江省淡水水产研究所合作研发了拟穴青蟹网箱幼蟹中间培育方法和人工繁殖苗种养殖技术。浙江省嘉兴市绿江葡萄专业合作社社长朱屹峰引进多项葡萄新品种和灯控技术，提高了葡萄产量。因此，在能人组建的合作社中，合作社领导是决定合作社技术创新模式最主要的因素。合作社领导的技术偏好和技术能力会直接影响技术创新模式选择。技术出身的合作社领导更加倾向于采用自主研发或合作研发开拓市场，而非技术出身的合作社领导则更倾向于采取引进再创新模式。

2. 技术创新人才

技术创新人才与 50 条技术创新模式的关联关系中，有 44 条显示明确相关关系，技术创新人才是决定合作社技术创新模式的关键因素之一。上述分析的几家合作社领导都是合作社的技术领军人物，其技术水平的高低直接决定了合作社的技术创新模式。如钱玉夫和徐旭初都具有大专或本科文凭，且具有相应的专业技能，并具有进行自主创新的能力。而叶亦国和朱屹峰虽然也具有相关的专业知识，但是没有系统的技术知识，因此，在创新模式上一般选择引进再创新或合作创新模式。

3. 成员企业的技术资源

《中华人民共和国农民专业合作社法》允许企业、事业单位或者社会团体加入合作社，发挥成员企业的资金、市场、技术和经验的优势，提高自身生产经营水平和抵御市场风险的能力。从案例中可知，成员企业的技术资源与 50 条技术创新模式的关联关系中，16 条显示明确相关关系。因此，成员企业的技术资源确实对合作社的技术创新模式产生影响。例如，江西省丰城市恒衍鹌鹑养殖合作社的成员企业江西省恒衍禽业公司为合作社提供了相关技术和资金支持，浙江省乐清市鑫欣葡萄专业合作社的成员企业浙江省乐清市联宇葡萄研究所为合作社提供了茉莉香、红佳人、玫瑰香三个品种的葡萄。尤其是引进再创新模式，32项引进再创新项目中有12项引进再创新项目与成员企业的技术资源相关。虽然从数量上不是很多（其主要原因是目前很多合作社并没有相应的成员企业），但有成员企业的合作社大部分是依靠成员企业获取相关技术。

4. 技术创新外协资源

技术创新外协资源主要包括与合作社有合作关系的科研院所、银行、农技推广部门、政府、技术中介等可以利用的资源。合作社的技术创新外协资源和内部资源一样，会影响技术创新模式的选择。从案例中可知，50条技术创新外协资源与技术创新模式的关联关系中有37条显示明确相关关系，其中引进再创新和合作创新与技术创新外协资源的相关关系尤为显著。当合作社的合作伙伴拥有某一项合作社需要的技术，则合作社往往倾向于选择引进再创新模式。如江苏省吴江市梅堰欣农蚕业专业合作社由于长期和苏州大学保持良好的技术合作关系，引进了"菁松皓月"优良新品、彩色茧蚕、抗性品种蚕、野三元蚕、新桑品种等新品种，以及蚕蛹虫草生产技术和接种新技术等。当合作伙伴没有相应的技术或尚未开发成功，或者不成熟时，则可能选择合作创新模式。例如，为了解决幼蟹中间培育中存活率不高的问题，浙江旗海海产品专业合作社和浙江省淡水水产研究所发挥各自的优势，合作研发了一种拟穴青蟹网箱幼蟹中间培育方法，缓解了青蟹苗种供应不足。

5. 技术创新资金

从表3-4可以看出，技术创新资金与50条技术创新模式的关联关系中，有15条显示明确相关关系。在三种技术创新模式中，技术创新资金与引进再创新的相关性最大，与自主创新和合作创新的相关关系不显著。其中在引进再创新模式中，32项引进再创新项目有12项与技术资金相关。根据引进再创新的方式，上述12项引进再创新项目都属于购买新品种，引进相关新设备，引进生产线等与硬件技术等范畴，合作社引进此类需要投入一定的技术创新资金；而在政府科技兴农等政策的支持下，目前合作社引进专利、技术资料和图纸等，一般都由政府出钱或者由技术供应方无偿提供。因此，其他 20 项引进的技术并不需要合作社投入大量的资金。例如，浙江省嘉兴市绿江葡萄合作社引进的灯控技术、葡萄新品种等都需要少量的资金。旗海海产品合作社引进的海产品净化加工设备则需要较多的资金。江苏省吴江市梅堰欣农蚕业合作社引进的蚕蛹虫草的生产技术、接种技术等则由苏州大学无偿供给。

（二）技术情境

技术情境对合作社技术创新模式的影响主要表现在三个方面：技术研发成本、技术不确定性、技术距离。

1. 技术研发成本

从表 3-4 可以看出，技术研发成本与 50 条技术创新模式的关联关系中有 19 条显示相关关系。其中，技术研发成本仅仅与 32 条引进再创新的关联关系中的 3 条显示相关，总体上与合作社是否采取引进再创新不相关。主要是因为引进再创新模式中技术研发成本由技术供应方承担，与合作社相关度不大。然而，10 项合作创新项目中 8 项与技术研发成本相关，8 项自主创新项目全部与技术研发成本相关。合作社采取自主创新或者合作创新，由于缺乏相应的研发资金，一般只能选择研发成本较小的技术。因此，一方面，由于资金是目前合作社发展的"瓶颈"，要在研发上进行巨额投资是不可能的；另一方面，较高的研发成本也会给合作社带来很高的研发风险。这些都会降低合作社进行自主创新的积极性。

2. 技术不确定性

技术不确定性与 50 条技术创新模式的关联关系中有 20 条显示相关关系。其中，技术不确定性仅仅与引进再创新中的 4 条显示相关，总体上与合作社是否采取引进再创新不相关。主要是因为引进再创新模式中技术不确定性风险由技术供应方承担，与合作社相关度不大。然而，10 项合作研发项目中 8 项与技术不确定性相关，8 项自主创新项目全部与技术不确定性相关。目前大多数合作社规模较小，缺乏技术创新能力，更倾向于选择技术不确定性较小的研发项目。技术不确定性促使合作社寻找相应的合作伙伴来共同分担风险或者直接选择引进外部已有的技术。因此，技术的不确定性越高，合作社越倾向于采用引进再创新或合作创新的技术创新模式。

3. 技术距离

技术距离与 50 条技术创新模式的关联关系中有 17 条显示相关关系。其中，技术距离仅仅与引进再创新中的 3 条显示相关，总体上与合作社是否采取引进再创新不相关。然而，10 项合作研发项目中 6 项与技术距离相关，8 项自主创新项目全部与技术距离相关。因此，技术距离是影响合作创新和自主创新的主要因素之一。在三种技术创新模式中，尤其对自主创新的影响最大。主要是因为目前大多数合作社规模较小，缺乏技术创新能力，只能对已有技术进行局部或少量改进，进行渐进性创新。例如，乐清市鑫欣葡萄专业合作社的大棚设施葡萄"节本增效"栽培技术，以及选育葡萄变异优株——"宇选一号""宇选二号"和"宇选三号"等葡萄新品种的开发，都是在已有葡萄品种的基础上，经过杂交基因配对培育出来的。该合作社社长认为"真正的葡萄新品种，科研院校没有研发出几个新品种，研究葡萄新品种除了靠勤劳、知识外，运气很重要，因为民间在生产的第一线，便于进行葡萄实验"。

(三) 外部环境

外部环境对技术创新模式的影响主要表现在政府支持和技术环境两个方面。

1. 政府支持

根据三层编码，政府对合作社技术创新的支持主要包括资金支持、技术支持、人力资源支持以及社会关系网络支持等。政府支持与 50 条技术创新模式的关联关系中有 29 条显示相关关系。其中，政府支持与 32 项引进再创新项目中的 20 项显示相关，与 10 项合作研发项目中 7 项相关。因此，政府对合作社采取引进再创新和合作创新这两种技术创新模式具有较大的影响。然而，8 项自主创新项目只有 2 项与政府支持相关，政府支持对自主创新的影响相对较小。通常，政府对于合作社的技术创新行为如果给予相应的政策支持，则合作社会倾向于采用政府鼓励的技术创新模式。例如，在当前政府大力提倡农业科技成果转化和产学研合作的条件下，大部分合作社倾向于选择引进再创新模式。因此，在当前农民合作社的规模小、创新能力有限的条件下，政府的政策导向对合作社的技术创新模式的影响是比较大的。

2. 技术环境

技术环境是指一个国家和地区的技术水平、技术政策、新产品开发能力以及技术发展动向等。技术环境与技术创新模式的 50 条关联关系中有 42 条显示相关关系。其中，技术环境与引进再创新中的 32 条关联关系中的 27 条显示相关，10 项合作研发项目中 8 项与技术环境相关，8 项自主创新项目中有 7 项与环境支持相关。因此，技术环境对合作社采取引进再创新、合作创新、自主创新三种技术创新模式具有较大的影响。当农业技术创新环境较好时，合作社才有更多的机会找到相应的技术供应商引进相关技术。当有更多的合作伙伴时，合作社才有机会实施合作研发。当技术市场上能够提供更多的基础性研究技术时，合作社才可能对此加以改进，实施自主创新。

四 结果讨论

该部分将根据编码和影响因素分析，探讨合作社实施自主创新、引进再创新、合作创新的影响机理。在此基础上，进一步分析合作社与传统利润最大化企业在技术创新模式方面的区别。

（一）合作社自主创新的影响机理

从 30 个合作社的案例中可以看出，在 50 项技术创新活动中，有 8 项属于自主创新。其中技术研发成本、技术不确定性、技术距离、技术创新人才、合作社领导、技术环境是合作社实施自主创新的关键因素。

从合作社角度，技术创新人才和合作社领导是实施自主创新的内部因素。由案例可知，负责自主创新的合作社社长都具有较强的技术创新能力。例如，恒衍鹌鹑养殖合作社社长孙旭初和雪雁蘑菇合作社社长钱玉夫都具有大学学历，其专业也与合作社的技术相对应。孙旭初根据大学期间学过的解剖学知识，从鹌鹑的生理特征入手寻找雌雄鹌鹑的差异，琢磨出了"翻肛门分公母的技术"。雪雁蘑菇合作社社长期从事蘑菇栽培技术研究和推广 40 多年，自主创新了鲜蘑菇杀青液制作蘑菇酱油技术、用生麦粒制菌种、茅草代替稻草制作蘑菇生产原料技术等。同时，雪雁蘑菇专业合作社技术能人过世后，合作社也失去了技术创新能力，这也从反面验证了技术能人及其创新能力是农民合作社实施自主创新最主要的因素。因此，合作社的自主创新功能往往是由合作社的技术能人等草根人物完成，而不像企业自主创新由团队协同完成。

从技术角度，技术研发成本、技术不确定性、技术距离是实施自主创新的技术因素。由表3－4可知，8项自主创新项目全部与技术研发成本、技术不确定性和技术距离相关。首先，合作社在自主创新过程中，刚开始利用自身少量的资金和专业能力进行试验，自主创新成功后，技术推广阶段才有可能获得政府的资金和政策支持。因此，合作社的自主创新过程不需要大量的资金投入，而一般企业的自主创新过程往往需要投入巨额资金。相对于企业的自主创新，合作社一般从事技术研发成本较低的研发项目。其次，在技术不确定性方面，相对于传统企业，合作社在自主创新过程中的风险较低，沉没成本较低，即使失败了对合作社的整体运行影响不大。例如，"鹌鹑防病丹"系列及"纯系初生鹑肛检分雌雄技术"的研发，都是历经多次失败，重复试验才研发成功的。最后，在技术距离方面，由于合作社的技术研发主要依靠合作社技术能人的个人能力实施草根创新，一般需要在原有技术的基础上实施渐进性创新，没有相应的研发团队进行突破性技术创新。例如，"鹌鹑防病丹"系列及"纯系初生鹑肛检分雌雄技术"是建立在已有技术的基础上，再经过改良而成的。因此，合作社的自主创新成果不属于突破性创新，而属于微创新。

从环境角度，技术环境是影响合作社实施自主创新的环境因素。由表3－4可知，8项自主创新项目中7项与技术环境相关。根据上述分析，合作社实施自主创新模式与技术距离相关，其在实施自主创新过程中需要相应的支撑技术为基础。因此，政府应该创造良好的技术环境，为合作社实施自主创新提供更多的基础性技术。

由上述样本案例合作社参与自主创新的引证可知，合作社的自主创新模式与传统企业存在较大的区别。首先，合作社的自主创新功能往往由合作社的技术能人等草根人物完成，而企业自主创新主要由创新团队协同完成。因此，合作社的技术创新人才及其能力是合作社实施自主创新功能最重要的因素。其次，合作社的自主创新过程不需要大量的资金投入，而一般企业的自主创新过程往往需要投入巨额资金。因此，合作社技术创新的前期资金投入并不是影响合作社进行自主创新的因素。再次，相对于企业的自主创新，合作社自主创新过程的风险较低，即使失败了对合作社的整体运行影响不大。最后，合作社的技术研发成果通常是对已有技术的简单改进，属于微创新。

（二）合作社引进再创新的影响机理

由表3-4可知，在50项技术创新活动中，有32项技术创新模式属于引进再创新。30个样本合作社中24个合作社都实施了引进再创新功能。其中，技术创新人才、合作社领导、技术创新外协资源、政府支持和技术环境是合作社实施引进再创新的关键因素。

技术创新人才、合作社领导和技术创新资金是实施引进再创新的内部因素。由表3-4可知，32项引进再创新项目中，28项与技术创新人才相关，30项与合作社领导相关。例如，绿江葡萄合作社主要依靠合作社技术能人兼理事长朱屹峰的多年葡萄种植经验，根据其个人的品种搜索能力，从全国各地引进优良品种。旗海海产品合作社主要通过合作社技术能人兼理事长叶亦国的技术能力引进台湾草虾品种、青蟹新品种、激光刻标等技术。另外，32项引进再创新项目中，有12项与技术创新资金相关，需要投入相应的资金引进相关技术。根据进一步的资料分析，剩余的20项引进再创新项目，之所以与技术创新资金不相关，主要是因为技术供应方无偿向合作社提供相关技术。因此，从合作社角度，合作社参与引进再创新功能，一方面需要合作社技术能人的技术能力，从创新网络中寻找技术供给方引进技术，或政府提供中介服务为合作社引进技术；另一方面需要提供足够的技术创新资金支持。

技术创新外协资源是实施引进再创新的外部因素。由于目前合作社的技术创新能力较弱，缺乏相应的技术人才。在生产或加工过程中，即使缺乏相关技术，大部分合作社也没有能力搜索并引进相关技术。因此，在实施引进再创新过程中，需要政府、科研院所、农业中介机构、金融机构等提供相应的外部支持。政府、农业中介机构和科研院所应该为合作社的技术需求提供相应的信息，政府和金融机构应该为合作社实施引进再创新提供相应的资金支持等。例如，绿江葡萄合作社依靠大桥镇政府和中国移动公司的示范项目引进物联网技术。梅堰欣农蚕业专业合作社则依靠政府牵线为主，从苏州大学引进新品种和新工艺。

政府支持和技术环境是合作社实施引进再创新的环境因素。由表3-4可知，32项引进再创新项目中，27项与技术环境相关，20项与政府支持相关。恒衍鹌鹑养殖合作社和雪雁蘑菇合作社两个研发能力最强的合作社之所以没有进行引进再创新，主要是因为当时国内还没有合适的技术满足合作社的技术需求。

根据以上分析可知，合作社引进再创新模式与传统企业存在较大的区别。首先，合作社的技术引进功能一般由合作社领导发起，再由合作社领导或技术能人经过试验示范实施技术创新。而企业的引进再创新项目一般需要技术创新团队经过严格的论证之后协同完成。其次，传统企业引进相关技术一般需要缴纳相应的专利费等，政府的资金支持相对较少。而在目前科技兴农相关政策的推动下，合作社的大部分引进再创新项目得到政府资金的支持，或者由技术供应方无偿提供相关技术。最后，传统企业的引进再创新项目一般由企业技术创新团队来完成，而合作社在引进再创新过程中，政府、金融机构、农业技术中介组织等提供了重要的服务和支持。

（三）合作社合作创新的影响机理

由表3－4可知，在50项技术创新活动中，有10项技术创新模式属于合作创新。其中，技术研发成本、技术不确定性、技术创新人才、合作社领导、技术创新外协资源、政府支持和技术环境是合作社实施引进再创新的关键因素。

技术创新外协资源为合作社实施合作创新提供了外部条件，10项合作创新项目都与合作社的外协资源相关。例如，梅堰欣农蚕业专业合作与苏州大学合作进行蛹虫草技术的开发，主要是由吴江市政府牵线搭桥帮助两个单位进行产学研合作，而且在合作创新过程中，大部分技术研发工作由苏州大学来完成，而合作社主要负责组建蚕蛹虫草生产实验室进行试验工作。浙江旗海海产品专业合作社在三门县海洋与渔业局等部门的牵头下，与浙江省淡水水产研究所合作开发"青蟹人工繁殖苗种养殖技术"和"拟穴青蟹网箱幼蟹中间培育方法"。丰城市恒衍鹌鹑养殖合作社关于高产黄羽鹌鹑的选育是由南京农业大学和中科院主动寻找合作社进行产学研合作。同时，技术创新外协资源缺乏也是制约目前合作社实施合作创新的重要因素，导致合作创新的项目数量较少。从案例可以看出，合作创新大部分是由政府牵头，或者由高校、科研院所主动寻找合作社进行研发。因此，当前农民合作社与高校、科研院所的合作创新还缺乏相应的激励措施和相关政策。

合作社实施合作创新的技术情境包括技术研发成本、技术不确定性和技术距离。由表 3 - 4 可知，10 项合作创新项目中 8 项与技术研发成本相关，其研发成本相对较低。10 项合作创新项目中 8 项与技术不确定性相关，合作社在合作创新过程中涉及的相关技术的不确定性较低。10 项合作创新项目中 6 项与技术距离相关，这 6 项合作创新技术与已有技术的距离比较接近，合作社在其中的参与度较大。而另外 4 项合作创新项目的技术距离较大，合作社的参与度较低，仅仅在技术试验过程中参与合作研发。

与自主创新和引进再创新一样，优秀的合作社领导和技术创新人才是合作社实施合作创新的必备条件。由表 3 - 4 可知，10 项合作创新项目中 9 项与合作社领导相关，8 项与技术创新人才相关。例如，"高产黄羽鹌鹑的选育""拟穴青蟹网箱幼蟹中间培育方法""人工繁殖苗种养殖技术""开发蛹虫草"等合作创新项目都离不开合作社领导及其相应的技术创新人才。尤其是合作创新过程中，合作社与其他部门之间的协作离不开相应的技术人员和合作社领导。

环境情境是合作社实施合作创新的环境因素，由表 3 - 4 可知，10 项合作创新项目中 8 项与政府支持相关，如吴江市政府牵头的梅堰欣农蚕业专业合作社与苏州大学实施的蛹虫草技术合作创新，三门县海洋与渔业局等部门牵头的旗海海产品专业合作社与浙江省淡水水产研究所实施合作创新"青蟹人工繁殖苗种养殖技术"和"拟穴青蟹网箱幼蟹中间培育方法"。10 项合作创新项目中 7 项与技术环境相关。目前，农业科技创新体系中之所以缺少合作创新，一方面是由于合作社的技术能力不足，另一方面则归咎于目前的产学研环境不完善。合作社找不到相应的科研机构实施合作创新，同时科研机构的技术不适合农业生产和加工需求，导致农业产学研合作严重脱节。

根据上述分析可知，农民合作社与传统企业的合作创新模式存在较大的区别。首先，在合作创新过程中，大部分合作社的技术能力较弱，双方的合作创新往往以合作方为主导，合作社仅仅在合作创新的试验示范阶段发挥一定的作用。同时，合作创新的对象主要以农业科研机构为主，而传统企业的合作创新对象除了科研机构之外，更多的是企业之间的合作创新。其次，由于合作社在合作创新过程中较为被动，技术创新外协资源就成为合作社实施合作创新的关键因素。而传统企业在合作对象的选择、合作创新项目的选择等方面则处于主动地位。再次，相对于传统企业的合作创新，合作社更倾向于选择风险更小，研发成本更低的技术项目。最后，合作社的合作创新活动更依赖于政府的中介作用和资金支持。

五 研究结论

该小节针对农业技术供需矛盾、农业创新技术扩散缓慢、创新收益分配不均等问题，将农民合作社纳入农业技术创新体系，促进农业技术创新。该小节以35家国内科技型农民合作社参与农业技术创新为例，借助于扎根理论，通过开放编码、轴心编码和选择编码，提炼出合作社参与农业技术创新的主要模式，以及技术创新模式选择的影响因素和实现机制。最后探讨了合作社与传统利润最大化企业在技术创新模式方面的区别。主要发现如下：

（1）农民合作社在经历了十几年的发展之后，部分科技型合作社已经具备了一定的技术创新能力参与农业科技创新，在农业科技创新体系中解决了部分技术供需问题。

（2）根据扎根理论的三层编码结果，从农业技术来源角度，与传统企业一样，合作社的技术创新模式主要包括自主创新、合作创新和引进再创新三种模式。但同时也存在一些区别，由于当前农民合作社的技术创新能力不强，缺乏技术创新人才和资金等，相对于传统企业，国内农民合作社采用引进再创新比例更大，仅仅只有少部分合作社借助于合作社领导或技术人才的技术能力实施自主创新，或借助于政府等第三方的支持实施合作创新。

（3）合作社技术创新模式的影响因素包括合作社情境、技术情境与环境情境。其中合作社领导、合作社技术创新人才、技术创新资金和合作社的外协资源是影响合作社技术创新模式选择的合作社情境因素。技术研发成本、技术不确定性和技术距离是影响技术创新模式选择的技术情境因素。市场环境和政府支持是影响合作社技术创新模式选择的环境情境因素。

（4）合作社的技术创新模式与传统企业存在较大的区别。自主创新、合作创新和引进再创新三种技术创新模式都在不同程度和方面与传统企业存在相应的区别（见表 3 – 5）。

表 3 – 5 　　　农民合作社与传统企业在技术创新模式方面的区别

技术创新模式	区别的因素	合作社	传统企业
自主创新	研发人才	合作社的技术能人等草根人物	企业创新团队协作
	资金投入	较少	较多
	创新风险	较低	较高
	研发成果	微创新	渐进性或突破性创新
引进再创新	技术引进发起人	合作社技术能人单独发起	企业创新团队协同引进
	引进费用	政府资金支持/技术供应方无偿供给/引进费用较低	引进费用相对较高
	技术创新外协资源的作用	政府、金融机构、农业技术中介组织提供了重要服务或支持	由企业创新团队完成，技术创新外协资源作用较小
	成员企业的作用	在引进再创新中起主要作用	没有成员企业
合作创新	合作双方地位	较为被动，在合作创新过程中起辅助作用	较为主动，在合作创新中起主导作用
	研发风险	较小	相对较大
	研发成本	较小	相对较大
	技术创新外协资源作用	较大，依赖政府或农业中介结构的牵线或资金支持	较小
	合作对象	高校、科研机构	其他企业、高校、科研机构

首先，在当前情况下，合作社的自主创新成果属于微创新，其自主研发过程具有前期研发资金投入少、风险低等特点，而且研发过程需要建立在已有技术的基础上，进行渐进性创新。同时，合作社的技术研发成果通常是由合作社领导或技术能人等草根人物完成，而不像企业自主创新由团队协同完成。因此，合作社领导的技术能力或技术创新人才是合作社实施自主创新功能的最重要因素。其次，引进再创新是当前合作社技术创新的主要模式。合作社领导和技术创新人才的技术搜索能力和协调能力，以及充裕的技术创新资金是实现引进再创新的内部因素。合

作社的社会资本如与金融机构、农业科研院所、农业中介机构和政府的社会关系等技术创新外协资源为合作社引进再创新提供了外部条件。而政府的牵线搭桥、鼓励政策和资金支持等政府扶持是合作社实施引进再创新的环境因素。最后，目前合作创新的技术创新项目较少，今后应该通过产学研合作强化合作社与其他科研机构的合作创新功能。为了实现合作创新，除了合作社领导和技术创新人才的技术能力外，合作社的技术创新外协资源是合作社实施产学研合作的重要因素。由案例合作社可知，目前合作社的合作创新主要依靠政府牵头、科研机构主动合作等方式进行。因此，政府应建立良好的产学研合作环境，为合作社和科研院所的合作创新提供中介条件和相应的激励机制。

第三节　农民合作社技术创新影响因素的组态分析

合作社作为新型农业经营主体之一，其创新能力的提升关系农业整体创新能力。本章基于 60 家合作社的调研数据，运用扎根理论和 csQCA 方法分析合作社技术创新的影响因素及其组合。研究发现，合作社技术创新的影响因素包括社长能力、政府扶持、合作社规模、关系嵌入和结构嵌入。但合作社的引进再创新、合作创新和自主创新并非受单一因素的影响，而是受不同因素组合的影响，且不同因素之间相互关联。基于上述分析本章从政策扶持、发挥合作社社长作用和加强合作社产学研合作三方面提出政策建议。

一　引言

舒尔茨（2009）提出，农业技术创新是改造传统农业、实现农业现代化的主要推动力。农业农村部发布，2020 年，我国农业科技进步贡献率已达 60.7%。然而，在目前农业科技创新体系中，农业科研机构创新能力不足、科技成果转化率较低等问题比较突出，从而制约了中国农业技术的创新和扩散（毛世平，2019）。农民合作社作为新型农业经营主体之一，其在提高农民收入、保障农产品质量安全、增加公共产品供给以及农业技术推广等方面发挥越来越重要的作用（Verhofstadt and Maertens，2014；范凯文和赵晓峰，2019；蔡荣，2017；阮荣平，2017）。Yujiro 和 Ruttan（2000）指出，"农业的技术创新并不一定由政府来提供，如果技术创新收益表现为农业生产者剩余，那么技术创新可以表现为农民合作社的行动"。国鲁来（2003b）通过具体案例分析了农民专业协会（农民合作社）在农业公共技术创新体系建设中的作用，认为已有农民专业协会建有自己的研究所，开展有针对性的实用技术研究，并取得了明显的效果。可以说，合作社技术创新具有理论和现实的可行性，是合作社获取竞争优势的重要途径，而且，合作社创新能力的提升不仅关系农业整体创新能力，对经济、社会和环境也产生正的溢出效应（Luo，Guo and Jia，2017）。

随着合作社规模和数量的扩张，合作社的各种缺陷（产品科技含量低、创新能力弱、管理不规范）也逐渐凸显（朱哲毅，2018）。2019年中央一号文件明确提出，"突出抓好家庭农场和农民合作社两类新型农业经营主体"。因此，如何提升合作社发展能力、实现合作社高质量发展成为一个迫切而又现实的问题（Luo，Guo and Jia，2017）。已有研究主要从合作社治理、政府扶持和国际经验借鉴等方面进行分析（崔宝玉，2014，2015；徐旭初，2014）。随着研究的深入以及合作社自身的发展，有学者开始从技术创新视角探讨如何提升合作社发展能力（Luo，2013；李金珊，2016）。

目前，关于合作社技术创新研究的文献较少，且比较零散。从合作社技术创新现状来看，倪细云和王礼力（2012）以调研的 20 家示范性合作社为例，从内部技术创新能力和外部创新环境支持能力构建合作社技术创新测度模型，研究发现，合作社整体创新能力不强，其中，技术创新能力较强的合作社仅有 5 家。Luo 和 Hu（2015）运用模糊综合评价法，从合作社内部因素、外部环境和技术特征三个方面构建合作社技术创新的风险模式；而且，与利润最大化企业相比，合作社技术创新面临更大风险。从合作社技术创新绩效来看，Garnevska 等（2011）基于甘肃山丹两个合作社的分析发现，技术创新能够显著促进合作社规模扩大以及效益的提升。郑阳阳和罗建利（2018）基于 8 家合作社的案例分析，发现合作社技术微创新能带来经济、社会和环境三方面绩效，其中，经济绩效最为明显。进一步地，有学者开始关注合作社技术创新影响因素，如罗建利等（2015）基于扎根理论详细分析了合作社的技术创新模式及其影响因素，技术创新模式有自主创新、合作创新和引进再创新，影响因素包括合作社情景、技术情景和环境情景。

可以看出，已有研究多是分析合作社技术创新的现状或绩效，虽然罗建利等（2015）已关注到合作社技术创新影响因素，但合作社技术创新影响因素并非受单一因素影响，而是多种不同因素的组合，同时，不同技术创新模式的影响因素也有差别。鉴于此，本章运用 QCA 研究方法，以实地调研的 60 家合作社为样本，具体探讨合作社技术创新的影响因素以及不同因素的组合。首先，运用扎根理论抽象出合作社技术创新的影响因素；其次，探讨合作社技术创新影响因素的组合，归纳出不同创新模式的影响因素路径，并结合调研案例进行具体分析；最后，根据上述分析结论提出相关的政策建议，从而为提升合作社技术创新能力，进而实现合作社高质量发展提供理论参考。

二　研究设计

为了回答"什么样的影响因素组合能够促进合作社技术创新"这一核心问题，本章采用定性比较研究方法（Qualitative Comparative Analysis，QCA）。主要基于以下几个方面的原因：①区别以往采用线性思路来研究问题，QCA 基于集合论（Set—Theoretic）关系而非相关关系来对因果关系进行建模。②QCA 通过中等样本量来构建模型，在一定程度上弥补了案例研究中样本过少的缺点。③QCA 能够准确识别出引起结果变量发生的充分或必要条件以及条件变量的组合，即构建不同影响因素的组合（Fiss，2007）。QCA 分为多值 QCA（multi value QCA，mvQCA）、清晰 QCA（crisp set QCA，csQCA）和模糊 QCA（fuzzy set QCA，fsQCA），由于合作社技术创新为二值变量，故本章选择应用最广泛、最为经典的 csQCA。

（一）样本选择

本章的研究对象是合作社。遵循 Glaser 和 Strauss（2009）提出的理论抽样原则，依据文献和初始数据获得相关概念和范畴，以这些概念、范畴作为理论指导继续选择样本来丰富和发展这些概念、范畴及其相关属性，直至达到理论饱和（Theoretical Saturation）。样本选取的标准如下：①合作社发展较好，在当地具有较强的影响力；②合作社成立超过 5 年时间；③合作社具有不同的经营规模。为了学术的保密性和分析方便，每个合作社用其前两个字的汉语拼音表示。

考虑到 csQCA 结果的稳健性和可靠性，一般认为选择 10—40 个案例，以及 4—6 个或者 4—7 个解释条件最合适（Rihoux and Ragin, 2009）。本章中有三个结果变量，对于每个结果变量选择 20 个合作社样本，并选择 5 个条件变量。

（二）数据收集

Yin（2013）认为，使用多种证据来源最大的优点在于相互印证，使研究结论更准确、更有说服力和解释力。本章数据来源主要包括：①档案资料，包括合作社的新闻报道、文献资料以及从合作社获取的内部资料等。②访谈，主要包括与合作社社长和普通社员的访谈资料。③非正式的跟进式电子邮件、电话、微信和直接观察。

其中，访谈作为最重要的数据来源方式，课题组采用半结构访谈的方法，基于研究需要，合作社社长和普通社员都作为访谈对象，对于每家合作社需要访谈合作社社长和至少 1 名普通社员，每次访谈时间控制在 1.5—2 个小时，并在允许的情况下进行录音，在后续资料编码过程中，对于不确定或模糊的信息，课题组通过电话、微信或 E - mail 与被访问者沟通确认。

（三）变量选取

在上一节中通过扎根理论抽象出合作社技术创新模式的影响因素，我们进一步根据定性比较研究方法的特点，对每个结果变量选择 20 个案例，并选择 5 个条件变量。具体来说，这五个变量既与上一节变量相同，又结合定性比较研究方法和样本案例，抽象出不同的变量。具体步骤如下：

（1）开放编码。开放编码是通过对资料分解、分析、不断比较，并将资料概念化、范畴化的过程，同时，对于开发的范畴，需要挖掘其性质及性质的面向。本章主要采取逐行分析策略将文本资料概念化、范畴化，虽然逐行分析会消耗时间、让人疲倦，但这种方式也最为细致、最具创意（Glaser, 1978）。同时，逐句、逐段、原生代码（VIVO）等分析策略也被适时地采用。最终我们从数据资料中抽象出 68 个概念和 8 个范畴（A1 - A8）（见表 3 - 6）。其中 8 个范畴包括社长能力、政府扶持、合作社规模、关系嵌入、结构嵌入、引进再创新、联合开发、自主创新。

表 3 – 6　　　　　　　　　　　开放编码（节选）

原始语句	开放编码			
	概念化	范畴化	范畴性质	性质维度
nengren 合作社：我们刚开始的时候需要培训（a1），现在采摘、修剪、制作技术都掌握了（a2），基本上不需要什么技术培训，种茶没有什么高深技术（a3），不用说他们（茶农）都知道怎么做（a3）……我们技术都是从省农业科学院引进的，现在不需要引进什么技术了，假如有新土地的话，我们会选择引进适合这档的新品种（a4）…… xinxin 合作社：作为第一批种葡萄的人，高中毕业后种葡萄，后来函授农业大学，再后来意识到品牌营销的重要性，函授江南大学网络学院，学习市场营销（a8）。现在是高级农艺师（a9），合作社做得好不好，不在于社员而在于领导，领导要成为有知识、有能力、强有力的核心成员（a10）……后来，创办民办研究所（联宇葡萄研究所），成为农民和科研机构联系的纽带（a12），乐清市每年有两个名额的省级项目，即支农项目 25 万元（a13）…… hongda 合作社：省里面的专家来培训我们都会参加（a21），对于我们这些大户来说，自身技术不太好（a22），可以向专家学到好多知识（a23）……	a1：开始培训 a2：技术掌握 a3：茶技术简单 a4：品种引进 …… a8：不断学习 a9：技术水平高 a10：领导强势 …… a12：创办研究所 a13：项目扶持 …… a21：项目培训 a22：自身技术差 a23：学习知识 ……	A1：社长能力（a8、a9、a10、a12、a21、a22、a23……） A2：政府扶持（a13、a21……） ……	技术能力 管理能力 扶持力度 ……	高—低 高—低 大—小

资料来源：笔者根据访谈资料整理。

（2）轴心编码。轴心编码是将开放编码中的资料进行聚类分析，从而对现象形成更精确且更复杂的解释。本章借助 Strauss 和 Corbin 提出的"典范模式"，即通过"原因—现象—脉络—中介条件—行动/策略—结果"把各范畴联系起来，在这里，我们主要是发展主范畴而非构建理论框架。最终，抽象出 5 个副范畴，包括社长能力、政府扶持、合作社规模、关系嵌入和结构嵌入，3 个主范畴，包括引进再创新、合作创新和自主创新。

（3）选择编码。选择编码是扎根理论的最后一步，是对各范畴之间的关系进行更加抽象的整合，即归纳出一个核心范畴，并借助"故事线"（Story Line）来阐述现象的核心问题。Glaser（1978）认为，核心范畴必须具有"中央性"，即与其他范畴很容易地、有意义地相联系，并不断出现在资料中。通过对主范畴和副范畴的考察，选择"合作社技术创新"作为核心范畴。故事线可以描述为：合作社技术创新包括引进再创新、合作创新和自主创新三个方面，而其受社长能力、政府扶持、合作社规模、关系嵌入、结构嵌入五个方面因素的影响。

（4）理论饱和度检验。本章进一步用 5 个合作社进行理论饱和度检验，结果显示，上述 8 个范畴及其缜密度（Density）达到理论饱和。因此，本章运用扎根理论方法对合作社技术创新及其影响因素的研究达到理论饱和。

（四）变量赋值

根据上述扎根理论得出的合作社技术创新的范畴及其面向和性质，本部分对不同范畴进行变量赋值。

（1）结果变量。引进再创新：如果合作社从外部引进相关技术（品种）则赋值为 1；反之赋值为 0。合作创新：如果合作社与外部高校、科研机构或企业等合作创新新技术（品种）则赋值为 1；反之赋值为 0。自主创新：如果合作社独立研发一项新技术（品种）则赋值为 1；反之赋值为 0。

（2）社长能力。主要从合作社社长技术水平和管理能力两个方面来衡量，技术水平主要看合作社社长文化程度、技术经验和是否有技术证书，管理能力主要看合作社社长是否担任公职或者企业领导。如果合作社技术水平和管理能力都比较强则赋值为 1；反之为 0。

（3）政府扶持。由于各个地方的经济发展水平不同，因此，政府扶持政策和力度也不同，本章主要从合作社访谈中获取，询问"对政府扶持是否满意"，如果满意为 1；反之为 0。

（4）合作社规模。主要从合作社注册资金、销售收入和利润率来衡量，综合三项指标对合作社排名，以中位数为分界线，大于中位数值为 1；反之为 0。

（5）关系嵌入。以合作社社员的满意度和外部利益相关者（如政府、客户以及合作伙伴等）的信任程度来衡量，如果合作社社员满意度和外部利益相关者的信任程度都较高，则赋值为1；反之赋值为0。

（6）结构嵌入。以合作社服务村庄范围和合作社纵向协作程度来衡量，如果合作社服务村庄范围较大且纵向协作程度较高则赋值为1；反之赋值为0。

三 结果分析

首先，需要对所有的条件变量及其否定变量进行必要条件分析。一般来说，Consistency衡量条件变量在多大程度上是结果变量的子集，如果一致性值低于0.9，则认为该条件变量或其否定变量是结果出现的充分条件。Coverage衡量条件变量对结果变量的解释力度，如果覆盖率越高，则其解释力越大。其次，在上述分析的基础上运用"Quine - Mc-Cluskey algorithm"算法计算条件变量的真值表，进而构建合作社技术创新的不同路径。最后，结合调研案例和相关理论对不同路径进行详细阐释。

（一）引进再创新

从表3-7可以看出，条件变量及其否定变量的一致性值均小于0.900，说明每个条件变量及其否定变量都为结果的一个子集或充分条件。因此，每个条件变量都适合于真值表的运算。同时，其覆盖率在0.222—1.000，说明条件变量对结果变量有较大的解释力。

表3-7　　　　　　　合作社引进再创新的必要条件分析

Analysis of Necessary Conditions Outcome Variable：Technology introduction

Conditions tested	Consistency	Coverage
社长能力	0.615	0.800
~社长能力	0.385	0.500
政府扶持	0.462	0.750
~政府扶持	0.538	0.583
合作社规模	0.154	0.400
~合作社规模	0.846	0.733
关系嵌入	0.692	0.818

Analysis of Necessary Conditions Outcome Variable：Technology introduction		
Conditions tested	Consistency	Coverage
~关系嵌入	0.308	0.444
结构嵌入	0.846	1.000
~结构嵌入	0.154	0.222

由上述分析可知，任何单一条件都无法影响合作社引进再创新，即合作社引进再创新受多种条件组合的影响。根据真值表计算的结果，构建合作社引进再创新的 4 条路径，如表 3 - 8 所示，一致性程度为 0.923 （＞0.8），说明整体上从属于相应路径的合作社呈现出较高的相似程度。覆盖率为 1 （相当于回归分析中的 R^2）意味着整体路径解释了所有的样本，说明可接受这 4 条路径。

表 3 - 8 合作社引进再创新的路径分析

模型		路径			
		1	2	3	4
条件变量	社长能力	●	●		◎
	政府扶持	◎	◎	●	◎
	合作社规模	◎		◎	●
	关系嵌入	●	◎	●	●
	结构嵌入		●	●	●
Consistency		0.154	0.308	0.385	0.077
Raw coverage		0.154	0.308	0.385	0.077
Unique coverage		1.000	1.000	1.000	1.000
Overall solution consistency		0.923			
Overall solution coverage		1.000			

注："●"与"◎"分别代表某一条件的存在与不存在，空白处代表该条件既可存在也可不存在。核心条件标记为大写的"●"与"◎"；外围条件标记为小写的"●"与"◎"。

路径 1 （社长能力×～政府扶持×～合作社规模×关系嵌入）：该路径表明，合作社引进再创新在社长能力和关系嵌入存在以及政府扶持和合作社规模缺失条件下可以实现。一般来说，合作社社长能力越强，其更有能力和魄力去为合作社发展寻找出路,同时,合作社关系嵌入越强,合作社也更有责任去实现合作社社员利益最大化,因此,合作社更容易引进技术。如调研的 Nengren 合作社,合作社社长曾经是该村村干部,积极去农业大学学习深造,具有较高的技术和管理能力,而且,合作社积极联系周边农户,采用"固定工资 + 土地入股"的形式不仅增加了农户收入,也使合作社获得了更加优质、安全的农产品。然而,合作社并未获得很多政府扶持,如合作社社长所说,"要依靠政府,但是思想不能依靠政府……真正做农业的不会依靠政府"。同时,由于合作社规模相对较小,认为技术开发没有盈利空间,因此,主要从农业科学院等机构引进新品种。可以说,较强的合作社"社长能力 + 关系嵌入"是合作社引进再创新的组态之一。

路径 2(社长能力 × ~政府扶持 × ~关系嵌入 × 结构嵌入):该路径表明,合作社引进再创新在社长能力和结构嵌入存在以及政府扶持严重缺失和关系嵌入缺席条件下可以实现。合作社社长能力越强,其更有能力去技术创新,而且,合作社的结构嵌入也激发了合作社引进再创新的动力。如调研的 Baqiao 合作社,合作社社长曾是坝桥养殖场场长,具有很强的营销和技术能力,带动 500 多户养殖户,社员和基地覆盖本市多个地区,如河山镇、乌镇、湖州等。合作社成为嘉兴文虎酱鸭厂唯一指定的原料供应商。同时,合作社与余姚市禽病防治研究所建立长期的合作关系,聘请该所所长为合作社顾问,并与浙江大学进行科技对接。为提高产品品质,合作社投资 120 万元引进樱桃谷鸭 SM3 改进型种鸭。

路径 3(政府扶持 × ~合作社规模 × 关系嵌入 × 结构嵌入):该路径表明,合作社引进再创新在政府扶持、结构嵌入辅助存在和关系嵌入核心存在以及合作社规模缺失条件下可以实现。政府扶持能够使合作社获得引进再创新的资金,降低风险,而合作社结构嵌入特别是关系嵌入能使合作社获得更多社会资本,从而促进合作社引进再创新。如调研的 Hongda 合作社,合作社通过建立冷库、打造产品品牌提高了农户收入,使农户对合作社有较高的满意度。同时,合作社经常与省农业科学院一起申报项目,获得了一定的项目扶持,并获得全国示范性合作社荣誉,农业部补助 10 万元。由于与省农业科学院的紧密关系使合作社技术主要来自农业科学院等单位。

路径4（~社长能力×~政府扶持×合作社规模×关系嵌入×结构嵌入）：该路径表明，合作社引进再创新在社长能力和政府扶持缺失以及合作社规模、关系嵌入和结构嵌入存在条件下可以实现。如调研的Congcong合作社，合作社有固定资产650万元，年销售收入3000多万元，与周边500多所学校建立合作关系，构建"公司＋农户"模式，而且与常州洁农科技有限公司合作开展科技合作。为提高牛奶品质，合作社引进上海光明良种奶牛与先进技术。

（二）合作创新

从表3－9可以看出，条件变量及其否定变量的一致性值均小于0.900，说明每个条件变量及其否定变量都为结果的一个子集或充分条件。同时，其覆盖率在0.222—0.909，说明条件变量对结果变量有较大的解释力。

表3－9　　　　　　　　合作社合作创新的必要条件分析

Analysis of Necessary Conditions Outcome Variable：Joint research and development

Conditions tested：	Consistency	Coverage
社长能力	0.833	0.909
~社长能力	0.167	0.222
政府扶持	0.667	0.889
~政府扶持	0.333	0.364
合作社规模	0.333	0.667
~合作社规模	0.667	0.571
关系嵌入	0.583	0.778
~关系嵌入	0.417	0.455
结构嵌入	0.750	0.900
~结构嵌入	0.250	0.300

根据真值表计算的结果，构建合作社合作创新的4条路径，如表3－10所示，一致性程度为0.917（＞0.8），说明整体上从属于相应路径的合作社呈现出较高的相似程度。覆盖率为1说明整体路径解释了所有的样本，说明可接受这4条路径。

表 3 – 10   合作社合作创新的路径分析

模型		路径			
		1	2	3	4
条件变量	社长能力	●	●	●	◎
	政府扶持	●		●	◎
	合作社规模	◎	◎		●
	关系嵌入		●	●	●
	结构嵌入		●	●	◎
Consistency		0.417	0.250	0.417	0.083
Raw coverage		0.167	0.167	0.250	0.083
Unique coverage		1.000	1.000	1.000	1.000
Overall solution consistency		0.917			
Overall solution coverage		1.000			

注:"●"与"◎"分别代表某一条件的存在与不存在,空白处代表该条件既可存在也可不存在。核心条件标记为大写的"●"与"◎";外围条件标记为小写的"●"与"◎"。

路径 1(社长能力×政府扶持×~合作社规模):该路径表明,合作社合作创新在社长能力和政府扶持存在以及合作社规模缺失条件下可以实现。合作社社长能力越强越能调动各种社会资源,在政府资金补贴的条件下合作社更容易开展合作创新。如调研的 Yihong 合作社,合作社社长曾是当地农办主任,具有高级农艺师称号,主持国家、省、市、县各级科技项目,并获得市科技进步一等奖。同时,在科技研发方面政府部门给予了大力支持,如省级重大科研项目获得政府 60 万元科研经费。在合作社社长和政府扶持的共同作用下,合作社与省农业科学研究院、福建农林大学合作创新新品种,从而使果蔬的成熟和上市期提早了20 天。

路径 2(社长能力×~合作社规模×关系嵌入×结构嵌入):该路径表明,合作社合作创新在社长能力、结构嵌入核心存在和关系嵌入辅助存在以及合作社规模缺失条件下可以实现。合作社社长较强的能力以及合作社丰富的社会嵌入资本为合作社合作创新创造了先决条件。以 Gaoping 合作社为例,合作社社长具有大专文化,在创办合作社之前经营一家农业公司,曾获得了"全国三八红旗手"等荣誉称号。合作社以"公司＋合作社＋基地＋农户"模式实现贸工农一体化运作，使社员比非社员年平均增收 4000 元左右，而且，入社成员每养 20 头猪便可获得 5000 元帮扶金，使农民得到了真正的实惠，合作社也获得了社员的充分信任。同时，合作社采取技术"联姻"模式，加强与大专院校的技术合作，聘请高校老师作为技术顾问，因此，经常会与高校、科研单位联合技术研发。

路径 3（社长能力×政府扶持×关系嵌入×结构嵌入）：该路径表明，合作社合作创新在社长能力、关系嵌入和结构嵌入辅助存在以及政府扶持核心存在条件下可以实现。政府扶持在一定程度上可以降低合作社创新的风险，激发合作社创新的动力。如调研的 Yacao 合作社，合作社社长曾是工厂厂长，拥有先进的管理理念和管理方法，积极与华南农大等高校科研机构合作，聘请农艺师、农艺技术人员，并成为高校科研单位的科研基地。而且，合作社使农户每年收入至少达 10 万元，居住条件和环境大为改观，而这也进一步激发了合作社开展联合技术研发。为提升农产品品质，合作社与南亚热带研究所、华南农业大学等科研单位合作，并获得国家大力资金扶持，如创新企业基金等，正如合作社社长所说"在这些基金扶持下，合作社许多创新得以实现"。

路径 4（～社长能力×～政府扶持×合作社规模×关系嵌入×～结构嵌入）：该路径表明，合作社合作创新在合作社规模和关系嵌入存在以及社长能力、政府扶持和结构嵌入缺失条件下可以实现。以 Xinqi 合作社为例，合作社年销售总收入 1000 万元以上，具有较强的经济实力，而且获得利益相关者的充分信任，如省农业科学院被合作社的创办经历所感动，把合作社列为甘薯示范基地，2009 年便与浙江大学签署技术合作协议。同时，为获得稳定的市场，也避免配送公司之间的竞争，合作社只与上海、苏州、南京等城市的一家配送公司签订协议，使合作社获得了社员和外部客户的信任与满意，这也促使合作社联合技术研发，提升农产品品质。

（三）自主创新

从表 3-11 可以看出，条件变量及其否定变量的一致性值均小于 0.900，说明每个条件变量及其否定变量都为结果的一个子集或充分条件。同时，其覆盖率在 0.250—0.917，说明条件变量对结果变量有较大的解释力。

表 3 - 11 合作社自主创新的必要条件分析

Analysis of Necessary Conditions Outcome Variable：Independent innovation

Conditions tested：	Consistency	Coverage
社长能力	0.846	0.917
~社长能力	0.154	0.250
政府扶持	0.692	0.900
~政府扶持	0.308	0.400
合作社规模	0.385	0.556
~合作社规模	0.615	0.727
关系嵌入	0.615	0.889
~关系嵌入	0.385	0.455
结构嵌入	0.769	0.769
~结构嵌入	0.231	0.429

　　根据真值表计算的结果，构建合作社自主创新的 4 条路径，如表 3 - 12 所示，一致性程度为 0.923 （ > 0.8），说明整体上从属相应路径的合作社呈现出较高的相似程度。覆盖率为 1 说明整体路径解释了所有的样本，说明可接受这 4 条路径。

表 3 - 12 合作社自主创新的路径分析

模型		路径			
		1	2	3	4
条件变量	社长能力	●	•	•	◎
	政府扶持		●	◎	•
	合作社规模	◎		◎	•
	关系嵌入			•	◎
	结构嵌入	•	•		◎
	Consistency	0.462	0.615	0.154	0.077
	Raw coverage	0.077	0.308	0.077	0.077

模型	路径			
	1	2	3	4
Unique coverage	1.000	1.000	1.000	1.000
Overall solution consistency	0.923			
Overall solution coverage	1.000			

注："●"与"◎"分别代表某一条件的存在与不存在，空白处代表该条件既可存在也可不存在。核心条件标记为大写的"●"与"◎"；外围条件标记为小写的"●"与"◎"。

路径1（社长能力×～合作社规模×结构嵌入）：该路径表明，合作社自主创新在社长能力核心存在、结构嵌入辅助存在以及合作社规模严重缺失条件下可以实现。一般来说，合作社社长能力越强、合作社辐射范围越大，其创新意愿越强烈。以 Xinxin 合作社为例，合作社社长从事葡萄种植30年，本身是高级农艺师，函授江南大学，并承担包括国家星火项目在内的多项县级以上科技项目。合作社成立联宇葡萄研究所，成为农民和科研机构联系的纽带。以技术入股的形式在广西、云南成立合作社，并在当地推广先进的品种和技术。合作社自主研发的"宇选系列"新品种在湖北、湖南、重庆等地得到广泛推广。

路径2（社长能力×政府扶持×结构嵌入）：该路径表明，合作社自主创新在社长能力和结构嵌入辅助存在以及政府扶持核心存在条件下可以实现。以调研的 Hengyan 合作社为例，合作社社长毕业于江西农业大学，具有扎实的专业知识，且曾经在街道办工作。目前，合作社社员网络遍布四海，其销售可以在全国范围内相互调剂，从而保证了社员利益最大化。合作社与中国农业科学研究院、南京农业大学等科研单位进行密切技术合作，而且，在省农业厅和科技厅的指导下开展一系列自主创新技术。合作社自主研制的纯中草药剂"鹌鹑防病丹"，可以有效预防各种疾病，为合作社和各养殖专业户提供了强有力的保障，该项技术也被列入了江西省科技厅"重大农业技术转化专项"，并获得了政府的资助。

路径3（社长能力×～政府扶持×～合作社规模×关系嵌入）：该路径表明，合作社自主创新在社长能力和关系嵌入存在以及政府扶持和合作社规模缺失条件下可以实现。以调研的 Wuyuan 合作社为例，合作社社长曾是教师，并在供销合作社工作过，现为江苏省供销合作社理事会成员，对当前农业政策非常了解。同时，合作社和当地村民建立密切的关系，每年忙季都会雇用当地村民，春季采茶末期也会邀请村民免费采摘茶叶，而且免费加工，在村民中获得了较高的满意度。为了推广茶叶技术，让更多的人了解茶叶文化和科技，南京农大和江苏省教育厅在合作社成立社外科教文化中心。合作社目前拥有一项自主创新技术，即快速繁育种苗技术，使目前繁殖周期提早6—8个月。

路径4（～社长能力×政府扶持×合作社规模×～关系嵌入×～结构嵌入）：该路径表明，合作社自主创新在政府扶持和合作社规模存在以及社长能力、关系嵌入和结构嵌入缺失条件下可以实现。较多的政府扶持和较大的经营规模会使合作社更有资金和能力去进行技术创新，从而降低自主创新风险，提高其抗风险能力。以调研的 Kaiyu 合作社为例，合作社依托于食品有限公司而成立，搭建农产品仓储物流中心和全程冷链保鲜系统，并联合食品加工厂、农贸市场以及果蔬技术开发中心共建示范园区，以生产无公害蔬菜为主，走产业化经营道路。同时，当地政府实行"省挂县强农富民工程"，为 Kaiyu 合作社输送人才和技术。合作社依托省市农业科学研究院，自主研发出功能性 SOD 红富士苹果。

四　研究结论

合作社作为乡村振兴的重要力量和载体，在规模和数量不断扩张的背景下，如何实现合作社高质量发展成为一个重要而现实的问题，其中，技术创新是提升合作社发展质量的重要途径。本章基于60家合作社的调研数据，运用扎根理论和 csQCA 方法分析合作社技术创新的影响因素及其组合。主要结论如下：合作社技术创新模式包括引进再创新、合作创新和自主创新，其影响因素分别为社长能力、政府扶持、合作社规模、关系嵌入和结构嵌入。合作社引进再创新、合作创新和自主创新并非受单一因素的影响，而是受不同因素组合的影响，且不同因素之间相互关联。对于不同的技术创新模式，分别抽象出4条技术创新路径。为了进一步发挥农民合作社在农业技术创新体系中的作用，提升合作社的技术创新能力，建议政府在以下三个方面提供相应的政策支持。

（1）强化合作社参与技术创新的政策扶持。目前，合作社技术创新多属自发性的，缺乏相应的政策、法律和税收支持。因此，一方面，政府需要出台相关政策、法律为合作社技术创新提供政策保障，如年度科技项目适当向合作社倾斜，鼓励和引导合作社技术创新。另一方面，应树立和宣传典型的示范型科技合作社，发挥其"羊群效应"，以对其他合作社形成良好的示范作用。同时，可以实施科技保险制度，引导、鼓励和支持合作社参与科技保险，从而降低合作社技术创新的风险。

（2）重视和发挥合作社社长在技术创新中的作用。上述分析可知，许多合作社社长本身具有较强的技术、管理或者资源获取能力，如利用自己的技术或者人脉关系获得创新资源，在技术创新中发挥重要作用，但也面临技术能力不足、资源获取有限等问题。因此，要加强对合作社社长的生产培训，通过互联网或者线下交流等方式，定期召集合作社社长举办生产交流活动，不仅提高合作社社长技术或管理水平，也着重丰富其社会网络资源。

（3）加强合作社与高校、科研机构的产学研合作。由于合作社多处于偏远的农村，远离高校、科研机构。在调研的60家合作社中，很少有高校或科研机构主动联系合作社进行产学研合作。因此，政府应充分发挥其"搭桥人"的角色，搭建合作社与高校、科研机构产学研合作的交流平台。同时，高校、科研机构的科研人员可以长期进驻合作社，了解合作社真正技术需求，而合作社也需要为技术创新留出专门的资金和场地。此外，合作社可以选派骨干社员到高校、科研机构学习，提升合作社人力资本水平。

第四节　本章小结

为探讨农民合作社是否具有相应的能力获取相关技术？合作社的技术创新包括哪几种模式？合作社技术创新模式选择的影响因素包括哪些？本章运用扎根理论和csQCA方法，分析了农业科技创新体系中合作社的技术创新模式及其影响因素。

合作社的技术创新模式主要包括自主创新、合作创新和引进再创新三种模式。合作社技术创新模式的影响因素包括合作社情境、技术情境与环境情境。其中，合作社情境因素包括合作社领导、合作社技术创新人才、技术创新资金和合作社的外协资源。技术情境因素包括技术研发成本、技术不确定性和技术距离。环境情境因素包括市场环境和政府支持。合作社目前自主创新成果属于微创新，具有前期研发资金投入少、风险低等特点。引进再创新是当前合作社技术创新的主要模式。合作创新的技术创新项目较少。

合作社引进再创新、合作创新和自主创新并非受单一因素的影响，而是受不同因素组合的影响，且不同因素之间相互关联。对于不同的技术创新模式的创新路径如下：引进再创新的路径：路径1（社长能力×～政府扶持×～合作社规模×关系嵌入）；路径2（社长能力×～政府扶持×～关系嵌入×结构嵌入）；路径3（政府扶持×～合作社规模×关系嵌入×结构嵌入）；路径4（～社长能力×～政府扶持×合作社规模×关系嵌入×结构嵌入）。合作创新的路径：路径1（社长能力×政府扶持×～合作社规模）；路径2（社长能力×～合作社规模×关系嵌入×结构嵌入）；路径3（社长能力×政府扶持×关系嵌入×结构嵌入）；路径4（～社长能力×～政府扶持×合作社规模×关系嵌入×～结构嵌入）。自主创新路径：路径1（社长能力×～合作社规模×结构嵌入）；路径2（社长能力×政府扶持×结构嵌入）；路径3（社长能力×～政府扶持×～合作社规模×关系嵌入）；路径4（～社长能力×政府扶持×合作社规模×～关系嵌入×～结构嵌入）。

第四章

农民合作社的引进再创新模式

农民合作社作为我国农业技术创新体系中的重要创新主体，具有市场导向性强、技术成果易转化和技术易推广等特点。农民合作社在促进农业技术创新，提高农产品的科技含量，推进农业标准化生产方面发挥了重要作用。但由于资金和技术人才等方面的制约，当前合作社的技术创新模式主要以引进再创新为主（罗建利和仲伟俊，2009）。因此，引进再创新是目前我国农民合作社技术创新最重要的模式，尤其是合作社处于初级发展阶段，完全依靠自主创新促进合作社高质量发展的难度较大。

世界各国的农业发展经验表明农业技术引进能够增加农产品产量，提高农民收入，促进农业发展。Gisselquist 等（2002）基于孟加拉国、印度、土耳其和津巴布韦 4 国经验数据，表明引进先进农业技术有助于提高农业产量，增加农民收入。因此，各国政府应放开对农业技术市场的管制，积极引进先进农业技术。Sanyang 等（2009）以冈比亚女性菜农、果农为调查对象，发现技术引进能显著影响蔬菜产出水平、净利润水平以及资本积累额度。Lado（1998）以加纳、苏丹、乌干达、赞比亚和南非等非洲国家为例，发现许多地区虽然通过技术引进、自主研发等方式掌握了较为先进的农业技术，但大多数技术并未得到当地农民的完全接受。因此，需要有一个代表农户的中介组织，克服技术引进过程中的技术供需矛盾问题（魏锴，2013）。合作社通过引进新品种、开展业务培训、推广新技术等方式提高农业生产效率和产品质量（Staatz，1984）。

农民合作社通过技术引进，许多新的观念和技术被引入到农村，激活了农业经济和农业生产。通常，企业从外部获取技术的过程可以分为4个阶段：引进、吸纳、转化和开发利用。企业的吸收能力越强，越具有更强的创新能力，企业创新绩效越好，将会大大增强企业在市场中的竞争优势（Zahra and George，2002）。因此，农民合作社在引进再创新过程中，技术吸收能力的培养和提升至关重要。

面对复杂的农业技术创新体系，引进再创新是实现农民合作社高质量发展的重要手段和途径。在新发展阶段背景下，农民合作社是否具有相应的能力引进相关技术？合作社的引进再创新包括哪几种方式？合作社引进再创新的影响因素包括哪些？技术吸收能力如何影响合作社的技术创新？农民合作社的技术吸收能力内涵是什么？什么因素影响合作社的技术吸收能力？针对以上问题，本章综合运用扎根理论和二阶段博弈模型，分析了农业科技创新体系中合作社的技术吸收能力、引进再创新方式及其影响因素。主要包括三个方面内容：首先，根据农民合作社的组织结构特征，分析农民合作社的技术吸收能力内涵及其影响因素；其次，利用二阶段博弈模型，分析技术吸收能力对合作社技术创新投入的影响；最后，运用扎根理论，分析农民合作社引进再创新的方式及其影响因素。

第一节　农民合作社的技术吸收能力研究

技术创新活动需要大量的知识基础，而企业的知识大部分来自外部环境。因此，企业是否能够从企业外部吸收相关技术知识，决定一个企业的技术创新能力，同时技术吸收能力成为技术创新能力的重要组成部分。大量的实证研究表明，企业能够得益于其他组织的技术创新溢出。然而，要获得技术创新的溢出成果，企业需要提高自身的技术吸收能力。亚洲新兴国家日本与韩国经济快速飞跃的主要原因就是日韩企业对外部创新技术具有很强的吸收能力，能够通过模仿、改进、创新等步骤实施技术创新（Cohen and Levinthal，1990；Linsu，1997）。目前，很多企业意识到技术吸收能力对实施技术创新的积极作用，从而对企业的技术创新战略也具有重要的影响（Cohen and Levinthal，1989，1990）。农民合作社作为一种典型的共营企业，其目标是追求社员收益最大化。针对这种类型的组织，技术吸收能力效应对农民合作社的技术创新有何影响？和利润最大化企业相比，吸收能力对农民合作社的技术创新的影响存在哪些区别？影响合作社的技术吸收能力的因素有哪些？以及如何提高农民合作社的技术吸收能力？上述问题的解决，成为提升农民合作社的技术创新能力，完善合作社的技术创新理论的关键。

为了增强我国合作社在国内及国际市场上的竞争力，增加农产品科技含量，积极实施"科技兴农"战略，技术创新成为目前农民合作社在经营和发展过程中最为重要的部分。然而，目前的合作社技术创新能力还存在较大的问题，其技术创新能力与利润最大化企业相比，还存在较大的差异。施勇峰（2008）通过对杭州市农民合作社科技创新的调查分析发现，由于农民合作社技术基础薄弱，即使具有技术创新的积极性和主动性，但是自身技术力量不行，大部分合作社只能从事试验、示范和推广工作。当前科技型合作社大部分主要采取引进再创新方式，仅有极少的合作社采取合作创新和自主创新形式。在引进再创新为主流的技术创新模式下，仅仅引进技术并不能提高企业的技术创新能力。通过日本和韩国企业的技术创新历程可知，在引进再创新的过程中，关键是对获取的技术进行进一步的消化、转化和应用，通过提高企业的技术吸收能力来提升企业的技术创新能力。

一 农民合作社技术吸收能力的内涵

本节在分析农民合作社技术创新现状的基础上，提出通过增强技术吸收能力提升农民合作社的技术创新能力。根据吸收能力的概念框架，分析我国农民合作社技术吸收能力的构成维度；并在实际案例分析的基础上，探讨目前我国合作社技术吸收能力的现状和存在的主要问题；最后通过案例分析，研究合作社技术吸收能力的提升路径。

（一）吸收能力的内涵

"吸收能力"由 Cohen 和 Levinthal（1990）首次提出，是指企业识别评价、消化（Assimilate）与应用外部新知识的能力，包括识别评价、消化及应用三个维度。Cohen 和 Levinthal（1990）强调企业的知识储备在学习新知识中的作用，并认为吸收能力是企业过去学习活动和研发行为的副产品，其形成过程具有路径依赖性（Dath Dependency）。为了更有效地获取外部知识或技术溢出，企业首先应该具备较强的吸收能力。

因此，吸收能力对接收方的知识获取及绩效提高起着重要的影响作用。

然而，由于在获取外部知识，并得以消化之后，并不能保证组织能够进一步应用。为了弥补 Cohen 和 Levinthal 对知识吸收能力内涵和结构划分的缺陷，Zahra 和 George（2002）从动态能力的视角出发，将吸收能力看作组织的动态组织能力，将其定义为组织获取、同化、转化和利用知识产生组织动态能力的惯例和流程（Processes），并把它划分为潜在吸收能力和现实吸收能力。其中，潜在吸收能力包括知识获取能力（Acquisition）和知识同化能力（Assimilation），指组织能够获取组织外有价值的知识，并能够得以消化。现实吸收能力包括知识转化能力（Transformation）和知识利用能力（Exploitation），即利用消化的知识，结合组织已有的知识，通过进一步的转化，最终开发出新的产品或生产工艺获得竞争优势，它反映组织扩大（Leverage）知识的能力。潜在的吸收能力和现实吸收能力同时共存于组织中，对提升企业竞争优势的贡献虽不同但是互补的，且存在一个效率因子，即现实吸收能力与潜在吸收能力的比例。Lane 等（2006）在 Zahra 和 George（2002）的基础上，修正了吸收能力构成成分，认为吸收能力是一种具有学习过程导向的能力，即通过探索性（Exploratory）学习，识别并理解潜在外部新知识，通过转化性学习消化有价值的新知识，通过应用性（Exploitative）学习消化知识，创造新知识并产生商业价值。

组织从外部吸收知识的过程可以分为四个阶段：获取、同化、转化和开发利用。其中，知识获取能力是指对外部产生的对本组织有关键作用的知识加以判断和获取的能力，其关键因素是与外界各类知识的识别、判断相关的具有多元化知识的专家库。知识同化能力则强调外部知识在组织内有效地被阐释和理解，不能被理解的知识是很难被再利用开发的，其关键因素是与技术知识相互交流和理解相关的组织内部结构、认知、文化等方面的障碍。知识转化能力则是要将新的外部知识与内部已有知识有效地整合，其关键因素是企业家精神和勇于创新的文化。知识开发利用能力是指通过将内外部知识共同运用而开发出新知识，具体如表4－1所示。

（二）农民合作社技术吸收能力框架

农民合作社经营对象是商品（农产品），服务对象是农民。农民合作社的组织形式主要包括"社员 + 合作社 + 合作社联盟""社员 + 合作社和社员 + 合作社 + 龙头企业"等。对于"社员 + 合作社 + 龙头企业"的合作社组织形式，其技术吸收能力更多由龙头企业负责，所以不在本章考虑范围之内。下文主要讨论"社员 + 合作社 + 合作社联盟"组织形式的技术吸收能力框架，并通过描述性案例分析探讨合作社技术吸收能力的构成维度及其影响因素。

表 4 - 1　　　　　　　　　　知识吸收能力的维度

过程能力	组成要素	操作性	关键因素
获取能力	前期投资 前期知识 强度 速度 方向	搜索范围 感知计划 新联系 学习速度 学习质量	有多元化知识的专家库
同化能力	理解（能力）	解释、说明 理解 学习	组织内部结构、认知、文化等方面的障碍
转化能力	内在化 转化	知识整合 重新编码（知识重组） 异类联想	知识整合 重新编码（知识重组） 异类联想
利用能力	运用 执行	核心竞争力 收获资源	企业家精神和勇于创新的文化

为了建立农民合作社的技术吸收能力框架，该小节在 Zahra 和 George（2002）的技术吸收能力研究框架的基础上，从吸收能力的获取、同化、转换和利用四个阶段，结合农民合作社的组织维度，从组织和吸收能力两个维度，根据"技术"的特点，提出了农民合作社技术吸收能力的框架（见图 4 - 1）。

1. 社员主导的技术吸收能力

社员主导的技术吸收能力的表现方式是以合作社中的"看门人"（Gatekeeper）或技术能人为主导，表现为"看门人"或技术能人获取、同化、转化、利用外部知识的一系列过程。具体体现在以下四个方面：

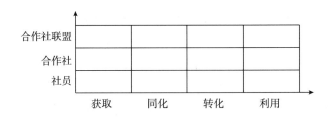

图4－1　农民合作社技术吸收能力框架

（1）社员技术获取能力：主要是农民合作社中的技术能人具有敏锐的观察力，当接触到外界新的技术时，能够获取与合作社发展相关的产品信息或工艺信息。

（2）社员技术同化能力：指农民合作社中的技术能人促进合作社已有知识与新吸收的知识进行有机结合，并不断地推动这一过程发展与优化。

（3）社员技术转化能力：指农民合作社中的技术能人根据自身已有的技术知识，对合作社外部获取的技术知识进行分析、处理、解释和理解的惯例和过程。

（4）社员技术利用能力：指农民合作社中的技术能人通过对获取和转化的知识进行运作从而创造出新的知识。

2. 合作社主导的技术吸收能力

原有的小农经济制约了农产品的技术创新，家家各自生产，独立经营，一般很少有机会，或者没有精力去获取外部的先进技术知识。而农民合作社正是将每个独立的生产单位联合起来，组织专门的技术部门进行技术的获取、同化、转化和利用。农民合作社主导的技术吸收能力的表现方式是以合作社为主导，成立专门的技术部门获取、同化、转化、利用外部知识的一系列过程。具体体现在以下四个方面：

（1）合作社技术获取能力：农民合作社中的技术部门具有敏锐的观察力，当接触到外界新的技术时，能够获取与合作社发展相关的产品信息或工艺信息。

（2）合作社技术同化能力：农民合作社中的技术部门对外部获取的技术知识进行同化的过程。

（3）合作社技术转化能力：农民合作社中的技术部门对内外部知

识有机结合，并不断地推动这一过程发展与优化。

（4）合作社技术利用能力：农民合作社中的技术创新部门通过对获取和转化的知识进行运作从而创造出新的知识。

3. 合作社联盟主导的技术吸收能力

目前，我国农民合作社处于发展阶段，合作社的技术能力相对于传统的利润最大化企业比较弱。因此，很多合作社刚刚从小农经济中走出来，没有进行技术创新或者技术吸收的意识，而且农民合作社由于资金、科技人才方面的相对匮乏，大部分合作社都没有成立相应的技术部门，导致农民合作社很难进行技术获取能力的提高。因此，国内外很多合作社在技术创新领域，往往成立联盟，由合作社联盟负责各个合作社的技术创新活动。合作社联盟主导的技术吸收能力的表现方式是以合作社联盟为主导，成立专门的技术部门获取、同化、转化、利用外部知识的一系列过程。具体体现在以下四个方面：

（1）合作社联盟技术获取能力：在技术获取方面，合作社联盟利用已有的技术知识，获取外部的互补性技术知识。

（2）合作社联盟技术同化能力：合作社联盟中的技术创新部门对联盟中内外部技术知识有机结合，并不断地推动这一过程发展与优化。

（3）合作社联盟技术转化能力：合作社联盟中的技术创新部门对合作社或联盟中获取的技术知识进行同化的过程。

（4）合作社联盟技术利用能力：合作社联盟中的技术创新部门通过对获取和转化的知识进行运作从而创造出新的知识。

二 农民合作社技术吸收能力及其影响因素

本节在上述关于农民合作社技术吸收能力构成维度理论模型的基础上，以3个农民合作社作为案例研究对象，运用描述性案例研究方法，经案例选择、数据收集、案例描述、案例分析结果和讨论，验证合作社技术吸收能力及其影响因素。Yin（2012，2013）指出，设计案例研究的关键是建立正确的理论假定，不管案例研究是提出理论还是验证理论，在研究设计阶段进行理论构建都是极为重要的。Harrison 等（2017）也认为案例研究与其他方法一样需要理论指导。通过上一节的分析，已经建立了农民合作社技术吸收能力构成维度的理论模型，分别从组织和吸收能力两个维度，根据"技术"的特点，提出了合作社技术吸收能力的理论模型框架。本节将采用描述性案例分析对理论模型进行验证，并探讨农民合作社不同吸收能力的影响因素。

（一）研究设计

1. 案例选择

案例选择策略是决定案例研究要选择什么样的单位作为研究案例，以及选择多少个案例的方法。为了使被选定的案例与所研究的主题具有较强的相关性，本章由研究对象和研究问题驱动作为案例选择的标准。主要根据以下标准选择案例：

（1）案例的选择对象为具有一定技术创新资源的农民合作社。

（2）农民合作社已经进行了相应的技术创新，并取得了一系列技术创新成果。

（3）农民合作社的技术吸收能力在实施技术创新过程中发挥了相应的作用。

（4）不同的案例在组织形式上存在差异。

2. 数据收集

案例数据分析主要采用访谈、观察和文档分析。个人访谈主要通过与合作社管理层、合作社技术部门或技术能人等面对面充分交流、获得更加贴近现实的丰富信息。这样容易将与合作社技术创新和吸收能力相关的问题辨识清楚，以极大地保证数据收集的真实性和有效性。另外，在收集数据时使用三角测量法，即通过多种数据的汇聚和相互验证来确认新的发现，避免由于访谈双方的偏见影响最终判断，从而为将要形成的理论和假设提供更有力的证据。观察主要是通过深入合作社内部，了解合作社的办公场所、规模、现场等了解其技术创新现状。文档分析是个人访谈的重要补充，用于数据收集的文档主要包括合作社的内部刊物、年度报告、历史总结、项目文档、内部网络资料、对外网络资料，以及外部媒体的相关报道，以形成证据的三角互证。

其中，访谈是在主题提供的基础上完成的，部分与访谈主题相关的问题如下：

（1）农民合作社中技术人才的数量和来源有哪些？

（2）农民合作社主要开展了哪些技术创新活动？

（3）农民合作社的技术来源（技术获取模式）是什么？

（4）农民合作社从外部获取相关技术之后，如何将该技术与农民合作社的业务进行结合，从而实施技术创新？

（5）农民合作社是如何进行技术推广的？

（6）该技术成果对农民合作社有哪些作用？

（7）该技术成果对农民合作社后续的技术创新起到哪些作用？

（二）案例描述

1. 纵向案例描述

案例A：丰城市恒衍鹌鹑养殖专业合作社

丰城市恒衍鹌鹑养殖专业合作社（以下简称A）创办于2005年。A合作社年均销售鹌鹑种苗6300万元余羽、种蛋1000多吨，生产规模位居全国前茅。销售网络南至万泉河，北至鸭绿江，东至江浙沿海，西到云贵高原。销售网络遍布全国30多个省、市、自治区，创产值5.8亿元，产品出口到美、日、韩及东南亚等地，年创外汇300余万美元，带动从业人员2万人，人均增收3万余元，成为全国农民合作社中的佼佼者。合作社充分发挥龙头带动效应和示范基地作用，及时把科研成果转化为生产力，技术创新促进产业升级，生产管理水平不断提高。丰城市鹌鹑良种场是江西省一级良种场，与中国农业科学院、南京农业大学等科研单位进行"高产黄羽鹌鹑的选育及相关技术创新"的科研项目，培育具有自主知识产权的鹌鹑良种，以适应不同地区的市场要求。2015年，合作社在孙旭初的带领下，运用电子商务，采用"互联网＋"模式，创建了"中国鹌鹑产业发展电商服务平台"，使合作社业绩得到了新的提高。孙旭初现为世界家禽学会会员、国家农业科技创业导师、江西省农产品流通协会常务理事，拥有3项发明专利，8项实用新型专利。2020年11月，孙旭初承担的江西省丰城市恒衍鹌鹑养殖专业合作社"鹌鹑健康养殖发明专利技术示范应用及推广"项目，在第二十四届全国发明展览会———带一路暨金砖国家技能发展与技术创新大赛上，荣获"发明创业奖·项目奖""科技助力扶贫专项奖"。合作社成功让2162个精准扶贫对象脱贫致富，体现了科学技术是第一生产力，发明专利是核心竞争力，真正实现了科技助力、产业扶贫。回顾丰城市恒衍鹌鹑养殖合作社的发展历程，以上成果的取得，很大部分归功于合作社理事长孙旭初较强的技术吸收能力和技术创新能力，合作社基于社员主导的技术吸收能力，是合作社迅速成长的关键因素。

案例 B：吴江市平望镇梅堰蚕业专业合作社

吴江市平望镇梅堰蚕业专业合作社（以下简称 B），于 2003 年 4 月 16 日正式成立，它的宗旨是不赚农民一分钱，坚持"民办、民营、民受益"的原则。运作方式是：以利益联结为纽带，以茧站为牵头，以蚕农茧子入股为主体，蚕桑技术部门以技术入股参与为方式，按照"桑园入股、交售承包、利益共享、风险共担"的原则，组成紧密型的蚕业合作社，把蚕种生产催青、技术指导、蚕茧收烘和流通等环节相连。目前，蚕业合作社拥有桑园面积 2250 亩，入社会员 1150 多人，比建设时增长 864 户，每年蚕种的养殖量保持在 4400 张左右，入社会员的年收益要比不入社前提高了 10% 左右。合作社同时和科技、农林部门对入社社员进行技术培训。在蚕期中采用现场会等形式，进行面对面交流，使蚕桑科技深入千家万户，并通过广播讲座和技术资料的发放，把养蚕中的一些应变措施及时告知农户，消除养蚕隐患，确保蚕期安全、稳产、高产。合作社之所以能够取得这些成果，还要得益于技术创新，以技术创新提升市场竞争力。蚕宝宝的娇贵让伺候它们的人吃足了苦头，稍有不慎，很可能就是白辛苦一场。但自从 2003 年有了梅堰蚕业合作社，无论茧丝行情如何变化，都能保证参加合作社的社员们有一个稳定的收入。蚕业合作社以社员利益为重，按照"精品蚕业"的要求，引进先进设备和技术，着力提高蚕茧质量，同时开发新产品，延伸蚕桑的产业链，提高了蚕茧的附加值。合作社在实施技术创新过程中，不断以合作社为依托提高技术吸收能力。

案例 C：双峰县农村科技合作社

双峰县农村科技合作社（以下简称 C）创建于 2004 年 7 月 9 日，以民办、民管、民受益的农村合作组织模式构建一套县、乡、村、户四级联动的农村科技社会化服务体系网络。完成省、市、县科技计划推广项目 20 多项，推广农业新技术 12 项，发展社员 1.5 万人，建立农村科技服务示范样板村 20 多个，发展科技示范基地 50 个，基地示范面积达 1.5 万亩，亩产收入达 4000 元以上，创新农村金融产品与县农行创新农村金融服务模式，担保发放惠农贷款资金 1200 万元，解决农村青年就业人数达 2000 人，新增农业产值 6000 万元。农村科技合作社的网络发展模式，采用了县农村科技服务体系建设"领导小组＋农村科技合作社＋六大专业产业合作社（药材、名贵水果、高效蔬菜花卉、特色养殖、农产品加工、农产品营销）＋（乡）镇农村科技合作联社＋三村一分社（具体品牌的农业专业合作社）＋产业基地＋农户"的发展模式，既有行政区域服务布局的特色，又有农业产业化发展的特色，两者相结合，在全县按（乡）镇建立 16 个（乡）镇联社为二级机构，320 个服务分社为三级机构，达到了县（乡）镇、村、户的四级联动的农村科技服务入户网络。

创新农村科技服务经营形式：全方位、一体化经营。在技术经营形式上，实行省、市、县"专家顾问组＋技术攻关组＋项目论证＋示范实验园＋技术培训＋提供种苗＋贷款贴息＋提供生产资料＋统一技术标准生产跟踪管理服务＋统一品牌市场营销和农业技术保险"，进行全方位、一体化的经营服务，降低农民农业生产成本，提高了农户农业生产的综合能力。

2. 横向案例描述

本部分从农民合作社成立时间、牵头人（组织）、技术创新方式、合作社技术来源等方面，对所选择的三个案例进行横向比较性描述（见表 4–2）。

表 4–2 三个案例合作社基本情况比较

	案例 A	案例 B	案例 C
成立时间	2005 年	2003 年	2004 年
规模	1150 人	15000 人	515 人
所属行业	养殖业	养殖业	种植业、养殖业
经营范围	单一产品	单一产品	多元化产品
牵头人（组织）	个人	平望镇政府	双峰县政府
主导力量	个人主导	合作社主导	合作社联盟主导
技术创新方式	自主创新	合作创新、引进再创新	引进再创新
技术创新成效	增加了社员收入	增加了社员收入	增加了社员收入

从农民合作社的成立时间看，三者成立的时间相差不大，都是在我

国发布农民合作社相关法律之前成立的。从所属行业看，合作社 A 和 B 属于养殖业，经营范围比较单一，合作社 C 的经营范围比较多元化，涉及多个领域和多种产品。合作社 A 是由大户和技术能人牵头成立的，合作社 B 是由镇政府牵头成立的，合作社 C 是由县政府牵头成立的。合作社 A 表现为社员个人主导的技术吸收能力，合作社 B 表现为合作社主导的技术吸收能力，合作社 C 表现为合作社联盟主导的技术吸收能力。

从技术创新的角度看，合作社 A 的技术创新主要归功于合作社社长个人的技术创新能力，合作社 B 的技术创新主要归功于合作社与高校等的合作创新与引进再创新，合作社 C 的技术创新主要归功于引进再创新，合作社 C 的主要作用是进行技术吸收和技术推广。从技术创新成效来看，三者均获得了很大的收益，增加了社员收益。

（三）案例分析结果与讨论

为了阐述农民合作社技术吸收能力的构成维度和影响因素，下面分别从技术吸收能力的主导力量角度，对案例 A、案例 B、案例 C 进行分析。

1. 案例 A：社员主导的技术吸收能力

（1）社员技术吸收能力的表现方式。

丰城市恒衍鹌鹑养殖合作社的技术吸收能力主要是以合作社中的"看门人"孙旭初为主导，表现为看门人孙旭初利用自身的知识积累，从外界获取相应的信息和知识，并经过知识的同化、转化、利用等一系列过程，最终在"提高鹌鹑种蛋受精率""翻肛门辨别雌雄鹌鹑""羽毛颜色辨别雌雄鹌鹑""鹌鹑防病丹""板鹌鹑的研制"等项目上获得了较多的技术创新成果。

①提高鹌鹑种蛋受精率：在采用先进的方法之前，由于交配的公鹌鹑是青年鹌鹑，一方面年轻的公鹌鹑缺乏交配经验，另一方面个头比母鹌鹑小，因此公鹌鹑往往受到母鹌鹑的欺负，根本没有交配的机会。孙旭初毕业于江西省农业大学，通过重新学习和进一步获取以前学过的遗传学知识，经过技术同化和转化，在公鹌鹑里加进去几只老鹌鹑，通过老鹌鹑的示范，青年鹌鹑很快就进入了角色。然而，在交配过程中，出现公鹌鹑争夺母鹌鹑的问题，导致公鹌鹑之间互相打斗。孙旭初通过认真研读有关资料，获取了雌雄鹌鹑交配的最佳比例，把雌雄鹌鹑以 3∶1

的比例进行交配，在每个笼子里都是放 10 只公鹌鹑，30 只母鹌鹑，既不会浪费公鹌鹑的资源，又能保证种蛋的受精率。可是，每个群体里的"受气包鹌鹑"，不是被打伤了就是被打怕了，根本不敢去靠近母鹌鹑，更别提交配了，所以实际上 10 只公鹌鹑里，只有 9 只在工作。面对这个由于打斗引发的问题，孙旭初采取的办法就是往每只笼子里面再多加一只公鹌鹑。用老鹌鹑带年轻鹌鹑的办法，解决了青年鹌鹑交配难的问题，在每 10 只公鹌鹑里补一只的措施，解决了由于打斗引起的公鹌鹑损耗的问题，种蛋受精率目前都保持在 98% 以上。

表 4-3 　　　　社员孙旭初在各个创新项目上的技术吸收能力

项目	获取	同化	转化	利用
提高鹌鹑种蛋受精率	获取以前学过的遗传学知识	认真研读、掌握动物的遗传影响因子等知识	将遗传学知识与鹌鹑的受精情况相结合	研究出了雌雄鹌鹑以 3:1 的比例进行交配的最佳交配方式
翻肛门辨别雌雄鹌鹑	获取以前学过的解剖学知识	进行不断深入的理解和同化	结合鹌鹑的生理特征，对鹌鹑进行解剖，观察雌雄鹌鹑的差异性	研究出"翻肛门分公母的技术"
从羽毛颜色辨别雌雄鹌鹑	获取国外先进的育种技术和国内科研成果、相关技术	研读大量的书籍和资料，掌握遗传基因和杂交染色体技术	根据遗传基因、杂交技术，将不同羽毛颜色的公母鹌鹑进行杂交试验	从中国黄羽公鹑和朝鲜麻羽母鹑中找到了等位性连锁基因，掌握了用黄羽公鹑和朝鲜麻羽母鹑杂交，子一代黄羽全为母鹑、麻羽全为公鹑，准确率为 100% 识别技术，并建立了繁育基地
鹌鹑防病丹的发明	通过咨询中医和兽医专家，获取相关防病知识	深入学习中兽医的相关理论，掌握利用药物防病知识	将中兽医知识应用于鹌鹑病害防治，反复筛选、增减、完善，摸索防病配方	创新出健鹑散、开产灵、增蛋宝等一系列用纯草药防病害的"鹌鹑防病丹"，防治鹌鹑禽流感、新城疫、白痢、禽霍乱等多种疾病，该技术被科技部门列为"星火重点推广项目"
板鹌鹑的研制	从朋友那里获取了板鸭的加工技术	通过实践，掌握板鸭加工的基本步骤	对板鸭的加工技术进行改进，应用于鹌鹑的加工	在全国率先创新加工新工艺，鹌鹑加工成类似"板鸭"的"板鹌鹑"，还研制了鹌鹑咸蛋、鹌鹑卤蛋，进一步延伸产业链、增加附加值，使农业产业化提升到一个新高度

②辨别雌雄鹌鹑：分辨鹌鹑的雌和雄，现在看起来非常简单，然而，它曾经是养殖户面临的最大难题。养鹌鹑赚钱全靠鹌鹑蛋，母鹌鹑天生比公鹌鹑受宠。但鹌鹑只有在出壳30天后才能慢慢区分公母。没什么用的公鹌鹑白白占据禽舍，浪费饲料。因此，困扰农户的一个难题就是，如何在饲养初期把雄鹌鹑淘汰掉。1995年下海养起了鹌鹑，但因为不能及时分出雌雄，养了几年并没赚多少钱。孙旭初说养雌鹌鹑赚的一点钱，都补贴到雄鹌鹑身上去了，所以没有太好的经济效益。当时能解决这一难题的人在全国都寥寥无几。孵化出的种苗里，是公的母的各占一半，可实际上，只有母鹌鹑是有用的，但公鹌鹑的需要量仅仅是母鹌鹑的1/3，而多余的公鹌鹑成了较大的成本负担。其实，从出现鹌鹑的大规模养殖开始，就不断有人探寻区分鹌鹑苗公母的方法，却一直没有成功，时间一长，这竟然成了繁育种鹌鹑的头号技术难题。孙旭初根据以前学过的解剖学知识，结合鹌鹑的生理特征，寻找雌雄鹌鹑之间的差异。经过两年的不断解剖和观察，琢磨出了"翻肛门分公母的技术"，这个技术在他的养殖场里已经得到了熟练的应用。江西省丰城市水产畜牧局局长说明这项技术在全国是领先的。然而"翻肛门分公母的技术"不管学还是教，都比较困难。

③从羽毛颜色辨别雌雄鹌鹑：1996年，孙旭初通过借鉴国外先进育种技术和国内科研成果，获取相关技术，之后根据其以前学的遗传学知识，通过技术进一步的理解，并将获取的新技术应用于鹌鹑育种上，终于从中国黄羽公鹑和朝鲜麻羽母鹑中找到了等位性连锁基因，掌握了用黄羽公鹑和朝鲜麻羽母鹑杂交，子一代黄羽全为母鹑、麻羽全为公鹑的识别技术，准确率为100%。

孙旭初为此翻阅了大量的书籍和资料，发现如果拿纯系的黄羽毛的公鹌鹑，跟纯系的栗羽毛的母鹌鹑进行杂交，那么它们的后代中公母数量是各占一半，并且公的全是栗羽的，母的全是黄羽的，即通过羽毛的颜色来辨别鹌鹑苗的公母。杂交之后孙旭初发现，黄色的母的占了多数，但是准确率并没有达到90%以上。通过分析，发现在母鹌鹑苗里面，黄色胎毛的确占了很大的比例，在公鹌鹑苗里面，栗色的同样也占了很大的比例，这就说明书上介绍的方法是非常有效的。可是为什么这些杂交后代没有完全像书上说的那样，公的全是栗羽的，母的全是黄羽的呢？对于这个问题，孙旭初并没有完全照搬书上的理论，而是通过进一步的消化、吸收，结合鹌鹑的特征和自身的遗传学知识，经过研究发现，这是由于父母代品系不纯造成的。品系不纯在杂交时就很容易使后代混乱，在判定是种鹌鹑的品种纯度出了问题以后，孙旭初建了一个繁育基地，开始了他的种鹌鹑提纯工作。主要是进行了回交，也就是在同一个品种里面反复交配，这样能提高品种的纯度。随着种鹌鹑品种纯度的提高，杂交后代的表现也让孙旭初越来越满意，不仅"用羽毛颜色分公母的准确率"是越来越高，而且这杂交后代还显现出了优良的产蛋性能，一只杂交的母鹌鹑一年比她的母亲要多生三四十枚鹌鹑蛋。孙旭初的技术淘汰了大部分没用的公鹌鹑，增加了下蛋的母鹌鹑，彻底改变了原来公母混养赚不了多少钱的局面。合作社现在不仅拥有分辨雌雄鹌鹑的技术，还与中国农业科学院、南京农业大学等科研单位共同推进"高产黄羽鹌鹑的选育及相关技术创新"项目，培育具有自主知识产权的鹌鹑良种，并率先在社员中推广，让社员尝到了"头啖汤"。

④"鹌鹑防病丹"的发明：随着鹌鹑养殖规模的不断扩大，尤其是鹌鹑养殖专业村越来越多，一些莫名其妙的病害也逐渐增多，不少养殖户将鹌鹑养大，可在产蛋高峰期染病，给养殖户带来比较大的损失。孙旭初通过咨询中医和兽医专家，并学习中兽医的相关理论。本着全面、科学、辩证的原则和"古方不能尽治今病"的道理，孙旭初将中兽医理论用于鹌鹑病害防治，通过对自己的配方进行反复筛选、增减、完善，经过长时间的摸索，终于发明了健鹑散、开产灵、增蛋宝等一系列纯草药防病害的"鹌鹑防病丹"，可以防治鹌鹑禽流感、新城疫、白痢、禽霍乱等多种疾病。合作社中的社员来丰城购买种苗、饲料，都会一同将"鹌鹑防病丹"带回去，作为饲料添加剂配套使用。由于这种药剂是中草药制成的，绿色环保，副作用小，效果又好，所以大受社员的欢迎。该技术立即被科技部门列为"星火重点推广项目"，并申请了专利，其良种场也被认定为"江西省无公害畜禽基地"。

⑤板鹌鹑的研制：鹌鹑蛋好卖，但淘汰的老鹌鹑不好处理，为打破市场上鹌鹑蛋好卖而淘汰鹌鹑不好卖的格局。孙旭初在朋友那里获取了板鸭的加工技术，想将板鸭的加工技术应用于鹌鹑。孙旭初在掌握了板鸭的加工技术后，结合鹌鹑肉的特性，通过对板鸭的加工技术进行改

进，在全国率先创新加工新工艺，把鹌鹑加工成类似"板鸭"的"板鹌鹑"，将鹌鹑制成板鹌鹑。这样不但解决了老鹌鹑的问题，同时进一步延伸产业链、增加附加值，使农业产业化提升到一个新高度。之后，孙旭初通过对鹌鹑蛋的加工，还研制了鹌鹑咸蛋、鹌鹑卤蛋，加工之后大约 1 斤鹌鹑蛋可以增值 3 元多。目前，在孙旭初的带领下，合作社已经创办了加工厂，市场上畅销的孙渡汉太板鸭和"板鹌鹑"是全市独创，行情十分看好，远销到广东、福建等地，并通过丰城人馈赠亲友的方式，漂洋过海到了美国、英国及加拿大等国。南部沿海地区的社员，如福建的养殖户还把产品销往海峡对岸的台湾岛，以及东南亚的马来西亚、新加坡等地，几年来合作社累计创汇达 300 多万美元。

（2）影响社员技术创新吸收能力的关键因素。

①"看门人"已有的技术积累。丰城市恒衍鹌鹑养殖合作社一系列技术创新成果的取得，与社长孙旭初的技术吸收能力具有不可分割的联系，而孙旭初的技术吸收能力，在很大程度上也得益于他在大学期间所学习的遗传学知识和技术。因此，社员孙旭初丰富的技术积累是提升技术吸收能力，尤其是技术获取和技术同化的重要因素。

②与高校、科研院所的紧密合作。合作社与中国农业科学院、南京农业大学等科研单位进行"高产黄羽鹌鹑的选育及相关技术创新"的科研项目，培育具有自主知识产权的鹌鹑良种，以适应不同地区的市场要求。例如，南京农业大学动物科技学院黄羽鹌鹑东鹏繁育场，负责研究和培育隐性黄羽鹌鹑。高校和科研院所丰富的技术知识，为合作社进行技术吸收提供了技术源泉。

③合作社缺乏对"看门人"进行技术吸收相应的激励。虽然社员孙旭初较强的技术吸收能力和技术创新能力，为合作社提供了丰富的技术创新成果，但是，由于合作社本身在制度设计上还遵循"按惠顾额分配盈余"和"一人一票"的制度，很难激励其他社员提升其技术吸收能力进行技术创新。而且，社员孙旭初提升技术吸收能力和技术创新的动力，大部分来自其自身成立"江西省恒衍禽业有限公司"，其技术创新成果的部分收入也归入其成立的"公司"。如果合作社能够在制度设计上更加有利于外部技术吸收和技术创新，则会有更多的看门人投身于技术吸收和技术创新。

2. 案例 B：农民合作社主导的技术吸收能力

（1）农民合作社技术吸收能力的表现方式。

①技术获取：技术创新是蚕桑乃至农业生产的生命力，合作社在加强技术创新上做了不懈努力，有效提高了产品的市场竞争力。引进高产优质优良蚕种。合作社引进"菁松皓月"优良新品，这个品种茧丝质量为全国最佳，纯天然色泽彩茧。在老桑改造和新桑拓植中，合作社大规模引进推广农桑 14 号、丰田 2 号等新桑品种，提高亩产叶量 15% 以上，并增强了对细菌病等的抵抗能力，奠定了蚕茧优质高产的叶质基础。梅堰蚕业合作社在生产蚕蛹虫草试验成功的基础上扩大了试验的范围，继续引进苏州大学的接种新技术，接种了 1200 多盒蚕蛹虫草。

②技术同化：加强统一服务是梅堰蚕业合作社生产经营的一大特色，首当其冲就是统一技术到户服务。开展蚕桑标准化生产是合作社让蚕农养好蚕的技术保障，合作社统一组织，邀请专业技术人员讲课辅导，对蚕农开展小蚕共育自动化控制技术、全年条桑平台育技术、大棚规模化养蚕技术、方格簇自动上簇技术等专题技术培训，全年就举办技术培训班 15 期，培训 1100 人次，发放技术资料 1 万多份。合作社每年都统一组织对全镇蚕农开展桑树新品种、小蚕共育自动化控制、血液型脓病综合治理、方格簇自动上簇等专题技术培训，参加培训的达 3000 多人次。

③技术转化：蚕业合作社一直在探索怎么样来延长栽桑养蚕的产业链，提高养蚕业的经济效益和拓宽入社成员的增收途径。以前合作社做了种植果桑开发新型水果和饮料、结合桑园摘芯制作桑叶茶、利用桑园生态环境套养草鸡、养殖彩色茧丝新蚕品种等有益的尝试。现在合作社又引进了蚕蛹虫草的生产技术，为进一步开发蚕的深加工产品、提升养蚕业的经济效益做出努力。

④技术利用：合作社不断加强新品开发，与苏州大学联合，利用蚕蛹进行蛹虫草的开发取得初步成功，延伸了蚕桑的产业链，提高了蚕桑生产的附加值，打破了传统、单一栽桑养蚕旧模式，增加了经济效益。合作社还通过推广联户共育方法，促进了省力化养蚕，改进上簇工具，改造烘茧设施，提高了养蚕的技术含量。

合作社理事会实行"统一供应蚕种、统一技术培训、统一大蚕平台育、统一方格簇上簇、统一收购、统一加工和统一销售"。在技术指导上，邀请专业技术人员进行辅导，提高社员的标准化生产水平。

（2）影响农民合作社技术创新吸收能力的关键因素。

①与苏州大学建立技术合作关系，增加技术获取的来源和提升技术吸收能力。

梅堰蚕业合作社在生产蚕蛹虫草试验成功的基础上扩大了试验的范围，继续引进苏州大学的接种新技术，接种了1200多盒蚕蛹虫草。蚕蛹虫草生产是一种多学科结合的蚕桑生产新技术，合作社在技术引进过程中，充分利用苏州大学的科技人才，尤其是潘中华老师，是多项蚕蛹虫草生产专利发明人，是目前国内蚕蛹虫草生产技术最全面的技术专家之一。合作社利用苏州大学以技术咨询、技术输入、协助市场培养等方式，提高合作社的技术、管理和效益水平。

②以农民合作社为平台进行技术培训，推进技术同化。梅堰蚕业合作社借助技术合作单位——苏州大学优良的师资队伍和技术力量，邀请专家进行技术培训，统一技术服务，开展蚕桑标准化生产。合作社除组织和帮助蚕农的生产、技术服务与产品销售外，还在高效养蚕生产、创新产品生产技术引进与推广，蚕文化的保护与发展等方面积极开展尝试。合作社理事会实行"统一供应蚕种、统一技术培训、统一大蚕平台育、统一方格簇上簇、统一收购、统一加工和统一销售"。在技术指导上，邀请专业技术人员进行辅导，提高社员的标准化生产水平。

3. 案例 C：合作社联盟主导的技术吸收能力

（1）合作社联盟技术吸收能力的表现方式。

①先后完成县、市、省、科技计划推广20多项；推广农业先进技术8项，建立农业科技服务示范样板村20多个；培育种苗基地30亩，引进和推广优良品种50个，建立了大小科技示范基地30多个共5000亩；仅优质葡萄、蜜柚、布朗李示范基地面积达3500亩，现挂果亩产收入4000元以上。组织开发药材种植面积1.3万亩；高标准完成国家"青年退耕还林科技示范工程面积2000亩"。

②农村科技合作社已成为先进农业生产技术的载体和科技成果转化的二传手，成为农村科技与经济发展的结合点，成为农村经济发展、农民收入增长的亮点，受到了广大农民朋友的欢迎。同时，一些科研院所

非常看好这一农村科技发展服务模式，都与之建立起长期合作关系，推广农业科技成果。湖南省农业科学院水稻研究所向农村科技合作社推广"湘早143""中鉴99—38"等优良稻种3个；湖南亚华种业、隆平种业共向科技合作社推广农业新技术与优良新品种5个。湖南农业大学将把双峰县农村科技合作社建成"双百科技富民工程"；台湾秀明科技发展有限公司与农村科技合作社建起了一个200亩反季萝卜出口示范开发基地。

③农民合作社与大专院校、科研单位积极合作，引进适合当地发展的先进科技成果，主动调整产业结构，发展市场需要的项目。依托农民合作社，26项科技成果转化成了生产力。

④集聚社员资本，加大科技投入。社员先后投入资金2000多万元用于开发种养业和加工业，合作社为社员小额贷款担保贴息22万余元，每年拿出15万元科技发展基金化解农民经营风险。注重产学研结合。该社与湖南农业大学、湖南省农业科学院水稻研究所、亚华种业、隆平种业等高校、科研院所和企业合作，促进科技成果向现实生产力转化。

（2）影响农民合作社技术创新吸收能力的关键因素。

①吸收农民合作社外界的科技人才，使之为合作社在技术推广和技术创新中发挥作用。

双峰农村科技合作社聘请一些原任或者现任的农艺师、畜牧师以及农村的土专家担任合作社的技术顾问，一些在职的专家还担任合作社的"双休日专家"。自身基本"不养人"的合作社吸附"体制内资源"的手段是利益共享。按照规定，联社、分社负责人实行"月工资＋提成＋奖励"的分配机制，技术人员则是"补助＋业务提成＋奖金"。给那些有一技之长却又长期无用武之地的农村科技人员每年带来至少数千元的收益，这在人均耕地不足一亩、农技人员收入微薄的双峰县具有很强的吸引力。双峰县共建了16个（乡）镇科技服务联社，320个村服务分社，六大产业开发合作社，850个村设立了村级科技推广业务代理员，技术服务网络队伍跟踪到了田间地头，信息传播到了千家万户，产品连接到了大市场，初步形成了县、（乡）镇、村三级联动的县域农村社会化的科技服务体系。

②利用高校、科研院所，扩大技术获取来源。合作社联盟，相对于

单一的农民合作社，在规模和人力资源上，更加具有能力与高校、科研院所进行合作。从省市县科研单位聘请了包括 2 名特殊津贴专家在内的 12 名高级专家、62 名农技站技术员、12 名农校毕业生、210 名农村科技能人。2007—2008 年以来，共举办科技培训班 15 期，培训 3000 人次，组织专家下乡服务 30 场次，出动科技 110 巡回车 80 次，科技 110 咨询电话受理解决问题 262 个，基本保证了农民需要的技术服务在 24 小时内送到位。同时，与高等院校、科研机构建立协作关系，及时引进先进科技成果，完成了 49 项科技成果推广项目，有效地提升了农村科技的整体水平。

在进行技术服务的过程中，技术服务人员采取"干中学"的方式，有效地提升了合作社联盟的技术吸收能力和技术创新能力。

三 农民合作社技术吸收能力的提升路径研究

1. 提高"看门人"的能力，建立技术吸收的激励机制

在技术获取方面，"看门人"对农民合作社的技术获取能力起到关键性的作用，是合作社与外界的接口。看门人一般包括科研机构或高校的科技特派员、合作社中的技术能人、合作社中与外界频繁接触的人员等。看门人的作用主要体现在两个方面：①对外表现为合作社吸收能力的获取能力维度，即能够时刻监控外部环境，发现和评价与合作社相关且有用的技术知识；②对内表现为合作社吸收能力的同化能力维度，即将外部获取的知识向组织内部成员转移和内化。因此，农民合作社应该寻找或培养合适的看门人，看门人的专业知识与组织外的知识源的专业知识越相似，就越适合这个角色，从而从根本上提升农民合作社的技术获取能力（George et al.，2001）。

目前，农民合作社在制度设计方面不能有效地激励看门人发挥技术获取和技术同化的才能。主要表现在两个方面：第一，农民合作社实行"以按交易量利润返还为主"和"以按资本分配为辅"的分配制度。合作社中社员按照如下公式获得盈余：看门人所得的合作社盈余 = 合作社总盈余 × 按出资额和公积金额分配合作社盈余的比例 × 他们所持合作社股份的比例。"按交易量利润返还为主"虽然保证了合作社的公平性，但由于看门人一般是具有丰富知识的人才，基本上不从事生产，导致看门人无法从技术创新中获得相应的回报，最终无法激励看门人发挥其技

术获取和同化的才能。第二，农民合作社实行的"一人一票"为主、"一人多票"为辅的民主制度。当合作社中的看门人具有意愿进行技术获取，并采取积极行动在合作社内部进行技术同化时，"一人一票"制度限制了看门人按照自己的意愿运行。导致看门人即使愿意或有动力吸收对合作社有利的技术知识，却陷入了"心有余而力不足"的境地。因此，传统的农民合作社中"按惠顾额分配盈余"和"一人一票制"的制度设计，严重制约了看门人进行技术吸收和利用的动力与吸收能力的发挥。为了充分调动看门人进行技术获取的积极性，在合作社制度允许范围内，可以从以下几个方面进行解决：

首先，为了提高看门人进行技术获取和同化的动力，应该让看门人从技术创新活动中获得回报。在传统合作社"按惠顾额分配盈余"的基础上，应该实行看门人按技术入股、按知识入股的激励机制，并适当增加看门人的股份。

其次，当社员成为合作社的股东时，剩余控制权可以派生出两个子控制权：一是社员在合作社的选择看门人方面的最终控制权，即选择控制权；二是看门人一旦被任命就具有技术知识获取方面的控制权。因此，在当前制度下，农民合作社中的"一人一票"制度所支配的剩余控制权可以仅限于社员的选择控制权，而将技术知识吸收控制权力交给看门人。

最后，农民合作社中的看门人是实现吸收能力最核心的要素之一，合作社看门人素质的高低对合作社潜在吸收能力和现实吸收能力都会产生巨大影响，合作社整体吸收能力的提高需要看门人个体素质的全面提高。因此，农民合作社可以通过技术创新网络加快看门人的引进和培养。一方面，合作社看门人可以通过与其他同行或相关的合作社、企业科研人员进行合作，丰富和拓展合作社看门人的技术知识，增强看门人对外部技术知识的感知能力和获取能力。另一方面，农民合作社可以保持与高校、科研院所的长期合作关系，充分利用高校、科研院所的科研和教学优势，为合作社培养和培训看门人以及其他科研人员，从而提升合作社的技术吸收能力。

2. 加强农业创新体系网络建设

由于技术吸收能力有助于合作社从技术创新网络中的其他组织吸收

需要的技术知识，因此，建立合作社与创新网络中相关组织的"链接"，或者增加网络中合作社与相关组织已有"链接"的强度是提升合作社技术吸收能力的一个重要手段。①技术创新网络对合作社吸收能力的提升具有重大的影响。创新网络中的成员不仅包括部分同行组织，而且包括具有供应链中的上下游企业、高校和科研院所。因此，创新网络拓宽了合作社与外界的接触范围，使合作社有机会接收来自不同产业和部门的信息。合作可以利用网络关系，积极主动地保持与成员单位的联系和信息交流，从而增强合作对外部知识的敏感程度。例如，在创新网络中，农民合作社可以通过向其他合作社学习先进的技术和生产工艺，通过科研院所了解最新的技术和工艺流程等。②由于创新网络中，网络成员在技术知识方面的异质性，促使合作社在参与网络交流的过程中，能够动态地提高自身的吸收能力。农业创新网络搭建起了合作社之间、合作社与高校和科研院所之间相互学习和交流的平台，这为合作社提供了一个很好的学习机会，合作社可以通过学习增加自身的知识存量，完善合作社的知识结构。然而，技术知识的学习是一个动态过程，且学习速度和质量会受到合作社成员知识结构、人员素质、合作社文化等因素的影响。农民合作社不可能仅仅通过短暂的学习培训，就能让自身的吸收能力得到较大的提升。因此，合作社需要与重要的合作伙伴保持一种长期的合作关系，尤其是合作社与高校、科研院所的合作关系，从而使农民合作社的知识存量保持长期、稳定的增长，为合作社技术吸收能力的提升提供有力的保障。因此，为了在创新网络中提升农民合作社的技术获取能力，关键是提高"链接"强度，扩大合作社技术知识的来源，即增加与已有技术知识互补的外部性技术知识的来源。这方面政府、科研院所和合作社应该相互合作，在创新网络中分别发挥各自的作用。

（1）政府牵头。

农民合作社往往不是单独存在的，而是存在于一个开放创新网络系统中，并通过知识交换持续地与外部环境进行交互作用。政府需要为创造这样的环境而努力，通过建立农业示范园区，不断完善农民合作社所处的产业链，为知识吸收能力战略的实施提供便利。并建立起完善的技术学习和知识转移制度，引导合作社知识吸收能力健康快速地发展。为了更好地建设农业技术创新体系，需要在合作社与其他相关组织，如其他合作社、行业协会、高校、科研院所之间建立"链接"。但由于我国农民合作社刚刚处于发展初期，其技术吸收能力还非常弱，甚至合作社在创新网络中找不到与其相联系的组织或部门。因此，政府需要在建设农业技术创新体系方面发挥一定的引导作用。

例如，三门县旗海海产品专业合作社自 1993 年开始海水养殖，合作社的产品"旗海"青蟹供不应求，很多网点销售一空，出现"天价"现象。但同时也出现了青蟹苗种难求，苗种数量少，收购成本高，质量难以保证，无法对社员进行统一供种，这些影响了标准化生产和青蟹产量。为了解决人工培育青蟹苗种的问题，合作社决定采用人工培育青蟹苗种的设想。但是，由于技术吸收能力有限，合作社无法找到相关的机构进行人工培育青蟹苗种。为此，三门县海洋与渔业局等部门从中进行适当引导和牵头，撮合合作社相关成员与浙江省淡水水产研究所有关专家接触，并邀请专家来三门实地考察。2007 年 2 月，双方签订了"青蟹人工繁殖苗种养殖技术试验和推广"合作协议。该项目成功后解决了合作社内部青蟹、梭子蟹苗种数量不足、种质差、品种杂等问题，同时实现了增产增收。

（2）科研院所科技下乡活动。

目前国内科研院所举行了科技特派员送科技下乡活动，进行引进再创新、科技成果转化、技术许可等。科技特派员是国家和地方现阶段推行并实施的一项重大决策，它通过选派有一定科技专业理论、技术、工作经验、指导方法、管理能力、年富力强的专家、教授、研究员、博士等中青年知识分子，深入农村第一线，长年累月地和农民在一起，工作在农村、服务农业。按照市场需求和农民实际需要，从事科技成果转化、优势特色产业开发、农业科技园区和产业化基地建设。

例如，浏阳溪江乡华美科技养殖专业合作社主要经营黑山羊的饲养，虽然从事该业务已有 15 年，但由于缺乏技术，很难走上规模化道路。自从科技特派员程阳生加盟合作社，通过自身的专业知识，结合黑山羊的饲养具体情况，琢磨出一套黑山羊的规模化饲养方法，并进一步进行技术的指导，组织合作社的养殖户进行培训，而且录制了《浏阳黑山羊饲养与疾病防治技术》的光碟，采取面授、口头咨询、发放资料、技术讲座等形式，对养殖社员进行了养殖技术、科技知识和产品市场的分析讲解。在组织社员加强培训的同时,程阳生提出要把黑山羊这一优势产业真正做大做强。为了帮助养殖户解决好销售问题,让社员没有后顾之忧。通过程阳生的牵线搭桥,华美科技养殖专业合作社成功与浏阳河食品厂签订了为期一年的黑山羊生产购销合同。因此,科技特派员的加入,能够增强合作社的技术吸收能力,从而提升合作社的技术创新能力。

(3)农民合作社主导的技术获取。

农民合作社通过技术引进、技术合作创新、设备购买等措施进行技术获取。其中,包括由合作社技术能人、大户为主的技术获取、合作社为主的技术获取、合作社联盟为主的技术获取。

如江苏省吴江市平望镇梅堰蚕业合作社引进高产优质优良蚕种"菁松皓月"新品,这个品种茧丝质量为全国最佳,纯天然色泽彩茧。在老桑改造和新桑拓植中,合作社大规模引进推广农桑14号、丰田2号等新桑品种,提高亩产叶量15%以上,并增强了对细菌病等的抵抗能力,奠定了蚕茧优质高产的叶质基础。另外,梅堰蚕业合作社在去年生产蚕蛹虫草试验成功的基础上扩大了试验的范围,继续引进苏州大学的接种新技术,接种了1200多盒蚕蛹虫草。

3. 增加技术创新投入,提高农民合作社的知识转化能力和利用能力

技术创新投入对增强农民合作社的技术吸收能力具有极其重要的作用,合作社技术吸收能力常常被视为是技术创新的副产品。知识存量以及技术储备的增加,使合作社能够从技术创新溢出中获利。技术创新投入与吸收能力互相促进,吸收能力影响技术创新投入的方向与强度,而技术创新投入能够使合作社更有效率地获取外部技术知识。因此,农民合作社单一地靠合作研究项目不一定会成功,需要发展有效的内部专业技术以便利用外部技术创新成果。合作社应以积极的态度投入于创新,并将提升吸收能力视为技术创新投入的一项主要目标。设法结合自主创新与技术转移两种策略,并借由创新资源投入来提升技术的引进水平。同时采取自主创新的策略,为技术发展设定比较高的标杆,以增强农民合作社学习新知识与新技术的强度。

第二节 技术吸收能力对合作社
技术创新投入的影响

农民合作社为了获取技术创新溢出，需要具备一定的技术吸收能力，在这种情况下技术吸收能力会影响技术溢出效应。一般情况下，企业的技术创新投入同时也会促进企业技术吸收能力的提高（Cohen and Levinthal，1989，1990）。一方面，企业的技术创新投入能够为企业获取竞争优势；另一方面，为了获取与吸收能力相关的外部技术创新溢出时，企业同时也需要提高自己的技术吸收能力。因此，当外部的技术创新溢出效应与吸收能力相关时，吸收能力效应的存在提高了企业进行技术创新投入的积极性。

相关研究表明，技术吸收能力能够影响企业技术创新战略，包括技术创新方法、技术创新投入、技术创新实施模式等（Cockburn and Henderson，1998；Grunfeld，2003；Wiethaus，2005）。第一，当企业形成研发联合体时，倾向于选择相同的技术创新方法；相反，当企业之间在技术创新阶段相互竞争时，各自倾向于选择自身企业特有的技术创新方法。然而，部分学者提出，即使进行 R&D 竞争时，企业之间为了能够相互从竞争对手那里吸收更多的技术创新溢出，竞争企业之间也有可能选择相同的技术创新方法。因此，虽然目前关于技术吸收能力效应对技术创新方法的影响还没有定论，但是吸收能力的确能够影响企业的技术创新方法，已成为共识。第二，相关研究表明，企业考虑技术吸收能力效应时，通常会增加技术创新投入，因此技术吸收能力效应对技术创新投入具有激励作用。第三，技术吸收能力对企业技术创新实施模式选择的影响尤为显著。例如，引进再创新战略一般需要企业能够发现并引进外部的先进技术，因此选择引进再创新战略的企业一般需要具备较强的技术吸收能力。技术吸收能力的大小也会影响企业技术创新实施模式的选择（吴晓波和陈颖，2010；朱彬钰，2009）。

一 问题描述

技术创新溢出可分为显性技术创新溢出和隐性技术创新溢出。在技术创新溢出中，显性技术创新溢出是指技术创新过程中主动溢出的新专利、新技术及有关行业发展动态信息的溢出；隐性技术创新溢出是指被动溢出的各种信息、经验、技能在企业或机构之间的非自愿地交换。不同的技术创新溢出，溢出成果的接收企业对技术吸收能力的要求也不尽相同。一般而言，相对于显性技术创新溢出，企业要获取隐性技术创新溢出的数量，与企业已有的技术吸收能力的大小更加相关，即更依赖于企业现有的技术吸收能力。而显性技术创新溢出则可以通过专利购买、技术许可等方式，与企业现有的技术吸收能力关系不大，甚至不存在显著相关性。该书主要针对隐性技术创新溢出，即当技术创新溢出与技术吸收能力显著相关时，研究技术吸收能力对技术创新投入战略的影响。

目前已有大量的文献分析了技术吸收能力的存在性问题、技术吸收能力的研究框架，以及技术吸收能力对技术创新战略的影响等。然而，存在技术创新的吸收能力效应时，已有的研究主要针对利润最大化企业。当然，在很多寡头市场中，仅仅存在利润最大化企业。然而，在某些寡头市场中，仅仅存在农民合作社，如农产品的生产领域，很多产品仅仅由农民合作社负责生产。而在某些寡头市场中，既存在传统的利润最大化企业，也存在农民合作社，即农民合作社和利润最大化企业是共存的。如在农产品加工领域，既可以由农业龙头企业进行加工，也存在合作社涉及农产品的加工。农民合作社为了获取技术创新溢出，需要提高自身的技术吸收能力。因此，企业的技术吸收能力的提升能够获取更多的外部技术溢出，进而影响企业的技术创新战略，尤其是企业的技术创新投资战略。

本章主要针对合作社和利润最大化企业共存的双寡头市场，存在技术吸收能力效应时，农民合作社的技术创新投入战略，以及技术吸收能力效应对农民合作社产出决策和技术创新投入决策的影响。

二 问题的假设

本节主要以共营企业的新古典经济学理论、DJ 模型（D'Aspremont and Jacquemin，1988）与 Goel 的研究（Goel and Haruna，2007）为基础，建立基于成本降低的存在技术吸收能力效应的二阶段博弈模型。假设如下：

（1）假设某地区寡头市场中只有两家寡头企业 i（$i=1$，2）（当多于两家企业时，可采取虚拟竞争对手方法，把多人博弈模型转化为两人博弈）生产同类产品，每家企业的战略空间是选择最佳产出。

（2）两家企业生产异质性的产品，产品具有差异性和替代性。

（3）为了使分析简单化，本章仅仅考虑短期内的技术创新博弈，即短期内企业的生产能力无法进行调整。企业的生产函数仅仅是以劳动力投入为自变量的函数（Goel and Haruna，2007）。生产函数可表示为：$f(l)$，其中，$f'(l) > 0$ 和 $f''(l) \leq 0$。$f''(l) \leq 0$ 表示产品的边际产量递减或不变，即每个劳动者的平均产量大于或等于其边际产量。每个劳动者的产出弹性为 $\varepsilon = lf'/f$，即企业的规模收益。当 $\varepsilon > 1 (= 1，<1)$ 时，生产函数为规模收益递增（不变，递减）。

（4）两家企业在寡头市场上进行 Cournot 产量博弈，根据 Bárcena - Ruiz 和 Espinosa 的假设，寡头市场两家企业产品的逆需求函数分别为：

$$p_i = a - f_i(l_i) - df_j(l_j) \qquad (4-1)$$

其中，$a > 0$ 表示市场上该产品的最高价格；当价格高于 a 时，人们将拒绝购买该产品。当企业之间的产品具有替代性、独立性或互补性时，d 分别为正数、零、负数。本章假设产品具有替代性（替代率小于或等于1），$0 \leq d \leq 1$。

（5）两家寡头企业的产品初始单位成本都为 c。企业进行成本降低型技术创新，企业 i 要获得技术创新投入 x_i，即单位成本降低 x_i 时，需要付出的技术创新投入成本为 $u_i(x_i)$，其中，$u'_i(x_i) > 0$ 和 $u''_i(x_i) > 0$。

（6）企业之间存在技术创新溢出，溢出率为 θ_i，即企业之间能够互相从竞争企业的技术创新成果中获得收益，降低单位产品成本。令企业 i 从企业 j 获得的技术创新溢出收益为 $\theta_i x_j (0 \leq \theta_i \leq 1)$，当 $\theta_i = 0$ 时，表示不存在溢出，而 $\theta_i = 1$ 时，表示技术创新投入完全溢出（比如 RJV 企业）。

（7）在 DJ 模型中（D'Aspremont and Jacquemin，1988），技术创新溢出率是一个外生的不变参数，即 $\theta(x) = \beta$。本章假设技术创新具有技术吸收能力效益，技术创新投入能够提升企业的技术吸收能力，即溢出率 θ_i 是一个与自身技术创新投入成正比的函数，即 $\theta_i = \theta_i(x_i)$，$\theta'_i(x_i) > 0$。

因此，双寡头企业的成本函数分别为：

$$g_i(x_i, x_j) = c - x_i - \theta_i(x_i)x_j \qquad 0 \leq \theta_i(x_i) \leq 1 \qquad (4-2)$$

三 模型

根据式（4-2），农民合作社和利润最大化企业在双寡头市场中的成本函数分别为：

$$\begin{cases} g_P(x_P,\ x_L) = c - x_P - \theta_P(x_P)x_L & 0 \leqslant \theta_P(x_P) \leqslant 1 \\ g_L(x_P,\ x_L) = c - x_L - \theta_L(x_L)x_P & 0 \leqslant \theta_L(x_L) \leqslant 1 \end{cases} \tag{4-3}$$

其中，下标 P 和 L 分别代表利润最大化企业和农民合作社。

根据共营企业的特点和 Ward 模型，以及基于成本降低的技术创新模型，利润最大化企业和农民合作社的目标函数可以分别表示为：

$$\begin{cases} \max\limits_{x_P,l_P} \pi_P = [p_P - g_P(x_P,\ x_L)]f_P(l_P) - w_P l_P - u_P(x_P) \\ \max\limits_{x_L,l_L} V_L = \dfrac{\pi_L}{l_L} + w_L = \dfrac{[p_L - g_L(x_P,\ x_L)]f_L(l_L) - u_L(x_L)}{l_L} \end{cases} \tag{4-4}$$

其中，w_P，w_L 为利润最大化企业和农民合作社劳动者的工资。

综合上述分析，利润最大化企业的目标为最大化企业利润，而农民合作社的目标为最大化员工的平均利润，可分别表示如下：

$$\begin{cases} \max\limits_{x_P,l_P} \pi_P = [a - c - f_P - df_L + x_P + \theta_P(x_P)x_L]f_P(l_P) - w_P l_P - u_P(x_P) \\ \max\limits_{x_L,l_L} V_L = \dfrac{\pi_L}{l_L} + w_L = \dfrac{[a - c - f_L - df_P + x_L + \theta_L(x_L)x_P]f_L(l_L) - u_L(x_L)}{l_L} \end{cases}$$

$$\tag{4-5}$$

根据以上的农民合作社与利润最大化企业共存的双寡头市场模型，本章建立寡头市场上的二阶段博弈模型。第一阶段农民合作社和利润最大化企业分别选择技术创新投入为战略变量确定最优技术创新投入水平，第二阶段两家企业进行 Cournot 产量博弈，确定最优产出水平。采用逆向归纳法分别求解，首先进行生产阶段的产出决策，然后进行技术创新阶段的投入决策。

四 吸收能力对生产阶段的影响

在博弈的第二阶段，农民合作社选择最优的产量，最大化员工的平均利润；利润最大化企业选择最优产量，最大化企业利润。① 为了求两家企业的均衡产出，将式（4-5）分别对 l_P 和 l_L 求一阶偏导，并等于

---

① 由于产出仅仅是劳动力的函数，因此选择最优的劳动力，即最优的产量。

0，得：

$$\begin{cases} G_P = \dfrac{\partial \pi_P}{\partial l_P} = [a - c - 2f_P - df_L + x_P + \theta_P(x_P)x_L]f_P' - w_P = 0 \\ G_L = \dfrac{\partial V_L}{\partial l_L} = \dfrac{[a - c - 2f_L - df_P + x_L + \theta_L(x_L)x_P]f_L' - V_L}{l_L} = 0 \end{cases} \quad (4-6)$$

对利润最大化企业，其边际收益为 $MR_P = [a - c - 2f_P - df_L + x_P + \theta_P(x_P)x_L]f_P'$，边际成本为 $MC_P = w_P$。而对农民合作社，其边际收益为 $MR_L = [a - c - 2f_L - df_P + x_L + \theta_L(x_L)x_P]f_L'$，边际成本为 $MC_L = V_L$。其中 MR_L 可以理解为农民合作社对利润最大化企业的竞争效果，而 MC_L 为农民合作社的劳动效果。若企业仅追求利润最大化，则其劳动效果退化为固定的工资收入 w_L，农民合作社就回到传统的利润最大化企业。

当竞争效果等于劳动效果时，农民合作社的产量达到均衡。但是当竞争效果不等于劳动效果时，此时合作社会适当调整其产量，直到竞争效果等于劳动效果。因此，求出式（4-6）中的驻点，其驻点即为 Cournot 产量博弈均衡解 $(l_P^*, l_L^*) = [l_L(x_P^*, x_L^*), l_L(x_P^*, x_L^*)]$，相应的产出为 $(f_P^*, f_L^*) = [f_P(l_P^*), f_L(l_L^*)]$，相应的价格为 $(p_P^*, p_L^*) = (a - bf_P^* - df_L^*, a - bf_L^* - df_P^*)$。

根据式（4-6），可得 $[a - c - 2f_L - df_P + x_L + \theta_L(x_L)x_P]f_L' - w_P + (w_P - V_L) = 0$。一般情况下，当农民合作社的员工收益 V_L 大于利润最大化企业的员工工资 w_P，即 $V_L > w_P$ 时，则 $[a - c - 2f_L - df_P + x_L + \theta_L(x_L)x_P]f_L' - w_P > 0$。当 $w_P = w_L$ 时，$l_P > l_L$。

结论 4-1：当农民合作社的员工收益大于利润最大化企业的员工工资，相对于利润最大化企业，农民合作社倾向于雇用更少的劳动力和较少的产出。

结论 4-1 与共营企业的新古典理论一致，即"就业不足"现象：当利润为正时，农民合作社的就业规模比同类的利润最大化企业小，可能导致农民合作社经济体出现就业不足的缺陷。主要是因为在所有权属于集体、个人所有权弱化的情况下，如果农民合作社继续增加员工数量，新增加的员工会分享现有员工的已有收益，从而稀释现有员工的福利。

（一）稳定性分析

下面分别对模型的纳什均衡解的局部稳定性和全局稳定性进行分析。将式（4-5）分别对 l_P 和 l_L 求二阶偏导得：

$$\begin{cases} \dfrac{\partial^2 \pi_P}{\partial l_P^2} = -2(f_P')^2 + (a - c - 2f_P - df_L + x_P + \theta_P x_L)f_P'' \\[3mm] \dfrac{\partial^2 V_L}{\partial l_L^2} = \dfrac{-2(f_L')^2 + (a - c - 2f_L - df_P + x_L + \theta_L x_P)f_L''}{l_L} \end{cases} \qquad (4-7)$$

与

$$\begin{cases} \dfrac{\partial^2 \pi_P}{\partial l_P \partial l_L} = -df_P' f_L' < 0 \\[3mm] \dfrac{\partial^2 V_L}{\partial l_L \partial l_P} = \dfrac{-df_P'(f_L' l_L - f_L)}{l_L^2} \end{cases} \qquad (4-8)$$

当农民合作社规模收益不变或递减时，Jacobi 行列式[①]满足：

$$H_1 = \begin{vmatrix} \dfrac{\partial^2 \pi_P}{\partial l_P^2} & \dfrac{\partial^2 \pi_P}{\partial l_P \partial l_L} \\[3mm] \dfrac{\partial^2 V_L}{\partial l_L \partial l_P} & \dfrac{\partial^2 V_L}{\partial l_L^2} \end{vmatrix} > 0 \qquad (4-9)$$

因此，Cournot 纳什均衡是局部稳定的（Goel and Haruna，2007）。

根据 Gandolfo（1971）的稳定性理论，纳什均衡解的全局稳定性条件为：

$$\begin{cases} \dfrac{dG_P}{dl_P} = \dfrac{\partial^2 \pi_P}{\partial l_P^2} < 0 \\[3mm] \dfrac{dG_L}{dl_L} = \dfrac{\partial^2 V_L}{\partial l_L^2} < 0 \end{cases} \qquad (4-10)$$

与

$$\begin{cases} \left| \dfrac{\partial^2 \pi_P}{\partial l_P^2} \right| = \left| \dfrac{dG_P}{dl_P} \right| > \left| \dfrac{dG_P}{dl_L} \right| = \left| \dfrac{\partial^2 \pi_P}{\partial l_P \partial l_L} \right| \\[3mm] \left| \dfrac{\partial^2 V_L}{\partial l_L^2} \right| = \left| \dfrac{dG_L}{dl_L} \right| > \left| \dfrac{dG_L}{dl_P} \right| = \left| \dfrac{\partial^2 V_L}{\partial l_L \partial l_P} \right| \end{cases} \qquad (4-11)$$

---

① 当规模收益不变时，$H_1 = 4(f_P' f_L')^2 / l_L$。

当规模收益不变或递减时，式（4-11）显然成立。式（4-10）
可转换为：

$$\begin{cases} 2f'_P - \dfrac{w_P f''_P}{(f'_P)^2} > df'_L \\ 2(f'_L)2 - \dfrac{V_L f''_L}{f'_L} > \left| \dfrac{df'_P(l_L f'_L - f_L)}{l_L} \right| \end{cases} \qquad (4-12)$$

因此，当规模收益不变［如 $f(l) = \lambda l$］时，全局稳定性条件显然成
立。当规模收益递减［如 $f(l) = \lambda l^{0.5}$］时，若 $\left(\dfrac{d}{2 + 2V_L/\lambda} \right)^2 < \dfrac{l_P}{l_L} <$
$\left(\dfrac{2 + 2w_P/\lambda}{d} \right)$ 时，即两寡头企业间的产出相差不是非常大时，全局稳定
性条件成立。

（二）吸收能力对产量反应函数的影响

根据式（4-5）可以求出两家企业产量的反应函数分别为 R_P^l：$l_P = l_P(l_L)$，和 R_L^l：$l_L = l_L(l_P)$，对式（4-5）求一阶条件全微分，可以得
到两家企业的产量反应曲线 R_P^x，R_L^x 的斜率为：

$$\begin{cases} \dfrac{dl_P}{dl_L} = -\dfrac{\partial^2 \pi_P}{\partial l_P \partial l_L}\left(\dfrac{\partial^2 \pi_P}{\partial l_P^2} \right)^{-1} = df'_L f'_P \left(\dfrac{\partial^2 \pi_P}{\partial l_P^2} \right)^{-1} \\ \dfrac{dl_L}{dl_P} = -\dfrac{\partial^2 V_L}{\partial l_L \partial l_P}\left(\dfrac{\partial^2 V_L}{\partial l_L^2} \right)^{-1} = \dfrac{df'_P(l_L f'_L - f_L)}{l_L^2}\left(\dfrac{\partial^2 V_L}{\partial l_L^2} \right)^{-1} \end{cases} \qquad (4-13)$$

可知，$\partial^2 \pi_P/\partial l_P^2 < 0$，$\partial^2 V_L/\partial l_L^2 < 0$；由 $df'_L f'_P > 0$，得 $dl_P/dl_L < 0$。当
规模收益递减时，即 $\varepsilon < 1$ 时，$df'_P(l_L f'_L - f_L)/l_L^2 < 0$，得 $dl_L/dl_P > 0$；同
理，当规模收益不变时，$dl_L/dl_P = 0$；当规模收益递增时，$dl_L/dl_P < 0$。

对产量反应函数的现实解释可以从两家企业产品的战略互动角度解
释，将式（4-5）分别对 l_L 和 l_P 求偏导得：

$$\begin{cases} \partial^2 \pi_P/\partial l_P \partial l_L = -df'_L f'_P < 0 \\ \partial V_L/\partial l_L \partial l_P = -df'_P f'_L/l_L + df'_P f_L/l_L^2 = -df'_P(l_L f'_L - f_L)/l_L^2 \end{cases} \qquad (4-14)$$

显然，式（4-14）中第一个公式小于0。第二个公式的大小由农
民合作社生产的规模收益决定：当规模收益递增时，$\partial^2 V_L/\partial l_L \partial l_P < 0$；
当规模收益不变时，$\partial^2 V_L/\partial l_L \partial l_P = 0$；当规模收益递减时，$\partial^2 V_L/\partial l_L \partial l_P > 0$。

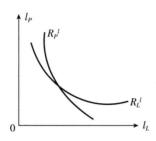

图 4-2 产量反应曲线——农民合作社表现为规模收益递减

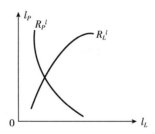

图 4-3 产量反应曲线——农民合作社表现为规模收益递增

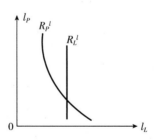

图 4-4 产量反应曲线——农民合作社表现为规模收益不变

由于利润最大化企业以利润最大化为目标，因此当寡头市场上的产品具有替代性时（$d > 0$），其产量反应曲线的斜率为负，即当竞争对手农民合作社增加产量时，利润最大化企业为了达到最大的利润，将减少产量；反之亦然。由于利润最大化企业以利润最大化为目标，因此利润最大化企业仅仅存在竞争效果（$-df_P'f_L' < 0$）。

而对于农民合作社，由于农民合作社以员工利润最大化为目标，式（4-14）中第二个公式由两部分组成。第一部分 $-df_P'f_L'/l_L < 0$，表现

为竞争效果；而第二部分 $df'_L f_L/l_L^2 > 0$，表现为劳动效果。因此，当利润最大化企业增加产量时，农民合作社的产出决策取决于竞争效果和劳动效果。其战略互动性由农民合作社生产函数的规模收益决定：

（1）当规模收益递减时，其产量反应曲线的斜率为正，即当竞争对手利润最大化企业增加产量时，农民合作社为了使员工收益最大化，将同时也增加产量，这就是共营企业的"反供给曲线"。为什么会出现这种情况？当存在规模收益递增时，农民合作社的劳动效果大于竞争效果。因为农民合作社以员工平均收益最大化为目标，企业增加产量后，会稀释员工平均收益。因此，农民合作社进行产出决策时，会考虑增加产量后，是否能增加员工的平均利润。通常当利润最大化企业增加产量后，农民合作社的员工平均收益会降低，但是当农民合作社也同时增加产量时，员工平均收益稀释的程度反而会趋缓，所以农民合作社的最佳反应是增加产量，此时利润最大化企业对农民合作社表现为战略互补性。

（2）当存在规模收益不变时，农民合作社的产量反应曲线的斜率为零，此时其产量反应曲线刚好是一条平行于 x 轴的直线。即当竞争对手利润最大化企业增加产量时，农民合作社的产量不变。农民合作社的劳动效果等于竞争效果，利润最大化企业对农民合作社在产出方面不存在战略相关性。

（3）当规模收益递减时，其产量反应曲线的斜率为负，即当竞争对手利润最大化企业增加产量时，农民合作社为了达到最大的利润，将减少产量。此时农民合作社的劳动效果小于竞争效果，利润最大化企业对农民合作社表现为战略替代性。

结论 4-2：利润最大化企业的产量反应曲线为负斜率，即当农民合作社增加（减少）产量时，利润最大化企业将减少（增加）产量，农民合作社对利润最大化企业表现为战略替代性。农民合作社的产量反应曲线的斜率由农民合作社的规模收益决定：当利润最大化企业增加产量，如果农民合作社的生产函数为规模收益递减（不变，递增）时，农民合作社的产量将增加（不变，减少），利润最大化企业对农民合作社表现为战略互补性（不存在战略相关性，战略替代性）。

（三）吸收能力对均衡产出的影响

本小节讨论当存在技术吸收能力效应时，企业的技术创新投入在均衡点附近改变时，对均衡产出的影响。由于本章的模型具有通用性，没有具体的函数表达式，因此采用比较静态分析法求解第一阶段的技术创新投入对第二阶段的均衡产出的影响（如 $\partial l_P/\partial x_P$，$\partial l_P/\partial x_L$，$\partial l_L/\partial x_P$，$\partial l_L/\partial x_L$），以及有和没有吸收能力效应时，技术创新投入对均衡产出的影响。将式（4-14）分别对 x_P，x_L 求一阶偏导，利用隐函数方程组求导公式求解得：

$$(1)\left(\frac{\partial l_P}{\partial x_P}\right)^{(s)} = \frac{-1}{H_1}\left(\frac{\partial^2\pi_P}{\partial l_P\partial x_P}\frac{\partial^2 V_L}{\partial l_L^2} - \frac{\partial^2\pi_P}{\partial l_P\partial l_L}\frac{\partial^2 V_L}{\partial l_L\partial x_P}\right)$$

其中，Jacobi 行列式 $H_1 = \dfrac{\partial^2\pi_P}{\partial l_P^2}\dfrac{\partial^2 V_L}{\partial l_L^2} - \dfrac{\partial^2\pi_P}{\partial l_P\partial l_L}\dfrac{\partial^2 V_L}{\partial l_L\partial l_P} > 0$，$\dfrac{\partial^2\pi_P}{\partial l_P\partial x_P} = \left(1 + x_L\dfrac{\partial\theta_P}{\partial x_P}\right)f'_P > 0$，$\dfrac{\partial^2 V_L}{\partial l_L^2} < 0$[1]，$\dfrac{\partial^2\pi_P}{\partial l_P\partial l_L} = -df'_L f'_P < 0$，$\dfrac{\partial^2 V_L}{\partial l_L\partial l_P} = \dfrac{\theta_L}{l_L^2}$，所以当农民合作社的生产为规模收益递减或不变时，$(\partial l_P/\partial x_P)^{(s)} > 0$。[2]

假设 $g_1^{(s)} = \dfrac{-f'_P x_L}{H_1}\dfrac{\partial^2 V_L}{\partial l_L^2}\dfrac{\partial\theta_P}{\partial x_P} > 0$，则 $\left(\dfrac{\partial l_P}{\partial x_P}\right)^{(s)} = \left(\dfrac{\partial l_P}{\partial x_P}\right)^{(n)} + g_1^{(s)}$。

由此可知，在农民合作社与利润最大化企业共存条件下，利润最大化企业的吸收能力关于利润最大化企业的技术创新投入对其自身的产出具有正的影响，即有吸收能力效应的曲线位于无吸收能力效应的曲线上面，如图 4-5 所示。

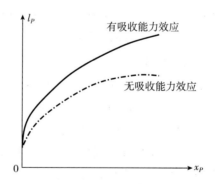

图 4-5　有和没有吸收能力效应时技术创新投入和劳动力投入的关系

① 当规模收益不变，即 $f'_L l_L - f_L = 0$ 时，$f''_L = d(f'_L/dl_L) = d(d(f_L/l_L)/dl_L) = 0$。
② 特别当共营企业和利润最大化企业的生产函数规模收益不变时，$\partial l_P/\partial x_P = 1/(2f'_P) > 0$。

$$(2)\left(\frac{\partial l_L}{\partial x_P}\right)^{(s)}=\frac{-1}{H_1}\left(\frac{\partial^2\pi_P}{\partial l_P^2}\frac{\partial^2 V_L}{\partial l_L\partial x_P}-\frac{\partial^2\pi_P}{\partial l_P\partial x_P}\frac{\partial^2 V_L}{\partial l_L\partial l_P}\right)$$

由 $\dfrac{\partial^2\pi_P}{\partial l_P^2}<0$，$\dfrac{\partial^2 V_L}{\partial l_L\partial x_P}=\dfrac{\theta_L}{l_L^2}(f_L'l_L-f_L)$，$\dfrac{\partial^2\pi_P}{\partial l_P\partial x_P}=\left(1+x_L\dfrac{\partial\theta_P}{\partial x_P}\right)f_P'>0$，

$\dfrac{\partial^2 V_L}{\partial l_L\partial l_P}=\dfrac{-df_P'}{l_L^2}(f_L'l_L-f_L)$，当农民合作社的生产为规模收益不变时，

$\left(\dfrac{\partial l_L}{\partial x_P}\right)^{(s)}=0$。

假设 $g_2^{(s)}=\dfrac{-df_L'f_P'x_L\theta_P'}{H_1 l_L^2}(f_L'l_L-f_L)$，则 $\left(\dfrac{\partial l_L}{\partial x_P}\right)^{(s)}=\left(\dfrac{\partial l_L}{\partial x_P}\right)^{(n)}+g_2^{(s)}$。

①当规模收益不变时，$g_2^{(s)}=0$，则 $(\partial l_L/\partial x_P)^{(s)}=(\partial l_L/\partial x_P)^{(n)}=0$。因此，吸收能力关于自身的技术创新投入对竞争对手的均衡产出没有影响。

②当规模收益递增时，$g_2^{(s)}<0$。因此，吸收能力关于自身的技术创新投入对竞争对手的均衡产出具有负的影响。

③当规模收益递减时，$g_2^{(s)}>0$。因此，吸收能力关于自身的技术创新投入对竞争对手的均衡产出具有正的影响。

$$(3)\left(\frac{\partial l_L}{\partial x_L}\right)^{(s)}=\frac{-1}{H_1}\left(\frac{\partial^2\pi_P}{\partial l_P^2}\frac{\partial^2 V_L}{\partial l_L\partial x_L}-\frac{\partial^2\pi_P}{\partial l_P\partial x_L}\frac{\partial^2 V_L}{\partial l_L\partial l_P}\right)$$

由 $\dfrac{\partial^2\pi_P}{\partial l_P^2}<0$，$\dfrac{\partial^2 V_L}{\partial l_L\partial x_L}=\dfrac{1}{l_L^2}\left[(f_L'l_L-f_L)\left(1+x_P\dfrac{\partial\theta_L}{\partial l_L}\right)+u_L'(x_L)\right]$，$\dfrac{\partial^2\pi_P}{\partial l_P\partial x_L}=$

$\theta_P f_P'>0$，$\dfrac{\partial^2 V_L}{\partial l_L\partial l_P}=\dfrac{-df_P'}{l_L^2}(f_L'l_L-f_L)$，当农民合作社的生产规模收益不变

时，$\left(\dfrac{\partial l_L}{\partial x_L}\right)^{(s)}>0$；特别当农民合作社和利润最大化企业的生产函数规模

收益都不变时，$\left(\dfrac{\partial l_L}{\partial x_L}\right)^{(s)}=\dfrac{u_L'}{2l_L(f_L')^2}>0$。

假设 $g_3^{(s)}=\dfrac{-x_P\theta_L'}{H_1 l_L^2}\dfrac{\partial^2\pi_P}{\partial l_P^2}(f_L'l_L-f_L)$，则 $\left(\dfrac{\partial l_L}{\partial x_L}\right)^{(s)}=\left(\dfrac{\partial l_L}{\partial x_L}\right)^{(n)}+g_3^{(s)}$。

①当规模收益不变时，$g_3^{(s)}=0$，则 $(\partial l_L/\partial x_L)^{(s)}=(\partial l_L/\partial x_L)^{(n)}=0$。因此，吸收能力关于自身的技术创新投入对竞争对手的均衡产出没有影响。

②当规模收益递增时，$g_3^{(s)} > 0$。因此，吸收能力关于自身的技术创新投入对竞争对手的均衡产出具有正的影响。

③当规模收益递减时，$g_3^{(s)} < 0$。因此，吸收能力关于自身的技术创新投入对竞争对手的均衡产出具有负的影响。

$$(4)\ \left(\frac{\partial l_P}{\partial x_L}\right)^{(s)} = \frac{-1}{H_1}\left(\frac{\partial^2 \pi_P}{\partial l_P \partial x_L}\frac{\partial^2 V_L}{\partial l_L^2} - \frac{\partial^2 \pi_P}{\partial l_P \partial l_L}\frac{\partial^2 V_L}{\partial l_L \partial x_L}\right)$$

其中，$\dfrac{\partial^2 \pi_P}{\partial l_P \partial x_L} = \theta_P f_P' > 0$，$\dfrac{\partial^2 V_L}{\partial l_L^2} < 0$，$\dfrac{\partial^2 \pi_P}{\partial l_P \partial l_L} = -df_P' f_L' < 0$，$\dfrac{\partial^2 V_L}{\partial l_L \partial x_L} = \dfrac{1}{l_L^2}$ $[(f_L' l_L - f_L) + u_L'(x_L)]$。

假设 $g_4^{(s)} = \dfrac{-df_P' f_L' x_P \theta_L'}{H_1 l_L^2}(f_L' l_L - f_L)$，则 $\left(\dfrac{\partial l_P}{\partial x_L}\right)^{(s)} = \left(\dfrac{\partial l_p}{\partial x_L}\right)^{(n)} + g_4^{(s)}$。

①当规模收益不变时，$g_4^{(s)} = 0$，则 $(\partial l_P / \partial x_L)^{(s)} = (\partial l_P / \partial x_L)^{(n)} = 0$。因此，吸收能力关于自身的技术创新投入对竞争对手的均衡产出没有影响。

②当规模收益递增时，$g_4^{(s)} < 0$。因此，吸收能力关于自身的技术创新投入对竞争对手的均衡产出具有负的影响。

③当规模收益递减时，$g_4^{(s)} > 0$。因此，吸收能力关于自身的技术创新投入对竞争对手的均衡产出具有正的影响。

由此可知，在农民合作社与利润最大化企业共存环境下，当农民合作社的生产函数存在规模收益递增（不变、递减）时，农民合作社的吸收能力关于自身的技术创新投入对利润最大化企业的产出具有负的（无、正的）影响。

综上所述，可以得到结论 4-3。

结论 4-3：在农民合作社与利润最大化企业共存环境下，吸收能力效应关于利润最大化企业的技术创新投入对其自身的产出具有正的影响。农民合作社的生产函数存在规模收益递增（不变、递减）时，吸收能力效应关于利润最大化企业的技术创新投入对农民合作社的产出具有负的（无、正的）影响；吸收能力关于农民合作社的技术创新投入对其自身的产出具有负的（无、正的）影响，对利润最大化企业的产出具有正的（无、负的）影响。

五　吸收能力对技术创新阶段的影响

在博弈的第一阶段，企业进行基于成本降低的技术创新投入。然而由于溢出的存在，企业的技术创新投入除了增加自身的利益外，还会影响竞争企业的利益。Futagami 和 Okamura（1996）分析了一般情况下农民合作社的技术创新投入将大于利润最大化企业的投入。该小节分析了技术创新的吸收能力效应对农民合作社与利润最大化企业的技术创新投入的影响，进一步分析了有和没有吸收能力效应时，两种类型企业的技术创新投入水平有何区别。

（一）利润最大化企业和农民合作社的技术创新投入比较

当农民合作社与利润最大化企业在寡头竞争情况下，各自选择技术创新水平最大化其目标函数。为了求解双寡头企业的最优技术创新水平 x_P，x_L，将式（4-5）分别对 x_P，x_L 求一阶偏导，并等于零，可得：

$$
\begin{cases}
\dfrac{\partial \pi_P}{\partial x_P} = \dfrac{\partial \pi_P}{\partial l_P}\dfrac{\partial l_P}{\partial x_P} + \dfrac{\partial \pi_P}{\partial l_L}\dfrac{\partial l_L}{\partial x_P} + \dfrac{d \pi_P}{d x_P} \\[2mm]
\qquad = -df'_L f_P \left(\dfrac{\partial l_L}{\partial x_P}\right)^{(s)} + \left(1 + x_L \dfrac{\partial \theta_P}{\partial x_P}\right)f_P - u'_P = 0 \\[2mm]
\dfrac{\partial V_L}{\partial x_L} = \dfrac{\partial V_L}{\partial l_L}\dfrac{\partial l_L}{\partial x_L} + \dfrac{\partial V_L}{\partial l_P}\dfrac{\partial l_P}{\partial x_L} + \dfrac{d V_L}{d x_L} \\[2mm]
\qquad = \dfrac{1}{l_L}\left[-df'_P f_L \left(\dfrac{\partial l_P}{\partial x_L}\right)^{(s)} + \left(1 + x_P \dfrac{\partial \theta_L}{\partial x_L}\right)f_L - u'_L\right] = 0
\end{cases}
\tag{4-15}
$$

当规模收益不变时，式（4-15）可化简为：

$$
\begin{cases}
\dfrac{\partial \pi_P}{\partial x_P} = (1 + x_L \theta'_P)f_P - u'_P = 0 \\[2mm]
\dfrac{\partial V_L}{\partial x_L} = \dfrac{1}{l_L}\left[\left(1 + x_P \theta'_L - \dfrac{d\theta_P}{2}\right)f_L - \left(1 - \dfrac{d^2}{4}\right)u'_L\right] = 0
\end{cases}
\tag{4-16}
$$

其二阶导数为：

$$
\begin{cases}
\dfrac{\partial^2 \pi_P}{\partial x_P^2} = \dfrac{1}{2} - u''_P + x_L f_P \theta''_P \\[2mm]
\dfrac{\partial^2 V_L}{\partial x_L^2} = \dfrac{1}{l_L}\left[x_P f_L \theta''_L + \left(1 + x_P \theta'_L - \dfrac{d\theta_P}{2}\right)\dfrac{u'_L}{2f_L} - \left(1 - \dfrac{d^2}{4}\right)u''_L\right]
\end{cases}
\tag{4-17}
$$

与

$$\begin{cases} \dfrac{\partial^2 \pi_P}{\partial x_P \partial x_L} = \theta'_P f_P + (1 + x_L \theta'_P)\left(\dfrac{\theta_P}{2} - \dfrac{du'_L}{4f_L}\right) \\[4mm] \dfrac{\partial^2 V_L}{\partial x_L \partial x_P} = f'_L\left(\theta'_L - \dfrac{d\theta'_P}{2}\right) \end{cases} \qquad (4-18)$$

式（4-16）的解为驻点，即子博弈精炼纳什均衡解(x_P^*, x_L^*)，则$(l_P^*, l_L^*) = [l_P(x_P^*, x_L^*), l_L(x_P^*, x_L^*)]$，相应的产出为$(f_P^*, f_L^*) = [f_P(l_P^*), f_L(l_L^*)]$，相应的价格为$(p_P^*, p_L^*) = (a - f_P^* - df_L^*, a - f_L^* - df_P^*)$。

当规模收益不变时，$(1 + x_L\theta'_P)f_P - u'_P = 0$。当技术溢出率$\theta_P > \dfrac{du'_L}{2f_L}$时，$-df'_P f_L\left(\dfrac{\partial l_P}{\partial x_L}\right)^{(s)} < 0$，则$(1 + x_P\theta'_L)f_L - u'_L > 0$，所以均衡的技术创新投入$x_P < x_L$；同理，当$\theta_P = \dfrac{du'_L}{2f_L}$时，$x_P = x_L$；$\theta_P < \dfrac{du'_L}{2f_L}$时，$x_P > x_L$。

根据以上分析，可以得到如下结论：

结论4-4：当规模收益不变时，技术溢出率较大时，农民合作社的技术创新投入大于利润最大化企业；技术溢出率较小时，农民合作社的技术创新投入小于利润最大化企业。

（二）吸收能力对技术创新投入的影响

在传统的无吸收能力效应的模型中，如 DJ 模型（D'Aspremont and Jacquemin，1988），技术溢出率的上升会导致技术创新均衡投入的降低，这就是技术溢出的非激励效应。企业由于技术创新投入使本企业成本降低的正面效应不如因技术溢出而使竞争对手成本降低的负面战略效应，从而使企业不愿意过多地进行技术创新投入。当存在吸收能力效应时，利润最大化企业和农民合作社的技术创新投入将发生变化。

结论4-5：对任意的外生溢出率$k(k = \theta)$，在无吸收能力效应的博弈中，无论是利润最大化企业还是农民合作社，当规模收益递增或不变时，其技术创新投入都低于有吸收能力效应决定的内生技术溢出率的技术创新投入；当规模收益递减时，有和没有吸收能力效应时的技术创新投入大小比较不确定。

证明：对利润最大化企业，具有吸收能力效应的均衡技术创新投入

$\tilde{x}$ 满足等式 $-df'_L f_P \left(\dfrac{\partial l_L}{\partial \tilde{x}_P}\right)^{(s)} + \left(1 + \dfrac{\tilde{x}_L \partial \theta_P}{\partial \tilde{x}_P}\right) f_P - u'_P(\tilde{x}_P) = 0$。同时，不存在吸收能力效应的均衡技术创新投入 $\hat{x}$ 满足等式 $f_P(\hat{x}_P) - u'_P(\hat{x}_P) = 0$。可得：

$$-df'_L f_P \left(\dfrac{\partial l_L}{\partial \tilde{x}_P}\right)^{(s)} + \left(1 + \tilde{x}_L \dfrac{\partial \theta_P}{\partial \tilde{x}_P}\right) f_P - u'_P(\tilde{x}_P) = 0 = f_P(\hat{x}_P) - u'_P(\hat{x}_P)$$

(4-19)

令 $h_1(x) = f_P - u'_P$，则

$$h_1(\hat{x}) - h_1(\tilde{x}) = f_P(\tilde{x}_P) \tilde{x}_L \dfrac{\partial \theta_P}{\partial \tilde{x}_P} - df'_L f_P g_3^{(s)}$$

(4-20)

其中，$f_P(\tilde{x}_P) \dfrac{\tilde{x}_L \partial \theta_P}{\partial \tilde{x}_P} > 0$，且当规模收益递增或不变时，$g_3^{(s)} \leq 0$；由于 $\partial^2 \pi_P / \partial x_P^2 < 0$，$h'_1(x)$ 是 x 的减函数，所以 $\hat{x} < \tilde{x}$。当规模收益递减时，$g_3^{(s)} > 0$，因此，$f_P(\tilde{x}_P) \dfrac{\tilde{x}_L \partial \theta_P}{\partial \tilde{x}_P} - df'_L f_P g_3^{(s)}$ 的符号不确定，所以不能比较 $\hat{x}$ 和 $\tilde{x}$ 的大小。

对农民合作社，存在吸收能力效应的均衡技术创新投入 $\tilde{x}$ 满足等式 $-df'_P f_L(\partial l_P / \partial \tilde{x}_L) + \left(1 + \tilde{x}_P \dfrac{\partial \theta_L}{\partial \tilde{x}_L}\right)^{(s)} f_L[l_L(\tilde{x}_L)] - u'_L(\tilde{x}_L) = 0$。同时，不存在吸收能力效应的均衡技术创新投入 $\hat{x}$ 满足等式 $-df'_P f_L \left(\dfrac{\partial l_P}{\partial \hat{x}_L}\right)^{(n)} + f_L[l_L(\hat{x}_L)] - u'_L(\hat{x}_L) = 0$。可得：

$$-df'_P f_L \left(\dfrac{\partial l_P}{\partial \tilde{x}_L}\right)^{(s)} + \left(1 + \tilde{x}_P \dfrac{\partial \theta_L}{\partial \tilde{x}_L}\right) f_L[l_L(\tilde{x}_L)] - u'_L(\tilde{x}_L) = 0 = -df'_P f_L \left(\dfrac{\partial l_P}{\partial \hat{x}_L}\right)^{(n)} + f_L[l_L(\hat{x}_L)] - u'_L(\hat{x}_L)$$

令 $h_2(x) = -df'_P f_L(\partial l_P / \partial x_L) + f_L[l_L(x_L)] - u'_L(x_L)$，则

$$h_2(\hat{x}) - h_2(\tilde{x}) = f_L[l_L(\tilde{x}_L)] \tilde{x}_P \left(\dfrac{\partial \theta_L}{\partial \tilde{x}_L}\right) - df'_P f_L g_2^{(s)}$$

(4-21)

其中，$f_L[l_L(\tilde{x}_L)] \tilde{x}_P \left(\dfrac{\partial \theta_L}{\partial \tilde{x}_L}\right) > 0$，且当规模收益递增或不变时，$g_2^{(s)} \leq 0$；由于 $\dfrac{\partial^2 V_L}{\partial x_L^2} < 0$，$h'_2(x)$ 是 x 的减函数，所以 $\hat{x} < \tilde{x}$。当规模收益递

减时，$g_2^{(s)} > 0$，$f_L[l_L(\tilde{x}_L)]\tilde{x}_P\left(\dfrac{\partial\theta_L}{\partial\tilde{x}_L}\right) - df'_P f_L g_2^{(s)}$ 的符号不确定，所以不能比较 $\hat{x}$ 和 $\tilde{x}$ 的大小。

结论 4 - 5 的研究结果说明了在有和没有吸收能力效应时，对企业的技术创新投入有很大的差别。当无吸收能力效应时，如 DJ 模型（D' Aspremont and Jacquemin，1988）中，技术溢出的存在对企业的技术创新投入具有负的效应，即技术创新溢出会降低利润最大化企业进行技术创新的积极性。而在利润最大化企业和农民合作社共存条件下，规模收益递增或不变时，吸收能力效应的存在对企业的技术创新投入具有正的激励效应。而 Grunfeld（2003）研究了当利润最大化企业和利润最大化企业共存时，吸收能力效应的存在对企业的技术创新投入具有正的激励效应，而与规模收益无关。

六　吸收能力对社会福利的影响

在社会主义市场经济条件下，政府不能像计划经济时期通过规定企业的产量达到社会福利最大化。因此在博弈的生产阶段，政府一般很难进行政策性引导，然而在技术创新阶段，政府应该如何采取导向性政策，从而增加社会福利。该小节分析了当存在吸收能力效应时，企业的技术创新投入与社会福利的关系，从而为政府的政策制定提供依据。进一步探讨了吸收能力效应对技术创新投入与社会福利的影响。

社会福利可以简单地表示为消费者剩余和生产者剩余之和，如式（4 - 22）所示：

$$W(x_P, x_L) = \pi_P + \pi_L + \frac{1}{2}(f_P + f_L)^2 = \left[a - c - \frac{1}{2}f_P + (1 - d)f_L + x_P + \theta_P x_L\right]f_P + \left(a - c - \frac{1}{2}f_L - df_P + x_L + \theta_L x_P\right)f_L - w_P l_P - u_P(x_P) - w_L l_L - u_L(x_L) \tag{4-22}$$

式（4 - 22）中 $\dfrac{1}{2}(f_P + f_L)^2$ 表示消费者剩余。由于农民合作社的利润函数中没有员工工资，因此本章采用农民合作社的员工工资 w_L 代替农民合作社员工的机会成本。

首先分析当存在技术吸收能力效应时，利润最大化企业的技术创新投入对社会福利的影响，W 对 x_P 求偏导得：

$$\left(\frac{\partial W}{\partial x_P}\right)^{(s)} = \{[a - c - f_P + (1 - 2d)f_L + x_P + \theta_P x_L]f'_P - w_P\}\left(\frac{\partial l_P}{\partial x_P}\right)^{(s)} +$$

$$\{(a - c - f_L - df_P + x_L + \theta_L x_P)f'_L - w_L\}\left(\frac{\partial l_L}{\partial x_P}\right)^{(s)} +$$

$$(1 + \theta'_P x_L)f_P + \theta_L f_L - u'_P \tag{4-23}$$

由式（4-20）和式（4-21）可得：

$$\left(\frac{\partial W}{\partial x_P}\right)^{(s)} = [f_P + (1 - d)f_L]f'_P\left(\frac{\partial l_P}{\partial x_P}\right)^{(s)} + [(V_L - w_L) + (df_P + f_L)f'_L]$$

$$\left(\frac{\partial l_L}{\partial x_P}\right)^{(s)} + \theta_L f_L \tag{4-24}$$

当规模收益不变时，$(\partial l_P/\partial x_P)^{(s)} > 0$，$(\partial l_L/\partial x_P)^{(s)} = 0$，得 $(\partial W/\partial x_P)^{(s)} > 0$。因此，当规模收益不变时，利润最大化企业增加技术创新投入，能够促进社会福利的提高。另外，政府如果对利润最大化企业进行技术创新补贴，则能够提高社会福利水平。

当存在吸收能力效应时，农民合作社的技术创新投入对社会福利的影响可以通过 W 对 x_L 求偏导：

$$\left(\frac{\partial W}{\partial x_L}\right)^{(s)} = \{[a - c - f_P + (1 - 2d)f_L + x_P + \theta_P x_L]f'_P - w_P\}\left(\frac{\partial l_P}{\partial x_L}\right)^{(s)} +$$

$$[(a - c - f_L - df_P + x_L + \theta_L x_P)f'_L - w_L]\left(\frac{\partial l_L}{\partial x_L}\right)^{(s)} + (1 + \theta'_L x_P)$$

$$f_L + \theta_P f_P - u'_L \tag{4-25}$$

由式（4-20）和式（4-25）可得：

$$\left(\frac{\partial W}{\partial x_L}\right)^{(s)} = (f_P + f_L)f'_P\left(\frac{\partial l_P}{\partial x_L}\right)^{(s)} + [(V_L - w_L) + f_L f'_L]\left(\frac{\partial l_L}{\partial x_L}\right)^{(s)} + \theta_P f_P$$

$$\tag{4-26}$$

由于 $(\partial l_P/\partial x_L)^{(s)}$ 的符号不确定，所以 W 与 x_L 的关系不确定。因此，农民合作社的技术创新投入与社会福利的相关关系与具体条件相关。

吸收能力效应的存在，对利润最大化企业或农民合作社的技术创新投入和社会福利互动关系有何影响？

$$\left(\frac{\partial W}{\partial x_P}\right)^{(s)} - \left(\frac{\partial W}{\partial x_P}\right)^{(n)} = [f_P + (1 - d)f_L]f'_P g_1^{(s)} + [(V_L - w_L) + (df_P +$$

$$f_L)f'_L]g_3^{(s)} \tag{4-27}$$

当规模收益不变或递减时，$(\partial W/\partial x_P)^s - (\partial W/\partial x_P)^{(n)} > 0$，即吸收能力效应关于利润最大化企业的技术创新投入对社会福利之间的互动具有正的效应。

$$\left(\frac{\partial W}{\partial x_L}\right)^{(s)} - \left(\frac{\partial W}{\partial x_L}\right)^{(n)} = (f_P + f_L)f'_P g_2^{(s)} + [(V_L - w_L) + f_L f'_L]g_4^{(s)}$$

$$\tag{4-28}$$

当规模收益递减时，$(\partial W/\partial x_L)^{(s)} - (\partial W/\partial x_L)^{(n)} > 0$，即吸收能力效应关于农民合作社的技术创新投入对社会福利之间的互动具有正的效应；当规模收益递增时，$(\partial W/\partial x_L)^{(s)} - (\partial W/\partial x_L)^{(n)} < 0$，即吸收能力效应关于农民合作社的技术创新投入对社会福利之间的互动具有负的效应；当规模收益不变时，$(\partial W/\partial x_L)^{(s)} - (\partial W/\partial x_L)^{(n)} = 0$，此时吸收能力效应关于农民合作社的技术创新投入对社会福利之间的互动没有影响。

结论4-6：当规模收益不变时，利润最大化企业增加技术创新投入，能够促进社会福利的提高。当规模收益不变或递减时，吸收能力效应关于利润最大化企业的技术创新投入对社会福利之间的互动具有正的效应。当规模收益递减（递增，不变）时，吸收能力效应关于农民合作社的技术创新投入对社会福利之间的互动具有正的效应（具有负的效应，没有影响）。

第三节 农民合作社引进再创新的方式及其影响因素

技术引进指一个国家或地区引入软、硬件技术及智力（人才），以迅速提升自身的技术水平。目前，我国许多产业的技术水平与世界发达国家相比较还有明显的差距。考察日本和韩国等国家的技术发展经验，中国企业应该要采用技术引进方式实施技术创新，通过引进先进技术进行二次创新，快速地实现技术跨越发展（李喜岷，2001）。Kiyota 和 Okazaki（2005）发现，日本企业通过技术引进实施技术创新，技术引进对企业绩效改善尤为显著。欠发达国家通过技术引进方式实施技术升级，其成本低于自主研发成本，同时其经济增长速度相对于发达国家就会更快，从而实现后发优势（林毅夫和张鹏飞，2006）。

技术引进是发展中国家实现经济快速发展的重要途径，同时，技术引进受到众多因素的影响。Jones 等（2001）通过 188 家美国企业的技术引进数据，发现企业内部可利用资源对技术引进产生显著的负面影响，而产品生命周期所处的技术非连续变化，国内知识产权保护程度对技术引进的影响均不显著（Jones et al.，2001）。Aggarwal（2000）通过对印度产业技术引进的研究发现企业技术引进的影响因素包括企业研发强度、产品差异性、需求条件和技术相关因素等（Aggarwal，2000）。Kiyota 和 Okazaki（2005）通过对日本企业技术引进的研究发现，技术引进受到产业技术管制政策和企业过去技术引进经验的影响。李光泗（2007）系统分析了我国大中型企业的技术引进问题，研究得出影响企业技术引进的主要因素包括企业研发强度、企业规模、外资企业比例、市场增长率、市场化程度、入世前后经济环境的变动等。周解波（1998）从供给、需求、外部环境等方面分析了我国技术引进的影响因素，具体包括技术供给方因素、技术需求方因素、外部环境因素。

目前，关于企业技术引进的重要性和影响因素，合作社的性质界定，以及合作社参与农业科技创新的研究已经逐步展开，这为研究农民合作社的技术引进提供了必需的理论支撑，但仍存在很多不足之处。首先，关于技术引进的相关研究主要针对传统的利润最大化企业，而农民合作社是一种典型的共营企业，在组织结构、分配方式和雇佣关系方面与利润最大化企业存在较大差别（罗建利，2011）。因此，关于合作社的引进再创新方式和影响因素等问题还有待于进一步研究。其次，目前对农业技术引进的研究，其主体局限于政府、农民、农业科研机构、农业科技企业、金融以及其他机构的互动。但是，没有合作社的参与，农业技术在实施过程中出现了技术供需矛盾、技术扩散缓慢、技术创新收益分配不均等问题。最后，虽然已有部分研究将合作社纳入农业科技创新体系，但对合作社参与功能认识不足，如大部分研究仅局限于技术推广功能。合作社是否有能力在引进再创新方面发挥相应的功能，成为目前解决农业技术供需矛盾的一个重要问题。

一 案例研究设计

本章的主要目的在于探究农民合作社的引进再创新方式及其影响因素。农民合作社在技术创新和引进再创新等问题的研究方面还处于探索阶段，尚未形成成熟的变量范畴，测量量表和理论假设。因此，关于合作社的引进再创新问题，需要提供新鲜的观点来建构和发展理论。另外，根据课题组的实地调查，很多农户或合作社成员由于知识结构、文化水平等约束，对引进再创新的相关概念理解也不尽一致，甚至存在误解，直接设计无差异的结构化问卷对农户和社员进行大样本量化研究未必有效。鉴于此，本章与案例研究方法的优势有着良好的契合度（Yin，2013），符合 Eisenhardt（1989）所提出的适合案例研究的相关条件。本章采用非结构化访谈对合作社主要负责人和成员代表进行访谈收集第一手资料，结合二手资料，采取基于扎根理论的探索性案例分析，以更有效地探索合作社的引进再创新模式。

本章以案例研究为基本方法，扎根理论为主导方法，遵循扎根理论的程序步骤（见图4-6）。在前期资料收集、补充、资料分析、文献运用等步骤时以扎根理论法为指导，并融入适当的访谈法、比较研究，最终得出了农民合作社引进再创新方式及其影响因素。

图4-6 扎根理论流程

（一）案例选择

样本选择需要决定选择标准与筛选过程，主要依据理论抽样（Theoretical Sampling）而不是统计概念来选择样本（Glaser and Strauss，2009）。这是由于案例研究既涉及案例本身又关注现象所处情景，会产生大量变量，若采用统计抽样，设计的变量越多需要考察的案例就越多，导致研究过程过于复杂。因此，在案例研究中，选择样本的标准是根据案例的特殊性而非一般性，即所谓"探索性逻辑"（Yin，2013）。

具体而言，本章的分析单位是具有一定技术水平的科技型农民合作社。因此，根据研究目标，研究团队首先根据对大量科技型农民合作社进行收集和整理，选取了9个案例作为样本。选择标准如下：①所选案例必须是农民合作社，并且其组建方式涵盖能人组建、政府牵头组建、龙头企业组建等；②所选案例必须实施引进再创新；③所选案例必须具有代表性，能够涵盖不同地区和行业，可进行专题性对比（部分合作社如表4-4所示）。

表4-4　　　　　　　　　　样本合作社

编号	企业	地区	生产产品
Q1	乐清虹达水果专业合作社	浙江乐清	杨梅、水果罐头
Q2	乐清能仁茶叶专业合作社	浙江乐清	茶叶
Q3	嘉兴市绿江葡萄专业合作社	浙江嘉兴	葡萄
Q4	聪聪乳业合作社	江苏常州	牛奶、乳业品
Q5	吴江市梅堰蚕业合作社	江苏吴江	桑蚕制品
Q6	溧阳伍员春茶果专业合作社	江苏溧阳	茶叶
Q7	桐乡市洲泉镇坝桥养鸭专业合作社	浙江桐乡	鸭养殖
Q8	平阳雪雁蘑菇专业合作社	浙江平阳	蘑菇加工
Q9	浙江省义乌市义红果蔗合作社	浙江义乌	甘蔗、甘薯

（二）数据来源

考虑到行业和合作社规模等因素，以及样本选择的方便性和代表性，本章选取了9家浙江省和江苏省有代表性的农民合作社作为调查对象。考虑地域、现有的条件、季节等因素，本章的资料收集工作开始于2013年12月，不定期地针对样本合作社进行了多次面访、电话访问、网络通信等，并对收集到的文字和录音进行归纳分析，最终提出本章的一个简单的理论框架。

案例研究的信度是研究过程的可靠性，所有过程必须是可以重复的。针对所选案例，首先，完成了包含研究目的、研究问题、研究程序和研究报告结构的研究计划书。其次，构建了包含调研报告和资料分析记录的研究资料库。其中，调研报告是对通过不同渠道获取的案例材料进行整理后而形成的。为了提高案例研究的效度，本书根据 Miles 和 Huberman（1994）所描述的三角测量法，即对本研究样本中的每一个合作社，主要以实地观察和半结构化访谈的方式收集第一手资料，访谈对象至少包括3名农民合作社社长、理事长、技术管理人员等，以及至少5名合作社社员、尽可能多的外部利益相关者。对每个农民合作社的观察和访谈由3位课题组成员共同进行，具体资料收集途径包括实地访谈、电话采访、现场参观。对二手资料的收集包括在报纸杂志上发表的与合作社相关的文章，网络和媒体报道，直接从合作社获取的材料，如合作社内部刊物、年度报告、技术资料等。在数据收集过程中，课题组成员对样本合作社资料进行反复审查，以确保所有案例分析具有一致的结构和质量。

（三）数据编码

本章采用扎根理论（Ground Theory）这一探索性案例分析方法，利用专业定性分析软件 Nvivo 首先对9个案例合作社的所有资料详细分析和编码。即采用开放编码（Open Coding）、轴心编码（Axial Coding）、选择编码（Selecting Coding）三个步骤构建合作社引进再创新方式及其影响因素理论（具体编码过程如图4－7所示）。目的在于从大量定性资料中提炼出案例合作社引进再创新的相关主题。资料分析过程采用持续比较（Constant Comparison）的分析思路，不断提炼和修正理论，直至达到理论饱和。

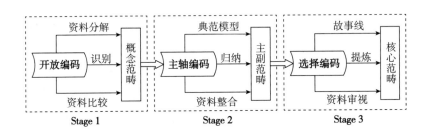

图4－7　扎根理论分析的关键技术工具

1. 开放编码

在获得丰富数据的基础上，对采访对象的回答进行编码。第一，在资料整理方面，对样本合作社进行访谈。先对被采访者一些简单的回答、含混不清的回答以及没回答的内容进行排除，对剩下的访谈内容进行归类。第二，针对受访者的回答进行开放编码。为了更好地分析内容，课题组通过对问题的多次整理，发现资料中产生了多个定义指向同一现象，且多个定义具有本质上一致性的情况。故为了方便归纳，每一个编号代表一个表达同类定义的范畴，最终得到了如表4−5所示的范畴。

表4−5　　　　　　　　　　开放编码形成的范畴

编号	初始范畴	原始语句
K1	生态环境	农业生产不同于其他行业生产，它受气候、土壤、水分、温湿度等自然环境影响，对自然环境及气候条件的变化比较敏感，很多生态环境类的技术都与生态环境息息相关
K2	技术的更新发展	产品和产业的生命周期变化速度非常快，几个月甚至几周之前的技术和产品就已经变得不起眼了；自从互联网和信息技术得到迅速发展之后技术引进也受到了影响，互联网让我们更快更方便地了解和获取国外的技术，大大降低了时间成本；现在即便没有技术转让方的专家亲临现场，引进方也能获得很好的指导
K3	技术能人	年轻人、大学生碍于面子很少去做农业，现在在合作社内做农业工作的都是40—50岁的人，没人才技术没办法得到创新和开发，老年人无法运用新技术，农业转型升级困难，自然而然没有人会考虑去引进一些自己不会用的技术
K4	资金	温州对合作社技术引进投入的经费、补贴相较其他地区如云南、广西而言较少，有口号，没有实际行动，只有示范性合作社才有补贴；先进的技术需要大量的资金投入；近两年乐清的科研经费变少；没有足够的资金来吸引技术人才
K5	合作社运营机制	农业种植效益不明显导致一些合作社对引进的农业技术的应用态度产生影响，一次两次的不顺让他们对引进的技术产生怀疑，减弱了对引进先进技术的热情；农民需要的是操作简单且实用性强的技术，而很多引进的科研缺乏市场调研，没有充分了解农民的需求，导致研究的成果与合作社的生产需求不对应，影响了二次引进；许多合作社成立仅仅只是为了扩大规模或者顺应政府号召，并没有想要学习国外先进技术的热忱，对技术引进没有很好的认识
K6	市场环境	合作社在考虑技术引进方面没有结合我国与引进国之间的生产要素现状、市场规模、社会文化、现阶段的技术状态以及技术的吸收创新能力等因素；我国近年来新建了许多类型的合作社，各式各样的合作社形成了农业技术进步线路选择的复杂多样性
K7	政府支持	近年来合作社在农业用地审批上很不顺利，人多地少，政府每两年才审查，总是优先重点批工业用地，对农业没有真正重视，政府通过提供培训、技术和信息服务等方式支持合作社发展为合作社引进技术提供途径和便利

编号	初始范畴	原始语句
K8	农民文化水平	农民文化水平和受教育的水平不高，科技意识不强，接受新事物能力差，不了解现代化农业，没有意识到引进先进技术的重要性
K9	农民心理素质	由于参与农业的农民普遍年龄偏大，传统观念重，长年累月的小农心理、偏私心理，使农民对新技术普遍采取观望态度，都不愿意当"第一个吃螃蟹的人"去尝试新技术；农民们更倾向于引进经验型和模仿型的农业技术，从而导致引进农业新技术的利用一直处于一个狭窄的范围
K10	政府政策	全世界诸多专利、技术中绝大部分都被发达国家所占有，而许多发展中国家（像我国）的合作社在技术引进中便会处于一个十分被动的地位；像美国等一些发达国家会设立技术转移限制，选择性地向发展中国家转让，这使我国的合作社想要获得先进技术的可能性降低了
K11	知识产权的保护	国外发达国家的合作社对知识产权极其看重，像软件程序类的技术，他们考虑到中国盗版猖獗的现象，技术开发者出于对自己产权的保护，技术转移的意愿便会变低；许多技术转移是跨国转移，不保护好产权就会使技术被广泛传播得不到应有的回报
K12	合作社领导	合作社的领导决定着合作社的发展方向，起着规划和引导的作用，对合作社技术引进的选择和判断有着重要的影响
K13	以往的技术获取经验	起步早的合作社在技术引进方面有着丰富的经验，这些合作社对各类技术有着相当多的了解，从而在技术引进的选择上目标会比较明确，不会盲目
K14	合作社规模	合作社会根据自己的规模来决定和选择所要引进的技术，引进适合合作社目前规模的技术以便达到技术的最大利用率
K15	技术创新的风险	合作社创立最根本的目的还是盈利，农业创新存在风险性，为此合作社在引进技术的时候都要提早做好评估，考虑到这项技术所带来的风险是否在合作社可接受范围内
K16	技术品种	由于一些特殊的技术品种对地域环境存在一定的依赖性，合作社在引进国外技术时会考虑到所引进的技术品种在引进之后最终产生的效果会不会受到影响
K17	技术复杂度	合作社在引进技术时首先会观察该项技术的复杂程度，通过与合作社目前所具备的条件来考量技术的适应性，避免造成不必要的浪费
K18	政府推动	农业是国民经济的基础，农民合作社是农业发展在目前的市场经济条件下将处于弱势的农户联合在一起的组织，我国作为一个最大的发展中国家，我们的农业技术相当薄弱，想要赶上发达国家的步伐，技术引进是一个捷径。通过政府的推动，更快更方便地解决技术限制，合作社的技术引进才能得到稳定和迅速的发展

续表

编号	初始范畴	原始语句
K19	高校主导模式	许多高校为了对技术进行更详细的研究，以及对专业理论知识的实践，会主动联系合作社，让双方的资源进行共享，共同研究技术，共同提高
K20	合作社主导模式	合作社为了引进专业的知识会主动寻求外界的帮助，如联系农业局和高校的专家教授来给农户培训、跟农业科学院联系申请项目等
K21	产品销售问题	经过几次技术引进成功后合作社产品的销售量有了相当大的提高，给农户带来了巨大的经济效益，让合作社对技术引进有了更大的热情
K22	产品质量问题	通过技术引进改良后的产品质量有了显著的提高，合作社的产品还因此获得了许多省级、国家级的奖项和认证，给合作社产品的品牌建立提供了非常大的帮助

2. 轴心编码

轴心编码是为了将开放编码中被分割开的资料进行类聚，在不同范畴之间建立联系。通过对开放编码中不同范畴的访谈结果进行逐一的分析来了解其中可能存在的关联，解析不同的范畴之间存在的因果关系。

经过轴心编码，课题组发现各个受访者回答的问题存在一定的因果和逻辑推理关系。课题组对这些关系进行分析和归类，形成了以下几大主范畴：①合作社内部因素，跟合作社有关的一系列因素；②技术特征，技术的属性；③合作社外部环境，合作社外部的条件；④引进再创新方式，技术转移的途径；⑤农民素质，农民自身的因素；⑥引进再创新驱动力，影响引进再创新的作用力，如表4-6所示。

3. 选择编码

选择编码是从主范畴中挖掘核心范畴，分析核心范畴与主范畴及其他范畴的联结关系，并以"故事线"（Story Line）方式描绘行为现象和脉络条件，完成"故事线"后实际上也就发展出新的实质理论构架。本章借用 Nvivo 软件中的"矩阵编码"工具对各个主范畴及其下属副范畴之间的编码关联进行查询，并以查询结果为重点通读了全部原始文本，以此将各级范畴重置到个案情境并描绘出串联各主范畴的许多条"故事线"（Glaser，1992）。例如，本章确定"农民合作社引进再创新方式及其影响因素"这一核心范畴，围绕核心范畴的"故事线"可以

表 4 – 6   轴心编码形成的范畴

开放编码范畴	轴心编码范畴	开放编码范畴	轴心编码范畴
合作社领导	合作社内部因素	政府支持	合作社外部环境
技术能人		知识产权保护	
资金		生态环境	
以往的技术获取经验		技术的更新发展	
合作社规模		市场环境	
技术创新的风险		合作社主导	引进再创新方式
合作社运营机制		科研院所主导	
技术品种	技术特征	政府推动	
技术复杂度		产品销售问题	引进再创新驱动力
农民文化水平	农民素质	产品质量问题	
农民心理素质		政府政策支持	

概括为：引进再创新驱动力、农民素质、合作社内部因素、合作社外部环境和技术特征 4 个主范畴与引进再创新方式这个主范畴存在显著相关。其中，引进再创新驱动力是内驱因素，合作社内部因素是决定引进再创新的内在因素，合作社外部环境和技术特征是决定引进再创新方式的外在因素，如图 4 – 8 所示。

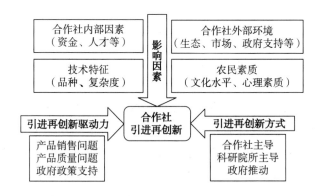

图 4 – 8   合作社引进再创新的概念模型

4. 理论饱和验证

在得出以上结论之后，我们结合以上案例之外的几个案例进行理论饱和验证。经验证，本章所得出的结论已经饱和且符合以下几个特点：①概念源于原始资料；②理论内部有许多复杂的概念及其意义；③理论具有运用价值；④理论中的概念与其他概念有联系；⑤用新案例补充编码之后没有形成新的编码。

二　案例分析

（一）引进再创新的驱动力因素

根据编码可知，合作社引进再创新的驱动因素包括产品销售问题、产品质量问题以及政府政策支持等。

在合作社案例分析过程中，一些规模较大的合作社比较注重品牌和产品质量。例如，Q2 合作社的办社理念就是自创品牌，宣扬传统文化，做精做细。Q4 合作社近几年来不断引进新技术增强生产力，并通过与光明乳业的合作，对外打响了自己的品牌。由于这些合作社对产品质量以及销量的追求，使他们对技术的要求更高了。为了尽快满足高技术的需求，引进再创新也就自然而然地成了最理想的方法。

合作社的主要目标是社员利益的最大化。Q3 合作社和 Q5 合作社曾经有几次通过引进再创新让合作社的销量和收益得到了很大的提高，这让合作社内的社员惊喜万分，自此对引进再创新有了新的看法。几次成功地引进再创新不但让合作社社员对引进再创新产生了重视，还吸引了其他合作社的效仿，纷纷引进相关技术。

政府政策支持也是影响合作社引进再创新的一个重要因素。案例中受政府政策影响最典型的是 Q3 合作社。该合作社在成立的时候可谓天时、地利、人和，当时合作社顺应政府的提议为农民提供技术服务。之后在政策的帮助下当地供销社参股 20%，由于供销社参股合作社可以享受到优惠政策，一下子成为国家级合作社。银行主动贷款，解决了资金问题，为合作社的引进再创新提供了良好的资源条件。

（二）引进再创新的主要方式

根据上述资料编码结果，合作社引进再创新的主要方式包括合作社主导方式、科研院所主导方式、政府推动方式。

调研发现，许多合作社主动与高校和科研机构合作，引进先进技术。如 Q1 合作社会经常请农业科学院、林业局专家人进行技术指导，与高校、农业科学院一起申报项目，合作研发新农药等。Q5 合作社前几年与苏州大学联合，利用蚕蛹进行蛹虫草的开发取得成功，延伸了产业链，提高了产业价值，打破了传统的旧模式。通过这几次成功的合作和显著的效益提升，合作社对引进再创新更加看重了。Q9 合作社自创社以来一直坚持与浙江农业科学院、福建农大甘蔗综合研究所等科研院所合作，引进先进技术，并开展重大科研项目的研究。

同时，基于转化科技成果的需求，科研院所主动与合作社合作，帮助合作社提高技术水平。一方面，校企合作能够为高校的科技成果转化提供良好的条件和环境。另一方面，许多合作社虽然有着技术设备和手段，但由于理论知识的不足，在技术运用方面经常遇到问题。因此，科研院所主导的引进再创新方式正好使合作社与科研院所进行实践与理论的互补。例如，Q5 合作社和 Q6 合作社在引进再创新方面缺乏相应的人才和积极性，正是高校主导方式为合作社提供了相应的技术。当地的高校为了培养实践性的人才，需要相应的实践基地和实验环境。Q5 合作社和 Q6 合作社正好满足当地科研院所的实践要求。同时在实践过程中，科研院所为合作社提供了相应的技术，推荐了许多专业性的人才。

政府推动方式主要体现在政府为了支持合作社的技术创新政策，出台相关政策从资金、人才、校企合作方面推动合作社引进相关技术。在课题组调查的几家江苏省合作社，访谈中都提到政府在不同程度上为合作社技术引进项目予以帮助。

（三）引进再创新的影响因素

根据上述编码结果和引进再创新的相关文献可知，影响合作社引进再创新的因素包括合作社内部因素、农民素质、技术特征和合作社外部环境四个因素。

1. 合作社内部因素

合作社的引进再创新活动往往受到合作社自身的资金、人才等方面的制约。例如，在 Q1 合作社和 Q2 合作社这两个案例中，受访对象曾经谈到该合作社在目前的发展状况上出现了经费短缺、人员断层等问题。其中 Q1 合作社从 2011 年开始就没有科研经费，经费全部被市政府用来搞绿化了。合作社的引进再创新伴随前期的资金投入，经费作为合作社发展的一个基础条件对合作社的引进再创新会产生很大的影响。技术人才缺乏是制约合作社引进再创新的另一个内部因素。例如，Q1 合作社为了解决采摘旺季人手不够问题，曾经考虑引进相关技术与设备提高采摘效率。但由于合作社内部缺乏懂技术的设备操作和维修人员，导致引进再创新无法实施。另外，目前从事农业的技术人才太少，大学生毕业后都倾向于去城市就业。即便想通过对外聘请，可是因为没有经费，也请不起技术人才。这与案例编码中提到的 K3、K4 等范畴所描述相吻合。

2. 农民素质

在接受调查的所有案例中，每一个合作社都谈到农民素质问题。例如 Q2 合作社谈到农民文化水平不高，很难跟他们签订合同。经常有农民为了获得更多利益，把二级茶叶当成一级茶叶卖给合作社，闹出矛盾等。Q3 合作社曾经引进多种技术，但由于村里的农民普遍都是小学毕业，创新意识不强，只会选择性地模仿，引进的技术虽然有效但利用率和收益率偏低。几次这样的经历使农民对引进的技术逐渐失去了兴趣和热情。这一系列情况的发生都与农民素质有很大的关系，即编码里提到的 K8、K9。

我国是农业大国，但是大部分合作社没有引进再创新的意识。即使合作社花费巨大财力引进技术，但在具体实施过程中受农民素质的约束，导致引进再创新的实施效果并不好。在发达国家，农民们普遍接受过良好的教育，农民、政府、企业之间的信息能够得到良好的沟通传递。农民知道什么是先进的技术，它们的作用是什么，会给自身带来什么样的效益。因此，现阶段农民素质成为影响合作社引进再创新成功与否的重要因素。因此，在引进再创新过程中，需要培养新型农民，增强农民对新技术的认知和看法，并对引进的技术进行消化、吸收和创新，做到素质和技术的同时提升。

3. 技术特征

技术特征是合作社引进再创新的另一个重要影响因素。例如，Q1 合作社曾经有过几次失败的技术引进经历。其中一次是因为没有考量技术的品种，引进后发现该技术品种不适用，导致时间和财力上的浪费。另一次由于没有全面了解引进技术的复杂程度，最终由于引进的技术过于复杂导致无法实施。科学技术作为推动农业发展的第一生产力，其本身就具有一系列的特征，外界事物包括合作社等对它的影响很多因素都源于这些特征。因此，合作社在引进再创新过程中，需要考虑相关技术与合作社生产的适应性。

4. 合作社外部环境

影响农民合作社引进再创新的外部环境主要包括生态环境、市场环境和政府政策环境。

首先是生态环境。目前大部分合作社从事种植业和养殖业，经营的产品与生物技术相关，其产品生产以生态环境为条件，受到自然环境的因素影响，诸如气候、地质、土壤、温度、湿度等。由于农业技术对地域性、季节性的依赖比较强，没有做好充分准备的引进再创新必然会导致失败。例如，Q5 合作社主营的是养蚕业务，在合作社发展的初期由于考虑不周全，引进的技术不适应当地的生态环境，导致资源浪费，造成合作社和社员的巨大损失。

其次是市场环境。加入 WTO 以来，农民合作社所要面对的都是国际化的市场。为了加快发展满足国际市场需求，引进再创新成了非常有效的手段之一。现在许多农业技术来自国外，而国际市场又相对复杂，在这样的市场环境中实施引进再创新，要考虑的因素更加复杂。例如，Q4 合作社曾经从荷兰、新西兰等地引进进口奶牛养殖技术。其中较早的一次因为没有了解清楚两国之间的贸易情况，使整个引进再创新的时间和过程变得异常复杂，造成重大的损失。

最后是政府政策环境。政府政策环境给合作社带来的影响也参差不齐。例如，Q1 合作社在引进相关技术时，由于政府政策的改变，导致引进过程中受到政策限制。Q2 合作社在发展初期缺乏资金和相应技术，同时没有获得相应的政策支持，导致无法贷款，使发展受到了限制。在对小规模的合作社的采访过程中，他们都谈到希望政府能够提供良好的政策环境予以扶持，提供相应的政策帮助合作社实施引进再创新。政府一直以来都是以一个引导者的身份在合作社的发展道路上发挥着作用。针对目前基层农业技术相对落后的情况，各级政府要切实地解决农户所关心的问题，激发农民的积极性和创造性。

三 研究结论

本章根据农业技术供需矛盾、农业创新技术扩散缓慢、创新收益分配不均等问题，将农民合作社纳入农业技术创新体系，促进农业技术创新。本章以9家国内科技型农民合作社参与农业技术创新为例，借助于扎根理论，通过开放编码、轴心编码和选择编码，提炼出合作社参与农业引进再创新的驱动因素和主要方式，以及引进再创新的影响因素。主要发现如下：①农民合作社在经历了十几年的发展之后，部分科技型合作社已经具备了一定技术获取能力引进相关技术，在农业科技创新体系中解决了部分技术供需问题。②根据扎根理论的三层编码结果，从农业引进再创新方式角度，合作社引进再创新包括合作社主导方式、高校和科研院所主导方式、政府推动方式。因此，相对于企业引进再创新，合作社引进再创新更多地要借助于高校和科研院所的帮助，以及政府的支持。其主要原因是目前大部分合作社还处于发展初期，缺乏相应的技术创新资金和技术创新人才。③合作社引进再创新的影响因素包括合作社内部因素、合作社外部环境、农民素质和技术因素，影响合作社引进再创新驱动力的因素包括产品销售问题、产品质量问题和政府政策支持。

一般情况下，在合作社发展初期，缺乏技术专家、缺少实验设备、没有独立的研究开发机构，或者建社初期合作社的资金有限，或者在对某一产品改进所产生的利润不足以抵补研究开发费用时，引进再创新战略是一种较好的技术创新战略。主要可以采用以下方式进行引进再创新。

（1）能人引进。目前，国内部分农民合作社主要是以农民中的科技能人和科技示范户为核心建立起来的，这部分合作社在引进再创新过程中主要是以"能人引进"方式为主。

在创办初期，聪聪奶牛专业合作社社长承尧兴就确立以技术创新提高乳品质量、带动农民共同致富的发展思路。在承尧兴的带领下，合作社2002年引进上海光明良种奶牛与先进技术，进一步提升技术含量。2004年6月，承尧兴又引进了国内先进的自动化挤奶设备、牛奶保鲜缸和质量检测仪器。几年来，不断加强科技投入，完善技术装备，引进技术人才，提高技术含量，实行科学管理。加强与企事业、科技部门的技术合作，不断提高牛奶品质。管理技术创新方面开展四大工程建设：

一是标准化生态奶牛公寓建设；二是奶牛生态饮用水工程建设；三是奶牛生态饲料工程建设；四是奶牛粪尿无害化处理及农业再生资源产业化开发利用综合工程建设。

（2）依托科研院所。这种方式一般在合作社的技术知识比较缺乏时，借助于科研院所较强的技术能力，从外部科研机构引进技术。例如，余姚"味香园"葡萄专业合作社依托高等院校、科研院所和宁波市、余姚市农技部门，在基地引进推广葡萄新品种、新设施和新技术，加强农业技术组装集成，并建有研究所，从事葡萄新品种的引进、示范和无公害生产技术的示范、推广工作。

（3）合作社主导。当合作社建立自己的技术部门时，一般由专门的技术部门与外界技术研发部门进行联系。寻找适用的技术和研发机构，进行引进再创新。

吴江市梅堰蚕业合作社，依托合作社，引进先进设备和技术，着力提高蚕茧质量。在老桑改造和新桑拓植中，合作社大规模引进推广农桑14号、丰田2号等新桑品种，提高亩产叶量15%以上，并增强了对细菌病等的抵抗能力，奠定了蚕茧优质高产的叶质基础。而且在生产蚕蛹虫草试验成功的基础上扩大了试验的范围，继续引进苏州大学的接种新技术，接种了1200多盒蚕蛹虫草。

三新蚕桑食用菌合作社为了引导农民进行产业结构调整，从低效益、大宗品种向高效益、特色经济作物品种转变；从单一生产方式向复合型生产方式转变；从浙江、山东等科研单位引进了10个珍稀食用菌新品种。

除了以上两种引进再创新方式外，参照国外合作社的引进再创新案例，还可以采用"政府牵头"和合作社"技术招标"的方式进行引进再创新。

第四节　本章小结

为探讨农民合作社的引进再创新模式，本章运用扎根理论和二阶段博弈模型，分析了农业科技创新体系中合作社的技术吸收能力、引进再创新方式及其影响因素。首先分析农民合作社的技术吸收能力；其次分析技术吸收能力对合作社技术创新投入的影响；最后分析农民合作社引进再创新的方式及其影响因素。

第一，在借鉴 Zahra 和 George（2002）的技术吸收能力分析框架的基础上，从吸收能力的获取、同化、转化和利用四个阶段，结合农民合作社的组织维度，提出了农民合作社技术吸收能力的框架，包括社员主导的技术吸收能力、合作社主导的技术吸收能力和合作社联盟主导的技术吸收能力。在此基础上，提出了农民合作社技术吸收能力的影响因素和提升路径。

第二，利用二阶段博弈模型，探讨了技术吸收能力对农民合作社创新投入的影响。农民合作社存在"就业不足"现象，即当利润为正时，合作社的就业规模比同类的利润最大化企业小，可能导致农民合作社经济体出现就业不足的缺陷。当规模收益不变时，技术溢出率较大时，农民合作社的技术创新投入大于利润最大化企业；技术溢出率较小时，农民合作社的技术创新投入小于利润最大化企业。当规模收益不变时，利润最大化企业增加技术创新投入，能够促进社会福利的提高。当规模收益不变或递减时，吸收能力效应关于利润最大化企业的技术创新投入对社会福利之间的互动具有正的效应。当规模收益递减（递增，不变）时，吸收能力效应关于农民合作社的技术创新投入对社会福利之间的互动具有正的效应（具有负的效应，没有影响）。

第三，合作社引进再创新驱动力包括产品销售问题、产品质量问题以及政府政策支持等。合作社引进再创新的主要方式包括合作社主导、高校和科研院所主导、政府推动方式。合作社引进再创新的影响因素包括合作社内部因素、合作社外部环境、农民素质和技术特征。其中，合作社内部因素包括资金、技术能人、合作社领导、合作社规模、合作社运营机制和技术创新的风险等。合作社外部环境包括政府支持、市场环境、生态环境、知识产权保护和技术的更新。技术特征包括技术品种和技术复杂度。农民素质包括农民文化水平和农民心理素质。

第五章

农民合作社的合作创新模式

农民合作社作为现代农业生产经营主体之一，合作社创新能力的提升关系农业农村现代化的进程。农民合作社可以通过自主创新、合作创新和引进再创新三种方式获取技术成果实施技术创新。从成本角度，自主创新具有技术交易费用低，研发投入高，同时要求有相当数量的研发人员等特点。引进再创新具有研发投入费用很低，但交易费用很高的特点。随着社会分工的逐步细化，技术研发成果的知识资产专用性越来越强、适用范围也越来越小，导致交易双方的沟通成本逐步提高，意味着更高的交易费用。合作创新作为介于自主创新和引进再创新的中间形式，成为农民合作社实施技术创新的重要途径。

第五代创新不但要求企业内部组织一体化，而且要求企业组织与外部环境一体化，形成一种新的共生型的网络模式，使创新过程成为一种"超主体"和"跨组织"的社会过程，成为一个多源驱动并由多种社会角色参与合作的网络化展开过程（杨磊，2020）。作为连接科学技术研究和技术商业化的跨组织合作模式，产学研合作成为合作创新的重要表现形式。在农业技术创新领域，农民合作社作为农业技术创新的重要载体，缺乏资金、技术和人才等，产学研合作成为合作社实施合作创新的主要方式。因此，本章从产学研合作视角分析合作社的合作创新模式。那么农民合作社产学研合作创新的方式包括什么？哪些因素影响合作社产学研合作方式？合作社产学研合作创新的绩效如何？针对上述问题，本章运用多案例研究方法，详细分析农民合作社产学研合作的方式、驱动因素和绩效。主要内容包括：农民合作社参与产学研合作的行为框架分析；农民合作社参与产学研合作的方式及驱动因素；农民合作社参与产学研合作创新的方式及其绩效。

第一节 国内外研究现状

一 合作创新的概念界定

合作创新是企业间或企业、科研机构、高等院校之间的联合创新行为。合作创新以资源共享或优势互补为前提，以合作伙伴的共同利益为基础，有明确的合作目的、合作期限和合作规则，参与主体在技术创新的全过程或某些环节共同投入、共同参与、共享成果、共担风险（傅家骥，1998）。在合作创新中，各个参与主体通常在创新资源和创新能力等方面具有一定互补性、独立性和难以模仿性，各个参与主体通过共同整合创新资源和能力来提高创新绩效（Mishra and Shah，2009）。合作创新的主要表现方式是合作研发（刘斐然等，2020），主要包括研发合作、研发联合体、合作研究、共同研究开发以及研究伙伴关系（Research Partnership）等概念。如 Katz（1984）认为，合作研发是指合作主体共同设立实验室，通过制定研发协议（如研发成本分担和研发成果分享），开展研发合作项目。Poyago - Theotoky（1998）将合作研发定义为参与主体相互协调各自的 R&D 活动，并以技术溢出的方式分享共同的研发成果。Poyago - Theotoky（1998）认为，研发联合体是由两个以上的组织，通过各自的资源组合，成立一个新的组织开展研发活动。研究伙伴关系则是企业、大学、政府机构和实验室为了一个共同研发目标而共享资源的一种合作安排（Teece，1986；张玉臣和王芳杰，2019）。

二 合作创新的主要方式

合作创新通过突破企业边界开展技术协同，学者对企业间合作创新的组织模式进行了大量的实证研究。从不同的研发合作伙伴视角，合作创新可以分为用户联盟、竞争者联盟、供应商联盟、互补性联盟等（陈暮紫等，2019）。从交易成本理论视角，合作创新可分为股权联盟和非股权联盟（Comino et al.，2007；陈关聚和张慧，2020）。从合作的紧密程度视角，合作创新分为政府推动、自愿组合、合同连接、共建实体四类（李国强等，2019；李廉水，1998）。从高校教育视角，合作创新分为产学合作教育方式、继续工程教育式、工程研究中心式、企业博士后工作站式、校内产学研结合式、大学科技园式（石火学，2000）。从合作方式视角，合作创新分为政府导向模式、产学研联合体模式、高科技园模式、科技产业模式、工程开发模式、无形学院模式（刘贵伟和吴立贤，2001）。从组织的集成度及组织间的相互依赖性视角，合作创新分为技术并购、少数股权投资、研发合资企业、共同研究开发、研发联合体、网络组织、研究开发合约、技术交换协议、许可证协议（武兰芬和姜军，2020；罗炜和唐元虎，2001）。从网络组织方式视角，合作创新分为技术协作模式、契约型合作模式和一体化模式（朱桂龙和彭有福，2003；李柏洲和高硕，2019）。

合作创新方式的选择受到各种因素的影响（姚潇颖和卫平，2017）。不同的合作目标和合作经验对合作创新方式产生不同的影响，这些影响因素也会随着时间的改变而改变（Pisano，1991）。合作创新方式主要包括资源贡献、合资企业、合作伙伴和战略联盟等（Uzzi，1997；张宇翔和赵国堂，2020）。Simonin 和 Helleloid（1993）认为，合作创新方式存在互相持股、合同条约以及非正式合作等。朱永明和郭家欣（2020）总结跨组织的合作创新方式包括 R&D 工会、战略联盟和产期合同等。Souder 和 Nassar（1990）对美国研发联盟进行划分，总结为以下几种合作模式（见表 5-1）。

表 5-1　　　　　　　　　美国研发联盟的主要方式

主要方式	内容
合作研发中心	至少由两家及以上的合作单位共同集资以外包方式支援资助大学或其他研究机构从事研发活动
基础研究合作组织	专门从事一般公司无法独立完成的风险性高的基础研究，避免造成重复研究
股权合资经营	由两家及以上的创始公司共同出资成立新公司，共同分担财务、所有权、风险、盈余，共同制定政策，地位对等
非股权合资	经营成员并不握有股份，而是通过合约或交叉授权等方式合作研发，共享研究成果，成员可以为现有或者潜在竞争者
大学研究中心	由政府及产业界共同出资，选定一所大学成立研究中心进行研究
有限研发合伙	由发起个人或组织担任负责管理的一般合伙人，其他提供主要资金者承担有限责任，负责提供资金从事长期研究

续表

主要方式	内容
产业研发机构	由同一产业的会员出资成立或者赞助的研究机构
产业同业工会	由同一产业组织所组成的非营利性机构扩大产业的产量、销售量及其他发展目标
产业开发合作	政府设立、部分由产业出资,由当地大学或厂商进行任务的研发工作
政府—产业联合计划	由数家公司在某一政府机构共同进行合作执行某一特殊计划

三 合作创新形成的主要原因

自 21 世纪以来,国内外学者试图从理论上解释合作创新形成的原因及演化历程。童亮和陈劲（2007）对国内外研究进行了归纳总结,主要从交易成本视角、资源基础观视角和战略决策视角对合作创新的形成原因进行解释。

表 5-2　　　　　　　　　合作创新形成的主要原因

研究视角	主要观点	主要文献来源
交易成本视角	界定使生产和交易成本最小的条件	Williamson（1989）；Pisano（1991）；Ouchi 和 Bolton（1988）
资源基础观视角	通过跨组织的合作将不同的组织联结起来,获取对关键性资源的控制	Goes 和 Park（1997）；Grubert 和 Mutti（1991）；Hobday（2000）；Zartman（2005）
战略决策视角	通过协同和扩展市场能力来产生效益	Clark 和 Fujimoto（1991）；Liu 和 Zhi（2004）

（1）交易成本视角。基于交易成本视角来解释合作创新形成原因的代表性学者有 Williamson（1989）和 Pisano（1991）。Ouchi 和 Bolton（1988）认为,合作创新是降低组织成本、增加组织间效率和提高资产回报率的有效途径。Pisano（1991）认为,创新目标是否明确是决定与其他单位是否合作的关键。

（2）资源基础观视角。资源基础观视角研究认为合作创新形成的原因一方面在于通过跨组织的合作获得对关键性资源的控制,同时使创新合作对自身造成的威胁最小化（Goes and Park，1997）；另一方面是能够将不同组织所拥有的互补性资源进行整合（Nohria and Garcia - Pont，1991），特别是那些从事高风险、高成本创新活动的企业，经常会寻找外部机构的合作（Hobday，2000；Zartman2005）。Grubert 和 Mutti（1991）认为，根据合作创新的目的不同可以分为两种类型：一类是合作创新的目标是减少风险和成本，往往寻找的合作伙伴是具有相似创新资源的组织，例如竞争对手；另一类是合作创新的目的是取得技术的突破性创新，往往寻找互补性创新资源的组织进行合作，例如公共科研机构和大学。Belderbos 等（2004）探讨了不同类型的合作伙伴对于创新绩效的影响，认为与大学等公共科研机构的合作创新是取得突破性技术的重要方式。

（3）战略决策视角。战略决策视角认为合作创新形成的原因重点在于通过协同和扩展市场能力能够产生经济效益。Clark 和 Fujimoto（1991）从企业与供应商合作的角度，Miles 等（1978）从两个企业合作的角度，Gulati（1999）从多个企业间合作的角度，Bidault 等（1998）从环境压力、行业因素和对合作态度等方面研究组织合作和竞争力的关系。Liu 和 Zhi（2004）总结影响合作战略的决策因素，认为组织合作战略联盟的形成动机就是获取彼此的核心资源从而创造竞争优势；这种核心资源是一种稀缺资源，组织自身很难获取，只能通过合作取得，不可完全模仿和难以替代，对组织的创新能力的提升具有重要价值。

第二节 农民合作社参与产学研合作的行为框架分析

基于浙江省和江苏省农民合作社的访谈，运用扎根理论，抽象出109 个概念和 14 个范畴分析农民合作社参与产学研合作动机、条件、绩效、方式及其相关关系。结果表明：合作社参与产学研合作的主要动机在于资源导向、学习导向、成本导向。产学研合作的主要条件在于企业家精神、政府扶持、技术吸收能力。产学研合作的主要方式是信息技术服务、技术转让、联合技术开发、共建实体。产学研合作的主要绩效体现在人才培养、品牌、利润。不同的产学研合作动机对合作方式影响不同，不同的合作方式会产生不同的合作绩效。

一 问题的提出

随着合作社规模和数量的迅速扩张，合作社的各种缺陷（产品科技含量低、创新能力弱等）也逐渐凸显出来。合作社作为现代农业生产经营主体之一，其创新能力的提升关系到农业整体创新能力，要落实国家"科技兴农"战略，归根结底要提高合作社的技术创新能力。因此，如何提高合作社的创新能力成为一项迫切而重要的现实问题。

现有针对合作社技术创新的研究大致分为以下两个方面。其一，技术创新对合作社的影响。Beverland（2007）对新西兰合作社的分析发现，许多合作社通过产品创新提高了产品价格，进而提高了合作社绩效；同时，产品创新可以提升市场竞争力，维护与消费者的长期关系。扶玉枝和徐旭初（2013）运用 Bootstrap – Malmquist 指数方法，认为技术进步、技术效率均对合作社效率有正影响，只是不同行业技术进步和技术效率贡献大小不一。同时，技术进步是美国合作社生产效率增长的主要原因（Ariyaratne et al.，2000）。其二，合作社技术创新现状。罗建利和仲伟俊（2009）以调查的 30 多家合作社为样本分析其技术创新模式：自主创新仅占 11%，发展较好的合作社大部分处于模仿创新或单纯的技术引进；倪细云和王礼力（2012）运用德尔菲和层次分析法评价合作社的技术创新能力：合作社内部创新能力整体较弱，创新投入能力大于创新产出能力。而且，当技术创新收益主要表现为农业生产者剩余时，农业技术创新可以成为合作社的行动（国鲁来，2003a）。虽然已有学者意识到合作社技术创新的重要性，但是没有进一步探讨如何才能提升合作社的技术创新能力。

产学研合作作为技术创新的重要手段和途径，主要是指企业、科研院所和高等学校之间的合作，实现资源的优化配置。本章的产学研合作是指合作社与高校、科研院所的相互合作，实现优势互补，其实质就是把创新所需的各种要素有效组合。具体来说，合作社缺乏创新的人才和科研设备等，而高校、科研院所却具有这方面的优势。因此，合作社可以通过产学研合作，获取外部的技术和知识，提高自身技术创新能力。既然产学研合作对合作社的发展具有重要意义，那么合作社如何参与产学研合作？即合作社参与产学研合作的影响因素是什么、以何种方式参与产学研合作以及产学研合作的绩效如何？

本章拟从以下几个方面进行研究：①运用经典扎根理论，对所选择的9家合作社进行实质性编码和理论性编码，构建合作社参与产学研合作的"6C模型"。②具体分析农民合作社参与产学研合作的动机、条件、绩效和方式。③构建合作社参与产学研合作创新的方式与动机、绩效的条件矩阵。并针对上述分析，从政府、高校、科研机构和合作社视角提出相关的政策建议。

二 理论分析和研究方法

（一）扎根理论介绍

扎根理论是指用归纳的方式，对现象加以分析整理，主张理论必须扎根于实地收集的资料之中（Glaser and Strauss，1999）。Corbin 和 Strauss（2014）认为，扎根理论不是先有一个理论然后去验证它，而是先有一个待研究的领域，然后自此领域中萌生概念和理论。本章采用经典扎根理论研究方法，基于以下三个方面的考虑：①扎根理论是一种深入探讨人的互动和行为的质性研究方法，本章的研究正是以人为导向探讨合作社参与产学研合作。②扎根理论适合于以前很少详细研究的现象，由上述文献回顾可以看出，对合作社参与产学研合作理论关注较少，需要构建新的理论，正契合扎根理论。③经典扎根理论最具"扎根精神"、科学性最高（贾旭东和谭新辉，2010）。关于经典扎根理论的分析流程如图5-1所示。

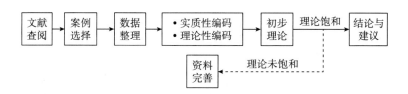

图5-1 经典扎根理论的分析流程

（二）样本选择与数据收集

本章严格按照经典扎根理论的数据收集方法，首先进行抽样，选取一个样本进行分析，样本选取标准如下：①所选样本符合本章的研究主题，即所选合作社必须参与产学研合作。②所选合作社具有数据的可得性。③所选合作社内外部变异性低，即所选合作社发展比较好，在当地具有较强的影响力，且为"国家示范性合作社"。基于此，本章选取鑫欣葡萄专业合作社作为样本进行分析,得到初步的概念及范畴,然后实施理论抽样,即按照初始样本得到的概念、范畴及其相关关系作为理论指导选择样本,直至达到理论饱和(Theoretical Saturation)。最终,我们选取9家合作社,我们对每个合作社进行编号,如表5-3所示。

表5-3　　　　　　　　　样本合作社概况及数据收集

合作社名称	编号	成立时间	主营业务	访谈对象
鑫欣葡萄专业合作社	XX	2001年	葡萄、葡萄酒	社长、技术人员、社员
虹达水果种植合作社	HD	2005年	杨梅	社长、社员
能仁茶业合作社	NR	2005年	茶叶	社长、社员
义红果蔗合作社	YH	2001年	甘蔗	社长、社员
新奇特果蔬专业合作社	XQ	2005年	红薯、水果、蔬菜	社长、社员
恒衍鹌鹑养殖合作社	HY	2005年	鹌鹑	社长、社员
三门县青蟹养殖合作社	QX	2005年	青蟹	社长、技术人员、社员
沙洲温莪术专业合作社	SZ	2002年	温莪术	社长、技术人员、社员
吴江市梅堰蚕业合作社	MY	2003年	蚕茧	社长、技术人员、社员

本章数据来源主要包括:①档案资料,包括关于样本合作社的新闻报道、文献资料等,直接从样本合作社获取的内部资料、年度报告等。②深度访谈,主要包括与合作社社长、相关领导和普通社员的访谈资料。③非正式的跟进式的电子邮件、电话和直接观察。其中,深度访谈作为最重要的数据来源,基于研究的需要,合作社的社长、相关领导及普通社员都作为我们访谈的对象,对于每家合作社至少访谈社长和1名普通社员,每次访谈时间控制在1.5—2个小时,并在允许的情况下录音,以保证资料的完整性,每次访谈结束后24小时内运用Nvivo软件把录音资料转化成文本,并进行编码,而对于不确定或模糊的信息,我们再通过电话或短信与被访问者沟通确认,具体如表5-4所示。

(三)数据分析

数据编码包括实质性编码和理论性编码,其中,实质性编码分开放编码、轴心编码和选择编码。采用Nvivo软件进行数据分析,对获取的访谈笔记、录音、文本等数据进行快速组织和分类,挖掘隐藏于数据背后的信息,从而达到构建理论的目的。

1. 实质性编码

开放编码是将资料分解、检视、比较、概念化与范畴化的过程，对开发的每一个范畴，发掘范畴的性质和性质的面向。本章主要采取逐行、逐句、逐段、原生代码（VIVO）等分析策略。通过对合作社资料的开放编码分析，最终从资料中抽象出 109 个概念和 14 个范畴（A1—A14），分别为企业家精神、信息技术服务、联合技术开发、政府、技术转让、合作社实力、共建实体、资源导向、品牌、学习导向、成本导向、技术吸收能力、人才培养、利润（见表 5 - 4）。

表 5 - 4 开放编码示例（节选）

| 原始语句 | 开放编码 | | 范畴性质 | 性质维度 |
	概念化	范畴化		
XX 合作社（社长）：作为第一批种葡萄的人，高中毕业后种葡萄，后来在中国农业函授大学，后来意识到品牌营销的重要性，函授江南大学网络大学，学习市场营销（a1）。现在是高级农艺师（a2）……后来，创办民办研究所（联宇葡萄研究所），成为农民和科研机构联系的纽带（a9）…… HD 合作社（社长）：我们技术主要依靠农业科学研究院和林业局（a28），如邀请省农业科学研究院专家开展杨梅高产技术培训（a29），社员都参加（a30）……有时去省市里开会，记下专家教授的号码，然后请老师来培训（a35）……我们基地现在有 200 多亩杨梅采用树体矮化栽培（a50），科技化的种植使杨梅的品质大大得到提升，也提高了"淡溪"这个品牌（a51）…… NR 合作社（社长）：做农业的年龄偏大，都是 50 岁以上的，采茶人员大部分都是网上招的，影响新技术的采用（a70）……	不断学习（a1） 技术水平高（a2） …… 创办研究所（a9） …… 技术依附（a28） 技术培训（a29） 社员学习积极（a30） 联系专家（a35） …… 技术采用（a50） 科技效益（a51） …… 人员断层（a70） …… 联合开发（a82） …… 共 109 个概念	A1：企业家精神（a1、a2、a9、a35、a36、a65、a92） A2：信息技术服务（a28、a29、a67、a79、a96） A3：联合技术开发（a12、a15、a82、a83、a93） …… 共 14 个范畴	程度 期限 周期	高—低 长期—短期 长—短

选择编码作为实质性编码的第二步，这一步骤的目的是整合和精练理论，也就是把涌现出的概念和范畴精练为一个核心的解释性概念即核心范畴（Corbin and Strauss，2014）。Glaser（1978）认为，核心范畴必须满足以下标准：①核心范畴必须具有"中央性"，也就是与最多范畴和特征相联系；②核心范畴频繁地出现在资料中；③核心范畴和其他范畴可以很容易地、很快地、有意义地有所联系，这种联系不是强制性的。最终我们选取"合作社参与产学研合作"作为核心范畴。

2. 理论性编码

理论性编码是指概念化实质性编码之间可能隐含的相关关系，从而整合成一个完整的理论（Glaser and Holton，2004）。为了整合不同范畴及其之间的关系，我们运用 Glaser 提出的 6C 家族模型（Six C' Family Model）。6C 家族模型是 Glaser 提出的"编码家族"（Coding Family）成员中最有名的一个。主要从脉络（Context）、动机（Cause）、条件（Condition）、绩效（Consequence）、事件（Contingencies）、协变量（Covariance）6 个方面来构建核心范畴与范畴之间的关系。脉络是指核心范畴产生的背景，动机是指核心范畴产生的原因，条件是指核心范畴产生的先决因素，绩效是指核心范畴产生的影响或效果，事件是指范畴和绩效的调节因素，协变量是指不同范畴之间的相关关系。具体来说，本研究的核心范畴是合作社参与产学研合作，动机指合作社参与产学研合作产生的动机，脉络指合作社参与产学研合作所处的环境，绩效指合作社参与产学研合作产生的绩效，事件是指原因和结果之间的调和因素，即合作社参与产学研合作所采取的具体方式，协变量是指范畴之间的关系，即原因和事件、事件和结果之间的矩阵关系，条件是指合作社参与产学研合作的先决因素。从而构建合作社参与产学研合作的 6C 家族模型，如图 5-2 所示。

3. 理论饱和度检验

针对上述开发出来的 14 个范畴及其核心范畴的性质与维度的饱和度检验，本章另外选取 2 家合作社进行编码分析。结果显示，新的资料中再没有新的概念、范畴或关系出现。由此可见，上述合作社参与产学研合作的动机、条件、绩效、事件及其协变量达到理论上饱和。

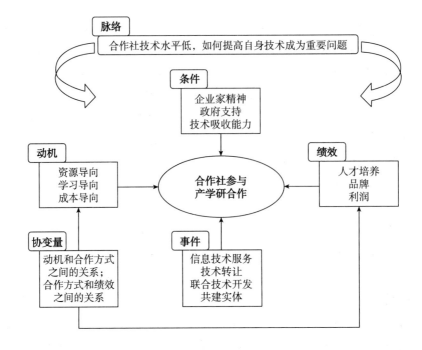

图 5 – 2 合作社参与产学研合作 6C 家族模型

三 结果分析

（一）农民合作社参与产学研合作的动机

如图 5 – 2 所示，农民合作社参与产学研合作的动机包括资源导向、学习导向和成本导向。

（1）资源导向。农民合作社和高校、科研机构是异质性组织，双方进行合作的动机是为了寻求资源互补。农民合作社是科学实验和技术应用的良好基地，而高校和科研机构拥有优秀的人才、科研设备和技术。因此，合作社要进行技术创新，需要借助高校、科研机构的优势技术资源。如 XX 合作社社长所说，"合作社没有相应的技术设备，我们在申请项目时就会与科研院所联合报项目……上次与省农业科学院园艺研究所合作申请的《宇选一号选育研究》项目，合作社作为承办单位，在研究过程中只是利用科研机构的仪器设备"。同时，由于大部分合作社缺乏专业的技术人才，像 HD 合作社、XQ 合作社会定期请浙江省农业科学院或浙江大学相关专家指导技术问题，而且 XQ 合作社还与浙江大学签订了技术合作协议。

（2）学习导向。农民合作社与高校和科研机构的合作主要是学习先进的技术。如 HY 合作社社长所说"我们自身技术力量薄弱，与这些高校合作可以学习他们先进的技术，来培养自己的创新能力"。同时，在调研中发现，农民合作社具有强烈的学习意愿，很希望向高校和科研机构学习新知识或技术，而强烈的学习意愿是实现知识转移的前提条件（Mowery，1998）。如 HD 合作社社长经常参加各种管理培训和技术培训，合作社社员的学习热情进一步促进了合作社与高校、科研机构的长期技术合作。如 HD 合作社社长所说："合作社产前产后共开展 4 次培训，绝大部分社员都很感兴趣，尤其是大户更加重视，有时周边的农户也来听，社员听了有用，我们就每年定期请专家来合作社开展培训"。

（3）成本导向。科斯认为，企业和市场作为配置资源的两种机制，当市场交易费用低于企业内部交易费用时，市场就会替代企业。Williams（1986）进一步认为，对于资产专用性不强、非标准化的交易，市场治理或双方治理更有效。从经济成本考虑，合作社作为特殊的经济组织，规模小、资金少、技术力量薄弱。因此，大部分农民合作社的技术创新行为很难完全靠自身的力量，而必须依附于高校、科研机构的技术力量。调研发现，农民合作社是位于农村地区，其成员主要是农民，银行贷款受到限制，促使合作社需要通过产学研合作开展技术创新。从资产专用性考虑，农民合作社的创新技术不具有很强的资产专用性，像 NR 合作社引进的中茶 108、浙农 139，不存在"锁定"效应。因此，市场治理或双方治理更能节省交易成本，即技术转让或联合技术开发。同时，农民合作社与高校、科研机构联合开展技术开发更容易获得国家政策补助。

（二）农民合作社参与产学研合作的条件

从知识转移的视角看，产学研合作创新能否成功转移需要一定的条件。基于调研数据，如图 5-2 所示，农民合作社参与产学研合作的条件主要包括企业家精神、政府支持和技术吸收能力三个方面。

（1）企业家精神。熊彼特认为，企业家精神的本质就是创新，但创新从来都不是"天才的闪烁"，而是企业家艰苦工作、不断把握机遇的结果。案例数据表明，合作社社长作为"农村精英"，能充分认识到科技对合作社高质量发展的重要性，利用自己的社会关系网络和企业家精神在农民合作社中实施产学研合作创新。如 XQ 合作社社长所说，"技术上遇到的困难，都是靠我的人脉关系主动和浙江大学、浙江省农业科学院联系解决的。我跟浙江大学教授之间都是个人之间的联系，与省农业科学院的专家接触过好几次，他们知道了我们过去的经历比较感动，认为我们人比较实在，很愿意帮助我们，后来与浙江大学合作共建示范基地"。而 HD 合作社社长更是把握和创造机会，每次省里面开会，都会私底下记下专家教授的号码，然后打电话请老师来培训。正如 XX 合作社社长所说，"合作社做得好不好，不在于社员而在于领导，领导要成为有知识、有能力、强有力的核心成员"。

（2）政府支持。政府支持在合作社的发展过程中发挥了重要作用，如提供税收优惠、财政补贴等。同样，政府通过奖励合作社与高校、科研机构合作，为产学研合作创新提供资金保障，降低产学研合作创新风险等方式支持农产研合作创新，成为农民合作社参与产学研合作的辅助条件。如 XX 合作社与省亚热带作物研究所合作申请的《"节本增效"栽培技术开发研究》项目获得了乐清市政府 15 万元资助，为技术创新的实施提供了资金保障。YH 合作社与福建农林大学、省农业科学院合作的省级重大科研项目及新品种的研发都得到了政府的资助。而且，政府也会主动邀请高校和科研机构的技术专家对合作社进行技术培训。然而，目前政府在产学研合作上的支持力度还有待于进一步提高。如 HD 合作社社长认为"政府每年会请专家来合作社培训，并规定每人每年的培训补助是 20 元，但是这 20 元包括了专家费、招待费等，政府培训 20 元的补助标准根本不够"。随着农民合作社数量的不断增加，政府科技补助资金相对不足。

（3）技术吸收能力。能否从产学研合作创新中获益，与合作社的技术吸收能力有很大关系，即使合作社有机会接触新技术，如果合作社的技术吸收能力过低，也只能"心有余而力不足"。本章所调研的案例中，XX 合作社有 5—6 个技术人员，每年投入科研经费近 20 万元，特别是合作社成立联宇葡萄研究所，成为社员和科研机构联系的纽带，通过研究所把高校的高深理论转化成农户容易接受的方式。YH 合作社拥有高级技术职称 5 人，中级职称 7 人，成立果蔬研究所，合作社被选定为"国家级农业科技示范场"。技术吸收能力越强，与高校和科研机构进行联合技术开发的成功率越高。HD 合作社拥有技术人员 4—5 个，每年的科研经费投入 5 万元左右，产学研合作方式主要是技术转让。同时，从调研中发现，目前合作社普遍缺乏人才，一方面是许多高素质人才不愿意从事农业，如 XX 合作社都是 40—50 岁的当地农民，去高校招聘不到优秀的人才。另一方面是合作社无法吸引优秀的人才，YH 合作社每年都有本科生、研究生走掉，都是因为合作社条件太差，生活太艰苦。新技术的开发和运用都需要高素质的人才，技术人才的短缺影响合作社技术吸收能力，限制了合作社进一步的发展。

（三）农民合作社参与产学研合作的方式

上述分析了合作社参与产学研合作的动机和条件，而合作社如何参与产学研合作呢？本部分基于调研数据分析合作社参与产学研合作的具体方式。

（1）按照农业技术创新的主体分类，合作社参与产学研合作的方式包括政府牵头、科研院所主导以及合作社主导。

①政府牵头。三门县青蟹养殖合作社在县水产部门的积极引导下，先后与浙江大学、浙江海洋学院、省水产研究所等十几家科研单位和大专院校联姻结亲，解决青蟹养殖的一些技术难题。同时建立科技示范养殖园区，开展科技大篷车活动和推广新养殖模式，先后突破了种苗、放养密度、捕捞等青蟹养殖技术难题。

②科研院所主导。2005 年温州医科大学牵头，与沙洲温莪术专业合作社和浙江天瑞药业有限公司，组建了瑞安市温医沙洲温莪术技术服务有限公司，开展产学研结合，积极实施温莪术 GAP 种植。基地占地达 1000 多亩，并且配套建立了应用基础研究平台、药物中试基地和产业化平台。合作社基地的温莪术种植已达标准化水平，从药材种子、仓储等源头为药物制剂提供了质量保障，为温莪术开拓了更广阔的药用市场，其研发的莪术油葡萄糖注射液已收录于中国药典，成为国家一类新药。合作社与温州医科大学中法化妆联合实验室合作，主攻利用废弃的温莪术油渣研发日化品研制成功。该类日化品有"老姜舒"和"姜舒洁"两大系列，其中包括洗发露、沐浴露、焗油膏、啫喱水、护发素等，试用效果理想，市场前景广阔。合作社联合研究室利用温莪术油渣

体研发牙膏、漱口液等产品，继续依靠科技，使温菝术产业链得以延伸。

③合作社主导。吴江市梅堰蚕业合作社与苏州大学联合，利用蚕蛹进行蛹虫草的开发取得初步成功，延伸了蚕桑的产业链，提高了蚕桑生产的附加值，打破了传统、单一栽桑养蚕旧模式，增加了经济效益。丰城市恒衍鹌鹑养殖合作社与中国农业科学院、南京农业大学等科研单位进行"高产黄羽鹌鹑的选育及相关技术研发"项目，培育具有自主知识产权的鹌鹑良种以适应不同地区的市场要求，优化调整品种结构，率先在社员中推广，使社员尝到"头啖汤"。

（2）按照产学研合作的形式分类，合作社参与产学研合作的方式包括：信息技术服务、技术转让、联合技术开发、共建实体。

①信息技术服务。信息技术服务指高校、科研机构为合作社提供一般的培训、技术服务等。如 HD 合作社每年请省农业科学院专家培训 2～3 次，同时，由于合作社科研设备落后，必要时会拿枝条、泥土去农业科学院化验，然后根据其性状，实施农药。然而，对于信息技术服务的效果，并不是每个合作社都认同，XX 合作社社长认为"经常请的老师对农民培训没用，他们不了解农民需要什么""高校、科研机构只是停留在理论层面，同时，农民的素质低，文化水平低"。NR 合作社社长更是认为"对于现在的技术问题，社员向我反映问题，我会在田间直接指导技术问题，这样社员更容易接受掌握"。因此，社长的技术水平对合作社参与产学研合作的信息技术服务方式有很大影响。

②技术转让。技术转让指农民合作社与高校、科研机构等技术源头，以合同等方式达成合作协议，由高校、科研机构将创新成果应用于合作社的过程。调研案例中只有 HD 合作社和 NR 合作社参与技术转让，然而从转让的技术属性来看，这些技术都是公共性技术，如 HD 合作社从省农业科学院引进的树体矮化、二次嫁接技术；茶叶研究所和农业科学院分别转让中茶 108、浙农 139 给 NR 合作社。这些新技术的转让在一定程度上提高了合作社产品的效益水平。然而，公共技术具有非排他性和非竞争性，从长远来看，合作社引进的公共性技术不能构成合作社核心竞争力，不利于合作社的长期战略发展。合作社参与技术转让的原因，主要是合作社的规模相对较小、技术吸收能力较差，如 HD 和

NR 合作社都是年产值几百万元，技术人员 4—5 个。而 NR 合作社还没有成立研发部门，正如 NR 社长所说"我们合作社现在还没那个能力研发新品种，主要是通过技术转让实施产学研合作创新"。

③联合技术开发。联合技术开发指合作社与高校、科研机构相互协作、优势互补，合作开发新技术。在调研案例中有 HY 合作社、YH 合作社、XX 合作社参与联合技术开发。如 YH 合作社已与福建农林大学甘蔗综合研究所、福建省农林科学院作物与核利用研究所结盟，YH 合作社提供蔗苗、福建农业大学提供配方、福建省农业科学院提供原料，经过三年测试，最终培育出"义红 2 号"，这也为合作社带来丰厚的利润。HY 合作社在与中国农业科学院、南京农业大学的联合开发中着力培育自主创新技术。然而，也有联合技术开发主要是为了申报项目，如 XX 合作社与省农业科学院合作申请的《宇选一号选育研究》，合作社作为承办单位，在研究过程中只是利用科研机构的仪器设备等。如社长所说"研究葡萄新品种除了靠勤劳、知识外，运气很重要，因为民间在生产的第一线，便于进行葡萄实验，我们研究所有 100 亩地，高校没有实际生产线，就几亩地，但专业知识强，设备先进，像分子标记、DNA 检测仪"。

④共建实体。共建实体指高校、科研机构以资金、技术入股等方式与合作社建立产学研联盟。在调研案例中只有 XQ 合作社参与共建实体。XQ 合作社在 2009 年与浙江大学签订技术合作协议，双方共投入 100 万元作为示范基地，合作社作为浙江大学科研的实验基地，并负责推广新技术、新品种。而共建实体是双方利益的需求，如 XQ 合作社社长所说"当时浙江大学需要一个实验基地，而我们合作社也缺乏技术，后来浙江大学副校长来我们这里考察了好几次，才决定与我们进行技术合作"。

（四）农民合作社参与产学研合作的绩效

产学研合作的绩效，包括人才培养、品牌和利润，本部分基于调研数据对合作社参与产学研合作的绩效进行分析。

与高校、科研机构的合作，在一定程度上促进了人才的培养，如 HY 合作社通过与中国农业科学院、南京农业大学等科研单位进行联合技术开发，提高了技术人员的技术水平，而 XQ 合作社与浙江大学之间建立生产基地，定期会有专家教授进行技术指导。但是从人才培养的模式来看，不容乐观。首先，产学研合作中一般都是高校、科研机构研发，合作社负责技术推广，进行简单的"授鱼"式培养，如 XQ 合作社，合作社主要负责新技术的推广，而合作社的技术创新能力没有得到很大提高。其次，高校主要是对合作社进行简单的技术指导和培训，缺乏专业技术的学习。而与企业参与产学研合作的"三位一体"人才培养模式相比，合作社的人才培养收效甚微。

在所调研案例中，每个合作社都注册有自己的品牌，而且品牌都获得市级、省级甚至国家级荣誉，而荣誉的背后是技术的驱动。如 YH 合作社拥有"义红"牌商标，商标被供销社全国总社评为"千社千品"富农工程优质农产品，正如社长所说"我们与省农业科学院、福建农大联合开发的'义红 2 号'使果蔗的成熟和上市提早 20 天，在科研上的突破为我们的品牌提供了技术保障"。而 NR 合作社则通过技术转让方式，不断引进新品种，像中茶 108、浙农 139 等，使"能仁"牌雁荡毛峰获得中国（上海）国际茶业博览会金奖。同时，品牌的提升也会带来产品价格的提高，最终带来利润的增加。如 XX 合作社与省农业科学院联合研发的"宇选一号"新品种，打响了合作社"联宇"牌葡萄，每斤葡萄 17 元左右，而市场价每斤只有 10 元。HD 合作社引进的树体矮化技术使杨梅采摘更容易，杨梅个头比一般的也要大，从而增加了产量，提高了经济效益。总体来看，通过产学研合作，合作社的品牌和利润都取得了显著成效。

（五）农民合作社参与产学研合作的协变量

上述分析研究了合作社参与产学研合作的动机、方式及绩效，而三者之间的关系仍有待研究。Glaser（1978）认为，一个范畴变化会引起另一个范畴的变化，本部分基于调研数据分析合作社参与产学研合作动机与方式和绩效之间的关系。

不同的合作动机会导致不同的产学研合作方式，如表 5-5 所示，资源导向动机使合作社参与所有四种产学研合作方式；学习导向动机使合作社采用信息技术服务、联合技术开发和共建实体方式，而技术转让无法使合作社获得学习机会；成本导向动机使合作社采用技术转让与联合技术开发方式，而信息技术服务和共建实体无法使合作社成本降低。

表 5 – 5　　　　合作社参与产学研合作的原因与方式的相关关系

		合作社参与产学研合作的方式			
		信息技术服务	技术转让	联合技术开发	共建实体
合作社参与产学研合作的动机	资源导向	√	√	√	√
	学习导向	√		√	√
	成本导向		√	√	

不同的产学研合作方式会产生不同的绩效，如表 5 – 6 所示。由于信息技术服务限于简单的培训或技术指导，因此对人才培养和品牌无影响；技术转让增加了品牌的科技含量，但是不利于人才的培养；而联合技术开发，既利于人才的培养，又利于品牌的培育；共建实体可以提高社员技术水平，有利于人才培养。而每一种产学研合作方式对最终的利润都有显著的影响。

表 5 – 6　　　　合作社参与产学研合作的方式与绩效的相关关系

		合作社参与产学研合作的方式			
		信息技术服务	技术转让	联合技术开发	共建实体
合作社参与产学研合作的绩效	人才培养			√	√
	品牌		√	√	
	利润	√	√	√	√

四　研究结论

本章应用经典扎根理论，在实质性编码中，经过开放编码，抽象出 109 个概念和 14 个范畴，经过选择编码得到"合作社参与产学研合作"这一核心范畴，经过理论性编码，最终构建出"合作社参与产学研合作的 6C 家族模型"。然而，与传统企业相比，农民合作社存在"先天性缺陷"。一方面是合作社多居农村，远离城市的科技创新中心，接触和获取创新技术的相关知识受限；另一方面是合作社成员绝大部分是农民，缺乏资金和高素质的人才。因此，合作社参与产学研合作具有自身特殊性，具体表现如表 5 – 7 所示。

表5-7 合作社与企业参与产学研合作的区别

区别因素	合作社	企业
合作动机	资源导向与成本导向	学习导向
合作条件	技术吸收能力较低	技术吸收能力较高
合作结果	学习显性知识	学习隐性知识
主导合作方式	信息技术服务、技术转让和联合技术开发	共建实体

为了促进农民合作社参与产学研合作行为，提升合作社的合作创新能力，政府、高校和科研机构与合作社自身都应该发挥各自的优势，积极参与到产学研合作中。

（1）政府加大对合作社的扶持力度。由于合作社处于发展的初级阶段，资金、规模相对较小，政府作为合作社和高校、科研机构的中介力量，应该积极引导合作社参与产学研合作，特别是引导合作社与大学进行技术转让、联合技术开发等高级产学研合作方式，而不仅仅是信息技术服务。同时，政府可以为合作社参与产学研合作设立专项基金，提供资金保障。然而，从案例分析中可以发现，虽然政府提供了一些科研补助等，但是远远不能满足于现实的需求，许多合作社认为进行产学研合作最困难的仍是资金缺乏。因此，政府应该制定合作社参与产学研合作的优惠政策和相关法律保障体系，为合作社营造良好的产学研合作创新氛围。

（2）高校、科研机构提高合作程度。高校、科研机构拥有优秀的人才和完善的科研设备，但是从上述案例中发现，很少有高校主动联系合作社进行产学研合作，在产学研合作中处于被动地位，这可能是合作社与高校的理念不同，追求的目标不同。化解这一矛盾最好的办法是加强双方信息的沟通，如高校教师可以进驻合作社，了解合作社的技术需求。而且，合作社有广阔的实验场地，双方可以基于利益需求达成长期的战略合作关系。同时，在与合作社的合作过程中，可以吸纳合作社技术人员到高校、科研机构学习，从简单的授之以"鱼"到授之以"渔"，真正地提高农民合作社技术能力。

（3）农民合作社提升自身技术实力。由上述案例分析可知，农民合作社虽然技术需求欲望强，但是自身技术吸收能力较差，因此，合作社应该努力提高自身技术实力，根据自身实力，选择合适的产学研合作方式。而且，在调研中发现，很少有合作社为产学研合作提供专门的资金，缺乏与高校、科研机构长期、战略性合作的意愿。因此，合作社应该善于利用高校、科研机构的一切创新资源，从而克服自身的劣势。特别地，合作社应该充分发挥合作社社长的企业家精神，6 个合作社参与产学研合作案例中，企业家精神发挥了重要作用，所以，企业家精神是合作社宝贵的财富。

尽管本章揭示了农民合作社如何参与产学研合作，并构建了"合作社参与产学研合作的 6C 模型"，但仍存在一些局限性：一是本章主要选择产学研合作比较成功的农民合作社进行分析，未来研究可以选取一些产学研合作失败的样本，扩展结论的适用性；二是本章属于探索性案例研究，缺乏定量研究的严谨性，未来研究可以进行大样本的量化操作，验证上述理论模型。

第三节 农民合作社参与产学研合作的方式及驱动因素

产学研合作作为一种技术创新的重要手段，在推动企业技术创新和组织变革方面发挥着不可替代的作用。目前，关于企业的产学研合作理论研究已经相当成熟，但是对于合作社这类特定的组织，其产学研合作理论国内研究较少。基于此，本章试图在已有的研究基础上，通过多案例比较研究来探究合作社参与产学研合作的方式及其实现机制。

本章从农民合作社视角，根据实地调查的 5 个合作社案例，运用多案例分析方法，对合作社参与产学研合作的方式及其影响因素进行案例分析，研究结果表明：①合作社发展模式对产学研合作方式的选择影响显著。②合作社规模对产学研合作方式的选择影响不显著，因此不能以合作社的规模来决定合作社的产学研合作方式。③合作社研发能力对产学研合作方式的选择影响显著，主要体现在技术转让和联合技术开发方面。④政府支持对产学研合作方式的选择影响显著，在合作社发展的初级阶段，政府可以搭建产学研合作平台，降低产学研合作的风险。在此基础上，提出了若干启示和建议。

一 理论与假设

国内外学者就产学研合作创新方式进行了深入的研究。Taylor
(1987) 认为，产学研合作包括一般性资助研究、合作研发、研发中
心、产学研联盟、大学中的业界协调单位、创业孵化中心与科学园区 6
种方式。Monjon 和 Waelbroeck（2003）的研究表明，在企业与研发机
构的各种技术创新模式中委托开发处于更加重要的位置。国内学者王文
岩等（2008）将产学研合作方式分为委托研究、技术转让、联合攻关、
内部一体化、共建科研基地、组建研发实体、人才联合培养与人才交
流、产业技术联盟等几种方式。嵇忆虹和倪锋（1998）将产学研合作
分为技术转让、合作开发和共建实体三种方式。因此，国内外学者从企
业角度划分产学研合作创新的不同方式。本章从农民合作社的视角，将
产学研合作创新分为信息技术服务、技术转让、联合技术开发和共建实
体 4 种方式。其中信息技术服务指高校、科研机构通过合作社了解市场
需求，农民合作社从高校、科研机构获取技术信息；技术转让指农民合
作社直接从高校、科研机构获取相关技术；联合技术开发指农民合作社
与高校、科研机构充分发挥各自的优势，通过产学研合作，共同研究开
发新技术、解决新问题；共建实体是指农民合作社与高校或科研单位或
政府机构组建研究开发中心、中试基地等实体。从农民合作社与其他组
织进行产学研合作的紧密型角度，4 种产学研合作创新方式从弱到强依
次为信息技术服务→技术转让→联合技术开发→共建实体。

不同的农民合作社会选择不同的产学研合作创新方式，那么是什么
因素导致选择不同的产学研合作方式？陈艳莹和程瑞雯（2005）认为，
影响产学研合作创新方式选择的主要因素是企业规模、研发强度、技术
变化率、组织能力约束、企业技术特征、企业开放度、科研机构创新能
力、研发津贴。李征等（2008）认为，技术属性、企业和科研机构互
补程度，是产学研合作创新方式选择的重要因素。谢园园等（2011）
通过实证研究发现企业对产学研合作创新方式的选择受以往产学研合作
程度和政策环境支持的影响显著，而企业规模对产学研合作创新方式选
择的影响不显著。孔逸萍（2010）通过回归模型发现企业研发能力、
企业产学研合作技术和对产学研合作创新方式选择都有影响。基于以上
文献，结合农民合作社的发展现状和组织特点，我们提出如下假定：

H1：农民合作社的发展模式对产学研合作创新方式的选择影响显著；

H2：农民合作社的规模对产学研合作创新方式的选择影响不显著；

H3：农民合作社的研发能力对产学研合作创新方式的选择影响显著；

H4：政府支持对产学研合作创新方式的选择影响显著。

二　研究设计

本章采取多案例的研究方法，相对于单案例研究，多个案例研究推导出的结论更具有说服力，更能经得起实践的检验（Herriott and Firestone，1983）。Benbasat 等（1987）认为，多案例研究方法是运用不同的数据收集方法从多个实体获取信息并在此基础上进行探究分析。根据案例研究的目的，Yin（1994）把多案例研究划分为探究性（Exploratory）、描述性（Descriptive）和解释性（Explanatory）三种，多案例研究方法更加适用于现场情景重要以及所调查的现象又没有控制能力的情况。

本章研究探析"是什么""为什么"和"怎么办"的问题，例如，农民合作社参与产学研合作的方式是什么；什么因素影响农民合作社参与产学研合作的方式选择，以及如何构建农民合作社参与产学研合作的实现机制。针对这些问题，我们进行样本选择、数据收集和数据分析等。

（一）样本选择

在多案例研究中，Eisenhardt 和 Graebner（2007）则认为，案例研究数量最好为 4—8 个，因此，本章选取 5 个样本进行研究。

由于本章主要是探讨农民合作社参与产学研合作的方式、影响因素和绩效，因此，农民合作社的选取必须是科技型的。考虑到农民合作社在我国的发展水平，为了使本章研究具有可行性，在具体的样本选择中，必须遵循以下标准：第一，农民合作社参与高校、科研机构的技术创新活动中，产学研合作的主体缺一不可；第二，农民合作社规范运行，选取发展较好的合作社是便于研究结论具有现实可行性、启发性，从而得出一些具有普遍意义的结论；第三，农民合作社具有技术创新的需求和欲望。确保合作社是积极地参与技术创新，寻求更大的发展。

基于上述三个标准，本章选取5家合作社进行案例分析，分别是江西省丰城市恒衍鹌鹑养殖合作社、江苏省灌南县昊悦兔业专业合作社、广东湛江市麻章区鸭曹蔬菜专业合作社、浙江省桐乡市坝桥养鸭专业合作社、浙江省临海市永丰鲜果专业合作社（见表5-8）。

表5-8　　　　　　　　　5家农民合作社基本情况

合作社名称	产学研合作单位	经营发展模式	所在地
恒衍鹌鹑养殖合作社	中国农业科学院、南京农业大学	企业依托型	江西省丰城市
昊悦兔业专业合作社	苏州农业科学院、南京农业大学	企业依托型	江苏省连云港市
湛江市麻章区鸭曹蔬菜专业合作社	华南农业大学、中国热带农业科学院南亚热带作物研究所	能人依托型	广东省湛江市
坝桥养鸭专业合作社	余姚市禽病防治研究所、浙江大学、华英公司	能人依托型	浙江省嘉兴市
临海市永丰鲜果专业合作社	浙江农业大学、浙江农业科学院、镇林特站、浙江柑橘研究所	能人依托型	浙江省临海市

　　（二）数据收集

　　为提高案例研究的效度和信度，运用证据三角形（Triangulation），采用多种数据收集方法，通过不同的数据汇聚和相互对比，检验研究成果（Yin，2013）。具体而言，本章主要利用深度访谈、直接观察和文件等方法。根据提前拟定的问题提纲，对每一个合作社社长和多个社员进行半结构化交谈，从不同的角度来了解合作社产学研合作。在实际调研过程中，通过直接的观察记录，获取所需的信息。并通过网上查询、合作社文件、阅读相关图书报纸和邮件等渠道获取所需信息。

　　（三）数据分析

　　根据上文获取的5家农民合作社的信息，按照信息技术服务、技术转让、联合技术开发和共建实体四个方面分析产学研合作方式。同时，为了更好地分析合作社参与产学研合作方式的机制机理，将合作社经营发展模式、合作社规模、合作社研发能力和政府支持四个影响因素一起并入（见表5-9）。

　　如表5-9所示，5个农民合作社在产学研合作方式方面具有两个特点：第一，并不是每个合作社都参与 4 种产学研合作方式；第二，在每一种产学研合作方式上，不同的合作社具体参与的内容也有差异。表 5-9 从合作社的发展模式、规模、研发能力、政府支持、信息技术服务、技术转让、联合技术开发和共建实体 8 个方面对上述 5 个案例进行了差异化研究。从发展模式角度，合作社的发展模式分为企业依托型和能人依托型。其中，恒衍鹌鹑养殖合作社和昊悦兔业专业合作社的发展模式为企业依托型，湛江市麻章区鸭曹蔬菜专业合作社、坝桥养鸭专业合作社和临海市永丰鲜果专业合作社的发展模式为能人依托型。从规模角度，依据合作社销售额和社员数量，合作社规模分为大、较大、一般、小和较小 5 个等级。其中，恒衍鹌鹑养殖合作社的销售额和社员数量都是最多，记为"大"；坝桥养鸭专业合作社销售额较大，记为"较大"；临海市永丰鲜果专业合作社社员人数较多，记为"一般"；湛江市麻章区鸭曹蔬菜专业合作社会员数相对于昊悦兔业专业合作社比较多，分别记为"较小"和"小"。从研发能力角度，依据合作社技术人员数和专利数等，合作社研发能力分为强、较强、一般、弱、较弱 5 个级别。其中，坝桥养鸭专业合作社技术人员和绿色证书拥有者总共 61 人，并且投资兴办养鸭科技学校，实施"社员知识化工程"等，记为"强"；昊悦兔业专业合作社拥有技术人员 26 人，同时获得 2 项技术发明专利，记为"较强"；恒衍鹌鹑养殖合作社技术人员 6 人，技术专利 1 项，记为"一般"；湛江市麻章区鸭曹蔬菜专业合作社和临海市永丰鲜果专业合作社的区别主要在技术人员人数上，分别记为"弱"和"较弱"。从政府支持角度，依据政府对合作社参与产学研合作的具体支持政策，政府支持分为强和弱两种。5 个案例合作社中，政府对合作社的产学研合作支持力度很大，都记为"强"。为了更好地评估合作社参与产学研合作的具体方式，我们分别采用 2 个分量表（用"1"表示"有"，"0"表示"无"）和 5 个分量表（从"1"到"5"分别表示作用由小到大的排序）。在信息技术服务方面，坝桥养鸭专业合作社聘请余姚市禽病防治研究所所长为长期顾问，并接受其长期技术指导，而且与浙江大学建立了长期技术协作关系，记为"5"；湛江市麻章区鸭曹蔬菜专业合作社聘请华南农业大学教授进行技术指导，并且利用科研机构设备，记为"4"；临海市永丰鲜果专业合作社定期接受省农业科学

表 5 - 9　产学研合作的具体内容

合作社名称	发展模式	规模（万元）	研发能力	政府支持	信息技术服务	技术转让	联合技术开发	共建实体
恒衍鹌鹑养殖合作社	企业依托型	销售额：24000 社员：563人	(1) 技术人员6人；(2) 专利1项	获批农业支撑项目			与中国农业科学院、南京农业大学等科研单位进行"高产黄羽鹌鹑的选育及相关技术研发"项目	
昊悦兔业专业合作社	企业依托型	销售额：2500 社员：110人	(1) 技术人员26人；(2) 专利2项	獭兔产业化专家工作站、被连云港市组织部、市科协授予先进专家工作站		引进江苏省省农业科学研究院"优质肉兔生产及肉加工配套技术"	与南京农业大学食品科技学院已开展兔肉深加工技术合作，研究开发兔肉保鲜、腌制、风干等系列产品	
湛江市麻章区鹏曹蔬菜专业合作社	能人依托型	销售额：2200 社员：100余户	(1) 技术人员5人，农艺师28人；(2) 制作《蔬菜栽培规程》名片	获得政府创新企业基金	(1) 聘请华南农大教授进行技术培训；(2) 利用科研机构检测仪检测蔬菜质量		(1) 与南亚热带作物研究所、华南农业大学合作生产工艺；(2) 与湛江市伯伦高科技有限公司合作，制生产农资	与中国热带农业科学院和华南农业大学进行长期战略合作，在聘曹村共建科研基地

续表

合作社名称	发展模式	规模（万元）	研发能力	政府支持	信息技术服务	技术转让	联合技术开发	共建实体
坝桥养鸭专业合作社	能人依托型	销售额：8000 社员：107人	（1）技术人员8人，53人取得了绿色证书；（2）投资30万元，建成养鸭技术学校；（3）实施"社会知识化工程"	（1）市农经局联合浙江大学、余姚市禽病防治研究所制定养鸭标准手册；（2）市科协将农函大办到合作社	（1）聘请余姚市禽病防治研究所所长为长期顾问；（2）与浙江大学进行科技对接，接受其科技指导与咨询	从湖南华英公司引进"SM3"技术		
临海市永丰鲜果专业合作社	能人依托型	销售额：2200 社员：350人	技术人员5人	（1）镇政府积极推动合作社与高校、科研机构合作；（2）镇林特局专家成立田间"土专家""田秀才"	（1）省农业科学研究院经常组织专家进行培训；（2）浙江省柑橘研究所为社员讲解柑橘市场形势和产品质量安全		与浙江农业大学植保系和浙江省农业科学研究院合作创新，开发特早熟无核蜜橘	

179

院和浙江柑橘研究所的培训，记为"3"；恒衍鹌鹑养殖合作社和昊悦兔业专业合作社无信息技术服务，记为"0"；在技术转让方面，昊悦兔业专业合作社和坝桥养鸭专业合作社都引进了新的技术，记为"1"，其余合作社没有进行技术转让，记为"0"；在联合技术开发方面，除了坝桥养鸭专业合作社没有联合技术开发，记为"0"，其余四个合作社在联合技术开发方面区分度不大，记为"1"；在共建实体方面，除了鸭曹蔬菜专业合作社有共建实体，记为"1"，其余合作社没有进行共建实体，记为"0"（见表5-10）。

表5-10　　　　　　　　产学研合作方式的初步界定

合作社名称	发展模式	规模	研发能力	政府支持	信息技术服务	技术转让	联合技术开发	共建实体
恒衍鹌鹑养殖合作社	企业依托型	大	一般	强	0	0	1	0
昊悦兔业专业合作社	企业依托型	小	较强	强	0	1	1	0
湛江市麻章区鸭曹蔬菜专业合作社	能人依托型	较小	弱	强	4	0	1	1
坝桥养鸭专业合作社	能人依托型	较大	强	强	5	1	0	0
临海市永丰鲜果专业合作社	能人依托型	一般	较弱	强	3	0	1	0

由表5-10可知，发展模式、研发能力和政府支持3个因素对农民合作社的产学研合作方式有显著影响，合作社规模对产学研合作方式的影响则不显著。

三　研究结论

从表5-9、表5-10可以看出，合作社参与产学研合作方式受到合作社发展模式、规模、研发能力和政府支持影响。

从发展模式来看，作为企业依托型的合作社缺少信息技术服务，而能人依托型合作社信息技术服务比较多。例如，江西省恒衍鹌鹑养殖合作社的社长同时是恒衍禽业有限公司董事长，通过"公司＋合作社＋社员"的模式发展，公司提供合作社统一的技术培训和信息技术服务。作为能人带动型的广东省湛江市麻章区鸭曹蔬菜专业合作社，缺乏公司的依托，聘请华南农业大学教授、副教授做技术指导与咨询。单独从能人依托型来看，广东省湛江市麻章区鸭曹蔬菜专业合作社社长有30多年的管理经验，并且有很高的文化修养，在合作社成立之初就定位标准化、规范化，走产学研结合之路。浙江省桐乡市坝桥养鸭专业合作社的社长是合作社成立前坝桥养殖场的场长，在合作社建立过程中起关键作用，更注重技术和信息优势，因此，在信息技术服务中分值最高。而浙江省临海市永丰鲜果专业合作社是由 18 个行政村的种植大户发起成立，属于股份合作社，协调难度大，在信息技术服务方面分值较低，因此 H1 正确。

从发展规模来看，整体上合作社规模的大小对其产学研合作方式的选择影响不显著，如规模大的恒衍鹌鹑养殖合作社，产学研合作方式只有联合技术开发，规模小的江苏省灌南县昊悦兔业专业合作社产学研合作方式也为联合技术开发，不能从规模大小来判别产学研合作方式。而从单个合作社的规模来考虑，合作社的规模大，有更多的资金进行产学研合作，如浙江省桐乡市坝桥养鸭专业合作社，有更多的资金投向技术更新改造。这也正契合了谢园园等（2011）通过 Logistic 回归得出的结论：在整体模型中，企业规模对产学研合作方式的产生及模式的选择普遍没有显著的影响，而单独考察企业的规模时，其影响是显著的。因此，合作社的规模不是产学研合作方式选择直接影响因素，假定 H2 正确。

从研发能力来看，研发能力强的合作社都从产学研合作单位引进新技术，因为引进的新技术需要合作社具有较强的吸收消化能力。Bettis 和 Hitt（2010）认为，产学研合作中公司的创新性与吸收能力正相关；Lorenzoni 和 Lipparini（1999）认为，吸收能力是影响知识扩散创新的重要因素。显然，合作社具有较强的研发能力，其技术吸收能力相对也强，能够加速知识技术的扩散。坝桥养鸭专业合作社投资 30 万元建立养鸭技术学校，培养了一支高素质的专业团队，全面实施"社员知识化工程"，扩大专家顾问队伍，努力提升种禽示范基地及研究工作站的科技含量等；同时，由于其研发能力强，许多技术问题自己解决，从而缺少与高校、科研机构联合技术开发。昊悦兔业专业合作社建立獭兔产业化专家工作站，搭建农民与专家手拉手的科技研发和科技成果转化平台。这两个合作社都具有较强的技术研发能力，从而对引进的技术能够很好地消化吸收。另外，江苏省灌南县昊悦兔业专业合作社与南京农业大学食品科技学院开展兔肉深加工技术合作，研究开发兔肉保鲜、腌制、风干等一系列技术，通过专家工作站，很好地实现了科技对接，假定 H3 正确。

从政府支持来看，农民合作社作为一种新兴的经济组织，资金少、科技水平低成为其发展的障碍，来自政府人力、物力、财力和政策上的支持成为合作社实施产学研合作的重要因素。如湛江市麻章区鸭曹蔬菜专业合作社在政府创新企业基金的资助下，研发了许多特色蔬菜；政府积极推动临海市永丰鲜果专业合作社与高校、科研机构合作，广东省农业科学研究院组织专家到合作社进行技术指导等。同时，合作社也因自身技术水平低，积极地开展产学研技术合作，同高校、科研机构进行联合技术开发。联合技术开发成为绝大部分合作社解决技术问题的有效途径。如除了坝桥养鸭专业合作社，其余 4 家合作社都与产学研合作单位联合技术开发，解决自身技术问题，假定 H4 正确。

综上所述，不同的发展模式决定了合作性技术及信息服务的供给方式；同时，合作社要充分发挥合作社社长的领导作用；合作社的规模对其产学研合作方式没有直接显著的影响，因此合作社不能以自身规模来选择产学研的合作方式；合作社的研发能力决定着合作社的技术吸收能力和合作创新能力，因此合作社要根据自身研发能力判断是否能将新知识和技术内化为自身的技术能力。同时，合作社要从外部引进技术转化为内部创新，增强自主创新能力；政府的支持大大降低了产学研合作的风险，影响产学研合作的实施。

第四节　农民合作社参与产学研合作的方式及其绩效

为探讨农民合作社如何参与产学研合作，本章运用扎根理论，以 8 家合作社为样本，分析合作社产学研合作的方式、影响因素和绩效。结果显示，合作社产学研合作的模式包括信息技术服务、技术转让、联合技术开发和共建实体；影响因素包括合作社实力、合作社社员、合作社社长和政府；绩效包括经济、社会和生态三个方面。不同的影响因素对产学研合作方式的影响程度不同，而不同的产学研合作方式也会产生不同的绩效。基于此，具体比较分析了合作社与企业产学研合作的不同之处，以期为提升合作社产学研合作水平提供理论参考。

一 问题的提出

自 2007 年《中华人民共和国农民专业合作社法》实施以来，农民合作社迎来了发展的"战略机遇期"。随着合作社规模和数量的迅速扩张，合作社的各种缺陷（产品科技含量低、创新能力弱等）也逐渐凸显出来。合作社作为现代农业生产经营主体之一，合作社的创新能力的提升关系到农业整体创新能力。因此，如何提高合作社的技术创新能力成为一个迫切而又现实的问题。

产学研合作作为技术创新的一种重要手段，通过技术需求方和技术供给方的合作，实现技术创新生产要素的有效组合，在推动技术创新和组织变革方面发挥着不可替代的作用。因此，探讨合作社参与产学研合作对于提升合作社技术创新能力具有重要意义。然而，目前对产学研合作的研究对象主要是传统企业。如不同学者从交易成本理论（苏敬勤，1999）、创新网络理论（朱桂龙和彭有福，2003）和共生进化理论（刘洋和丁云龙，2011）视角探讨企业的产学研合作方式；从知识供给（D'Este and Patel，2007）、知识特征（Martinelli et al.，2008）和行业特征（Cohen et al.，2002）视角分析企业产学研合作方式的影响因素；基于动机—期望模型（Bonaccorsi and Piccaluga，1994）、投入—产出评价模型（Philbin，2008）等来评估企业产学研合作绩效。

关于企业产学研合作方式、影响因素与绩效的研究已经比较成熟，合作社作为一种特殊的经济组织有别于企业，其产学研合作方式亦有不同，而目前关于合作社产学研合作理论研究较少（罗建利和仲伟俊，2009）。基于此，本章运用扎根理论，以实地调研的 8 家合作社为样本，具体探讨合作社产学研合作方式、影响因素，并基于"三重底线理论"，从经济、社会和生态三个方面分析合作社产学研合作的绩效，构建合作社产学研合作方式与影响因素和绩效的矩阵图，为提升合作社产学研合作水平提供理论参考。

二 研究设计

本章选择扎根理论，基于以下三个方面考虑：第一，扎根理论适用于探索性的研究，而本章正是探索合作社产学研合作方式、影响因素与绩效。第二，扎根理论是一种深入探讨人的互动和行为的质性研究方法，而本章正是以人为导向探讨合作社参与产学研合作不同方式及其影响因素。第三，国内外缺乏用规范的案例研究方法构建产学研合作理论（原长弘等，2013），而扎根理论作为一种规范的案例研究方法，能够构建合作社的产学研合作理论。具体分析流程如图 5 – 3 所示。

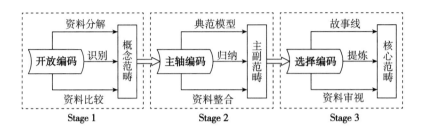

图 5 – 3　扎根理论的分析流程

（一）样本选取

本章遵循 Glaser 和 Strauss 提出的理论抽样原则，依据文献和初始数据获得的相关概念和范畴，以这些概念、范畴作为理论指导继续选择样本，以丰富和发展这些概念、范畴及其相关属性，直至达到理论饱和（Theoretical Saturation）。样本选取的标准如下：①合作社发展较好，在当地具有较强的影响力；②合作社与高校、科研机构有合作关系，即参与产学研合作；③所选合作社具有数据可得性，7 个案例源于浙江省，1 个案例源于广东省。最终，我们选取 8 家合作社，对每个合作社我们用合作社前两个字的汉语拼音字母表示，如表 5 – 11 所示。

表 5 – 11　　　　　　　　　样本合作社概况及数据收集

合作社	编号	成立时间	主营业务	访谈对象
浙江省云源茶果茶叶合作社	YY	2008	茶叶	社长、社员
浙江省龙斯尔果蔬专业合作社	LS	2009	蔬菜	社长、社员
浙江省鑫欣葡萄专业合作社	XX	2001	葡萄、葡萄酒	社长、技术人员、社员
浙江省义红果蔗合作社	YH	2001	甘蔗	社长、社员
浙江省能仁茶叶合作社	NR	2005	茶叶	社长、社员
浙江省虹达水果专业合作社	HD	2005	杨梅	社长、社员
浙江省新奇特果蔬专业合作社	XQ	2005	红薯、水果、蔬菜	社长、社员
广东省鸭曹蔬菜专业合作社	YC	2007	蔬菜	社长、社员

（二）数据收集

Yin（2013）认为，使用多种证据来源最大的优点在于相互印证，使研究结果或结论更准确，更有说服力和解释力。本章数据来源主要包括：①档案资料，包括关于样本合作社的新闻报道、文献资料等，直接从样本合作社获取的内部资料、年度报告等。②访谈，主要包括与合作社社长、相关领导和普通社员的访谈资料。③非正式的、跟进式的电子邮件、电话和直接观察。

其中，访谈是最重要的数据来源，我们采用半结构访谈的方法，访谈对象包括合作社的社长、相关领导及普通社员等。对于每家合作社至少访谈社长和 1 名普通社员，每次访谈时间控制在 1.5—2 个小时。并在允许的情况下录音，以保证资料的完整性，每次访谈结束后 24 小时内。运用 Nvivo 软件把录音资料转化成文本，并进行编码。对于不确定或模糊的信息，我们再通过电话或短信与被访问者沟通确认，具体如表 5 - 11 所示。

（三）数据分析

遵循程序化扎根理论的数据分析步骤，本章采用 Nvivo 软件，对获取的访谈笔记、录音、文本等数据进行快速组织和分类，挖掘隐藏于数据背后的信息，从而达到构建理论的目的。

1. 开放编码

开放编码是将资料分解、分析、不断比较、概念化并范畴化的过程，对开发的每一个范畴，发掘范畴的性质和性质的面向。本研究主要采取逐行分析策略将文本资料概念化、范畴化，虽然逐行分析会消耗时间、让人疲倦，但这种方式最为仔细也最具创意（Glaser，1978），同时，逐句、逐段、原生代码等分析策略也被适时地采用。最终我们从数据资料中抽象出 68 个概念和 9 个范畴（A1—A9）：信息技术服务、技术转让、联合技术开发、共建实体、政府、合作社社长、合作社社员、合作社实力、绩效。如表 5 - 12 所示。

表5－12   开放编码（节选）

原始语句	开放编码			
	概念化	范畴化	范畴性质	性质维度
NR合作社社长：我们刚开始的时候需要培训（a1），现在采摘、修剪、制作技术都掌握了（a2），基本上不需要什么技术培训，种茶没有什么高深技术（a3），不用说他们（茶农）都知道怎么做（a2）……我们技术都是从省农业科学研究院引进的，现在不需要引进什么技术了，假如有新土地的话，我们会选择引进适合这儿的新品种（a4）…… XX合作社社长：现在会员素质参差不齐（a8），年龄偏大，年轻人不干，去工厂上班（a9），而现在都是40—50岁的人干农业（a10）…… HD合作社社员：省里面的专家来培训我们都会参加（a15），对于我们这些大户来说，自身技术不太好（a16），可以向专家学到好多知识（a17）…… ……	a1：开始培训 a2：技术掌握 a3：茶技术简单 a4：品种引进 …… a8：社员素质差异大 a9：缺乏年轻劳动力 a10：年龄偏大 …… a15：积极培训 a16：自身技术差 a17：学习知识 …… a21：合作开发技术 a22：果蔬效益高 ……	A1：信息技术服务（a1、a2、a3、a15、a25、a26、a32） A2：技术转让（a4、a12、a19、a25、a26、a34、a35、a39） ……	频率 内容 期限 频率 ……	高—低 简单—复杂 长—短 高—低 ……

2. 轴心编码

轴心编码是将开放编码中被分割的资料加以类聚，将类别与次类别相互关联，以对现象形成更精确且更复杂的解释。本章借助 Strauss 和 Corbin 提出的"典范模式"，即通过"原因—现象—脉络—中介条件—行动/策略—结果"把各范畴联系起来。在这里，我们的目的不是构建一个全面的理论框架，而是要更好地发展主范畴。最终，抽象出4个主范畴，即信息技术服务、技术转让、联合技术开发、共建实体，如图5－4所示。

原因： 合作社社长（A6） 合作社社员（A7） 技术人员少（a51）	现象： 信息技术服务（A1）
脉络： 信息技术服务内容简单，合作期限较长	中介条件： 政府（A5）
策略： 聘请高校专家授课（a27） 与高校签订技术协议（a33）	
结果：效益提升（a55）；品牌价值实现（a57）	

图 5 - 4　主范畴"信息技术服务"的典范模式（节选）

3. 选择编码

选择编码是对各范畴之间的关系进行更加抽象的整合，即归纳出一个核心范畴，并通过"故事线"（Story Line）扼要说明全部现象的核心，进一步开发范畴，使其更细微、完备。Glaser（1978）认为，核心范畴必须具有"中央性"，也就是与最多范畴和特征相联系，不断地发生在资料中，成为一个稳定的模式，并与其他范畴可以很容易地、很快地、有意义地相联系。通过对主范畴和副范畴的考察，我们选择"合作社产学研合作"作为核心范畴，并开发核心范畴的性质和面向，如表 5 - 13 所示。

表 5 - 13　核心范畴的性质和面向

核心范畴	性质	面向
合作社 产学研合作	经济绩效	高—低
	程度	高—低
	风险	大—小
	频率	高—低

故事线可以描述为：合作社通过信息技术服务、技术转让、联合技

术开发、共建实体4种方式参与产学研合作；合作社对产学研合作方式的选择受政府支持、合作社社长、合作社社员和合作社实力4个因素的影响；对于不同的产学研合作方式，会产生不同的经济、社会和环境绩效。通过核心范畴的面向和性质，发掘其不同的"型能"（Patten），我们构建基于核心范畴的关系网络，如图5-5所示。

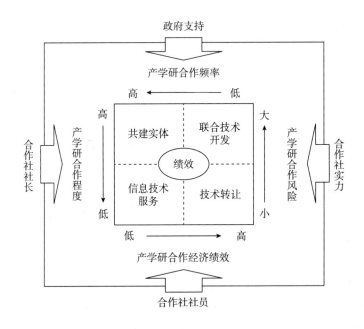

图5-5　基于核心范畴"产学研合作"的关系网络

（四）理论饱和度检验

课题组进一步用5个合作社进行理论饱和度检验，上述9个范畴与1个核心范畴及其密度（Density）达到理论饱和。因此，本章运用扎根理论方法，对农民合作社的产学研合作创新方式、影响因素与绩效的研究达到理论饱和。

三　主要发现

如图5-5所示，农民合作社的产学研合作创新包括4种方式，合作创新方式的选择受到政府支持、合作社社员、合作社社长和合作社实力4个方面的影响。

（一）农民合作社的产学研合作创新方式

1. 信息技术服务

信息技术服务主要指高校、科研机构为合作社提供相应的技术培训和技术服务等。对于信息技术服务，不同的合作社具体的实施情况也不一样。如 HD 合作社每年请浙江省农业科学院专家培训 2—3 次，YY 合作社经常邀请县茶叶专家授课。同时，由于发展规模较小，合作社会用到高校的技术设备。如 HD 合作社经常会拿枝条、泥土去农业科学院化验，然后根据其性状，实施农药。然而，有的合作社并不认同与高校、科研机构的信息技术服务合作，如 NR 合作社社长认为"我们刚开始的时候需要请专家来培训，现在采摘、修剪、制作技术都掌握了，基本上不需要什么技术培训，种茶没有什么高深技术，不用说他们（茶农）都知道怎么做"，在调研的 8 个合作社中，每个合作社都会与高校、科研机构进行信息技术服务，如 XX 合作社社长所说，"不管效果怎样，我们都会请专家来合作社进行技术指导"。

2. 技术转让

技术转让主要指农民合作社与高校、科研机构等技术源头，以合同等方式达成合作协议，由高校、科研机构将创新成果应用于合作社的过程。调研案例中只有 HD 合作社和 NR 合作社通过技术转让实施产学研合作创新。HD 合作社通过技术转让从浙江省农业科学院引进的树体矮化和二次嫁接技术。NR 合作社通过技术转让分别从茶叶研究所和农业科学院引进的中茶 108、浙农 139 等。从技术属性来看，这些技术属于公共技术，而对于技术匮乏的合作社来讲，这些技术在一定程度上促进了合作社的发展。HD 合作社的树体矮化技术，杨梅成熟时，采摘成本和时间明显降低了许多。同时，像 NR 合作社，其发展的重心不在于技术，而在于茶叶的加工和营销。正如 NR 合作社社长所说"对于自己开发新茶种，这个不盈利，我们不做……我们的核心竞争力是非物质文化遗产（茶叶）"。从调研中，笔者发现，合作社引进的技术多属于风险小、成本低的技术，很少有合作社能够引进高投资、高风险的技术。这主要是因为合作社自身实力较小，没有足够的资金，缺乏相应的技术应用人才，无法承受高风险的创新技术。

3. 联合技术开发

联合技术开发是指农民合作社与高校、科研机构相互协作、优势互补，共同开发新技术。案例中 XX 合作社与 YH 合作社都参与了联合技术开发，如 XX 合作社与浙江省农业科学院合作申请的《宇选一号选育研究》，合作社作为承办单位，在研究过程中利用省农业科学院的仪器设备等。YH 合作社与省农业科学院、福建农林大学联合技术开发，由福建农林大学甘蔗综合研究所提供试验配方，省农业科学院提供原料，合作社提供蔗芽，经过多次失败，最终培育出"义红 2 号"。上述分析我们可以看出，合作社与高校、科研机构的联合技术开发多是联合培育新品种或共同申报课题项目，合作社多是利用高校、科研机构的人才或科研设备。正如 XX 合作社社长所说"研究葡萄新品种除了靠勤劳、知识外，运气很重要，因为民间在生产的第一线，便于进行葡萄实验，我们研究所有 100 亩地，高校没有实际生产线，就几亩地，但专业知识强，设备先进，像分子标记、DNA 检测仪"。

4. 共建实体

共建实体是指农民合作社与高校或科研单位或政府机构组建研究开发中心、中试基地等实体，成为相对独立的活动单位或法人。共建实体是产学研合作中结合最紧密、最有效的方式，有利于高校、科研单位、政府机构与农民合作社之间形成相互了解、彼此信任的长期联系与合作关系，有利于将技术优势不断扩展为规模经济优势，从而获得技术成果与高收益回报。在调研案例中 XQ 合作社与 YC 合作社参与共建实体。XQ 合作社在 2009 年与浙江大学签订技术合作协议，双方共投入 100 万元作为示范基地，合作社作为浙江大学科研的实验基地，并负责推广新技术、新品种。而共建实体是双方利益的需求，如 XQ 合作社社长所说"当时浙江大学需要一个实验基地，而我们合作社也缺乏技术，后来浙江大学副校长来我们这里考察了好几次，才决定与我们技术合作"，通过共建实体，"合作社在技术上基本上没有什么困难"。YC 合作社自成立之初就确定走产学研合作之路，与中国热带农业科学院和华南农业大学进行长期战略合作，把鸭曹村作为科研基地。但是，在调研案例中发现，共建实体高校、科研机构利用合作社作为实验基地，合作社负责推广应用技术。而在合作社人才培养、技术能力提升等方面没有实质性进展。

（二）产学研合作方式选择的影响因素

1. 政府支持

政府作为合作社与高校、科研机构的桥梁，在合作社的产学研合作中发挥重要的作用。如 HD 合作社，政府每年都会组织农业科学院专家来合作社培训 2—3 次，而且，规定社员培训费 1 人每年 20 元。YY 合作社所在乡政府每年都会邀请县里面的茶叶专家对社员进行技术培训。对于联合技术开发，政府则给予课题补助，如 XX 合作社的《宇选一号选育研究》获得了乐清市 15 万元的补助，YH 合作社新品种的研发获得了政府 30 万元的经费。这在一定程度上缓解了合作社联合技术开发的资金问题。正如 YC 合作社社长所说"合作社规模小，与科研机构合作进行技术创新需要政府资金扶持"。然而，在调研中发现，随着合作社的不断增加，政府科技补助的资金相对不足。如 XX 合作社社长所说，"现在是僧多肉少，2011 年之前，政府对农业科技经费重点项目 30 万—40 万元，一般项目 10 万元，2021 年开始没有科技经费"。在调研案例中，对于技术转让方式，则完全是农民合作社的行为，没有获得政府任何补助。

2. 合作社社长

合作社社长作为农村的精英，具有一定的管理和技术能力，拥有广泛的人脉关系，促使合作社积极地参与产学研合作。如 LS 合作社社长说"我跟温州市农业科学院专家经常联系，我遇到什么问题解决不了，我就会把问题发给他"。HD 合作社社长去省里面开会，遇到有名的专家都会记下号码，回来后给专家打电话。XX 合作社社长与 YH 合作社社长本身就是高级农艺师，依靠自己创办的研究所，与高校、科研机构进行联合技术开发。XQ 合作社依靠自己与浙江大学老师的交情，与浙江大学共建实体。YC 合作社社长同样是通过自己的人脉关系，把鸭曹村作为华南农业大学的科研基地。同时，笔者研究发现，合作社社长普遍对于信息技术服务不太重视，如 NR 合作社社长则认为"对于现在的技术问题，社员向我反映问题，我会在田间直接指导技术问题，这样社员更容易接受掌握"。

3. 合作社社员

合作社社员作为技术的采纳主体，其偏好和能力直接影响产学研合作方式的选择。如 HD 合作社社长说"产前、产后我们都会邀请省农业科学院专家培训，大部分（社员）都很感兴趣，大户更加重视""他们觉得这种培训对他们有用"。这说明农户偏好于信息技术服务方式，而且，普通社员偏好于风险小、投资少的技术，而对风险较大的技术具有排斥心理。在调研中也发现，8 家合作社普遍面临人才短缺问题，社员文化素质和观念也限制了合作社产学研合作方式的选择。如 XX 合作社社长说"现在会员素质参差不齐，年龄偏大，年轻人不干，去工厂上班，而现在都是 40—50 岁的人干农业，这限制了新技术的使用……好多社员观念跟不上，不愿意改变现有技术"。同时，对于共建实体方式，合作社社员也具有较强的偏好，在共建实体方式中主要是对社员技术的指导，不存在新技术的采纳，社员还是比较认可的。

4. 合作社实力

调研中笔者发现，实力弱的合作社倾向于选择技术转让方式，如 YY 合作社、HD 合作社和 NR 合作社都是年产值几百万元，技术人员 4—5 个。它们没有足够的资金和技术进行联合技术开发和共建实体，抗风险能力较差，而这些产学研合作正具有风险小、投资小等特征。如 YY 合作社主要是与县茶叶研究所进行培训、技术指导等，NR 合作社主要是从农业科学院引进技术。正如 HD 合作社社长所说"我们合作社现在还没那个能力研发新品种，主要是采取技术转让方式"。实力强的农民合作社倾向于选择联合技术开发和共建实体方式，如 XX 合作社成立"联宇葡萄研究所"，作为沟通科研机构和农户的桥梁，经常与温州农业科学院、省亚热带研究所、省农业科学院园艺所合作申报课题。YH 合作社拥有高级技术职称人员 5 人，中级技术职称人员 7 人，而且成立甘蔗研究所，建立了国内规模最大、品种最多的果蔬种质资源圃。XQ 合作社年销售收入达 1000 多万元，在上海、苏州、南京等地都设有配送中心。YC 合作社年销售收入达 2000 多万元，合作社在东莞设有生产基地，并准备与中国热带农业科学院合作成立农海集团，发展观光农业。因此，这些合作社具有一定的资金、技术实力，抗风险能力较强。倾向于与高校、科研单位联合技术开发或共建实体。

（三）产学研合作方式的影响因素和影响程度

通过上述分析，发现不同的影响因素对产学研合作方式的影响程度也不相同。如表 5 - 14 所示。从政府视角分析，政府对合作社采取信息技术服务方式的影响最大。政府通过对农民合作社的信息技术服务进行资金补助，甚至直接请专家来合作社授课。对合作社与高校科研机构的联合技术开发进行项目补助等，影响较大。而技术转让和共建实体方式都是合作社社长利用自身的人脉关系，与政府关系不大。从合作社社长视角分析，由于信息技术服务很多是政府行为，而且，有合作社社长认为信息技术服务没有必要，因此，合作社社长对信息技术服务具有适度影响。而技术转让、联合技术开发和共建实体方式都是合作社社长发起的，因此具有强烈影响。从合作社社员视角分析，由于合作社社员都是由当地的农民构成，他们思想观念较为保守、风险承受能力相对较弱，比较接受信息技术服务，如每次专家授课，社员都很积极参加；而对于技术转让、联合技术开发和共建实体方式则比较难接受，因此，对其影响较小。从合作社实力视角分析，实力弱的合作社倾向于选择信息技术服务和技术转让方式，实力强的合作社倾向于选择联合技术开发和共建实体方式。但是，上述 4 个较强的合作社也选择信息技术服务，因此，合作社实力对信息技术服务具有适度影响。

表 5 - 14　　　合作社产学研合作方式的影响因素和影响程度

影响因素＼合作方式	信息技术服务	技术转让	联合技术开发	共建实体
政府	●	◔	◔	◔
合作社社长	◑	●	●	●
合作社社员	●	◔	◑	◑
合作社实力	◑	◑	◑	●

◔无影响　◑影响较小　◐适度影响　◕较大影响　●强烈影响

（四）产学研合作的绩效

本研究借鉴英国学者 Elkington（1998）提出的"三重底线理论"，从经济、社会和生态三个方面来评价合作社产学研合作方式的绩效（见表 5 - 15）。

193

表 5-15　　　　　　　　不同合作社产学研合作方式的绩效

绩效 合作方式	经济绩效	社会绩效	生态绩效	总体绩效
信息技术服务	+	+	+ + +	中低
技术转让	+ +	+	+ + +	中高
联合技术开发	+ + +	+ + +	+ + +	高
共建实体	+	+ +	+ + +	中

注：①＋较弱的影响；＋＋适中的影响；＋＋＋较强的影响。

②对上述表格中的经济、社会和生态指标汇总，请1名教授、2名博士生进行综合绩效评估，采用了"高、中高、中、中低、低"五档分类法，并遵循"分别打分—比较差异—协商统一"的步骤确定最终结果（Creswell，2013）。

　　经济绩效是指合作社参与产学研合作所带来的经济收入。在信息技术服务和共建实体两种方式中，高校、科研机构仅仅对合作社社员进行技术培训或指导，对经济绩效影响不大，如XQ合作社与浙江大学共建生产基地，定期会有专家进行技术指导。但是从人才培养或技术研究来看，合作社收益较少。正如XX合作社社长认为"经常请的老师对农民培训没用，他们不了解农民需要什么"；"高校科研机构只是停留在理论层面，社员接受不了"。联合技术开发方式有利于人才的培养、创新能力的提升，而且可以获得政府的资金扶持，如XX合作社与省农业科学院合作申请的《宇选一号选育研究》，获得了乐清市15万元的资助。技术转让方式在一定程度上提高了合作社产品的效益水平，如HD合作社从省农业科学院引进的树体矮化、二次嫁接技术。然而，这些公共技术具有非排他性和非竞争性，从长远来看，合作社引进的公共性技术不能构成合作社的核心竞争力，不利于合作社的长期战略发展。

　　社会绩效是指合作社参与农业技术推广给社会其他人所带来的效益。信息技术服务和技术转让两种方式主要是从外部获取技术在合作社内部推广，虽然可以提高产品的质量和安全性，增加社员收入，但是其社会绩效不高，如NR合作社分别从茶叶研究所和农业科学院引进的中茶108、浙农139，只在本合作社推广。对于联合技术开发方式，XX合作社与省农业科学院合作研发的"宇选系列"不仅增加合作社产品的价格，而且以技术入股形式在云南、广西推广种植，经常外出授课，讲授葡萄栽培技术，推广"宇选系列"新品种，积极与农业科学院制定葡萄生产标准。YH 合作社的"义红 2 号"在长江中下游推广。XQ 合作社通过浙江大学相关技术指导，降低甘薯和果蔬的农药含量，同时，也参与甘薯生产标准的制定，因此，具有适中的社会绩效。

生态绩效是指合作社参与技术推广对自然环境的影响。HD 合作社通过使用无公害农药、化肥等有利于土地资源的开发利用和无公害杨梅的生产。NR 合作社引进的新茶种可以更加有效地利用土地，保护生态环境。XX 合作社合作研发的"宇选系列"新品种，可以有效地利用土地资源。XQ 合作社把与浙江大学共同投资 100 万元的生产基地作为休闲观光旅游基地，在增加收入的同时，也会改善生产环境。从某种意义上讲，合作社的成立、发展及技术推广本身就是在改善农业生态环境、有效利用土地资源和水资源，从而实现生态效益的过程（赵佳荣，2010）。

从总体绩效来看，联合技术开发方式对经济绩效和社会绩效都有较强的影响，总体绩效最高。技术转让方式对经济绩效有较大的影响，但其社会绩效较低，总体绩效次之。共建实体方式作为高级的产学研合作方式，经济绩效较低，社会绩效较大，但远远没有发挥其应有的绩效，总体绩效较小。信息技术服务方式的经济和社会绩效都比较低，因此总体绩效最小。

四 结果讨论

（一）讨论

农民合作社作为一种特殊的经济组织，已成为在公共部门、私人部门以外的第三部门的重要力量，发挥社会可持续发展的平衡器作用（黄祖辉和徐旭初，2006a）。但与利润最大化企业相比，合作社也存在一些"先天性缺陷"：一方面是合作社多居农村，远离城市的科技创新中心，接触和获取创新的市场知识受限；另一方面是合作社成员绝大部分是农民，缺乏资金和高素质的人才。因此，与传统企业相比，合作社参与产学研合作具有自身特殊性，如表 5 – 16 所示。

表5-16　　　　　　　　合作社与传统企业产学研合作的比较

区别因素	合作社	传统企业
合作资金	资金少	相对较多
合作方式	以技术转让和联合技术开发为主	逐步向共建实体过渡
合作规模	较小	较大
合作环境	位于农村，远离科研中心	位于城市，接近科研中心
人才资源	由农民组成、缺乏科研人才	员工素质较高
合作期限	一般短期合作	合作期限较长，甚至建立战略合作伙伴关系
创新人才	较少	较多
研发风险	较小	较大
合作发起人	一般都是合作社社长或政府	企业、高校、政府
参与主体地位	平等或从属地位	主要地位
参与主体关系	较松散	较紧密
政府作用	作用较小	作用较大

从产学研合作创新的方式选择来看，目前合作社产学研合作方式主要是信息技术服务、技术转让和联合技术开发，而共建实体也仅仅是处于初级阶段。合作社与高校、科研机构的产学研联盟仅限于技术的培训与指导，还没有真正形成长期战略性合作，而共建实体方式对企业的绩效影响最大（刘洋和丁云龙，2011）。在调研中发现，很少有高校主动联系合作社，在产学研合作中处于被动地位，这与合作社和高校的研究理念不同、追求的目标不同相关。而且很少有合作社为产学研提供专门的资金，缺乏与高校、科研机构形成长期、战略性合作的意愿。因此，合作社与高校、科研机构的合作方式限定在初级的短期合作。

从产学研合作方式影响因素来看，合作社社长的企业家精神发挥了巨大的作用。戴勇等（2010）在对广东省企业的实证研究中发现企业家精神对产学研合作具有显著的调节作用。而政府的支持力度相对较弱，很少像企业一样有政府主导型产学研合作。因此，许多产学研合作项目都是靠合作社社长的人脉推动，主要原因是政府没有意识到产学研合作对合作社发展的重要性。而且，合作社由农民组成，缺乏科技人才，技术吸收能力相对较低，影响了技术的推广和应用。合作社实力对产学研合作方式的选择影响较大，主要原因是实力弱的合作社缺乏资金，而联合技术开发、共建实体方式需要较大的资金和人才投入。

从产学研合作方式的绩效来看，联合技术开发方式对合作社的绩效影响最大，合作社通过联合技术开发可以提升自身创新能力，开发新的品种。技术转让的总体绩效次之，主要原因是合作社采取技术转让方式相比于自主开发更能节省交易成本。而共建实体方式处于初级阶段，没有真正发挥其作用。而且企业的产学研合作更主要的是获得高校、科研机构的隐性知识，培养自身的核心竞争力，而合作社主要是获得高校、科研机构的显性知识，以解决当前面临的技术困难。

（二）研究结论

本研究运用扎根理论的质性研究方法，以 8 家合作社作为样本，通过开放编码、轴心编码和选择编码，具体分析合作社产学研合作方式、影响因素与绩效。农民合作社的产学研合作创新方式主要包括信息技术服务、技术转让、联合技术开发和共建实体。产学研合作创新方式选择的主要影响因素包括政府、合作社社长、合作社社员、合作社实力。不同的影响因素对产学研合作方式的影响程度不同，而不同的产学研合作方式也会产生不同的产学研合作绩效。基于此，本章具体比较分析了合作社与传统企业的产学研合作的不同之处。同时，由于样本数量较少，再加上质性研究的主观性等，本研究所得结论具有一定局限性。因此，未来研究可以进行大样本的量化操作，验证上述理论模型。针对上述结论，笔者提出以下建议：

1. 构建合作社参与产学研合作的保障机制

首先，政府出台相关政策法规等为合作社产学研合作的实施提供制度保障。目前，农民合作社的产学研合作多属于自发性的，政府尚未认识到产学研合作对合作社高质量发展和农业农村现代化的重要性，缺乏相关的政策、法律和税收支持。因此，政府部门通过政策或科技计划支持，引导合作社实施产学研合作，可以有效地提升合作社创新能力。其次，实施科技保险制度。对于实力较小的合作社，产学研合作存在一定的风险。政府通过引导合作社参与科技保险，可以有效降低合作社产学研合作的风险。最后，政府积极引导合作社参与产学研合作，搭建合作社与高校、科研机构产学研合作的有效平台，充分发挥"搭桥人"的作用。

2. 加强高校、科研机构与合作社的沟通

在调研中发现，很少有高校主动联系合作社，在产学研合作中往往处于被动地位。造成这一局面的原因一方面是高校、科研机构与合作社的理念和目标不同；另一方面是许多合作社地处偏远的农村，远离高校、科研机构所在的城市中心。化解这一矛盾的主要途径是加强双方的沟通，建立互信机制，如高校、科研机构的老师可以长期进驻合作社，了解合作社技术需求。合作社为产学研合作留出专门的资金和场地。同时，在产学研合作中，合作社骨干社员可以到高校、科研机构进行学习，从授之以"鱼"到授之以"渔"，实现合作社人才的培养。

3. 合作社提升自身的技术能力

首先，合作社与高校、科研机构进行全面的、多层次的产学研合作。目前的产学研合作大部分局限于信息技术服务等，而在合作社人才培养、构建产学研联盟等实质性的技术合作较少。其次，合作社积极地吸引优秀的人才。调研的8家合作社普遍面临人才断层的局面，合作社社员的年龄普遍偏大。在"互联网＋"背景下，有知识的年轻人更容易创新。最后，合作社要创造创新的氛围或设立创新激励措施。8家合作社中，社长利用自己的人脉、技术等在产学研合作中发挥了巨大作用，作为合作社主体的普通社员，也要积极地参与到产学研合作中，真正提升合作社自身技术创新能力。

第五节　本章小结

本章运用规范的多案例研究方法，详细分析了农民合作社合作创新的动机、行为和影响因素。主要结论如下：

（1）按照农业技术创新的主体分类，合作社参与合作创新的方式包括政府牵头、科研院所主导和合作社主导。

（2）运用扎根理论和6C家族模型，发现合作社参与产学研合作的主要动机在于资源导向、学习导向和成本导向三种。合作社参与产学研合作的条件包括企业家精神、政府扶持和技术吸收能力。合作社参与产学研合作的方式包括信息技术服务、技术转让、联合技术开发和共建实

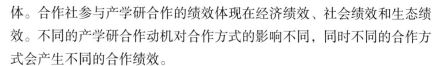

体。合作社参与产学研合作的绩效体现在经济绩效、社会绩效和生态绩效。不同的产学研合作动机对合作方式的影响不同，同时不同的合作方式会产生不同的合作绩效。

（3）农民合作社选择产学研合作创新的方式受到合作社发展模式、规模、研发能力和政府支持的影响。其中，合作社发展模式对产学研合作方式的选择影响显著。合作社规模对产学研合作方式的选择影响不显著，因此不能以合作社的规模来决定合作社的产学研合作方式。合作社研发能力对产学研合作方式的选择影响显著，主要体现在技术转让和联合技术开发。政府支持对产学研合作方式的选择影响显著，尤其在合作社发展的初级阶段，政府可以搭建产学研合作的平台，降低产学研合作的风险。

（4）合作社产学研合作方式包括信息技术服务、技术转让、联合技术开发和共建实体。目前合作社与高校、科研机构的共建实体方式处于初级阶段，仅限于技术的培训与指导，还没有真正形成长期战略性合作。从产学研合作方式的影响因素来看，合作社社长的企业家精神发挥了巨大的作用。而政府的支持力度相对较弱，很少像企业一样有政府主导型产学研合作。因此，许多产学研合作项目都是靠合作社社长的人脉推动。合作社由农民组成，缺乏科技人才，技术吸收能力相对较低，影响了技术的推广和应用。合作社实力对产学研合作方式的选择影响较大。联合技术开发方式对合作社的绩效影响最大，合作社通过联合技术开发可以提升自身创新能力，开发新的品种。技术转让的总体绩效次之。共建实体方式处于初级阶段，没有真正发挥其作用。

第六章

农民合作社的自主创新模式

    作为农业经济体系的重要微观主体，自主创新有助于塑造农民合作社的核心竞争力。农民合作社在育种、农业机械化、农业新品种开发等领域，在提升农业技术水平，加快农业农村现代化等方面发挥了重要作用。同时，技术创新是实现合作社高质量发展的重要途径。从发展方式上，鉴于当前大部分合作社缺乏资金和技术人才，我国农民合作社主要依赖原有技术，或者采取技术引进实施模仿创新，这种数量上的粗放型增长也产生了农民合作社自主创新能力不足问题。

    自主创新是指合作社依靠自身的技术积累突破技术难关，并且成功实现技术的商业化过程，取得预期经济效益的技术创新活动。相对于引进再创新和合作创新，自主创新对合作社的高质量发展具有重要的意义，比如自主创新在某一时间内有助于合作社形成较强的技术壁垒，借助专利保护，使农民合作社具有更强的市场竞争力。因此，目前部分技术能力较强的合作社逐步实施自主创新（罗建利和仲伟俊，2009）。目前农民合作社有哪几种自主创新方式？有哪些因素影响或制约合作社自主创新？这些因素如何影响合作社自主创新的实施？针对上述问题，本章采用多案例研究和 Logit 回归模型，探讨合作社自主创新的主要方式及其影响因素。主要内容包括：第一部分为自主创新国内外研究现状，包括自主创新的主要方式和自主创新方式选择的影响因素；第二部分为合作社自主创新的方式，包括技术能人自主创新和合作社自主创新；第三部分和第四部分分别从案例研究和实证分析两个方面探讨农民合作社自主创新的影响因素。

第一节 国内外研究现状

自主创新是指企业通过自身的努力和探索产生技术突破，攻破技术难关，并在此基础上依靠自身的能力驱动创新的后续环节，完成技术的商品化，获取商业利润，达到预期目标的创新活动（傅家骥，1998）。

一 合作社的性质及其技术创新研究

作为一种特殊形态的经济组织，合作社已成为在公共部门、私人部门以外的第三部门的重要力量，发挥社会可持续发展的平衡器作用（黄祖辉和徐旭初，2006b）。作为一种典型的共营企业，合作社在提高社会弱势群体在市场竞争中的地位，减少营利性企业对农民的盘剥，降低交易成本、实现规模经济方面发挥了重要作用（徐旭初和吴彬，2010）。首先，合作社通过履行其成员协议，降低了由资产专用型引起的交易成本（Royer and Sanjib Bhuyan，1995）。其次，农民合作社能够通过开拓市场，消除产品供给方和需求方的信息不确定性，按惠顾额返还机制等方式应对市场不确定性，降低农民的交易风险（Sexton and Iskow，1988）。最后，合作社通过引进新品种、开展业务培训、推广新技术等方式提高农业生产效率和产品质量（Staatz，1984）。

现有针对合作社技术创新的文献主要围绕技术创新对合作社高质量发展的作用，以及合作社技术创新能力和模式两个方面展开。一方面，农业技术创新能够增加农民合作社的市场竞争力，促进合作社高质量发展。Beverland（2007）通过对新西兰合作社的分析，发现许多合作社通过产品创新提高产品价格，进而提高合作社绩效；产品创新可以提升市场竞争力，维护合作社与消费者的长期关系。Ariyaratne 等（2000）通过实证研究发现，技术进步是美国合作社生产效率增长的主要原因。扶玉枝和徐旭初（2013）运用 Bootstrap - Malmquist 指数方法，认为技术进步、技术效率均对合作社效率有正影响，只是不同行业技术进步和技术效率贡献大小不一。另一方面，相关研究已经开始关注农民合作社技术创新理论，如技术创新能力和技术创新模式等。罗建利和仲伟俊（2009）以 40 多家合作社为样本，发现具有自主创新的合作社仅占 11%，大部分处于模仿创新或单纯的技术引进。倪细云和王礼力

（2012）运用德尔菲和层次分析法评价合作社的技术创新能力，得出合作社内部创新能力整体较弱、创新投入能力大于创新产出能力、市场创新能力最为薄弱等。

二 企业自主创新的主要方式

自主创新的内涵主要包括三个方面，一是加强原始创新，在各个生产领域内努力获得更多的科学发现和重大的技术发明；二是突出加强集成创新，使各相关技术成果融合汇聚，形成具有市场竞争力的产品和产业；三是在广泛吸收全球科学成果，积极引进国外先进技术的基础上，充分进行消化吸收再创新（杨忠泰，2008）。

原始创新具有首创性、突破性和带动性的特征，它引发新的产业，改变产业的发展模式。原始创新意味着在基础研究和高技术研究领域做出前人所没有的发现或发明，推出创新成果。它不是延长一个创新周期，而是开辟新的创新周期和掀起新的创新高潮（徐冠华，2002）。原始创新应该是重大项目的突破性创新，具有自主知识的重大创新。大致集中在五个领域：基础研究领域的重大突破、高技术领域内的根本性创新、重大工程项目的自主设计与完成、管理领域内重大变革和社会科学领域内的新成就（邹承鲁等，2002）。原始创新的技术创新源自创新主体系统（如研究机构、高校和企业）内部，是一种源于自主研发基础上的技术创新，孕育着科学技术的重大发展和飞跃，是科技创新能力的重要基础和科技竞争力的源泉（徐冠华，2002）。

集成创新是指围绕特定市场需求重大战略产品，促进各种相关技术的有机融合，实现关键技术的突破。集成创新要求创新主体系统内外部创新要素持续融合，是一种源于系统创新要素集成基础上的自主创新。这种模式是创新主体利用各种信息技术、管理技术，对各种创新要素进行选择、优化和整合，以最佳的结构结合成为一个有机整体的过程（李文博和郑文哲，2004）。集成创新可以是纵向的，主要发生在生产过程中的技术层面；也可以是横向的，主要指各学科、各领域间的融合。集成创新要解决的中心问题不是技术供给本身，而是多样且复杂的技术资源与实际应用之间的脱节（Tang，1998）。它要求企业从市场需求出发，把握技术的需求环节，创造出符合市场需求的产品，与丰富的技术资源供给之间形成匹配。在企业已有技术与产品的基础上，通过对特定目标的各要素和各层面的系统集成，集成创新在较短时间内形成产品并占领市场，特别适用于复杂产品的创新（胡树华和李荣，2008）。

消化吸收再创新就是创新主体在对引进技术积极消化和吸收的基础上有所突破和创新，形成自己的新产品、新技术，其技术含量要与引进的技术相当或稍有提高（张炜和杨选良，2006）。消化吸收再创新一般包括三个步骤：第一步，引进新技术、新资源、新设备，对于引进的技术、资源、设备，熟练运用，彻底掌握，从软硬件设施等方面对其全面了解；第二步，模仿创造，即模仿新技术、新资源及新设备的产生，能够实现自我生产，减少引进成本；第三步，再创新过程，即通过对技术等的掌握了解，结合自身特征及目标需求，对产品、技术、资源及设备等进行改进创新，发展出具有独立特色的创新产品。消化吸收再创新不是简单地对产品进行改造，而是要发明出比别人更先进的技术，获得更大的市场竞争力（王莉静和王庆玲，2019）。

相对于原始创新，集成创新和引进消化吸收再创新主要通过结构创新、功能创新实现。原始创新可能提出一整套系统的理论和方法，伴随产生一系列技术或产品，而集成创新和引进消化吸收再创新只能得到技术或产品。结构创新和功能创新通常在一个大的知识领域之内，对知识系统性的需求不如理论创新和方法创新迫切（杨忠泰，2008）。基于技术引进的消化吸收再创新的创新层次最低，它在技术引进基础上，囿于已有技术范式，并沿既定技术轨道而发展。引进主体的技术能力和研究开发能力在消化、吸收的过程中逐渐形成，是一个反向技术能力积累过程，即掌握运行技术，掌握生产技术和原理，掌握设计技术，掌握设计原理，形成自主的 R&D 能力，开发改进新产品（白春礼，2015）。

三 自主创新的影响因素

关于自主创新的影响因素，学者多从自主创新能力和自主创新方式选择两个视角探讨。

（一）企业自主创新能力的影响因素

国内外学者对自主创新能力影响因素的研究源自对技术创新能力影响因素的分析。杜鹏程和高先锋（2010）认为，自主创新能力不仅限于企业技术创新的实现能力，更重要的是企业整合内外部资源的能力，通过原始创新、集成创新或引进技术消化吸收获得知识产权，并通过生产、营销、获得市场创新效益，实现创新价值的各种能力。Rivera – Batiz 和 Romer（1990）提出，R&D 过程即知识创造过程，知识创新是技术创新的基础，R&D 有利于自主创新。Stjernberg 和 Philips（1993）提出组织规模与创新活动呈正相关关系。Ronde 和 Hussler（2005）通过问卷调查发现企业的竞争力、研发人员数、当地高校数、当地高科技产业、政府研发投入与企业自主创新能力呈显著相关性。Melese 等（2009）通过实证研究发现物流企业绿色创新与组织对创新支持力度、人力资本素质、组织知识的积累具有显著正向关系等。国内学者孙诚和冯之浚（2006）认为，企业家是技术创新的主要驱动者，企业家的创新精神和素质对实现企业自主创新有重要影响。李垣等（2007）通过问卷调查得出企业自主创新能力的影响因素：完善的市场机制，健全的要素市场，有力的、明确的法律制度和畅通的国际国内合作。李冬梅等（2009）依据对四川省生猪养殖企业的调查，得出当前生猪行业产学研技术转移与企业技术创新有典型相关关系。张泽一（2013）基于探索性因子分析法，以 532 家北京市企业为样本，对影响企业自主创新能力的影响因素进行梳理，依次为企业内部资源、市场化与教育和知识产权保护，其中企业内部资源最为重要。

综上所述，国内外学者主要从内部环境和外部环境两个方面对自主创新能力的影响因素进行研究，具体见表 6 – 1。

表 6 – 1　　　　　　　　　自主创新能力的影响因素分类

领域	学者	具体影响因素
内部环境	Rivera – Batiz 和 Romer（1990）	R&D
	Stjernberg 和 Philips（1993）	组织规模
	Ronde 和 Hussler（2005）	企业的竞争力、研发人员数
	Melese 等（2009）	组织对创新支持力度、人力资本素质、组织知识的积累
	孙诚和冯之浚（2006）	企业家的创新精神和素质
	张泽一（2013）	企业内部资源、知识产权保护

续表

领域	学者	具体影响因素
外部环境	Ronde 和 Hussler（2005） 李垣等（2007）	当地高校数，当地高科技产业，政府研发投入，完善的市场机制，健全的要素市场，有力的、明确的法律制度和畅通的国际国内合作，产学研技术转移
	张泽一（2013） 李冬梅等（2009）	市场与教育市场化、教育和知识产权保护

部分学者从宏观—中观—微观三个层面探讨了企业自主创新能力的影响因素。

（1）宏观层面。李垣等（2007）通过问卷调查得出企业自主创新能力的影响因素包括完善的市场机制、健全的要素市场、有力明确的法律制度和畅通的国际国内合作。Ronde 和 Hussler（2005）利用法国企业的调查数据表明，企业的竞争力、研发人员数、当地高校数、当地高科技产业、政府研发投入与企业自主创新能力有显著相关性。宋利青（2008）采用面板数据具体分析 FDI 技术外溢对我国企业自主创新能力的影响，得出 FDI 对我国企业自主创新能力的提升作用不显著。

（2）中观层面。安同良和施浩（2006）基于江苏省制造企业的问卷数据，认为企业行业特征、企业规模和所有制形式影响企业的创新活动。Koeller（2005）运用联立方程模型分析行业结构与不同规模企业的创新活动，在技术先进的产业，行业集中度与小企业的创新产出能力成正比，在技术水平不高的产业，行业集中度与规模大的企业创新产出能力成反比。Todo 和 Shimizutani（2009）基于日本跨国公司的实证研究得出，技术密集度高的行业，技术溢出使企业更容易获得技术创新能力。

（3）微观层面。孙诚和冯之浚（2006）认为，企业家是技术创新的主要驱动者，企业家的创新精神和素质对实现企业自主创新有重要影响。Rivera - Batiz 和 Romer（1990）认为 R&D 过程即知识创造过程，知识创新是技术创新的基础，研究结果显示 R&D 有利于自主创新。Melese 等（2009）通过实证研究发现，物流企业绿色创新与组织对创新支持力度、人力资本素质、组织知识的积累具有显著正向关系。陈丽萍和丁媛媛（2011）运用 DEA 模型对农业上市公司的研究发现，部分公司研发队伍的研发能力有限，限制了自主创新成果的产出水平，投入各种资源的分配和配比不够合理使激励自主创新的资金或研发人员投入出现冗余和浪费等。

（二）企业自主创新方式选择的影响因素

李春玲（2014）认为，企业自主创新的方式选择是企业自主创新发展战略的重要组成部分。根据对影响自主创新方式选择因素的分析，建立了企业自主创新方式选择的指标体系，包括2个一级指标、9个二级指标和25个三级指标，如表6-2所示。

表6-2　　　　　　　　企业自主创新模式选择指标体系

	一级指标	二级指标	三级指标
自主创新模式选择指标体系 A1 原始创新 A2 集成创新 A3 消化吸收再创新	内部条件因素 B1	创新意识 C11	企业家的创新精神 D111
			研发人员的创新意识 D112
			员工的创新意识 D113
		产权性质 C12	产权的明确性 D121
		企业组织形式 C13	控制力 D131
			执行力 D132
		创新资源投入能力 C14	研发经费占销售额比重 D141
			科研人员数占员工总数比重 D142
			技术创新能力 D143
			信息获取能力 D144
		研发产出能力 C15	新产品销售额占总销售额比重 D151
			专利数量 D152
		发展战略与创新机制 C16	发展战略有利度 D161
			创新激励机制完善度 D162
			学习培训机制完善度 D163
	外部环境因素 B2	政策环境 C21	财政政策有利性 D211
			金融政策有利性 D212
			政府采购政策有利性 D213
			知识产权保护政策有利性 D214
		产业环境 C22	产业利润率 D221
			产业竞争程度 D222
			产业技术水平 D223

续表

	一级指标	二级指标	三级指标
自主创新模式选择指标体系 A1 原始创新 A2 集成创新 A3 消化吸收再创新	外部环境因素 B2	社会服务环境 C23	技术市场完善度 D231
			资本市场完善度 D232
			劳动力市场完善度 D233

资料来源：李春玲（2014）。

四 文献述评

上述研究发现，关于企业自主创新影响因素的理论比较成熟，但仍然存在一些问题：①从研究主体看，以往许多研究聚焦于利润最大化企业，而针对农民合作社自主创新的文献相对较少；②从研究内容看，以往学者主要从某一视角进行分析，对其影响因素缺乏系统的研究，尤其是对各因素之间的关系及其实现机制缺乏研究；③从研究方法上看，以往研究侧重于数学模型，而缺乏对影响因素的深度案例剖析，缺乏大样本的实证分析。基于此，本章分别运用扎根理论和 Logit 回归模型，探析农民合作社自主创新的影响因素及其影响机制。

第二节 农民合作社自主创新的方式

近年来农民合作社发展迅猛，但其成立之初就面临"低端锁定"，主要从事初级农产品的生产和简单加工。合作社技术创新能力弱，尤其是自主创新能力，成为制约其进一步发展的关键因素。对于农民合作社来说，自主创新是自主集成和应用各种农业技术知识，并由此获得竞争优势。农民合作社的自主创新可以划分为两种方式，即技术能人主导型和合作社主导型。

一 技术能人主导型

由于目前农民合作社处于发展初期，一般都没有设立专门的技术研发部门。因此，合作社的自主创新基本上依赖于合作社中的技术能人，依赖技术能人的知识、技能进行自主创新。

例如，浙江省平阳县雪雁蘑菇专业合作社理事长钱玉夫是平阳县农业局的退休干部，从事蘑菇栽培技术研究和推广 40 多年，将食用菌发展成当地农民增收致富的主导产业。钱玉夫研究出来的多项蘑菇栽培技术，均为全国首创，并带来了巨大的经济效益。他的生麦粒制菌种技术的研究，大大简化了操作程序，降低了生产成本，种出来的蘑菇品质也有很大提高。这项技术已经在全国种菇业中推广使用。钱玉夫将满山遍野的茅草收割下来，经过技术处理后成功代替了稻草，当作种蘑菇的原料。钱玉夫出版了三本专著，荣获 18 项科研成果。

二　合作社主导型

合作社主导型的自主创新，通常要求合作社科技实力较强，拥有专门的技术研发人员，设立技术研发部门。

三新蚕桑食用菌合作社加强科技项目的实施，提高了示范园区的科技水平。2006 年承担了新北区科技局"桑、菇、果、蔬、肥循环生产模式优化链节技术的研究与应用"和常州市科技局 2004 年、2005 年下达的"珍稀食用菌高产配套技术示范推广"两个项目，并承担了示范园区亟待解决的科技难题。三新蚕桑食用菌合作社组织科技人员进行攻关，完成了常州市科技局两个项目的试验研究与示范推广任务，分别在 2006 年 1 月、8 月通过了专家验收。"两高一优蚕桑业及综合利用"项目于 2006 年 6 月获新北区人民政府重大科技成果转化奖，并在全国重点核心刊物《食用菌》等杂志上发表四篇论文，获得了一批具有自主知识产权的新成果，制定了无公害珍稀菇两个企业标准，形成了三个高效生态循环生产模式，筛选了适宜桑木屑、蚕沙栽培的六个珍稀菇菌株，三个优良配方和一个珍稀菇高产优质新工艺。这些成果的取得，大大提高了合作社的科技水平，提高了市场竞争力，为合作社高质量发展打下了坚实的基础。

温州市西鹿基禽业专业合作社是一家集养殖、加工、销售于一体的农业龙头企业。基地养殖规模 2110 多亩，员工 78 人（其中，大专以上技术人员 11 人），社员 500 多户。经合作社引种改良的泰和原种乌鸡，采用农户仿野生散养，不喂食配方饲料。同时，合作社自主研发了兼具药用和食用于一体的天然绿色产品——活性乌鸡蛋，能有效调节营养结构，促进人体内分泌和生理平衡，是真正集食、补于一体的佳品。

第三节　农民合作社自主创新的
影响因素与案例分析

关于合作社的自主创新能力，一方面表现在大部分合作社拘泥于模仿创新或引进再创新，自主创新比例较少（罗建利和仲伟俊，2009）；另一方面，合作社内部创新能力不足、市场创新能力最为薄弱等（倪细云和王礼力，2012）。那么，为什么合作社自主创新能力水平低？影响合作社自主创新能力的深层次因素及其影响机制是什么？对于这些问题，现有的文献还无法给出合理、系统的回答，而在国家"科技兴农"战略的指引下，研究这些问题也更具有现实意义。农民合作社自主创新的方式及其制约因素尚未形成完善的理论，合作社自主创新的案例和可借鉴的经验有待于进一步挖掘。基于此，本部分利用案例分析，探讨农民合作社自主创新的主要方式及其影响因素，以期为农民合作社开展自主创新提供理论基础和经验借鉴。

本部分选取 5 家合作社作为案例样本，具体分析农民合作社自主创新的影响因素，包括人力资本、结构资本、社会资本。在此基础上，构建了合作社自主创新能力影响因素的理论分析框架。

一　研究设计

（一）案例研究方法

本章主要研究合作社自主创新能力影响因素及其实现机制，具体要回答其影响因素"是什么""为什么""怎么样"等一系列问题，属于探索性研究。针对验证和构建新理论，案例研究能够具体回答"是什么""为什么""怎么样"的问题（Eisenhardt，1989）。同时，相对于单案例，多案例方法能够运用 Yin 提出的复制逻辑（Replication Logic），推导出的结论更具说服力，更经得起推敲（Yin，2013）。因此，本章采用多个案例研究方法，探讨农民合作社自主创新能力的影响因素和影响机制。

（二）案例选择与数据收集

Eisenhardt（1989）认为，多案例研究的样本数量以 4—8 个为宜，本章选取 5 家样本合作社。样本选择标准如下：①所选样本合作社有自主创新的产品（品种）；②所选样本合作社有自己的品牌、占据一定的市场；③所选样本合作社发展比较好，在当地拥有一定的影响力（以销售额、利润、农户数衡量）。遵循上述标准，所选 5 家样本合作社如表 6-3 所示。

表 6-3　　　　　　　　　　样本合作社基本情况

合作社名称	编号	成立时间	生产产品	技术人员数	地区
鑫欣葡萄专业合作社	XX	2005	葡萄	6 名技术员，1 名高级农艺师	浙江省乐清市
义红果蔗专业合作社	YH	2001	甘蔗	高级技术职称 5 人，中级技术职称 7 人	浙江省义乌市
恒衍鹌鹑养殖合作社	HY	2005	鹌鹑	15 名技术员，3 名高级农技师	江西省丰城市
旗海海产品专业合作社	QH	2001	三门青蟹	7 名技术员，1 名高级农技师	浙江省三门县
凯宇果蔬专业合作社	KY	2008	水果、蔬菜	高级技术职称 1 人，中级技术职称 1 人，初级技术职称 5 人	江苏省丰县

Yin（2013）指出，多种来源的资料有利于研究者全方位地考察问题，其最大的优点在于"殊途同归"（Converging Lines of Inquiry），即不同途径的资料可以相互印证，形成证据三角形。为提高案例研究的信度和效度问题，本章采用一手资料和二手资料相结合的方法。一手资料主要通过面对面访谈和实地观察获取，即由 3 位课题组成员对每个样本合作社进行实地观察和访谈，访谈对象包括合作社社长、技术人员、销售人员、普通社员等，具体一手资料收集路径如表 6-4 所示。

二手资料的收集包括：①合作社公开发表的刊物和合作社主页；②关于合作社的媒体报道、中国知网、维普网等数据库；③直接从合作社内部获取的资料，如合作社年度报告、技术资料和合作社社长发表的演讲等。

表 6-4   一手数据收集路径

样本合作社	调查内容和时间
XX 合作社	赴鑫欣葡萄专业合作社实地调研 2 天，访谈社长金联宇 2 次 4 个小时，访谈合作社社员 5 人，实地参观了合作社的葡萄基地
YH 合作社	赴义红果蔗专业合作社实地调研 2 天，访谈合作社社长吴德锋 1 次 3 个小时，访谈合作社的大学生 2 人共 3 个小时
HY 合作社	赴恒衍鹌鹑养殖合作社实地调研 2 天，访谈社长孙旭初 2 次共 3.5 个小时，访谈附近村庄的社员 2 小时，参观了合作社的鹌鹑养殖基地
QH 合作社	赴旗海海产品专业合作社实地调研 2 天，访谈合作社社长叶亦国 1 次 3 个小时，参观合作社养殖基地并与合作社 2 名技术人员交谈 2 小时
KY 合作社	赴凯宇果蔬专业合作社实地调研 2 天，访谈社长刘道峰 2 次共 3.5 小时，参观合作社果蔬基地，访谈社员 3 名共 2 小时

为使研究结果更具真实性、有效性，采用以下四个检验标准提高案例研究的信度和效度（见表 6-5）。

表 6-5   案例研究的信度和效度检验

检验	案例研究策略	策略所使用的阶段
建构效度	• 采用多元的证据来源 • 形成证据链 • 草案进行检查、核实	• 资料收集 • 资料收集 • 撰写报告
内在效度	• 进行模式匹配 • 分析与之相对立的竞争性解释 • 使用逻辑复制	• 证据分析 • 证据分析 • 证据分析
外在效度	• 用理论指导单案例研究 • 通过重复、复制的方法进行多案例研究	• 研究设计 • 研究设计
信度	• 采用案例研究草案 • 建立案例研究数据库	• 资料收集 • 资料收集

（三）数据分析

本研究使用 Nvivo 软件，运用扎根理论的开放编码、轴心编码和选择编码对资料进行分析整理，提炼影响合作社自主创新能力的关键要素。

1. 开放编码

开放编码是将资料分解、检验、比较、概念化与范畴化的一种过程。对开发的每一个范畴，发掘范畴的性质和性质的面向。本章主要采取逐行、逐句、逐段、原生代码（Nvivo）分析策略，将文本资料概念化、范畴化。首先由课题组两位成员单独对资料进行编码，然后就其中的不同编码进行讨论，最终达成一致。经过上述过程，我们共抽象出157 个概念、8 个范畴，如表 6 - 6 所示。

表 6 - 6　　　　　　　　开放式编码示例（节选）

原始语句	开放编码		
	概念化	范畴化	面向和性质
××合作社社长：作为第一批种葡萄的人，高中毕业后种葡萄，后来在中国农业函授大学，后来意识到品牌营销的重要性，函授江南大学网络大学，学习市场营销（a1）。现在是高级农艺师（a2）……后来，创办民办研究所（联宇葡萄研究所），成为农民和科研机构联系的纽带（a6）……合作社社员的年龄都是在 50 岁左右，年轻人都不愿干农业（a10），我的儿子大学毕业后在合作社干了一年就不愿意干，认为干农业太累，非要去公司上班，那里的环境好，工作体面（a11）……其中有一户 70 多岁的老人，种了两亩葡萄，他们对新技术都不懂，还是按老的办法种植（a10）……	不断学习（a1）个人实力（a2）……创办研究所（a6）社员年龄偏大（a10）年轻人不干农业（a11）……政府扶持（a15）……给农民实惠（a18）产品深加工（a19）……	A1：企业家精神（a1、a2、a35、a36、a65、a92）A2：政府扶持（a15、a20、a21、a55、a58）A3：组织制度（a6、a33、a34、a50、a52、a70）……共 8 个范畴	程度：高一低力度：大一小完善度：高一低……
KY 合作社社长：今年我们合作社有 30 户社员被选为重点科技示范户，专家驻村对示范户科技指导，培训，还能领到各种补贴，这对我们合作社的技术提高有很大帮助（a15）……通过现金回收农产品，让农民踏实，这样拉近了农民与合作社的距离，对于农产品中的次品，我们也是积极回收，通过深加工后再销售，让农民得到了实惠，他们就愿意积极生产（a18、a19）……	共 157 个概念		

2. 轴心编码

轴心编码是通过联结主范畴和副范畴把分解的资料重新整合，以形成对现象更复杂、更形象的解释，我们借助于一种典范模式（Paradigm Model），即"条件—现象—脉络—中介条件—行动/策略—结果"把各范畴联系起来。其目的不是构建一个全面的理论框架，而是要更好地发展主范畴和副范畴。编码结果形成 3 个主范畴和 8 个副范畴，如表6－7所示。

表 6 –7　　　　　　　　　　　　　轴心编码结果

主范畴	副范畴	范畴内涵
人力资本	合作社社长 普通社员	企业家才能及奉献、冒险精神 普通社员的知识差距、年龄结构
结构资本	组织制度 组织文化 组织营销能力	合作社的规章制度及技术创新体系 合作社的团结精神和创新文化 合作社的品牌建设和产品销售渠道
社会资本	政府支持 产学研合作 市场环境	政府制定相关的法律法规和财政支出 合作社与高校、科研机构的合作 市场的竞争程度和市场需求

3. 选择编码

选择编码的目的是整合和精炼理论，也就是把涌现出的概念和范畴精炼为一个核心的解释性概念，即核心范畴，并通过"故事线"（Story Line）扼要说明全部现象的核心，进一步开发范畴，使其具有更细微、完备的特征。Glaser（1978）认为，核心范畴必须具有"中央性"，也就是与最多范畴和特征相联系，不断地发生在资料中，成为一个稳定的模式。核心范畴和其他范畴很容易地、很快地、有意义地建立联系。通过对 8 个副范畴和 3 个主范畴的考察，发现"合作社自主创新能力影响因素"最具"中央性"，即核心范畴。故事线可描述为：合作社自主创新能力的三个影响因素中，人力资本起基础作用，结构资本起保障作用，社会资本作为"催化剂"，推动合作社的自主创新，如图 6 – 1 所示。

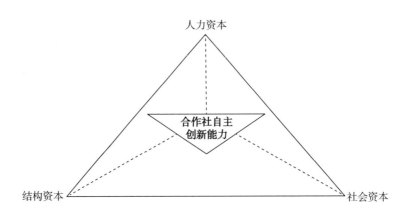

图 6-1　合作社自主创新能力的影响因素

二　结果分析

(一) 人力资本

人力资本作为构建合作社自主创新能力的基础，尹兴宽（2008）认为提高合作社的人力资本水平是合作社高质量发展的必要条件。样本合作社的人力资本包括合作社社长和普通社员，如表 6-8 所示。

表 6-8　　　　　　　　样本合作社的人力资本分析

合作社	合作社社长	普通社员
XX	完成国家、省、市 10 多项课题，发表论文 20 余篇，培育出"宇选系列"葡萄新品种，具有高级农艺师职称	部分社员不按照合作社标准生产，社员年龄参差不齐，年龄偏大
YH	自主选育出"义红一号"新品种，参与制定《无公害食品果蔬》全国行业标准、《无公害果蔗》地方标准，具有高级农艺师职称	社员对合作社运作不关心，很少有大学生在合作社长期工作
HY	研制出纯中草药剂"鹌鹑防病丹"，该项专利已列入了江西省科技厅"重大农业技术转化专项"，琢磨出了"翻肛门分公母的技术"，后来培育了从颜色上就能分辨出公母的鹌鹑养殖技术	社员接受技术能力有限，青年人外出打工，从事农业的社员年龄太大
QH	制定蟹贝虾混养、有机产品等 6 个行业标准，实施国家、省、市 4 个科技项目，发表论文 7 篇	社员普遍文化程度低，没有专职管理合作社的专业管理人员
KY	创办徐州凯宇食品加工有限公司、凯宇农贸有限公司、凯宇果蔬技术开发中心，自主研发"SOD"苹果	社员不能严格按照合作社要求标准生产，很难招到从事农业的高素质人才

1. 合作社社长

从"创新"的视角，企业家的本质特征是创新，企业家精神是创新的主要动力（Schumpeter and Nichol，1934）。合作社社长作为"农村精英"，通常具有很强的创新精神。如 HY 合作社社长在刚创业时由于无法分辨出幼鹌鹑的雌雄，当年亏了 1 万多元。面对困境，孙社长亲自到北京、南昌考察学习，自己看书查资料，每天待在养殖棚实验，摸索出了一套"一日龄幼雏肛捡分辨雌雄"的技术，这项技术在当时是一项突破。YH 合作社社长在任农技站长时就开始收集甘蔗品种，跑遍了全国十几个省份，每年都种 30 平方米选育新品种，他成立的果蔬研究所有 90 多个品种，是全国规模最大、品种最多的果蔬品种资源圃。QH 合作社叶社长在"一斤青蟹四两绳"的现状下，发动"青蟹革命"，打造"旗海"激光防伪标识。因此，正是由于农民合作社社长的"不安分"的企业家精神，实现了技术上的突破。

同时，合作社社长本身具有较强的管理或技术水平，如 XX 合作社社长从事葡萄种植近 30 年，主持 10 多项国家、省、市级课题，发表论文 20 余篇，培育出"宇选系列"，在南方葡萄界小有名气。KY 合作社社长，成立凯宇果蔬技术开发中心，依托雄厚的资金和技术实力，培育出 SOD 红富士苹果。QH 合作社社长具有经济师、高级农艺师职称，具有较强的专业技术、管理能力和社会资本。正如 XX 合作社社长所说，"合作社做得好不好在于领导，领导要成为有知识、有能力、强有力的核心成员"。

2. 普通社员

普通社员作为农民合作社的重要人力资本，与企业雇员不同，他们是合作社的投资者、管理者和惠顾者。普通社员的素质影响农民合作社的自主创新能力。从调研案例中发现，目前大部分合作社的普通社员文化程度低、缺乏高素质专业人才，并且这个趋势在短时间内难以改变。如 XX 合作社绝大部分普通社员的文化程度是初中，年龄在 50 岁左右，葡萄成熟时节，招不到工人；XX 合作社的技术人员由 5 家种植大户组成，没有专业的技术研发人员。QH 合作社的普通社员大部分不懂技术和管理，合作社内部基本上都是兼职管理，没有专业的管理团队，特别是财务会计核算人员。正如 YH 合作社社长所说，"搞研发首先需要的是人才，而我们的条件差，生活艰苦，留不住人才，有的大学毕业生来没多久就走了"。由此可见，许多高素质的人才不愿做农业，合作社缺乏"新鲜的血液"，许多管理、技术跟不上。素质偏低的普通社员存在路径依赖，对新技术、新方法在观念接受上存在滞后性。因此，普通社员的基本素质影响农民合作社的自主创新能力。

基于上述分析，我们提出以下命题：

P1：合作社社长的能力能够强化合作社自主创新能力。

P2：普通社员的素质弱化了合作社自主创新能力。

（二）结构资本

结构资本是指组织中所蕴含的知识资源，是人力资本转化为知识财富的有效"平台"。结构资本是农民合作社重要的无形资产，包括组织制度、组织文化和组织营销能力（见表6-9）。

表6-9 合作社结构资本分析

合作社	组织制度	组织文化	组织营销能力
XX	有成员代表大会、理事会、监事会；有完善的技术部、财务部、销售部；成立联宇葡萄研究所	小农意识	田间直销和批发销售，成立销售部
YH	有成员代表大会、监事会、理事会；建有科技开发部、产业服务部、财务部、销售部；成立果蔗研究所	缺乏团结精神	有健全的销售网络
HY	有成员代表大会、理事会、监事会；完善的利益分配机制；成立了技术部门、财务部、销售部；成立鹌鹑良种中心和"鹌鹑养殖协会"	民主、互助	"恒衍""孙渡汉太"两个品牌在国内享有很高知名度和美誉，产品远销东南亚
QH	有代表大会、理事会、监事会；下设科技生产基地部、营销部、超市经营管理部、财会部；制定了《合作社企业管理若干规定》，成立"省级科技创新服务中心"	小农意识	在温州、宁波等6个城市设有经销处，积极构建营销网络
KY	有成员代表大会、理事会、监事会；成立果蔬技术研发中心	缺乏团结精神	建设"凯宇平价直销店"

1. 组织制度

诺斯认为，制度是一系列被制定出来的规则、守法程序和行为的道德伦理规范，旨在约束追求效用最大化利益的个体行为，并提出"制度决定技术"理论。农民合作社组织制度包括规章制度和内部组织结构。建立完善的组织规章制度，能够有效规范合作社成员行为，提高合作社的凝聚力和战斗力。根据调研案例，5家合作社都建立了相对比较完善的组织制度，提高了合作社的创新活力，降低了交易费用。例如，QH合作社章程的制定一开始就参照浙江省农业厅印发的合作社规范章程范本，制定了《合作社管理若干规定》，对社员、股份和股权进行设置，有效地激发了社员的创新热情。QH合作社根据地区条件的差异，制定了无公害、绿色食品和有机产品三个层次的养殖技术规范，促进了创新技术的推广和应用。HY合作社建立了严格的财务管理制度，每季度盈余分配向社员公示，探索按交易额和股份分配等多种分配方式，充分调动了社员的创新积极性。

从调研案例中发现，5家合作社都建立有各自的创新体系，制度创新保证了技术创新的顺利进行。如YH合作社成立果蔗研究所，专门从事新品种的研发和推广，独立研发出"义红一号"新品种，使产量比以前的品种提高了50%；合作社创新实施"场—站—社"三位一体的技术推广模式。KY合作社成立了果蔬技术研发中心，自主研发出"SOD红富士"新产品。XX合作社成立了联宇葡萄研究所，独立研发出"宇选系列"新品种。因此，合作社的组织制度创新，降低了合作社技术研发和技术推广过程中的交易费用，提高了经济效益。

2. 组织文化

组织文化是指组织在长期的发展过程中形成的、被普遍认可的价值观念、团体意识和行为规范。组织文化能够通过渐进或突变的方式促进技术创新。通过案例分析发现，核心成员对合作社有绝对的控制权，合作社文化深受"能人效应"影响，这类似于Wallach（1983）所定义的官僚型文化。但不同的是，合作社的成员主要是由某一个地区的农户组成，成员之间存在较强的乡土和裙带关系。这种特殊的组织文化，决定了合作社内部成员之间没有明确的上下级关系，普通社员也没有服从管理层决定的意识，从而导致合作社实施技术创新的交易成本较大。同时，由于成员之间异质性，成员间存在"利益诉求差异"，合作社缺乏团结意识和合作精神。如 XX 合作社的生产大户通过学习，成为合作社的技术骨干，而小户缺乏技术创新的动力，产生"搭便车"行为。农民合作社扎根于农村，成员基本由农民构成，从成立起就深受农耕文化的影响，合作意识淡薄，造成合作社缺乏创新氛围。如 YH 合作社部分社员不严格按照合作社技术标准生产等。在所选案例中，只有 HY 合作社认真实行民主管理、民主决策，积极主动解决困难社员的问题，调动了社员生产的积极性，合作社的自主创新能力比较强。

3. 组织营销能力

许多学者认为营销能力对企业技术创新有积极的影响。如 Weerawardena（2003）通过实证研究，发现营销能力对企业创新强度有显著性积极影响。国内学者于建原等（2007）通过回归分析，发现营销能力对自主创新欲望、自主创新预期和自主创新绩效有显著性影响。在 5 个案例中，合作社均实行品牌战略，通过提高营销能力赢得竞争优势。如 YH 合作社打造"义红"和"义红 2 号"两个品牌，被评为"千社千品"富农工程优质农产品，大大提升了 YH 合作社的竞争优势。HY 合作社通过自主创新，打造了"恒衍""孙渡汉太"两个品牌；并通过技术革新，独创孙渡汉太板鸭和板鹌鹑，在国内享有很高知名度和美誉，产品远销东南亚。

合作社通过不断地进行品牌营销，扩大品牌知名度，扩展营销渠道，提高产品销量。如 XX 合作社的"联宇"和"天缘佳人"牌葡萄，通过参加产品评比比赛，多次获得金奖，打开了知名度，价格从以前的 20 元/千克涨到 34 元/千克，葡萄由推销变成了田间直销。QH 合作社通过媒体、广告和产品评比扩大"旗海"品牌的知名度，积极参加大型会展、农博会和推介会等，进一步扩大品牌营销力，产品价格要高出其他同类产品的 5%—10%。组织营销能力的提高促进了合作社自主创新的欲望，这也契合了 Weerawardena（2003）、于建原等（2007）的研究。

基于上述分析，我们提出以下命题：

P3：农民合作社的组织制度强化了自主创新能力。

P4：农民合作社的组织文化弱化了自主创新能力。

P5：农民合作社的组织营销能力强化了自主创新能力。

（三）社会资本

社会资本是指将社会关系和关系网络看作个体可以利用的、用于实现个体目标的资源。影响合作社自主创新能力的社会资本包括政府支持、产学研合作、市场环境，如表6–10所示。

表6–10   样本合作社社会资本分析

合作社	政府支持	产学研合作	市场环境
XX	乐清市农业科技项目补助、乐清市科学技术进步奖	与省农业科学研究院培育"宇选一号"；与省亚热带研究所共同申报项目	市场需求大，产品供不应求
YH	大学毕业生从事现代农业财政补助、科研项目补助	与福建农业大学甘蔗综合研究所、省农业科学研究院合作开发新品种	通过自主创新，市场需求不断扩大
HY	鹌鹑原种场扩改项目补助，搭建"农超对接"平台	与中国农业科学研究院、南京农业大学合作开展"高产黄羽鹌鹑的选育及相关技术的开发"项目	市场竞争激烈，面临竞争压力大
QH	养殖基础设施补助，政府搭建展销平台	与宁波大学、省淡水水产品研究所等建立科技研究合作关系	市场竞争激烈，产品需求量大
KY	省"挂县强农富民工程"、搭建"农超对接"平台；政府成立江苏大沙河现代农业产业集团	以省农业科学研究院、市农业科学研究院为依托，开发新技术	自主创新扩大了市场需求

1. 政府支持

政府支持对企业的自主创新有直接、显著的影响（李垣等，2007）。对于处于初级发展阶段的合作社，自主创新能力的提升更需要政府的政策支持。从调研案例中发现，针对合作社发展过程中遇到的"瓶颈"，政府因地制宜地采取了不同政策。被调研的5家合作社均表示，政府支持对合作社的发展起了非常重要的作用。如XX合作社通过承担国家、省、市级"星火项目"，获得政府科技项目补贴，克服了新品种培育过程中的资金困难。义乌市实施都市农业发展资金扶助项目，并且针对科技人员短缺情况，对在 YII 合作社工作的大学毕业生进行财政补贴。丰县实行省"挂县强农富民工程"，为 KY 合作社送技术、送人才。同时，政府积极开展合作社基础设施建设，如 HY 合作社鹌鹑原种场扩改项目获得政府补助；QH 合作社养殖基地的机耕阶梯、用电、网络电视和塘坝加固等项目得到政府投资，这些政策都直接或间接地提高了合作社的自主创新能力。随着合作社的不断增加，政府科技补助的资金相对不足，如 XX 合作社社长说，"现在是僧多肉少，2011 年之前，政府对农业科技经费重点项目 30 万—40 万元，一般项目 10 万元，2011 年开始科技经费逐渐减少"。

2. 产学研合作

产学研合作是指农民合作社与高校、科研机构合作，充分发挥各自的优势，实现技术创新。对于技术力量薄弱的合作社，产学研合作能够为合作社实施自主创新提供前期基础，越来越受合作社的青睐。如 YH 合作社吴社长介绍，在培育"义红 2 号"的过程中，合作社提供蔗苗、福建农业大学提供实验配方、省农业科学研究院提供原料，经过三年的实验才培育出"义红 2 号"新品种。XX 合作社与浙江省亚热带研究所利用双方技术、人才、基地优势共同申报"葡萄'节本增效'栽培技术开发研究"项目，并获得了政府资助。KY 合作社则以江苏省农业科学研究院、徐州市农业科学研究院为依托，定期邀请果蔬专家进行技术指导与授课。

3. 市场环境

市场环境是指合作社外部所面临的市场情况，具体可以分为市场需求和市场竞争。其中，市场需求是企业自主创新的动力，技术创新是满足市场需求的手段（周怀峰，2009）。在调研案例中，5 家农民合作社都面临较大的市场需求。如 XX 合作社的葡萄有草莓香、茉莉香、玫瑰香等品种，这些品种的葡萄在外面市场上很难买到，葡萄成熟季节，许多乐清、温州等地的顾客上门购买，每天基本上能卖 200 多箱，价格是市场上普通葡萄的 3 倍，仍然供不应求；市场需求的驱动，使 XX 合作社不断地通过技术创新培育新品种，每年科技投入将近 20 万元，正如金社长所说，"只要葡萄有特色，客户抢着要"。KY 合作社自主创新的 SOD 红富士苹果，当年销量就达到 2800 吨，在市场上普通苹果价为

1.5 元/斤，而合作社 SOD 苹果收购价达到 3.2 元/斤。因此，市场需求推动合作社实施自主创新，即希克斯的"诱导创新论"，市场上的价格变化，引导生产者技术创新。

由于合作社生产的主要是农副产品，产品差异程度小，合作社产品处于完全竞争市场。在完全竞争市场中，价格趋近于成本价，要想走出完全竞争同质化格局，必须进行技术创新，获得竞争优势。例如，2005年禽流感，造成许多养禽场倒闭，HY 合作社自主研发的"鹌鹑防病丹"产品，成功地阻挡了这场瘟疫，挽回了巨大的损失。QH 合作社三门青蟹和其他生产商的青蟹没有多大区别，受季节性价格浮动大，为了取得市场主动权，获得超额利润，实施"青蟹越冬技术研究和实验"，在青蟹贝壳刻上防伪商标，当年大公蟹的价格从 40 元/千克涨到 60 元/千克。在义乌，甘蔗有悠久的种植历史，但是甘蔗质量低、价格上不去，YH 合作社自主研制的"义红一号"新品种，产量提高了 50%，品质有了很大提高。因此，市场竞争促使合作社进行自主创新，提升产品的价值和市场竞争力。

基于上述分析，我们提出以下命题：

P6：政府支持强化了农民合作社的自主创新能力。

P7：产学研合作强化了农民合作社的自主创新能力。

P8：市场环境强化了农民合作社的自主创新能力。

三　研究结论

本章通过 5 家合作社的案例分析，借助扎根理论的三层编码，探讨了农民合作社自主创新能力的影响因素。研究发现影响农民合作社自主创新能力的因素包括人力资本、结构资本和社会资本，其中人力资本包括合作社社长和普通社员，结构资本包括组织制度、组织文化、组织营销能力，社会资本包括政府支持、产学研合作和市场环境。

（一）人力资本

人力资本是合作社自主创新的基础，是合作社最重要的战略资源，包括合作社社长和普通社员。在合作社实施自主创新过程中，合作社社长发挥了非常重要的作用。合作社社长在创办合作社前担任政府职员、银行管理或技术人员，具有一定的管理能力、技术能力和社会资源，同时又具有创新和奉献精神。合作社社长的企业家精神是合作社成立和高质量发展的必要条件。当前合作社普通社员，普遍存在素质偏低、人员断层等问题。正如郭红东和张若健（2010）对全国50家合作社的入户调查，被调查社员文化程度高中以下的占69.3%，而高中以上的占5.8%，同时，40岁以上的占88.7%，而30岁以下的仅占2.9%，可以看出，合作社社员普遍文化水平低，年轻人都不愿意从事农业，尤其对于大学毕业生而言，很少人会选择农业，造成合作社缺乏高素质的专业人才，特别是技术、管理型人才，使合作社缺乏"新鲜的血液"，不利于合作社自主创新能力的培养，对农业的长远战略发展也是一个巨大的挑战。

（二）结构资本

结构资本是合作社自主创新有效的组织保障。合作社的结构资本主要包括组织制度、组织文化、组织营销能力。在调研的合作社中，都有自己的规章制度，合作社都设有成员代表大会、董事会和监事会，具体的职能部门各不相同。5家合作社成立了研究所（中心）、协会等，组织结构的创新促进了合作社的自主创新。但是，在调研中发现，合作社的成员代表大会、董事会和监事会没有发挥应有的作用，具体职能部门形同虚设，很多部门都是兼职。由于成员异质性，合作社文化缺乏认同感，缺乏共同的价值观或共同目标，"搭便车"行为普遍存在，造成合作社技术创新依赖于核心成员。合作社都注重打造自己的品牌，通过参加擂台赛、博览会或会展等，不断扩大品牌知名度和影响力。合作社通过创新营销模式，有效地减少了流通环节。

（三）社会资本

社会资本主要是指合作社的外部支持，具体包括政府支持、产学研合作和市场环境。中央连续18年的一号文件都关注农业，2007年颁布了《中华人民共和国农民专业合作社法》（以下简称《农民专业合作社法》），确定了合作社的法律地位，在调研的案例中，合作社在发展过程中都得到政府不同程度的支持，如星火项目、农业科技项目补贴、科研项目补贴等政府支持项目大大缓解了合作社自主创新的资金问题。产学研合作作为实现技术创新的有效手段，高校、科研机构和合作社三方充分发挥各自的优势，实现优势互补，相互学习、互利互惠。每家合作社都以不同形式与高校、科研机构合作，最终提高了合作社自主创新能

力。合作社所面临的是完全竞争市场，产品差异小，竞争激烈，要想获
得超额利润，必须实施自主创新，取得差异化竞争优势。同时，市场需
求的增加，也促进合作社进行自主创新，维持竞争优势。

总之，合作社自主创新能力的影响因素包括人力资本、结构资本、
社会资本，不同的影响因素对合作社的影响程度也不相同（见图
6-2）。

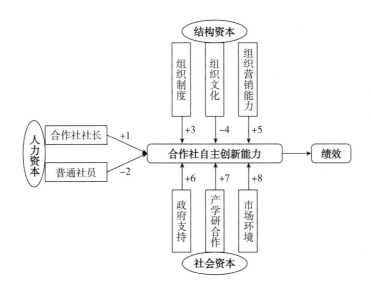

图 6-2　合作社自主创新能力影响因素的实现机制

注：数字代表上述命题；+代表"强化"合作社自主创新能力，-代表"弱化"合作社
自主创新能力。

第四节　农民合作社自主创新的
影响因素与实证分析

合作社普遍规模小、资金少，技术创新能力弱，尤其是自主创新能
力，成为制约其进一步发展的关键因素。罗建利和仲伟俊（2009）选
取国内技术创新能力较强的 30 家合作社作为考察对象，研究发现在所
有技术创新模式中，自主创新仅占 11%。倪细云和王礼力（2012）通

过对20家合作社技术创新能力实证分析发现合作社内部创新能力不足，其中市场创新能力最为薄弱等。那么，合作社自主创新的影响因素有哪些？现有的文献还无法给出合理、系统的回答，在国家"科技兴农"政策的指引下，研究这些问题更具有现实意义。

目前关于合作社的自主创新还处于探索阶段，尚未形成成熟的变量范畴、测量量表，基于上述的分析和调研实践，提出以下假设：

H1：合作社社长教育年限对合作社参与自主创新具有显著影响。

H2：技术人员数对合作社参与自主创新具有显著影响。

H3：社长年龄对合作社参与自主创新具有显著影响。

H4：合作社规模对合作社参与自主创新具有显著影响。

H5：产学研合作水平对合作社参与自主创新具有显著影响。

H6：品牌对合作社参与自主创新具有显著影响。

H7：政府支持力度对合作社参与自主创新具有显著影响。

一 研究设计

（一）研究方法

本章主要研究合作社自主创新影响因素，运用 Logit 模型，合作社是否参与自主创新（Y）取值为0、1的虚拟变量，即"合作社不参与自主创新" = 0；"合作社参与自主创新" = 1。

$$\text{Ln}(P_i/1 - P_i) = \beta_0 + \sum \beta_n X_{ni} + \beta_8 D_{8i} + \beta_9 D_{9i} + U_i$$

$$P_i = E(Y = 1/X_i) = 1/(1 + e^{-z}) \qquad (6-1)$$

$$Z_i = \beta_0 + \sum \beta_n X_{ni} + \beta_8 D_{8i} + \beta_9 D_{9i} + U_i$$

其中，P_i 表示合作社参与自主创新的概率，X_i 表示合作社参与自主创新的影响因素，β_0 为常数项，β_n 为参数，$n = 1$，…，9，U_i 为随机误差项。

（二）样本和变量描述

数据来源于笔者以及课题组的研究生于2012—2014年走访的3省10个县市的152个合作社，剔除15家单纯的功能服务型合作社，保留137家合作社作为有效样本。调研主要采取问卷调查、半结构访谈等方式。对于三个地区的合作社分布与变量统计如表6-11和表6-12所示。

表6-11   调研合作社的地区分布

地区	样本数	所占比例（%）
浙江	47	34
江苏	45	33
四川	45	33

根据合作社的地区分布，假设合作社属于浙江，则 $D_{8i}=1$，否则 $D_{8i}=0$，若合作社属于江苏，则 $D_{9i}=1$，否则，$D_{9i}=0$。对于各变量的统计如表6-12和表6-13所示。

表6-12   变量赋值和基本统计

变量	变量定义与赋值	均值	标准差
社长教育年限 X_{1i}	小学及以下=1；初中=2；高中及中专=3；大专及以上=4	2.89	0.91
技术人员数 X_{2i}	合作社实际技术人员数	9.93	7.23
社长年龄 X_{3i}	实际年龄	47.62	6.06
合作社规模 X_{4i}	合作社实际社员数	365.44	556.21
产学研合作水平 X_{5i}	无合作=1；水平低=2；水平一般=3；水平较高=4；水平很高=5	2.29	1.18
品牌 X_{6i}	无品牌=0；有品牌=1	0.79	0.40
政府支持力度 X_{7i}	无支持=1；力度小=2；力度一般=3；力度较大=4；力度很大=5	2.4	0.95

表6-13   虚拟变量赋值

地区	D_{8i}	D_{9i}	均值	标准差
浙江	1	0	0.343	0.474
江苏	0	1	0.328	0.469
四川	0	0	0	0

二　实证结果分析

本章运用 Stata 对调研的数据进行 Logit 模型分析。表6-14显示 Logit 模型回归分析的结果。模型1的皮尔逊 R^2 为0.86，Chi-square

为118.28；模型2的皮尔逊 R^2 为0.87，Chi – square 为120.30；模型3的皮尔逊 R^2 为0.92，Chi – square 为125.10。说明模型拟合较好，解释变量能得到较好的解释效果。

表6–14　　　　　　　　　　　模型回归结果

解释变量 （系数）	模型1			模型2			模型3		
	系数	Z 值	P 值	系数	Z 值	P 值	系数	Z 值	P 值
社长教育 年限（β_1）	2.28 *	2.11	0.035	2.53 *	1.97	0.034	3.02 *	2.20	0.028
技术人员数 （β_2）	1.18 *	3.05	0.002	1.21 *	2.50	0.019	1.8 *	2.28	0.022
社长年龄 （β_3）	– 0.202	– 1.19	0.235	– 0.19	– 0.67	0.629	– 0.37	– 1.59	0.111
合作社规模 （β_4）	– 0.0011	– 0.67	0.501	– 0.02	– 0.89	0.584	– 0.002	– 0.53	0.599
产学研合作 水平（β_5）				2.1 *	2.08	0.031	2.43 *	2.18	0.026
品牌（β_6）				– 0.32	0.73	0.615	– 0.38	0.65	0.634
政府支持 力度（β_7）				1.47 ***	3.21	0.000	1.87 ***	4.53	0.000
D_{8i}（β_8）							5.03	1.81	0.07
D_{9i}（β_9）							5.66	1.88	0.06
常数	– 7.09	– 0.95	0.34	– 8.63	– 0.59	0.732	– 10.71	– 1.16	0.245
皮尔逊 R^2	0.86			0.87			0.92		
Chi – square	118.28			120.30			125.10		

注：$*P < 0.05$，$**P < 0.01$，$***P < 0.001$。

（一）社长教育年限

从模型1、模型2和模型3中可以看出，合作社的社长教育年限对合作社自主创新具有正的显著性影响，这也比较符合预期。目前合作社社长在合作社的建立和发展过程中发挥了巨大的作用。因此，合作社社长的教育水平越高，越注重合作社的长远发展。在农业竞争领域，具有

较高教育水平的社长就更加注重合作社的自主创新。因此，假设命题
H1 正确。

（二）合作社技术人员数

合作社技术人员数量对合作社的发展具有正的显著性影响，比较符
合预期。由于合作社处于初级阶段，技术人才缺乏，合作社没有足够的
资金和条件吸引到优秀的人才。因此，技术人才对合作社的自主创新显
得尤为重要；技术人才越多，合作社进行技术创新的可能性就越大。因
此，假设命题 H2 正确。

（三）社长年龄

合作社社长年龄对合作社的自主创新没有显著影响，可能的原因是
由于从事农业的人员集中在 40—50 岁。调研的合作社样本中，社长的
平均年龄是 47.62 岁，年龄普遍偏大。因此，对合作社的自主创新没有
显著影响，假设命题 H3 不成立。

（四）合作社规模

合作社规模对合作社的自主创新没有显著影响，可能的原因是合作
社社员一般都是农民，社员数量的增加并不能显著提高合作社的自主创
新能力。在一定程度上，合作社人数的增加反而会增加合作社管理的难
度，面对技术创新公共产品特性，社员"搭便车"的行为更容易发生。
因此，假设命题 H4 不成立。

（五）产学研合作水平

产学研合作作为一种创新的重要手段和途径，通过合作社、高校、
科研院所的相互合作，实现优势互补，其实质就是把促进创新所需的各
种要素有效组合。从模型 2、模型 3 可以看出，产学研合作水平越高，
合作社可以从高校、科研机构获取更多的技术创新资源，从而合作社参
与自主创新的可能性越大。因此，产学研合作水平对合作社的发展具有
正的显著性影响，假设命题 H5 成立。

（六）品牌

从模型 2、模型 3 可以看出，品牌对合作社是否参与自主创新没有
显著影响。从调研的 137 家案例中，合作社拥有品牌的均值高达 0.79，
许多规模较小的合作社也积极培育自身的品牌。假设命题 H6 不成立。

（七）政府支持力度

从模型2、模型3中可以看出，政府支持力度越大，合作社参与自主创新的积极性越高。政府在合作社的发展过程中发挥了重要作用，如提供税收优惠、财政补贴等。同时，政府奖励合作社与高校、科研机构合作，为产学研合作提供资金保障，降低了产学研合作的风险。在调研案例中发现，许多合作社都接受了政府不同程度的资助，这也与预期吻合。因此，假设命题H7成立。

从模型3可以看出，D_{8i}、D_{9i}的系数在10%的水平上显著。说明相对于比较组四川地区，浙江、江苏地区合作社自主创新比四川地区好。从调研中发现，浙江和江苏地处东部沿海地区，经济比较发达，合作社发展起步较早，政府相对重视。如浙江省早在2004年就颁布了《浙江省农民专业合作社条例》。从数据中发现，江苏省的系数为5.661，高于浙江省。可能的原因是，虽然江浙地区合作社发展走在了全国前列，但是江苏省对合作社的技术创新较为重视，如江苏省科技厅启动建设科技型农民合作社项目等，对于合作社的技术创新项目投入较大。因此，江苏省合作社自主创新水平普遍较好。

三　研究结论

随着"科技兴农"战略的实施，使技术在农业生产中发挥越来越重要的作用。以浙江、江苏和四川三个地区137家合作社为调研数据，运用Logit模型分析合作社自主创新的影响因素。结果显示，社长的受教育水平、技术人员数、产学研合作水平、政府支持力度对合作社自主创新具有正的显著性影响；而社长年龄、合作社规模、品牌对合作社自主创新没有显著影响。同时，相对于四川地区，浙江、江苏地区农民合作社的自主创新水平普遍较高，江苏地区合作社自主创新水平高于浙江地区。并针对当前农民合作社自主创新能力不足、机制不健全等问题，提出相关政策建议。

第一，加大农村教育投入，重视农民合作社人力资本建设。合作社内部的技术人员数量对自主创新具有显著影响。鉴于当前合作社普通社员的文化素质偏低、科技人员数量偏少等问题，一方面政府要加大对农村教育的投入，采取灵活多样的培训方式，提高农民的文化教育水平。另一方面要加大宣传《农民专业合作社法》，普及合作社知识，培养农户的合作意识。从而逐步改善农村人力资源状况，推动农民合作社高质量发展。

第二，完善农民合作社的服务质量和服务范围。农民合作社自主创新在很大程度上依赖于农村精英的企业家精神。因此，需要提高农民合作社的服务质量和服务范围，吸引广大农村精英加入合作社并成为合作社的管理阶层，领导合作社实施技术创新战略。地方政府应加强对本地农民专业合作组织的扶持力度和政策引导，使专业合作组织不断发展壮大。而专业合作组织也要加强自己的"内功"修炼，逐步扩大服务范围、完善服务质量，从而增强专业合作组织的吸引力和凝聚力。

第三，政府针对合作社制定有效的政策。针对中西部地区，政府要加大财政倾斜力度，注重人员教育、培训等方面，使更多的优惠政策投向中西部地区。针对东部地区，政府也要注重合作社的自主创新能力建设，根据地区合作社自主创新中存在的问题，制定更加有效的政策。同时，政府应该积极引导合作社参与产学研合作，充分利用高校、科研机构的丰富资源，提高产学研合作的水平。

第五节　本章小结

农民合作社作为现代农业生产经营主体之一，其自主创新能力的提升关系到农业整体创新能力和合作社高质量发展。基于此，本章详细分析合作社自主创新方式及其影响因素。

第一，合作社自主创新方式包括技术能人主导型和合作社主导型。合作社自主创新能力的影响因素包括人力资本、结构资本和社会资本。其中人力资本包括合作社社长和普通社员；结构资本包括组织制度、组织文化、组织营销能力；社会资本包括政府支持、产学研合作和市场环境。研究发现：合作社社长的企业家精神能够强化合作社自主创新能力，普通社员素质偏低则会弱化合作社自主创新能力。组织制度创新强化合作社自主创新能力，组织文化弱化合作社自主创新能力，组织营销能力强化合作社自主创新能力。政府支持能够强化合作社自主创新能力，产学研合作强化合作社自主创新能力，市场环境强化合作社自主创新能力。

第二，合作社社长平均受教育年限为 2.89 年，合作社社长平均年龄为 47.62 岁，合作社产学研水平为 2.29，政府支持力度为 2.4。从影响因素来看，社长的受教育水平、技术人员数、产学研合作水平、政府支持力度对合作社自主创新具有正的显著性影响；而社长年龄、合作社规模、品牌对合作社自主创新没有影响。相对于四川地区，浙江、江苏地区合作社自主创新的水平普遍较高，而江苏地区的合作社自主创新水平普遍高于浙江地区。

第七章

以技术创新推动农民合作社
高质量发展的政策建议

习近平总书记指出，要突出抓好农民合作社和家庭农场两类农业经营主体发展，农民合作社发展对推进农业高质量发展具有重要意义。2019年经国务院同意，中央农办、农业农村部等11个部门和单位联合印发了《关于开展农民合作社规范提升行动的若干意见》，提出要扎实开展质量提升整县推进试点。深入开展农民合作社质量提升整县推进试点，发展壮大单体农民合作社、培育发展农民合作社联合社、提升县域指导扶持服务水平，创建一批农民合作社高质量发展示范县。2021年中央一号文件明确提出，推进农民合作社质量提升，加大对运行规范的农民合作社扶持力度。

我国加入WTO后，农业开始与世界农业接轨，农产品科技含量的高低直接影响了该产品的市场竞争力。而且一些进口国为保护本国产品，设置各种非关税壁垒，加大了我国农产品出口的难度。如浙江临海洞林果蔬合作社的西兰花在出口日本的过程中由于农药残留量未达该国规定的标准，受到百般阻挠。浙江温岭果蔗推出的新款"洁净果蔗"虽然在一定程度上方便了消费者的购买、携带和使用，但其保鲜技术与日本等其他国家的"低温配送"标准还相去甚远，在市场开拓方面依旧困难重重。我国传统的优势出口产品，如花卉、蔬菜、茶叶、水稻、水产品等，因技术原因受到限制，短期内难以扩大出口量。

在现有的制度框架下，要实现农民合作社高质量发展，合作社必须由"生产型"向"科技型"转变，提高合作社的技术创新能力，积极建设和培育科技型合作社。2009 年 10 月，江苏省科技厅下发了《关于组织申报江苏省科技型农民专业合作社的通知》，并启动了首批 116 家科技型农业合作社的建设。同样，国外也非常重视科技型合作社的培育，美国和欧洲等国家的新一代农民合作社基本都拥有较强的技术创新能力，合作社内部大多设有科研部门，合作社的功能也越来越向公司企业化方向转变。荷兰合作社大部分都建立了自己的加工企业和新产品开发研究中心。

为了增强我国合作社在国内及国际市场上的竞争力，增加农产品科技含量，积极实施"科技兴农"战略，技术创新成为目前合作社在经营和发展过程中重要的部分。因此，如何培育和发展科技型农民合作社成为提高合作社市场竞争力和促进合作社高质量发展的重要手段和保证。

第一节　科技型农民合作社的界定

为了贯彻"科技兴农"战略，部分农民合作社开始把技术创新作为合作社的一项战略来提升农产品的市场竞争力，将农业科技成果应用到合作社的生产和经营活动中，部分地区还创建了农业科技合作社。本章把这种为合作社社员提供农业科技成果与生产加工流通和市场一体化相结合的合作社称为科技型农民合作社。当然，纯粹为农民提供技术服务的农业科技合作社不在此范围之内。

科技型农民合作社是在探索农民合作社技术创新活动的过程中产生的。其特点是以提高合作社的技术创新能力为主，以市场为导向将合作社和农业科技紧密结合。吸纳了一些农业专家、农业科研院所、基层农业推广技术人员和掌握了一定农业技术的农村生产大户，带动广大的社员，最大限度地实现合作社农业科技成果的产业化。研发、指导、推广和培训农民掌握专业的农业科技知识，提高社员的劳动效率，降低生产成本，增加生产利润，增加农业加工产业链条的延长利润，更大限度地带动合作社社员致富，具有很强的生命力和发展壮大的潜力。因此，各级政府都积极引导和鼓励农民组建科技型农民合作社。科技型农民合作社，应该办成具有以下 4 个方面的特点。

①科技型农民合作社应吸纳农业专家、农业院校和农业科研机构等农业科技人员入股或入社，同时应聘用一部分农业技术人才，对社员进行培训，指导社员进行生产和劳动，为社员提供专业的农业科技服务。科技型农民合作社的从业人员中应安排一定比例的农业专业技术人员，这是区别于一般农民合作社的重要特点。如康宾纳合作社的6个成员都设立了新产品研制开发部，并雇用了相当数量的食品、化工等方面的专家。②科技型农民合作社应以科技为创新的原动力。科技型农民合作社主要应从事农业技术及农业产品的生产、加工、销售、服务和开发，其生产的农业产品附加值应高于一般的合作社，科技型农民合作社在农业科研人才的带动下，不断升华创新技术和思维，构造一个完整的农民合作社知识生产体系和农业科技创新体系，这也是它区别于其他农民合作社的本质特点。如西班牙蒙德拉贡合作社联盟拥有9个技术研究中心，研发出一系列高新技术产品，如开发一种自动化的斑马鱼滤水系统、关于卫生领域的芯片实验室微系统技术、微型制造技术、激光直接制造技术、燃料电池原型、光生伏打能量、智能型环境感知等。③科技型农民合作社应具有农业科技与市场经济一体化的特点。科技型农民合作社是把市场经济和农村社员生产相结合的合作社体制的实践者，应该坚持以市场为导向，以提高社员的生产效率和效益，以农业科技产品的商品化、产业化、利润化为经营目标，把农业产业生产与农业科技活动紧密结合，大胆地追求经济效益的最大化，敢于重利、谋利，为社员创造更大的财富价值。作为一个科技型的农民合作社制企业，形成一种科学的技术与生产、加工、销售和开发，专家技术人员与社员有机结合的运行机制。例如，吉林金惠农农村合作社作为一家集种子、农药、化肥、农业新技术研究、推广、经营于一体的科技型农村合作社，从事玉米超高产模式技术研究，采用多项专利技术成功地发明了玉米一埯双株、三株超高产栽培模式，已申请国家专利。④科技型农民合作社应该是强势群体的联合体，由强势群体的联合体来带动广大的弱势群体的农民共同致富。目前，国际合作社联盟的合作社是让弱势群体的农民联合起来组成合作社来形成强势群体，来对抗市场风险。但是在中国，由农民自发形成的弱势群体组合的合作社无法做大，农民对市场的风险意识不强，对农业技术的掌握水平不高，对产品的流通销售渠道不畅通等问题制约着

农民的生产和经营。而由一些有强大的销售渠道和网络的大户、有熟练掌握农业新技术同时又能够大规模开发种养的生产大户和有一定生产经营资金的农业龙头企业联合起来的强势群体作为生产经营的领路人，通过广泛吸纳大量农民组成的合作社，才能形成科技型农民合作社。例如，甘肃临泽县首家科技型农民合作社——银先葡萄合作社自 2007 年 7 月下旬正式运行以来，以独特的科技示范效益优势形成了较强的吸引力和凝聚力，使越来越多的农民受益增收。

2009 年 10 月 22 日，江苏省科技厅发布了《关于组织申报江苏省科技型农民专业合作社的通知》。根据其文件精神，科技型农民合作社除了具备一般农民合作社的特点之外，还应该具有以下四个特点：①规模：合作社有一定的资金、技术、设备、土地、建筑物等经营要素，入社成员一般在 100 户以上，带动农民 500 户以上，合作社年销售额达 500 万元以上。②成员企业的产业基础：合作社应该至少拥有 1 家具有加工销售能力的成员企业或具有较大规模的种养殖大户，且合作社成员企业实力较强，年销售额达 2000 万元以上，具有推动特色产业和合作社发展的能力。③科技活动能力：合作社具备开展各类科技活动的基础设施条件；每年推广应用新品种或新技术 3 项以上，培训农民 1000 人次以上；科技型农民合作社有稳定的技术依托单位，签订产学研合同；常年外聘具有中高级职称科技人员或科技特派员 2 人以上，每年吸引参与技术服务的科技人员不少于 10 人。④科技活动经济效益：通过科技活动的广泛开展，有效推动地方特色产业做大、成员企业做强和明显带动入社农民致富。按现有农民收入和物价水平测算，合作社帮助农民成员年均实现劳务收入 10000 元左右（其中苏南地区不低于 12000 元）。成员企业效益高于当地同类企业 10% 以上，入社农户人均纯收入高于当地农民人均纯收入 20% 以上，辐射周边农户年增收 10% 以上。

总之，科技型农民合作社是指经确认的具有较强依靠科技进步促进发展的意识，能积极开展多种方式的产学研合作，通过科技成果转化应用，带动农民致富取得明显成效的农业合作社。通过大力支持农业合作社开展产学研等科技活动、引导各类科技资源向科技型农业合作社聚集，培育创建可在面上推广应用的新模式、新典型，带动全省农民合作社走依靠科技谋发展的道路。在当前的市场经济条件下发展农民合作社，就应该把合作社和农业科技紧密结合，推动科技型农民合作社的发展。只有合作社成为农业技术的推广者和使用者，同时又是农业技术的承接者和开发者，才能把农民合作社办好办大。科技型的农民合作社要真正实现带动合作社农户社员致富，实现农业产业化与农产品工厂化和品牌化的最好载体。

第二节 科技型农民合作社的培育

合作社技术创新在制度安排上与传统的利润最大化企业相比，既存在优越性，也存在很大的缺陷，而且某些方面的不足严重阻碍了合作社技术创新的激励。各国政府对合作社的政策性扶持主要体现在法律保护和规范、税收优惠、金融准入以及财政资助等。然而，这些扶持政策的依据是什么，是否能从根本上促进合作社的发展，还是一个未知数。因此，本章以合作社的组织制度为出发点，以西班牙蒙德拉贡合作社为例，针对目前合作社技术创新过程中存在的问题，提出了相应的建议。

例如，2021 年，西班牙蒙德拉贡合作社联合社（以下简称 MCC）包括 96 个合作社、81000 名社员。在组织制度安排上，发扬了合作社进行技术创新的优势，通过政策措施避免了合作社技术创新的不足。目前 MCC 依靠技术创新取得了很大的成功，成为欧洲乃至世界最大的合作社集团，被美国《财富》杂志评为世界十大私人企业。根据 IBCA（国际银行评级机构）的评定，蒙德拉贡联合公司的信贷机构（劳动合作银行）已经成为欧盟盈利第三的银行。

持续创新是 MCC 的核心价值观之一，随着国际产业竞争的加剧，蒙德拉贡合作经济已经越来越需要依靠持续创新为其产业进步提供技术支撑。一是逐步建立创新体系。他们先后成立了 14 个研究中心，其中 2 家是集团级研究中心，其余分布在各个行业内，如自动化、光学、汽车、工具、装配等，创新队伍达 615 名专业人员，46 名实习生。二是持续加大创新投入，2005 年创新预算达 3813 万欧元，占工业毛利的 5.5%，年增 7.8%。三是注重科研长远发展规划。MCC 制定了 2005—2008 年科技计划。计划包含信息通信技术、能源、健康与生物、材料和制造系统、合作社经营管理等。计划由 23 个合作社参与，由 MCC 技术中心和蒙德拉贡大学的技术中心合作完成研究。

一 以新古典经济学理论为视角的分析

以 Ward – Domar – Vanek 模式的共营企业的新古典理论，在相同条件下，共营企业的规模一般低于传统的利润最大化企业，而其技术创新投入或技术创新激励高于利润最大化企业。相对于利润最大化企业，合作社倾向于投入更多的资金进行技术创新。因此，从新古典经济学理论的角度分析，合作社更加具有进行技术创新的激励（罗建利，2011）。

从新古典经济学出发，合作社进行技术创新时，其规模比传统的利润最大化企业小，但是其技术创新投入和创新激励比利润最大化企业大。在有利可图的共营企业中，当达到一定规模后，在任的成员宁愿通过以外在的机会工资雇用新的雇员，而不愿意其他社员加入，以完全平等的身份分享企业利润。因此，合作社在一个生命周期后，倾向于退化为利润最大化企业（罗建利，2011）。

蒙德拉贡合作社为了防止这种情况，采取两种方案。一是当合作社发展到一定规模之后，不继续扩大合作社的规模，而是让合作社之间进行合作，组成合作社联盟，蒙德拉贡合作社就是由 264 个合作社组成的联盟企业。二是让合作社组建成员企业，让成员企业为合作社服务，但其成员企业的经营方式同样遵循合作社的方式。

二 以产权经济学理论为视角的分析

根据产权学派的主要观点，模糊的个人所有权将导致共营企业出现技术创新投资不足，比如合作社内部的公共积累不足，以及外部的融资问题（罗建利，2011）。

（一）内部表现为技术创新的公共积累不足

造成农民合作社缺乏技术创新资金的主要原因是由于期界问题引起的。"期界问题"指共营企业现任员工在他们计划离开企业（或因为工作变换或退休）后从其投资回报中得不到收益，因此共营企业想靠牺牲当前员工工资来进行内部资本积累将是困难的。即在农民合作社内部，投资只能通过合作社剩余的提留来筹集。在所有权属于集体、个人所有权弱化的情况下，会造成合作社社员进行技术创新的投资不足，而且社员预计成员资格期限越短，"投资不足"程度越大。具体表现为不清晰的公共产权和投资收益权。因此，从产权经济学角度，技术创新作为一种企业内部的风险投资，具有较大的风险性。而且技术创新的投资收益权具有模糊的产权界定，社员往往更多地会采取年度的分红获得短期收益，缺少技术创新的投资激励。

蒙德拉贡合作社要求社员入社时，交纳的股金较大（相当于一年以上的工资），而将企业的资产分为个人资本账户和合作社储备资金。规定每年的年终分红（一般占纯利润的 40%—45%）记在个人资本账户上，而纯利润的 40%—50% 为合作社储备资金，是共有资产，每人有份但不可分割。这种合作社制度形成了明晰的产权制度，形成职工个人与企业兴衰息息相关、休戚与共的基础。因此，在明晰的产权制度下，消除了"期界问题"。合作社的储备资金，由于不可分割性，为技术创新提供了资金支持。

（二）技术创新过程中的外部融资存在道德风险和逆向选择

合作社作为一种共营企业，内部存在"工人雇用资本，资本不能雇用工人"，因此很难利用资本市场获得资本进行技术创新。①由于资本市场上的道德风险，银行往往把合作社置于机会主义之下。合作社社员有可能通过过度地提高工资将贷款转移为个人收益，或把贷款投资到高风险高回报的创新项目中去。②由于信用市场的道德风险，加上合作社缺乏实物资产作为抵押品，很难找到一种使银行相信他们没有机会主义的证据，从而限制了合作社的贷款能力，而且一旦合作社无力偿还贷款，银行将收回成员的个人抵押品，造成合作社社员个人财产丧失，使社员承担较大的技术创新投资风险。因此当缺乏技术创新资金时，合作社试图从外部资本市场取得贷款是很难的。

为了解决合作社技术创新的资金问题，蒙德拉贡的创始人阿里斯门迪建议成立一个金融机构，以资金及技术帮助其他刚起步的合作社。"劳动者银行"（Caja Laboral Popular）和技术指导局就在这种需要下成立了。它扮演了信用合作社及技术援助的角色。劳动者银行的主要部门有 100 多位职员，主要的工作是协助一些团体成立合作社，偶尔也协助一些既存的企业转型为合作社。劳动者银行协助这些团体从地点选择、市场分析、产品创新、厂房等建筑物规划，直到几年后财务与组织健全为止。而劳动者银行则要求这些新成立的合作社，必须成为蒙德拉贡系统的一部分，并且受劳动者银行的监督。这些企业合作社的盈余都储存在劳动者银行里，可以再投资产生更多的企业合作社。这种紧密且持续的与劳动者银行的关系，加上劳动者银行的经济与技术协助，是相当独特的，也是造成百分之百成功率的原因。

劳动者银行作为一家信用合作社，是一个由各个基层合作社控股的二级合作社，不仅吸纳社员的存款，还向合作社以外的经济组织和个体进行投融资。其功能是提供金融、技术及社会服务。它一方面使 MCC 具有了满足生产合作社信贷要求的金融手段，另一方面又由银行为新的合作社的组建与壮大起到了至关重要的作用，合作社之间的相互支持在很大程度上是通过劳动者银行实现的。对 MCC 来说，劳动者银行是它们联结的纽带，也是它们坚强的后盾和有力的保障。

第三节　农民合作社参与农业技术创新的激励机制

一　农民合作社技术创新激励的必要性分析

农业技术创新，由于其创新成果的非独占性、结果不确定性以及投资收益的长期性等因素造成技术创新动力不足，决定了必须对合作社进行技术创新激励。同时，由于我国目前合作社刚刚处于发展初期阶段，技术创新能力较低的现状也决定了合作社创新激励开展的必要性。

（一）技术创新收益具有非独占性

技术创新活动主要产生一种无形的知识，或者是生产某种产品的方法，它通过产品实物这一载体而体现出来。这种知识或方法可以被其他厂家通过正常或非正常渠道所掌握，分享这种知识所带来的收益。由于复制知识要比创造知识容易得多，所以模仿者可以在较少研发经费的情况下复制出来。由于合作社所涉及的技术创新一般是由公共部门引导下的，即使是合作社内部的自主创新或合作创新，其知识产权保护意识比较薄弱。尤其是作为合作社的内部成员普遍缺乏专利保护意识，造成其他合作社或私人企业可以无偿获取其创新成果。因此大多数合作社进行技术创新却无法独占其创新成果，导致大量的技术为其他组织无偿使用，从而加大了合作社技术创新的技术风险。

因此，知识产权，尤其是专利的出台，正是社会对合作社技术创新的一种激励措施。知识产权使技术创新者对其创造的知识拥有垄断的产权，以保护创新者的权益。

（二）技术创新从投入到产生创新收益的时间间隔长

要把一种新产品推向市场，需要研究开发、试验、试生产、营销等多个环节，这就使创新产品收益比成熟产品收益要晚。尤其是农产品技术创新，即使开发成功，之后的试验还需要相当长的时间。因此，合作社技术创新从投入到产生效益的时间间隔比一般合作社的时间间隔更长。

近几年来，随着农业科学技术的发展，尤其是基因技术、生物技术、杂交技术的发展，加上国外品种的引进，一些产量比较低、质量和营养价值不高的农产品逐步被新品种代替。当前各地农民为了提高收入，纷纷引进不同地区的新品种，利用技术创新技术种植不同地区的产品，以及种植不同季节的产品，对于增加农民收入是至关重要的。因此，随着新品种的更新速度日益加快，以往的品种也逐步退出市场，其生命周期也日益缩短。

（三）技术创新的不确定性

与成熟的产品相比，技术创新要经过多阶段，且不确定的程度高。①研究开发的不确定性。一种新方案往往要经过成百上千次的试验、探索，才能成功。失败是常有的事。相反，成熟技术就不存在这个问题。②试验和试生产阶段的不确定性。研究开发成果是在实验室特定环境里完成的，能否通过中试、小批量试制是一个不确定的问题。③市场的不确定性。一个产品从研制到投入市场的时间一般较长，但上市时的市场状况与上市前的状况相比又可能有很大变化。这种市场的不确定性有时造成新产品一开发成功就被淘汰。

在我国的经济现实中，技术创新的特征正从各个方面影响合作社的创新积极性。①侵犯知识产权的现象相当严重，使技术创新的非独占程度增加了。往往是一家合作社创新，许多合作社模仿跟随，使合作社的创新积极性大受影响。②为了避开创新收益晚的不确定性，合作社竞相进行引进再创新，引入成熟技术，这样做的结果虽扩大了生产能力，却不利于合作社自主创新能力的培育，更无法培育合作社的核心竞争能力。合作社没有自主产权的产品，产品缺乏国际国内竞争力。因此，不论是从合作社的长远利益还是从国家的长远利益来看，激励技术创新，特别是合作社的自主创新，非常重要。②已有的农业技术创新体系中，政府通过技术服务中介组织，或直接与农民进行对接的方式实施农业技术创新，导致技术提供部门不能很好地掌握农民的真正技术需求。一方面农业技术创新部门提供的创新技术与农业实际生产相脱离，农业科技成果的市场转化率低；另一方面作为农业科技需求主体的农户无法获得真正需要的农业技术。在农业技术的扩散过程中，由于新技术异质性，要使新技术能够有效地实现扩散和传播，其前提是传播方和接收方具有一定的同质性（M. Rogers and K. Larsen，1988）。在目前的农业技术扩散体系中，由于政府、技术服务中介组织、农民三者之间的异质性，存在较大的技术知识、技能的差异，导致由农业创新技术难以扩散，或扩散缓慢，严重制约了农业科技成果的市场转化率。③在实施创新技术之后，技术创新获得的收益必须在农民、农产品消费者和农业要素提供者三者之间进行分配。由于农户经营规模小、自身素质低的制约，使他们在三者中处于劣势地位，导致农业技术创新不一定能够增加农民收入。

二　农民合作社技术创新的激励措施

（一）产权激励

农民合作社或社员是否愿意进行技术创新，与其对技术创新收益的预期的收益比例直接相关。这就是创新者和创新成果的产权关系。因此，作为技术创新的主体，创新的动机取决于创新主体与创新成果的产权关系。

所谓产权，是指一个社会所强制实施的选择一种经济品的使用的权利。作为一种制度安排，由于产权规定了创新者与创新成果的所有和分配关系，产权自然就成为激励创新的选择。换句话讲，人类不断的技术创新和技术进步的过程，也是人们探索、发现创新激励制度的过程。人们选择了不同的技术创新制度，形成了不同的创新激励体系，也产生了不同的创新效果。

产权不明确仍是制约合作社技术创新的制度性障碍。合作社的产权界定不清晰主要表现在以下方面：①存在较大范围的共有产权。由于合作社实行自愿和开放的社员资格制度，为防止社员随意退出造成合作社资金的不稳定，合作社规定社员股金的一部分以及合作社盈余的一部分成为公共积累，即使社员退出合作社也不能带走。这种共有产权会造成合作社内部成员对共有财产的过度使用的"公地悲剧",以及外部成员加入合作社时,可以无偿获得这部分共有财产,会导致产权的稀释。②最典型的未清晰界定的产权是投资收益权,由于合作社的收益权必须与投资者对合作社的惠顾相联系,通过惠顾额返利间接体现,这会导致社员缺少投资激励。因此,由于"期界问题"的存在,社员很少真正关心合作社的效益问题,更不用说社员利用技术创新增加合作社的资产。

(1)农民合作社内部创新总收益的合理分配问题。由于传统合作社遵循"按惠顾额受益"的原则。然而,作为合作社内技术创新的主要参与者——技术能人或合作社管理人员不参与直接生产,或者即使参与生产,其产量与其他社员相差不大。导致创新者从"惠顾额"中获得的收益比一般社员还少,甚至没有,最终创新者自身无法获得技术创新成果的受益权。这种产权制度的安排会大大挫伤合作社的技术创新积极性。因此,为了激励合作社的技术创新,可以从以下角度进行改进:①允许技术入股。当合作社中的技术能人技术创新成功后,可以获得一定比例的股份,从而让创新者能够参与合作社的民主管理。②允许合作社技术创新的主要人员分享一定比例的创新成果的剩余索取权。通过制定政策并立法,允许合作社技术创新的主要人员分享一定比例的创新成果的剩余索取权,也就是给他们一定的产权份额,同时他们也应承担相应的创新风险,从而激励创新者的积极性。这种办法也可在一定程度上缓解合作社产权不明晰、技术创新激励机制不足问题。

(2)农民合作社的创新成果保护问题。由于合作社所涉及的技术创新一般是由公共部门引导的,即使是合作社内部的自主创新或合作创新,其知识产权保护意识比较薄弱。尤其是作为合作社的内部成员普遍缺乏专利保护意识,造成其他组织可以无偿获取其创新成果。因此,大多数合作社进行技术创新却无法独占其创新成果,导致大量的技术为其他组织无偿使用,从而加大了合作社技术创新的技术风险。因此,为了加强技术创新的独占性,就要大力开展有关知识产权法律、法规和规章的宣传活动;认真执行国家和省有关知识产权的法律、法规和规章,严肃查处专利侵权和违法行为,切实保护合作社和科技人员的权益。另外,各级科技行政管理部门要加强对合作社的宏观管理和指导,会同有关部门做好合作社的统计和监测工作，帮助解决部分科技型合作社存在的产权不清等问题。同时，合作社在开发出一项新技术后，要及时申报专利，避免不法之徒钻空子而造成不必要的损失。

因此，从产权经济学角度，技术创新作为一种合作社内部的风险投资，具有较大的风险性。而且技术创新的投资收益权具有模糊的产权界定，社员往往更多地会采取年度的分红获得短期收益，缺少技术创新的投资激励。合作社作为一种共营企业，内部存在"工人雇用资本，资本不能雇用工人"，因此不能利用资本市场获得资本，使合作社在与其资本来源的主要依赖对象——商业银行的贷款谈判中处于特别困难的境地。①由于资本市场上的道德风险，银行往往把合作社置于机会主义之下。合作社社员有可能通过过度地提高工资将贷款转移为个人收益，或把贷款投资到高风险高回报的项目中去。②由于信用市场的道德风险，加上合作社缺乏实物资产作为抵押品，很难找到一种使银行相信他们没有机会主义的证据，从而限制了合作社的贷款能力，而且一旦合作社无力偿还贷款，银行将收回成员的个人抵押品，造成合作社社员个人财产丧失，使社员承担较大的投资风险。因此，当缺乏技术创新资金时，合作社试图从外部资本市场取得贷款是很难的。由产权经济学理论出发，合作社由于产权不明晰造成"期界问题"。蒙德拉贡合作社要求社员入社时，交纳的股金较大（相当于一年以上的工资），而将合作社的资产分为个人资本账户和合作社储备资金。规定每年的年终分红（一般占纯利润的40%—45%）记在个人资本账户上，而纯利润的40%—50%为合作社储备资金，是共有资产，每人有份但不可分割。这种合作社制度形成了明晰的产权制度，形成职工个人与合作社兴衰息息相关、休戚与共的基础。因此，在明晰的产权制度下，消除了"期界问题"。合作社的储备资金，由于不可分割性，为技术创新提供了资金支持。

（二）市场激励

市场激励可以对技术创新的主体——合作社提供强大的动力和压力，以激励合作社的创新行为。合作社技术创新的市场激励主要包括：

（1）市场需求诱导。技术创新以需要为前提，市场经济主要是发挥市场在资源配置中的基础性作用，自发地产生需求，促进需求，表现需求。以市场需求为导向进行技术创新，无疑会减少创新的盲目性和市场风险性，增加满足需要创新的动机。

（2）市场竞争压力。竞争机制是市场机制的主要内容，是技术创新的外在激励因素。主要表现在：①市场通过竞争给合作社以外部压力，迫使合作社不断进行技术创新。合作社要想在激烈的市场竞争中立于不败之地，就必然要积极地进行科技创新，并将新技术成果及时投入到生产中去，才会降低生产成本，增加利润。②市场竞争可以减少技术创新的不确定性。技术创新不确定性包括技术不确定性和市场不确定性。在市场经济中，几家合作社为某一种新产品进行竞争性开发，好像是一种资源浪费，但实际上，几家同时进行会增加创新的路径，并营造一个竞争性环境，其目的在于争夺创新优先权的竞争，将大大提高创新的效率。另外，在一个良好的知识产权体系的前提下，完善的市场经济条件下，市场将公平地决定技术创新者的所得，创新者的目标是消费者对创新的接受程度，这是最有效的一种创新激励方式。③市场能自动地使合作社、个人甘冒创新风险，为创新提供动力。合作社常常因创新风险而因循守旧，不敢创新。但在市场经济条件下，创新也有巨大的吸引力，若创新成功，会因此获得巨大收益。正是对这种收益的期望，诱使许多合作社和个人进行创新。④市场把创新成功与否的裁决权交与消费者，这既达到使创新服务于消费者的目的，又达到引导创新的目的。

（3）利益驱动。在市场机制的条件下，合作社作为自主经营、自负盈亏的经济实体，以实现利润最大化为目标进行生产循环。合作社为了在激烈的竞争条件下求得生存和发展，只有进行科技创新，用高科技成果来武装自己，提高产品质量，降低产品成本，才能在竞争中获取更多的利益，否则，在激烈的市场竞争中，合作社最终难免会被淘汰出局。合作社的这种对高科技的渴求，必然会使合作社加重对科研与开发的投资，加大技术创新力度。同样，合作社社员作为技术创新的主体，也有自己的物质需要和精神需要。

（三）政府政策激励

政策激励的目的是弥补市场机制失灵，政府政策对合作社技术创新的激励是作为市场对技术创新激励的有效补充。特别是基础研究的保障、产业共性知识的提供、创新基础设施的建设和完善，往往由于较长的回报周期和较强的投资需求强度而为合作社所不愿或无力介入，必须依赖政府来加以组织。

政府政策激励是由技术创新的特性决定的。技术创新成果具有较强的外溢性，尤其对于农业技术创新，创新成果具有公共产品的性质。其他不付出创新成本的企业或合作社可以不同程度地利用创新者的成果获得收益。技术创新的外溢性，尽管对整个社会来说是有益的，创新成果的扩散能够最大限度地发挥技术创新的潜力。但是，这种不劳而获势必伤害到创新者的积极性，从而导致创新缺乏动力。所以，政府此时进行干预、采取激励措施被认为是合理的。这种激励可以是直接的，如直接投资于重大的技术创新项目，或采取政府采购的政策等；也可以是间接的，如在税收和贷款方面的优惠政策等。当然，还可以通过建立和完善知识产权法，达到对创新者利益的保护。

市场不能解决技术创新风险的承担问题。如前所述，合作社技术创新是一种高风险的投资活动。一旦技术创新失败，受损的是创新者；而一旦成功了，受益的却不仅仅是创新者，何况还有一个机会成本的问题。市场机制调节是以利益驱动为基础的，显然，这大大挫伤了创新者的积极性。政府可在这方面起非常关键的作用。或通过与合作社合资、合作；或通过采购合作社的新产品；或在产业政策上有所倾斜，如美国的计算机产业、韩国的汽车产业的发展都得益于政府的采购政策。

综上所述，要加快技术创新的进程，除了依靠市场的作用外，要借助政府行为促进市场体系的发育，更好地发挥政府的宏观调控职能，加强政策面的导向和支持。必须侧重考察政府制度安排对技术创新的诱发效应，从完善政策体系和制度体系，建立健全财税支持、金融支持、政府采购、风险投资体制和国家技术创新机制等方面，充分发挥政府对技术创新的激励作用，用非市场的方法形成有利于技术创新的政策法律环境，消除合作社技术创新的各种不确定性。政府对于合作社技术创新进行激励的政策工具主要有税收政策、政府补贴和政府采购三种。

1. 税收政策

技术创新是一种高投入、高风险的活动，通常投资者是否会对一项技术创新进行投资，取决于他对技术创新的预期收益和投资风险的权衡，而政府一系列的税收优惠政策能够有效地降低投资者的预期投资风险。税收优惠主要通过税收减免、纳税扣除、加速折旧等形式实现。

在税收优惠方面。对农民合作社销售本社成员生产的农产品，视同农业生产者销售自产农业产品，免征增值税。农民合作社向本社成员销售的农膜、种子、种苗、化肥、农药、农机等免征增值税，对农民合作社与本社成员签订的农业产品和农业生产资料购销合同免征印花税。

2. 政府补贴

政府补贴主要是政府财政对从事研发活动的合作社给予一定的补贴，以帮助合作社完成技术创新活动。

拓宽资金来源渠道，优先满足科技创新资金需求，形成政府扶持、金融支持以及社会资金相互促进、相互结合的长效投资机制。继续加强财政对合作社建设的保障能力，充分利用财政资金的引导作用，支持合作社开展技术创新与推广。例如，浙江省农技推广基金会温州执行部在支持合作社技术创新方面给予适当的资金支持，取得了很大的成果。平阳县雪雁蘑菇专业合作社，2003—2005 年通过浙江省基金会的两项资金资助，实施了高产蘑菇菌种筛选与蘑菇标准化技术服务体系的项目建设。目前，平阳县蘑菇种植面积从原来的 400 亩增加至 6570 亩，蘑菇产量 2.2 万吨，总产值 7070 万元，解决农村劳动力季节性就业人员 5.3 万人次，农民净增收 3812 万元，净收入年增长率达 23%，户平均净增收入 3.8 万元，使蘑菇发展成为平阳农业一大主导特色产业，真正起到了"建一个合作社，兴一个产业、活一方经济、富一方百姓"的作用。另外，农业部每年都会给予农民专业合作组织示范项目一定的资助，如2004 年三门县旗海海产品专业合作社在绿色食品认证、产品推介、建设营销网等项目上获得浙江省农业厅 20 万元资助，平阳县雪雁蘑菇专业合作社在引进新品种、购置制种和加工设备、建设信息网站、为成员开展生产技术推广服务等项目上获得浙江省农业厅 15 万元资助。

3. 政府采购

美国是最早认识到政府采购可以作为刺激创新的有力工具的国家，其采购政策对新兴产业的成长影响极大。美国的政府采购分为两种：一是直接采购，二是公共技术采购。直接采购中公共部门直接到市场上与生产者进行协商采购，不涉及第三方。

从市场经济的角度，"需求拉动"式的创新比较容易成功，即市场的作用是首要的，技术突破的"供给推动"作用是次要的。新技术新产品在商品化初期，由于用户和消费者接受新产品需要一个过程，初期市场有限，会对创新者构成很大的风险。技术经济学表明，即使创新成功后能为合作社带来超额利润，由于市场的缺陷，合作社也无法收回创新的全部利益，差额包括消费者剩余、使用创新产品的产业生产力的增加量和技术扩散的收益。制定符合本国的技术创新政策已成为现代政府的新职责，而利用政府采购杠杆推进技术创新、产品创新和产业结构升级，已是发达国家的普遍做法。

政府采购促进技术创新的理论机制。创新产品的市场需求不仅来自私人机构和个体消费者，也可能来源于政府公共部门。在市场经济发达国家中，政府采购了占 GNP15％甚至更多的商品与服务（美国技术创新经济学家纳尔逊认为政府采购的比例为 30％—50％）。在作为经济调节杠杆完成国民经济宏观调控功能的同时，政府通过创造一定的市场需求，成为技术创新活动的推进者。政府采购可以降低技术创新的风险。技术创新具有投入高、市场风险大的特点，依靠政府采购合同，合作社技术创新获得了可预期的稳定市场，只要合作社技术开发成功就能得到持续利润，从而大大降低了技术创新过程中的市场不确定性，降低了技术创新的市场风险。另外，大多数合作社研发经费有限，如何将其使用在拥有较高价值和市场前景的领域十分关键。作为个体的合作社技术创新决策者，由于存在市场信息不对称等情况，无法准确把握技术创新的市场动态，容易导致创新的决策失误。政府采购则能使合作社清楚确定政府所需要的创新产品的数量、质量、型号及相关技术要求，使合作社的技术创新明确了方向，避免研发投资的低效率，有效降低了创新决策风险。

因此，一方面政府采购仍然需要进行内部完善，为合作社的健康发展提供制度保障；另一方面政府采购要支持、引导和推动农民合作社的发展，尽可能地为合作社的发展提供宽松的政策和社会环境。采购监督管理部门应当为农民合作社进入政府采购市场提供指导和服务。为农民合作社与政府相关采购部门的对接提供平台，展示农民合作社的发展成果，增加农民合作社的销售渠道。帮助农民合作社的优质、高端、有机特色的农产品能够和政府采购对接成功。促进我国农产品质量的提高，农民合作社有机农产品的发展。利用政府采购直接扶植我国农业的发展，直接帮助农民解决产品销售难的实际问题，帮助农民将优质农产品卖上价钱。

第四节 本章小结

为了建立科技型合作社，实施科技兴农战略，本章首先采用已有科技型合作社的特点和申报原则，界定了科技型合作社的概念和特点。并从共营企业的新古典经济学学派、产权经济学学派、交易费用经济学学派、企业治理学派分析了科技型合作社进行技术创新激励的制度分析。在此基础技术上，以西班牙蒙德拉贡合作社为例，探讨了科技型合作社的培育对策，并提出相应的政策性建议。

第一，合作社技术创新在制度安排上与传统的利润最大化企业相比，既存在其优越性，但也存在很大的缺陷，而且某些方面的不足严重阻碍了合作社技术创新的积极性，而且合作社内部表现为技术创新的公共积累不足，技术创新过程中的外部融资存在道德风险和逆向选择。借鉴蒙德拉贡合作社的经验，培育科技型农民合作社。

第二，合作社技术创新存在创新收益具有非独占性、技术创新从投入到产生创新收益的时间间隔长和技术创新不确定性等特征并从产权激励、市场激励和政府政策激励三方面提出了政策建议。其中，产权激励包括合作社内部创新总收益的合理分配问题和合作社的创新成果保护问题；市场激励包括市场需求诱导、市场竞争压力和利益驱动；政策激励包括税收政策、政府补贴和政府采购。

第八章

农民合作社的技术溢出和
技术创新模式

在土地等硬资源日益减少的情况下，农业技术创新成为推进农业农村现代化的有力支撑，保持农业持续增长的关键生产力。然而在现有的农业技术创新体系中，由于文化素质、组织化程度及封闭经营的影响，松散的生产经营单位使农户很难获取相关的生产加工技术。农民合作社能够提高农业技术推广效率、降低推广成本，是实现农业技术创新体系社会化的重要前提，尤其是农业技术推广体系的重要组成部分（国鲁来，2003b）。合作社通过有效掌握农民的技术需求，促进农业技术引进和推广应用，加快农产品的标准化生产，提高农业技术成果的转化率，从而完善农业技术创新体系（李中华和高强，2009；潘代红，2009）。

合作社作为一种特殊的经济组织，既有一般经济组织（如企业）的共同属性，又有自身的特殊性。合作社的组织目标、雇佣模式、民主决策机制和利益分配方式都与传统企业存在较大的区别（Luo and Hu，2015）。本章利用多案例研究的理论构建方法，基于"创新模式—创新绩效—政策倡导"研究范式，从技术溢出视角，探讨农民合作社的技术创新模式和创新绩效，以此来回答：①合作社作为一种共营企业，其技术创新模式具有哪些特点，与传统的企业存在哪些不同？②合作社具有可持续发展的基因，其技术创新除了具有经济绩效，是否还有社会绩效？如何评估合作社的技术创新绩效？③农业技术创新具有公共产品的特性，公共政策应该给予适当的激励。从政策的细分性和适用性角度，应该如何根据合作社的技术创新模式制定相应的政策倡导，提高政策实施的针对性和有效性？

本章的理论价值和实践价值主要体现在：①揭示了合作社技术创新模式的"黑箱"，从技术溢出视角，构建了草根社会创新、草根商业创新、引进社会创新和引进商业创新四种新的技术创新模式，进一步丰富了草根创新理论。②根据合作社技术创新的溢出效应，突破了以往单纯从经济绩效角度探讨组织技术创新绩效的局限，引入三重底线绩效评估原则，研究合作社不同技术创新模式的经济绩效、社会绩效和环境绩效。研究结论不仅为合作社参与农业技术创新的模式选择提供了经验借鉴和理论指导，同时为政府制定相关政策提供了理论依据和决策参考。

第一节 国内外研究现状

企业技术创新模式已经得到国内外研究和实践领域的广泛关注，基于合作社的企业特性，具有独特的技术创新模式和创新绩效。本部分将对合作社的治理结构及其在技术创新体系中的作用和绩效进行文献回顾和总结。同时，进一步综述技术获取模式和技术溢出的概念、分类及其影响因素，为构建合作社的技术创新模式和创新绩效提供理论依据。

一 合作社的性质及其在技术创新体系中的作用

作为一种特殊形态的经济组织，合作社已成为公共部门、私人部门以外的第三部门的重要力量，发挥社会可持续发展的平衡器作用（黄祖辉和徐旭初，2006b）。作为一种典型的共营企业，合作社与传统企业在治理结构方面存在较大的区别（罗建利，2011）。首先，从所有权角度，合作社属于社员所有型企业，劳动雇用资本（中华全国供销合作总社国际合作部，2009）；而传统企业属于股东所有，资本雇用劳动（罗建利，2011）。从利益分配角度，合作社内部实行按惠顾额分配，合作社的目标是实现社员收益最大化；而传统企业实行按股份分配，其目标是股东收益最大化（Chapman and Christy，1989）。从决策角度，合作社内部成员地位平等，实行民主管理；而传统企业的决策取决于高层领导或资本所有（Soboh et al.，2012）。

我国以政府为主导的技术创新体系面临着严峻挑战，农民合作社在促进农业技术创新等方面的作用日益显著（李中华和高强，2009）。合作社不但能够参与公共决策，而且是实现农业技术创新体系社会化的重要前提，尤其是农业技术推广体系的重要组成部分（国鲁来，2003b）。合作社能够提高农业技术推广效率、降低推广成本（国鲁来，2003a）。合作社参与农业技术创新能够提高社会福利，降低农产品原材料价格，加快农业技术创新，提高农业生产效率（Drivas and Giannakas，2006）。从技术获取模式角度，合作社除了能够进行技术的引入和推广，少部分合作社甚至能够进行自主创新（罗建利和仲伟俊，2009；龚春红，2006）。从技术特征角度，合作社在产业共性技术和关键技术的开发与引进中起到重要作用，加快了农业技术创新的步伐（王爱芝，2010）。因此，合作社能有效掌握农民的技术需求，促进农业技术引进和推广应用，加快农产品的标准化生产，提高农业技术成果的转化率，从而完善农业技术创新体系（李中华和高强，2009；潘代红，2009）。

二 技术溢出和技术获取模式

本章将根据合作社的企业特性和农业技术创新的特点，从政策倡导角度，构建一种新的技术创新分类范式。首先，根据政策干预的经济学原理（Economic Rationale），技术溢出是技术创新政策制定的重要理论依据和参考。其次，目前关于外部获取模式，如技术推广等已经受到广泛关注。然而，除了外部获取，关于农业草根创新的政策倡导，以及关于农业技术推广的政策细分，需要进一步完善。鉴于此，为了厘清合作社技术创新模式的特征，对技术获取模式和技术溢出两个构念进行文献综述，根据已有的洞见找到特定思路来指导本章已提出的问题。

（一）技术溢出

技术溢出即技术的外部性，是指在贸易或其他经济行为中，先进技术拥有者有意识或无意识地转让或传播他们的技术（Cohen and Levinthal，1989）。Arrow（1962）认为技术发明或创新，在转化成产品和服务过程中会具有一般公共产品的特征，比如正的外部性、外溢性等，从而间接地增加其他企业和部门的收益。根据不同的指标，技术溢出有不同的分类。从技术溢出的范围角度，包括国际技术溢出、国内技术溢出、行业间技术溢出、行业内技术溢出四种形式（王恕立等，2002）；从技术溢出的渠道角度，可以分为贸易（Zhu and Jeon，2007）、国外直接投资（Potterie and Lichtenberg，2001）、高技能劳动力的移动（赵伟和李芬，2007）。从溢出的抽象角度，分为知识溢出、市场溢出和网络溢出（Jaffe，1998）。从溢出的具身性（Embodiment）角度，分为具身（Embodied）溢出和离身（Disembodied）溢出。技术溢出受到不同因素的影响，主要包括技术特征、市场和产业机构、知识产权保护、政府资金支持、研发伙伴关系、技术扩散机制和吸收能力（Medhurst et al.，2014）。

（二）技术获取模式

技术获取是企业提升产品或服务技术含量、积累关键资源，提升竞争优势的重要手段（Jones et al.，2001）。根据研究视角的不同，学者对技术获取模式进行了不同的分类。Zahra（1996）按照技术来源与企业边界的关系，将技术获取模式分为内部研发和外部获取两类，其中外部获取又包括许可、并购、雇用员工等具体形式（Leonard - Barton，1995）。Lambe 和 Spekman（1997）以及 Durrani 等（1998）认为技术联盟应当单独作为一种技术获取模式，即将技术获取分为内部研发、技术联盟和外部获取三类。根据企业在技术获取过程中自身研发力量的参与度，Cho 和 Yu（2000）将技术获取模式分为内部研发、合作研发和外部购买三大类（Hemmert，2004；Xinmin et al.，2007）。Hung 和 Tang（2008）等认为，最重要的三种技术获取模式包括技术许可、合作研发和联合投资。因此，归纳起来，目前主流的技术获取分类主要包括两种，一种将技术获取模式分为内部获取和外部获取两种方式（Belderbos et al.，2004；Leonard - Barton，1995；Zahra，1996）；另一种将技术获取分为内部研发、合作研发和技术引进三种方式（Hemmert，2004；Xinmin et al.，2007）。

企业技术获取模式选择受到众多因素的影响，总体上可以概括为企业特质、技术特性和环境特征三个维度（Cho and Yu，2000；彭新敏等，2007）。农民合作社作为一种典型的共营企业（罗建利和仲伟俊，2010），同样受到上述三个维度的影响。然而，由于农民合作社的发展正处于初级阶段，在技术创新领域尚未形成具有一定规模的研发团队，以及合作社所处的市场环境和政府支持力度与传统企业存在一定的差异性。因此，需要重新构建合作社技术获取的影响因素指标。

三 技术创新模式和创新绩效

企业技术创新模式的选择决定着企业经济活动的投入和产出。因此为获取竞争优势，企业在资源和能力有限的条件下需要对创新模式做出合理的选择。从创新程度角度，技术创新模式分为渐进性创新和突破性创新（Guisado - González et al.，2016）；从技术创新对象角度，技术创新模式分为产品创新和工艺创新（OECD/Eurostat，2005）；从创新诱因角度，技术创新模式分为技术推动模式、需求拉动模式、双驱动模式（Munro and Noori，1988）；从创新方法角度，技术创新模式分为模仿创新模式、自主创新模式以及合作创新模式三种（傅家骥，1998）。

技术创新能够提高合作社的市场竞争力，增加社员和周边农户的收入等（Luo and Hu，2015）。技术创新绩效指企业技术创新过程的效率、产出的结果及其对商业成果的贡献，包括过程绩效和产出绩效（孙林杰等，2021）。国内外学者主要从"效率"和"效能"两个方面进行衡量，其中"效能"侧重从绝对数上来进行衡量，如申请专利数量、新产品销售额、成本节省、能耗下降情况等。"效率"侧重于从技术创新投入与产出之间的相对关系进行衡量，如新产品销售额占总销售额的比例、新产品的市场占有率、新产品的开发速度、创新率、销售绩效和销售增长率等（Wan et al.，2003；Yam et al.，2004）。陈劲和陈钰芬（2006）认为，完整的技术创新绩效评价应该包括创新产出绩效评价和创新过程绩效评价两部分，并构建了企业技术创新绩效的评价指标体系，但该体系指标太多，实际应用中数据很难获得。中国合作社发展的初级阶段性质和合作社特殊的治理结构，以及农业技术创新的特殊性，决定了不能完全照搬传统企业的技术创新绩效指标。首先，目前我国合作社农业技术人员素质不高，很少合作社具有专利保护的意识，相关学者建议采用是否具有商标代替专利衡量合作社的技术创新绩效更为合适（黄祖辉和扶玉枝，2012）。其次，传统企业以新产品利润的增加作为衡量技术创新的一个重要经济指标，但合作社以追求社员收益最大化为目标（罗建利，2011），本章采取社员收入增加额作为技术创新的绩效指标。最后，传统企业大部分以经济绩效作为评价技术创新的绩效指标，而合作社本身具有可持续发展的基因（Cato，2009；Cato et al.，2007），除了能够创造经济绩效，还具有社会绩效和环境绩效。

第二节 案例研究设计

本章的主要目的在于根据技术溢出探究合作社的技术创新模式及其创新绩效。目前，关于这方面的研究还处于探索阶段，尚未形成成熟的变量范畴、测量量表和理论假设。因此，关于合作社的技术创新模式，需要提供新鲜的观点来建构和发展理论。另外，根据课题组的实地调查，很多农户或合作社成员由于知识结构、文化水平等约束，对技术获取模式、技术溢出、技术创新模式和创新绩效等相关构念的理解也不尽一致，甚至存在误解，直接设计无差异的结构化问卷对农户和社员进行大样本量化研究未必有效。鉴于此，本章与案例研究方法的优势有良好的契合度（Yin，2013），符合 Eisenhardt（1989）多案例对比研究的相关条件。

一 案例选择

Yin（2003）认为，在案例选择之前需要制定一套具有可操作性的标准，以区分适合作为研究对象的案例。因此，在案例研究中，选择样本的标准是根据案例的特殊性而非一般性，即所谓"探索性逻辑"（Yin，2013）。为了确保案例包含充足的研究数据以及数据的可得性，本章确定案例选择的标准如下：①所选案例合作社属于国家级示范性合作社，在该地区或该产业具有一定的代表性和典型性；②所选案例近几年具有实施技术创新的经历，并取得较好的创新绩效；③合作社治理结构完善，透明度较高，便于获取研究数据。根据上述标准，本章选择了50 家合作社作为研究对象。根据技术溢出和技术获取模式两个构念，构建四种技术创新模式，每种创新模式选择两个典型的合作社进行对比。遵循理论抽样的准则（Eisenhardt and Graebner，2007），兼顾案例的典型性及研究数据的可获得性，本章总共选择 8 个合作社作为典型案例（见表 8 - 1）。

二 数据收集

本章采用 Miles 和 Huberman（1994）的三角测量法，从多个来源获取研究数据，包括对 8 家合作社领导和技术人员的深度访谈、新闻媒体报道、部分合作社的网站资料和合作社内部文档等。本章采用嵌入式

表 8 – 1　　　　　　　　　　　　8 个典型的合作社案例

合作社	注册日期	产品	荣誉
旗海	2002.4	青蟹	国家级示范社，浙江省十大农产品品牌，中国具有影响力合作社产品品牌
虹达	2005.9	杨梅等	国家级示范社，省农业吉尼斯杨梅擂台赛荸荠种杨梅一等奖
梅堰	2003.4	蚕茧、蚕蛹	国家级示范社，全国第一家农民蚕茧合作社
雪雁	2002.4	蘑菇和蘑菇酱油	国家级示范社，承担科技部星火计划
恒衍	2007.10	鹌鹑	国家级示范社，科技部星火计划推广项目
鑫欣	2004.3	葡萄	国家级示范社，浙江省 3A 级信用企业、全国优质葡萄评比金奖
吴武雄	2010.12	水蜜桃	国家级示范社，省农业科技二等奖和省科技进步三等奖
忘不了	2012.10	柑橘	国家级示范社，荣获中国驰名商标和国家"863"项目

案例设计，以 8 家案例合作社为分析主单元，以案例合作社在技术创新过程中牵涉到的相关组织为嵌入式分析单元。原因在于合作社在创新过程中会与高校和科研院所、其他企业或合作社、社员和周边农户建立关联并进行交易，而这些相关组织在很大程度上影响合作社技术创新模式和创新绩效。因此有必要挖掘合作社与其他组织的合作关系，以形成对技术创新模式构建和创新绩效的整体性解释。

为了对 8 家案例合作社展开研究，由本书 2 位作者和 3 位硕士研究生组成了一个 5 人研究小组。为了在访谈前对案例合作社有一个比较全面的了解，研究小组先收集了大量的相关文档资料。通过中国知网 CNKI 数据库、中国农民专业合作社网和搜索引擎收集了各大数据库、报纸、网站等媒体有关 8 家案例合作社的新闻报道 85 篇，通过 8 家案例合作社的 3 家合作社官网收集到文档资料 35 篇，在走访合作社过程中收集到内部文档包括内部刊物、年度报告、技术资料等 112 篇。由于课题组成员对合作社的创新技术不熟悉，对案例合作社的每种创新技术，通过搜索引擎收集相应的技术文档资料。

在文档资料收集和阅读的基础上，研究小组成员先后赴 8 家案例合作社，对每家合作社 3—5 名成员进行深度访谈，包括合作社社长、理事长、技术人员（在部分合作社的社长兼技术人员和理事长时，再采访合作社的另一位领导）。访谈采用半结构化的形式进行，与每位访谈对象交流的时间通常持续 30—120 分钟。访谈过程由本书第一作者主持，3 名研究生同时记录，并在征得被访者同意后使用录音设备全程录音。

资料收集分 3 个阶段进行：第一阶段主要采用开放式的、有轻度指导的访谈辅以直接的实地观察，据此获得一手资料。这一阶段应用的访谈与实地观察能够保证获取合作社的所有技术创新活动，以及实现合作社技术创新的必要条件和相关影响因素。第一阶段结束后，对合作社技术创新活动进行梳理，从每家合作社各选择 2—3 项关键技术创新活动作为研究对象（具体的关键创新技术如表 8 - 3、表 8 - 4 所示）。第二阶段主要采用焦点访谈，根据第一阶段筛选的关键技术创新活动，对每项技术创新活动中的技术获取模式、技术溢出和创新绩效，及其相应的影响因素，进行深度访谈。在这一阶段，本研究基于现有理论与案例资料构建合作社技术创新模式的拓扑结构。第三阶段主要采用三角检验法检视案例资料自身存在的偏差、矛盾等，如一手资料与二手资料的出入。同时进一步调研与合作社具有合作关系的政府农业部门、高校和科研院所等技术供应方、周边农户等。

三　数据分析

数据收集之后，由课题组成员依次对数据进行编码，然后通过对不同成员的编码比较，消除不一致性。为了提高案例研究的信度和效度，本章采用 Yin（2003）提出的构念效度、内部效度、外部效度和信度四种评价指标进行数据收集和分析（具体操作过程如表 8 - 2 所示）。数据分析采用案例内分析和案例间分析的范式。首先，针对每个案例，3 名研究人员对不同来源的数据进行综合和交叉验证（Eisenhardt，1989），分别对 8 个案例进行案例内分析，刻画每个案例实施每种创新的技术获取模式、技术溢出及其相应的影响因素，以及技术创新的绩效，识别构念和构念之间的关系。数据分析的方式是归纳式的，尽量发现新的构念和关系，而非以预设的命题为导向。为了保证复制逻辑的独立性，我们并不关注对比不同案例的相似点和差异性。然后，对所有单案例分析完成后，开始案例间分析。借助于文献资料，利用大量的图表（Glaser and Strauss，2009），试图挖掘潜在的理论涌现（Eisenhardt，

1989)。最后，根据涌现的理论与文献进行比较，进一步实地补充数据，当新的数据无法进一步提供新的信息时，表示"合作社技术创新模式"在理论上饱和的（Eisenhardt，1989）。

表 8 - 2 案例研究的信度和效度

评价	作用	研究方案	阶段
构念效度	准确测量概念	三角测量法：多种渠道的数据来源（访谈、合作社档案、新闻报道、网络资料）	资料收集
		三个成员独立分析，然后进行分析结果的比较	资料分析
		多证据链来源：对每个合作社，至少采访三个负责人，形成互补性的访谈材料	资料收集
内部效度	确保观察的变量或事件具有因果关系	模式契合：检查案例资料与已有理论是否契合	资料分析
		建立解释：建立一种因果关系解释案例资料	研究设计/资料分析
		时间序列：通过对时间序列的分段解释建立事件之间的关系	资料分析
外部效度	研究结果所具有的类推范围	分析类推：明确每个案例之间的共性和区别	研究设计
		多案例复制：通过跨案例研究完成复制逻辑	资料分析
信度	研究过程的重复与复制	周详的计划书	研究设计/资料分析
		建立案例研究数据库，保证研究过程的可重复性	数据收集/数据分析

第三节　研究发现

经过案例资料的编码分析，我们发现，从合作社的技术溢出和技术获取模式两个构念，构建四种合作社的技术创新模式，对于理解合作社技术创新特征、创新绩效及其政策倡导具有更强的理论意义和现实意义。

一 技术获取模式

本章将合作社的技术获取模式分为内部获取和外部获取①。8个典型案例中，虹达、旗海、梅堰和忘不了4家合作社通过获取外部技术实施技术创新，恒衍、雪雁、吴武雄和鑫欣4家合作社能够通过内部研发实施技术创新。通过进一步挖掘案例资料和跨案例分析，我们发现合作社技术获取模式选择的影响因素主要包括企业家资本、政府支持和技术特征（见表8-3）。

表8-3 技术获取模式的影响因素

获取模式	案例	企业家资本	政府支持	创新技术	技术特征		
					距离	不确定性	研发成本
内部获取	恒衍	人力资本	资金支持	开发鹌鹑防病丹	低	高	低
				开发分辨雌雄鹌鹑技术	低	高	低
	吴武雄	人力资本	无	开发水蜜桃避雨栽培技术	低	低	低
	雪雁	人力资本 社会资本	资金扶持	开发生麦粒制菌种技术	低	低	低
				开发新型便宜的蘑菇原料	低	低	低
				开发鲜蘑菇杀青液制作蘑菇酱油	低	低	低
	鑫欣	人力资本	无	选育葡萄新品种——宇选No.1、No.4和No.5号	低	高	低
				开发大棚设施葡萄"节本增效"栽培技术	低	低	低
外部获取	虹达	社会资本	牵线搭桥	引进矮化栽培技术	高	高	高
				引进罗幔杨梅栽培技术	高	高	低
	旗海	社会资本	牵线搭桥	引进贝类产品净化加工设施	高	高	高
				引进拟穴青蟹网箱幼蟹中间培育方法	高	高	高
	梅堰	社会资本	牵线搭桥	引进优良蚕品种：菁松皓月、彩色茧蚕、抗性品种蚕、野三元蚕	高	高	高

---

① 通过对典型案例的研究发现，目前合作社的技术获取模式是内部获取和外部获取，部分合作社宣称的合作研发模式，起研发主导作用的还是高校和科研院所或其他企业，合作社在合作研发过程中，仅仅起试验示范作用。因此，本书将合作研发归入外部获取模式。

续表

获取模式	案例	企业家资本	政府支持	创新技术	技术特征		
					距离	不确定性	研发成本
外部获取	梅堰	社会资本	牵线搭桥	引进新桑品种：农桑14号和丰田2号	高	高	高
				引进苏州大学的接种新技术	高	高	高
	忘不了	社会资本	牵线搭桥资金扶持	从日本引进的柑橘晚熟栽培技术	低	高	高
				引进特早熟大分蜜橘（大分1号）	低	高	高
				引进现代化钢结构大棚、滴灌技术、地膜覆盖、测土配方施肥等	高	高	高

（一）企业家资本

企业家资本包括人力资本和社会资本，其中企业家人力资本包括教育水平、知识基础、技术能力、工作经验（西奥多·W.舒尔茨，1999）；企业家社会资本是指存在于企业家个人和社会单位拥有的关系网络中，通过这些关系网络获得并衍生出来的现实和潜在的资源的总和（李金玮和韦倩，2021）。在本章的8个案例中，企业家人力资本主要包括合作社领导的技术能力，社会资本主要包括合作社领导的社会网络关系。

目前中国合作社的发展还处于初级阶段，缺乏相应的研发团队，企业家资本成为决定合作社技术获取模式的关键因素。根据表8－3可知，恒衍、雪雁、吴武雄和鑫欣4家合作社社长均具有较强的技术能力。当在生产运营过程中碰到技术难题时，他们能够独立地开发相应技术解决其技术问题。尤其是恒衍合作社社长孙旭初具有遗传学方面的大专学历，在实践中逐步形成了较强技术能力，自主研发了幼雏肛检分辨雌雄方法、翻肛门分公母的技术、鹌鹑防病丹等多项发明专利。具有大学学历的雪雁合作社社长钱玉夫自主研发了生麦粒制菌种技术、茅草代替稻草技术、鲜蘑菇杀青液制作蘑菇酱油技术，并出版了4本蘑菇种植技术专著和3篇科技论文。虹达、梅堰、旗海和忘不了4家合作社社长由于没有相应的技术能力，无法独立研发相应的创新技术，然而，他们在合作社成立之前，或在合作社经营过程中积累了较多的社会资本，借助较强的社会网络关系，找到相应的技术供应方，通过技术引进方式获取创新技术。例如，曾任三门县商业局局长的旗海合作社社长叶亦国，借助社会网络关系资源，委托浙江省淡水水产研究所研发了拟穴青蟹网箱幼蟹中间培育方法和人工繁殖苗种养殖技术。梅堰合作社社长由于长期和苏州大学保持良好的技术合作关系，引进了"菁松皓月"优良新品、彩色茧蚕、抗性品种蚕、野三元蚕、新桑品种等新品种，以及蚕蛹虫草生产技术和接种新技术等。根据上述分析，我们提出如下假设：

P1a：合作社的企业家资本会直接影响技术获取模式选择。拥有较强技术能力等人力资本的合作社领导能够采用自主研发实施技术创新，具有较强社会关系网络等社会资本的合作社领导则更倾向于采取技术引进模式。

（二）政府支持

由于技术创新收益的外溢性，创新活动不仅对组织有利，而且能够促进社会的发展。从全社会的利益出发，政府应对组织的技术创新活动给予支持和鼓励。技术创新政策分为政府资助政策、税收优惠政策、政府采购政策、风险投资政策及企业服务政策等。在当前农民合作社规模小、创新能力有限的条件下，政府的政策导向能够对合作社的技术获取模式产生较大的影响。在8个案例中，政府支持主要体现为资金支持和社会关系网络支持。例如，在当地政府的牵线搭桥下，忘不了与中国柑橘研究所、梅堰和苏州大学、虹达与浙江省农业科学院、旗海和浙江省淡水水产品研究所，实施产学研合作，合作社通过引进高校、科研院所的相关技术，解决生产中的相关问题。因此，在政府的社会关系网络支持下，合作社倾向于采取外部获取模式。此外，在政府的资金支持下，合作社能够利用创新资金实施内部开发，或者从外部获取实施成本较高的创新技术。例如，雪雁合作社在国家级星火项目基金和地方政府的财政支持下，在创新过程中建立了技术培训中心、盐渍蘑菇加工厂、蘑菇麦粒栽培种的菌种厂、蘑菇种苗繁育实验场等，使创新技术获得了应用和推广。忘不了合作社借助于国家"863"计划的资金支持，实施柑橘信息化精准管理示范基地项目建设，引进现代化钢结构大棚，滴灌技术、地膜覆盖、测土配方施肥等创新项目。因此，在当前农民合作社规模小、创新能力有限的条件下，政府的政策导向能够对合作社的技术获取模式产生较大的影响。我们发现资金支持本身对技术获取模式没有直接影响，牵线搭桥能够帮助农业合作社找到合适的外部技术合作伙伴。根据上述分析，我们提出如下假设：

P1b：政府的政策导向影响合作社技术获取模式的选择。政府的牵线搭桥作用有利于合作社采取外部技术获取模式；由于目前我国合作社缺乏技术创新资金，政府的资金支持是合作社实施高投入技术创新项目的重要条件。

（三）技术特征

通过案例发现，技术不确定性、技术距离和技术研发成本三个方面的技术特征决定合作社的技术获取模式。

技术的不确定性使企业面临创新成本与风险增加的困境。当不确定性较高时，企业倾向于合作研发或外部获取以降低风险（Cho and Yu，2000）。然而，技术不确定性对合作社的影响并不大。相反，当不确定性较大，尤其是研发周期较长的创新项目，很多企业或科研院所反而不愿意从事技术研发。因此，技术的不确定性越高，当外部科研机构不愿意研发时，合作社只能通过内部研发获取技术。例如，鑫欣合作社社长认为，合作社的宇选 No. 1、No. 4 和 No. 5 葡萄新品种的研发，是在已有葡萄品种的基础上，经过杂交基因配对培育出来的，每次培育的不确定性太大，是否成功都需要一年的时间才知道结果。高校和科研院所不愿意做，合作社作为生产的第一线，更适合进行葡萄实验。

技术距离是指技术获取方所需技术与现有技术的近似程度（曲如晓等，2021）。技术距离越小，企业越倾向于内部研发，技术距离越大，企业越倾向于外部购买（汤建影，2012）。在三种技术获取模式中，尤其对自主研发的影响最大。主要是因为目前大多数合作社规模较小，缺乏技术创新能力和研发团队，只能对已有技术进行局部或少量改进，进行渐进性创新。例如，吴武雄合作社社长将葡萄避雨栽培技术应用到水蜜桃上，自主开发了水蜜桃避雨栽培技术，通过简单的改进增加了水蜜桃产量，延迟了水蜜桃种植成熟期。而旗海合作社在研发拟穴青蟹网箱幼蟹中间培育项目时，由于该技术与现有技术距离较大，研发难度大，合作社的创新能力不够，最终只能委托浙江省水产品研究所开发。

研发成本是指企业技术获取时的组织成本。当研发成本较低时，企业倾向于采用内部研发；当研发成本较高时，企业倾向于采用外部获取（Cho and Yu，2000）。合作社采取内部研发方式，由于缺乏相应的研发资金，一般只能选择研发成本较小的技术。因此，一方面由于资金是目前合作社发展的"瓶颈"，要在研发上进行巨额投资是不可能的；另一方面，较高的研发成本也会给合作社带来很高的研发风险。这些都会降低合作社进行自主研发的积极性。例如，恒衍合作社的鹌鹑防病丹、幼雏肛检分辨雌雄方法，鑫欣合作社选育葡萄新品种，雪雁合作社开发生麦粒制菌种、蘑菇杀青液制酱油，吴武雄合作社开发水蜜桃避雨栽培技术等，研发投入都很低，即使失败了也不会对合作社造成很大的资金风险。根据上述分析，我们提出如下假设：

P1c：技术特征，尤其是技术距离和研发成本决定合作社的技术获取模式。通常技术距离较大或研发成本较大的创新技术，合作社倾向于采取外部技术获取模式。合作社自主研发时只能选择技术距离较小和研发成本较低的创新技术。与一般企业不同，技术不确定性对合作社技术获取模式选择的影响相对较小。

二 技术溢出

在8个案例中，合作社的创新技术具有不同的溢出率。雪雁、虹达、吴武雄和梅堰的创新技术具有较高的溢出率，而恒衍、鑫欣、旗海和忘不了的技术溢出率相对较低。通过分析发现，决定合作社技术溢出率的因素主要包括知识的缄默性（Tacitness）、技术的具身性（Embodiment）、技术创新成本和专利保护（见表8-4）。

表8-4　　　　　　技术溢出的影响因素

溢出率	案例	创新技术	知识缄默性	具身性	技术创新模式	专利保护
高	雪雁	开发生麦粒制菌种技术	显性	离身	低	否
		开发新型便宜的蘑菇原料	显性	离身	低	否
		开发鲜蘑菇杀青液制作蘑菇酱油	显性	离身	低	否

续表

溢出率	案例	创新技术	知识缄默性	具身性	技术创新模式	专利保护
高	吴武雄	开发水蜜桃避雨栽培技术	显性	离身	低	否
	梅堰	引进优良蚕品种：菁松皓月、彩色茧蚕、抗性品种蚕、野三元蚕	显性	具身	低	否
		引进新桑品种：农桑 14 号和丰田 2 号	显性	具身	低	否
		引进苏州大学的接种新技术	显性	离身	低	否
	虹达	引进矮化栽培技术	显性	离身	低	否
		引进罗幔杨梅栽培技术	显性	离身	低	否
低	恒衍	开发鹌鹑防病丹	显性	具身	低	是
		开发分辨雌雄鹌鹑技术	显性	具身	低	是
	鑫欣	选育葡萄新品种——宇选 No. 1、宇选 No. 4、宇选 No. 5	隐性	具身	低	否
		大棚设施葡萄"节本增效"栽培技术开发研究	显性	离身	低	否
	旗海	引进贝类产品净化加工设施	显性	具身	高	否
		引进拟穴青蟹网箱幼蟹中间培育方法	显性	离身	高	是
	忘不了	从日本引进的柑橘完熟栽培技术	隐性	离身	低	否
		引进特早熟大分蜜橘（又名大分 1 号）	隐性	具身	低	否
		引进现代化钢结构大棚，滴灌技术、地膜覆盖、测土配方施肥等	显性	具身	高	否

（一）专利保护

专利保护是决定技术溢出率高低的重要条件。8 个案例中，恒衍和旗海两个合作社申请了专利保护，其技术溢出率较低。恒衍合作社研发的"鹌鹑防病丹"系列及"纯系初生鹑肛检分雌雄技术"，现已被科技部门列为"重点技术推广"项目，两项成果分别于 2011 年和 2012 年获得中国发明专利。旗海分别于 2009 年和 2010 年成功申请了"缢蛏穴居深度控制技术"和"一种拟穴青蟹网箱幼蟹中间培育方法"两项发明专利。根据上述分析，我们提出如下假设：

P2a：在农产品领域，合作社采取专利保护能够降低技术溢出率。

（二）技术的具身性

根据技术的具身性（Embodiment），合作社的创新技术可以分为具身（Embodied）技术和离身（Disembodied）技术。具身技术一般包含在面向产品市场的新的或改进的产品、系统和服务中。离身技术指相关的生产工艺和方法等。在 8 个案例中，雪雁、虹达和吴武雄 3 家合作社的关键技术属于离身技术，其他 5 家合作社的关键技术都属于具身技术。例如，虹达合作社引进的矮化栽培技术通过截干、整枝修剪、合理施肥、化学调控等技术控制树冠，把营养生长转化为生殖生长，能促进杨梅早结果。虹达合作社引进的罗幔杨梅栽培技术在杨梅采收 40—50 天前，用防虫网对杨梅进行全覆盖，不使用农药、激素和营养液。吴武雄合作社通过水蜜桃避雨栽培技术，在需要的时候给水蜜桃盖上避雨大棚，使水蜜桃免受雨水侵袭、病虫害，减少农业喷洒，实现了采收期的延长和产量的增长、果品的优质。上述三种技术由于属于离身技术，通过试验示范，其他社员和周边农户很容易学会并采纳，因而具有较高的溢出性。而旗海引进的贝类产品净化加工设施，忘不了合作社引进的现代化钢结构大棚、滴灌技术、地膜覆盖、测土配方施肥等，这些技术通常包含在具体的产品中，具有具身性，而且引进相应设备的价格较高，因此具有较小的溢出性。而梅堰合作社引进的优良蚕品种和新桑品种虽然属于具身技术，但是这些技术属于苏州大学的技术推广项目，因而具有较大的溢出性。根据上述分析，我们提出如下假设：

P2b：从技术的具身性角度，合作社的离身技术具有较大的溢出率；而具身技术的溢出率与技术创新成本和技术知识的缄默性相关。

（三）技术创新成本

技术创新成本包括材料费用、设备购置费用、场地等投入费用，以及重要的研发、管理、营销等人力资源的投入费用（宫兴国等，2009）。8 个典型案例中，忘不了和旗海 2 家合作社的关键技术都需要投入较多资金实施技术创新，而其余 6 家合作社仅仅投入较小的资金实施技术创新。例如，梅堰通过引进苏州大学优良蚕品种、新桑品种和接种新技术，合作社在消化吸收的基础上，培育蚁蚕、桑苗等，农户通过以较低的成本购买蚁蚕、桑苗等获取新技术。然而，忘不了合作社通过国家"863"项目的支持，花费 1000 多万元引进现代化钢结构大棚、滴灌技术、地膜覆盖、测土配方施肥等。旗海合作社通过几年的发展，积累了足够的资金，花费600多万元引进贝类产品净化加工设施。而其他合作社或个体农户因无法承担较高的技术创新成本，导致该技术具有较小的溢出率。根据上述分析，我们提出如下假设：

P2c：技术创新成本能够改变技术的溢出率。通常技术创新成本越高，技术溢出率越低。

（四）知识缄默性

知识按照缄默性分为显性知识和隐性知识。知识的缄默性能够影响技术的溢出率。例如，在梅堰和鑫欣两家合作社中，它们都具有较低的技术创新投入，创新技术也都属于具身技术，同时都没有申请专利。但是，鑫欣合作社的技术具有较低的溢出率，而梅堰合作社的技术具有较高的溢出率。造成它们之间差别的主要原因是两家合作社的技术具有不同的缄默性。梅堰的技术属于显性知识，更容易传播；而鑫欣合作社的技术属于隐性知识，不利于传播和溢出。正如鑫欣合作社社长所说："我们根本不需要申请专利，因为我们的技术很难被别人学过去。即使别人买了我们的葡萄种苗，但是在种植过程中，如果没有我的指导，根本达不到较高的产量，而我的技术只能亲自传授，不能从书上学。"因此，隐性技术知识与专利保护具有相同的效应，能够减少技术溢出。根据上述分析，我们提出如下假设：

P2d：技术知识的缄默性能够改变合作社的技术溢出，隐性技术知识的溢出率通常较低。

三 技术创新绩效

在进行初步数据收集过程中，课题组发现合作社技术创新绩效很难衡量。主要有以下三个原因：①目前鲜有文献探讨合作社的技术创新绩效指标；②由于合作社正处于发展的初级阶段，财务数据和销售数据不完整，无法获得合作社的技术创新数据；③合作社的办社原则和农业技术创新的特殊性，直接采用工业企业的技术创新绩效指标并不科学。鉴于此，首先需要建立合作社技术创新绩效的指标。为了防止受访者的回答受到课题组访谈成员的思维限制，课题组首先采用开放性问题的方法，请访谈对象说明合作社实施技术创新的好处，从而获得更广的绩效指标；然后，再根据企业技术创新的绩效指标，查漏补缺，进一步完善合作社的创新绩效评价指标。为了提高信度和效度，由课题组3名成员分别对农业政府部门、与合作社合作的高校和科研院所、合作社领导和合作社技术人员进行访谈。最后将访谈结果分别进行编码和归纳，结合三重底线绩效评估原则，采用经济绩效、社会绩效和环境绩效作为衡量合作社技术创新绩效的一级指标。其中，经济绩效包括合作社社员数量变化、合作社社员平均每月增收额、合作社品牌效应；社会绩效采用带动周边农户数量、产品质量和技术溢出率衡量；由于本章的8个案例隶属于不同行业，环境绩效很难进行跨案例间比较，因此环境绩效不进行具体比较分析。在合作社中，技术创新的经济绩效指技术创新给合作社带来的规模增加，提升合作社品牌效应，从而提高社员收入。社会绩效指该技术能够带动周边农户的收益，同时具有较大的溢出率（意味着能够带动更大范围的农户），为社会创造更多价值。通常具有高溢出率和带动周边更多农户收入增加的技术具有较高的社会绩效。如果溢出率较小，但能够带动周边的农户，则具有中等绩效。如果该技术溢出率较低，也不能带动周边农户，则具有较低绩效。

此外，由于本章的8个案例合作社，所属行业、创新技术特征差异较大，而且合作社技术创新的指标，在创新过程中没有进行相应的监测和记录，造成其技术创新绩效很难进行数量上的比较。鉴于此，本章采取Delphi法分别从经济绩效、社会绩效和环境绩效进行评审。首先将相应的技术创新二级指标，以及每个合作社的案例资料发给5位合作社领域的专家，包括2位市级基层农业部门干部、3位教授。专家组进行第一轮匿名评分，调查组对每一轮的专家意见进行汇总整理，并将整理过的材料再寄给每位专家，供专家们分析判断，形成新的论证意见，最终的结果如表8-5所示。

表8-5　　　　　　　　　　案例合作社的技术创新绩效

	指标	雪雁	虹达	吴武雄	梅堰	恒衍	鑫欣	旗海	忘不了
经济	社员数量变化（人）	0—1030	25—885	20—105	293—1150	168—633	7—111	13—228	8—143
	户增收/月（元）	1250	2500	1500	2700	4000	4100	3000	5000

指标		雪雁	虹达	吴武雄	梅堰	恒衍	鑫欣	旗海	忘不了
经济	品牌	注册雪雁商标	温州市品牌，浙江省十大杨梅品牌	注册了"虎桃"商标	注册"苏韵"商标	注册"恒衍""孙渡汉太"，远销英、美及加拿大	"联宇"牌葡萄已获得浙江省著名商标	浙江省十大农产品品牌，省著名商标，全国鲜食葡萄评比金奖、南方精品葡萄评比第一名、浙江省葡萄擂台赛10个金奖	中国驰名商标
	技术标准或论文	发表论文3篇，专著3本，制定1个标准	无	制定穆阳水蜜桃应用标准（5个子标准）	无	申请"鹌鹑防病丹"系列及"纯系初生鹌肛检分雌雄技术"，制定了《鹌鹑无公害标准化养殖技术规程》	发表论文20余篇	制定6个绿色、有机产品生产标准	制定果品质量技术标准
	总评	低	中	低	中	高	高	高	高
社会	带动周边农户数（户）	1.5万多	1500	380	2000	1.2万	300	1100多	3000多
	产品质量	无公害	无公害	无公害	无公害	无公害	绿色	有机	绿色
	溢出率	高	高	高	高	低	低	低	低
	总评	高	高	高	高	中	中	中	中
环境	减少环境污染	利用茅草和废弃资源增值	无农药喷洒	无	桑园绿化	无	无	减少海水污染	无
	总评	高	高		高			高	

第四节 讨论

根据技术溢出、技术获取模式、技术创新模式、创新绩效等构建了构念之间的因果关系图（见图 8 - 1）。

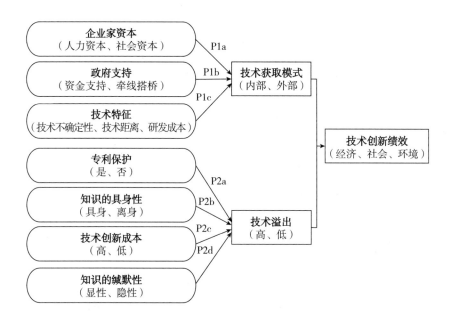

图 8 - 1 合作社的技术创新模式和绩效的因果模型

一 技术获取模式和技术溢出

（一）技术获取模式和草根创新

根据图 8 - 1 可知，合作社的技术获取模式选择受到企业家资本、技术特征和政府支持三方面因素的影响。相对于传统的利润最大化企业，合作社的技术获取模式选择具有独特的特性。

从企业家特征角度，合作社技术能人，尤其是合作社社长的技术能力是实现内部研发的关键因素。一般情况下，传统企业的技术研发由企业的创新团队完成（Kim et al.，1999）。但是在合作社内部，其技术获取模式选择不是受到合作社研发团队的影响，而是受到合作社内部草根人物，尤其是合作社社长的技术能力的影响。其主要原因是合作社成员在生产中保持相对的独立性（黄祖辉和徐旭初，2006b），缺乏科研团队，决定了合作社的技术创新活动一般由技术能人通过自发地、兴趣导向或问题解决导向的驱动，而不像一般企业由技术创新团队实施。从技术特征角度，合作社的技术创新问题主要源于生产实践，与现有技术的技术距离小，决定其技术创新属于金字塔底层的创新（罗建利和仲伟俊，2009）。从创新投入角度，合作社的决策机制是"一人一票"或"一股一票"，加上农民的风险规避性，以及只注重眼前利益（黄祖辉等，2002），导致合作社不会将大量资金投入技术创新活动（Luo and Hu，2015）。相对于企业技术创新，合作社的技术创新活动成本投入较低。从创新绩效角度，相对于传统的利润最大化企业，合作社具有可持续发展的基因，更加注重技术创新的社会绩效（Howaldt et al.，2010）。因此，合作社的技术创新属于典型的草根创新（Smith et al.，2014）。

（二）技术溢出和社会创新

由图8-1可知，技术具身性、技术创新成本、专利保护和技术知识的缄默性决定合作社创新技术溢出的高低。

首先，根据P2b，合作社的离身技术具有较高的溢出率。但在传统的企业中，由于离身技术更容易作为一种企业机密保存在企业内部，具身技术的溢出率比离身技术高（Jaffe，1986）。由于农业技术的特殊性和合作社的办社原则（中华全国供销合作总社国际合作部，2009），一方面农业离身技术很难申请专利或版权，另一方面合作社的教育、训练与宣导原则，社间合作原则和关怀社区原则（中华全国供销合作总社国际合作部，2009）决定了这种技术在合作社中更容易传播。因此，农业领域离身技术通常比具身技术具有更高的溢出率。例如，拖拉机、新品种种苗和新品种的杀虫剂或化肥属于具身技术，而改善灌溉调度的新方法则属于离身技术。很多离身技术通常属于一些实践性的知识，在农民群体中更容易传播（Sunding and Zilberman，2001）。正因为农业离身技术的高溢出性，创新者很难从技术创新中获得相应的收益，因此农业离身技术创新表现出投资不足的现象，缺乏激励。其次，由于农业企业（包括合作社）的规模和资金限制，无法承担高投入的技术创新项目。技术创新成本能够改变农业技术的溢出性。技术创新成本越高，技术溢出率越低。最后，与传统的利润最大化企业一样，合作社的技术溢出受到专利保护的影响。在传统企业中，某种情况下，较强的专利保护制度反而会造成较大的研发溢出（Coe et al.，2009）。实证表明，专利保护仅仅能够在短时间内控制技术溢出。从长期看，在专利保护过程中，相应技术必须进行知识编码，变成显性知识，产生更大的溢出。然而，与传统企业的专利保护效应不同，在农产品领域，由于农民整体素质的制约，合作社实施专利保护确实能够降低技术的溢出率。

因此，根据上述分析，相对于传统企业，合作社实施技术创新，相当一部分具有较大的溢出性，主要原因如下：①当合作社采取内部技术获取模式时：首先，合作社的办社原则，决定了合作社的技术创新成果除了提高合作社及其社员的效益，同时能够带动周边的农户，即合作社的技术创新具有很强的社会性，具有社会企业（Social Enterprise）的性质（Roelants，2009）。其次，合作社的企业文化具有宗族文化和乡村文化的特点，技术能人为了提高在社会团体中的声誉，倾向于分享自身的技术创新成果，或者带动周边农户分享技术创新所带来的成果（黄祖辉和扶玉枝，2012）。最后，大部分农业技术创新属于准公共产品创新，相对于工业技术创新，具有较大的溢出性。因此，合作社作为一种社会企业，其技术创新具有社会性。②当合作社采用外部技术获取模式时，政府和科研机构在技术创新中起主导作用，合作社在技术创新体系中起宿主（Host）作用，即政府通过科研经费资助高校和科研院所进行基础研究和应用研究，高校和科研院所在研发成功后，需要进一步利用合作社平台实施技术成果转化。合作社在技术推广过程中进行了试验示范、技术培训等活动，加快了农业技术的扩散和溢出（罗建利和仲伟俊，2009）。综上所述，具有高溢出率的技术创新具有社会创新（Social Innovation）的性质，而低溢出率的技术具有传统企业商业创新（Business Innovation）的性质。因此，从技术溢出的角度，本章将合作社的技术创新分为社会创新和商业创新。

二 技术创新模式拓扑结构

根据上述的技术获取模式和技术溢出两个构念，我们构建了4种类型的合作社技术创新模式（见图8-2）：草根社会创新、草根商业创新、引进社会创新、引进商业创新。

技术溢出率	内部	外部
高	草根社会创新（雪雁、吴武雄）	引进社会创新（虹达、梅堰）
低	草根商业创新（恒衍、鑫欣）	引进商业创新（旗海、忘不了）

技术获取模式

图 8 -2　合作社技术创新模式的拓扑结构

（一）草根社会创新

8 个典型案例中，雪雁和吴武雄两家合作社落在“草根社会创新”象限中。一方面，两家合作社社长借助于自身的技术能力和经验，通过内部研发获取相应的技术。另一方面，两家合作社负责人的技术创新活动除了提升自身和合作社的收入水平，同时具有大公无私的精神。技术创新成功后，对相应的技术并没有申请专利，而是将相关技术无偿进行推广，其创新技术具有较大的溢出性。

例如，吴武雄的“水蜜桃避雨栽培技术”能够大幅度提高水蜜桃的质量和价格，提高社员收入，同时该技术具有很大的溢出效应，有利于农业技术的推广，提高其他地区农户的收入。雪雁合作社利用生麦粒制菌种技术的研究，大大简化了操作程序，降低了生产成本，种出来的蘑菇品质也有很大提高。现在这项技术已经在全国种菇业中推广使用。雪雁利用鲜蘑菇杀青液制作蘑菇酱油等，使废弃资源转化增值。这些技术具有较大的溢出效应，提高其他地区的蘑菇种植户收益。同时，该技术通过废物回收，变废为宝，提高了环境效应。因此，雪雁和吴武雄两个合作社的技术创新模式属于草根社会创新，同时具有草根创新（Monaghan，2009）和社会创新（Kebede and Zizzo，2015）的特性。

定义 1：草根社会创新指由草根阶层根据个人兴趣导向，或者解决日常生活或生产中的问题为出发点，其创新成果通过自下而上的扩散，具有较大的溢出效应，致力于社会可持续发展。

（二）草根商业创新

恒衍和鑫欣两家合作社的技术创新属于草根商业创新。一方面，合作社社长等草根人物通过内部开发实现技术创新；另一方面，他们将技术创新成果商业化，在合作社内部实现企业化运作，在提升社员福利的同时，提高草根人物自身的收益。在草根商业创新中，草根人物往往通过内部开发，将创新成果内部化，利用专利保护或者将创新成果具身化，降低技术溢出率，使外部竞争者很难从具身技术中获得溢出效应。例如，恒衍合作社社长为了解决鹌鹑产蛋高峰期染病的问题，将中兽医理论用于鹌鹑病害防治。本着全面、科学、辩证的原则和"古方不能尽治今病"的道理，他对自己的配方进行反复筛选、增减、完善，经过长时间的摸索，终于开发了中草药配方。本来该重要配方是一种离身技术，具有较大的溢出率。但是社长为了将技术创新内部化，研发出了健鹑散、开产灵、增蛋宝等一系列用纯草药防病害的"鹌鹑防病丹"，将离身技术变成具身技术，并申请了相关专利，成功实施了商业创新，为合作社和自身获得了较大的收益。

定义2：草根商业创新指由草根阶层根据个人兴趣导向，或者解决日常生活或生产中的问题为出发点，创新成功后将技术成果商业化，从而为组织或个人获得相应的技术创新收益，具有较小的溢出效应。

（三）引进商业创新

旗海和忘不了合作社的技术创新属于引进商业创新。一方面，合作社从高校、科研院所或其他机构引进相关技术，通过试验示范等过程实施技术创新；另一方面，引进的技术具有较小的溢出效应。例如，旗海合作社投资600多万元的贝类产品净化加工设施，对贝类进行脱泥和包装精加工，除去细菌和重金属，经过净化上市，无论价格还是销量都获取了很大的提升。旗海获得了核心竞争力，仅此一项就为社员和当地农户每年增加收入500多万元。忘不了合作社通过国家"863"项目支持，花费上千万元引进现代化钢结构大棚、滴灌技术、地膜覆盖、测土配方施肥等，配置了高科技管理设备（有气象采集站、智能控温、控湿、控光等仪器设备自动采集、处理）的智能温室基地；引进浙江大学研制的农业物联网系统，通过自动化地调控大棚设施、温度等，数字化地控制水果综合生态指标，最大限度地满足果树和果实优质高效生产的需要，提供给果树和果实最适宜的生长环境，对基地日常管理工作进行远程控制使管理技术达到精准、高效、节本，从而让植物的成熟季节提前，大大提升了柑橘的价格和质量。因此，旗海和忘不了引进的技术需要较大的创新资金投入，一般的小企业或合作社无法承担巨额的创新投资费用，其技术创新溢出相对较小。

定义3：引进商业创新指组织从外部获取相关技术后，通过消化吸收等过程在组织内部推广，实现技术成果的商业化，通过技术创新提升组织竞争优势，获取相应的创新收益。

（四）引进社会创新

8个典型案例中，虹达和梅堰采取引进社会创新方式。合作社通过产学研合作，从高校、科研院所或其他组织引进相应的公共技术，通过试验示范实施技术创新。例如，在苏州大学技术成果转化过程中，梅堰在当地政府的帮助下与苏州大学实行产学研合作，从苏州大学引进高产优质优良蚕种，包括"菁松皓月""彩色茧蚕""抗性品种蚕""野三元蚕"等优良新品，纯天然色泽彩茧等；在老桑改造和新桑拓植中，合作社大规模从苏州大学引进推广农桑14号、丰田2号等新桑品种，提高亩产叶量15%以上，并增强了对细菌病等的抵抗能力，奠定了蚕茧优质高产的叶质基础。因此，在引进社会创新中，大部分技术来自高校和科研院所、政府等农业技术推广和农业科技成果转化项目，具有较大的溢出性。

合作社通过获取外部技术实施技术创新过程中，政府和科研机构通常起主要作用，合作社在技术创新体系中起到宿主（Host）作用。即政府通过科研经费支撑高校和科研院所进行基础研究和应用研究。研发成功后，需要寻找载体实现技术成果转化和利用。因此，合作社作为联系科研机构和农户的中间组织，通过进一步的试验、示范，提高农业技术推广的效率。

定义4：引进社会创新指组织从外部获取相关技术，并通过试验示范等过程在组织内部推广成功后，进一步带动其他组织或个人使用创新成果，从而提高技术创新的溢出效应，具有较强的社会性。

三　技术创新绩效及其政策倡导

在建设可持续发展的社会中，社会企业家发挥了重要作用（Chatzichristos and Nagopoulos，2021）。传统企业一般更加关注企业的经济绩效。农民合作社，作为一种社会企业，会平衡经济绩效、社会绩效和环境绩效三重底线（Cohen et al.，2008；Schaltegger and Wagner，2011）。根据上述分析（见表8－5），可以得出不同技术创新模式的创新绩效（见表8－6）。

表8－6　　合作社不同创新模式的技术创新绩效和政策倡导

创新模式	经济绩效	社会绩效	政策倡导
草根社会创新	低	高	对合作社的创新成果给予事后补贴
草根商业创新	高	中	加强产学研引导，进一步深化创新成果
引进社会创新	中	高	对科研机构进行项目经费补助，同时注重技术成果转化，通过牵线搭桥，为合作社合作合适的技术合作伙伴
引进商业创新	高	中	引导产学研合作，强化技术成果转化

由于其他组织能够无偿地获得技术溢出，合作社的技术溢出效应为制定相关技术创新政策提供了依据（Los and Verspagen，2009）。技术溢出涉及效率和激励之间的平衡，当组织能够完全获得技术研发的收益，即没有技术溢出时，就解决了技术创新的激励问题，但是会造成社会绩效低下（Arrow，1962）。然而，当溢出过高时，组织就缺乏激励从事技术研发活动（Spence，1986）。从技术的具身性角度，由于离身技术创新很难将创新成果转化为最终销售的产品，具有较大的溢出性。因此，离身性创新通常属于公共行为。而具身技术创新通过知识产权保护等方式能够获得较大的收益，私人部门一般倾向于实践具身技术创新（Sunding and Zilberman，2001）。

相关研究表明，政策制定者在制定技术创新政策时，应该考虑技术创新政策的适用性。一方面，技术创新政策应该适应特定的企业类型，政策的刺激作用对不同类型的企业，效果是不同的（Pavitt，1984）。因此，针对农民合作社，政府应该制定适合合作社的技术创新政策。另一方面，同一技术创新政策对不同技术创新模式的作用效果是不同的，当技术创新政策不适应技术创新模式，将无法获得预期的技术创新效果

（Pavitt，1984）。因此，技术创新政策制定者应该根据技术创新模式和合作社企业特征制定相关技术创新政策。针对合作社的四种技术创新模式，根据其经济绩效和社会绩效，本章提出了如下政策倡导（见表8-6）。

在草根社会创新中，合作社通过草根创新自主研发相关技术，并通过试验示范进行推广。一方面，合作社内部研发的成果具有较大的溢出效应，能够提高社会福利，该创新具有较大的社会绩效。另一方面，草根社会创新模式在实施技术创新过程中需要投入人力和技术创新资金，而技术创新成果具有较大的溢出性，从长期看并不能提升合作社的竞争力，草根社会创新模式具有较低的经济绩效。基于此，一方面，政府应该对合作社的创新行为事后给予较大的资金补偿；另一方面，政府可以从精神或物质层面对合作社的草根创新者予以激励。

在引进社会创新模式中，合作社通过引进科研院所或其他组织的技术，根据区域环境进行试验示范，提高了科研成果转化率。不但能够带动周边农户利用技术创新提高收益，而且创新技术具有较高的技术溢出效应，提高了整个社会的福利，具有很高的社会绩效。引进社会创新模式的经济绩效则处于中等水平，由于合作社不能独占这些技术的创新收益，从长期看不能形成相应的竞争优势。这种模式下，高校和科研院所在政府纵向科研经费资助下实施技术研发，研发成功后通过合作社等中介组织进行技术成果转化。目前，我国的高校和科研院所研发了很多科技成果，与发达国家科技成果转化率超过50%相比，我国的科技创新资源的浪费十分严重。因此，政府应该在做好项目资助和验收的同时，注重技术成果转化和技术成果产业化，鼓励科研院所通过合作社平台进行技术推广。

在草根商业创新模式中，合作社通过草根人物自主研发相关技术，并将创新技术商业化。由于该技术同时具有较小的技术溢出率，合作社能够独占技术创新的收益，具有很高的经济绩效。同时，草根商业创新也能够带动周边农户利用其创新成果提高农户收益，具有一定（中等）的社会绩效。目前合作社缺乏研发团队、研发资金和研发设备。单靠技术能人的草根创新，技术含量较低。因此，在已有创新成果的基础上，政府应该进一步鼓励合作社与其他科研机构实施合作创新，通过资源互补，进一步提升已有技术的科技含量。

在引进商业创新模式中，合作社通过将外部的技术创新成果商业化，降低创新技术的溢出效应，合作社能够借助创新技术形成相应的竞争优势，获取创新收益，具有较高的经济效益。同时，合作社能够带动社员及其周边农户共同致富，具有一定的社会绩效。在该模式中，创新成果主要来自两个方面：营利性科研机构（与旗海合作的浙江水产品研究所）和政府资助的非营利性科研机构（与忘不了合作的中柑所、浙柑所等机构）。对于非营利性科研机构的研究成果，政府应该提高技术成果转化率和技术推广的覆盖面。对于营利性科研机构的成果，如果该技术具有社会绩效和环境绩效，在合作社引进和推广过程中，政府应给予相应的资金配套予以支持。

第五节　本章小结

一　结论

农业技术创新的独特性和农民合作社的企业特性决定了合作社技术创新的特殊性。本章从技术溢出和技术获取模式两个构念出发，将合作社技术创新模式分为草根社会创新、草根商业创新、引进社会创新和引进商业创新四种类型（见图 8-2）。在此基础上，从经济、社会和环境三重底线分别探讨了合作社四种技术创新模式的创新绩效和初步的政策倡导。

研究表明，合作社技术溢出的高低，分别受到创新技术的具身性、技术创新成本、知识的缄默性和专利保护等影响。而内部和外部技术获取模式选择受到企业家资本、技术特征和政府支持的影响。技术溢出高低和技术获取模式选择的影响因素，决定了合作社的技术创新模式。基于技术获取模式和技术溢出的 4 种合作社技术创新模式，具有不同的技术创新绩效，为政府制定相关政策提供了理论依据和参考。研究发现合作社与投资者所有企业（Investor - owned Firms）的技术创新模式在技术获取模式技术溢出、创新绩效等方面存在较大的差别。首先，从技术获取模式角度，合作社的技术创新一般由合作社技术能人等草根人物发起，其内部获取模式属于典型的草根创新，根据个人兴趣或生产生活的问题导向实现微创新，所需资金投入较少，风险较低。而投资者所有企业的技术创新由企业的创新团队协作完成，需要较大的资金投入，同时面临较大的创新风险。其次，从技术溢出角度，合作社的创新具有较高的技术溢出效应，或者能够带动周边农户通过技术创新提高收益，大部分合作社技术创新具有社会创新的性质。而投资者所有企业以公司利益为导向，在创新过程中通过各种措施减少技术溢出效应，达到企业利润最大化，大部分属于商业创新。最后，合作社本身具有可持续发展的基因，在实施技术创新过程中，除了追求经济绩效，同时具有较高的社会绩效和环境绩效。而投资者所有企业通常以追求经济绩效为主要目标。本章的理论贡献和实践意义包括：

（1）进一步丰富了企业技术创新理论。从技术创新视角，以往的技术创新理论主要针对传统利润最大化企业，本章从技术获取模式和技术溢出两个维度揭示了农民合作社技术创新的"黑箱"。即从这两个维度构建了合作社技术创新的四种模式：草根社会创新、草根商业创新、引进社会创新和引进商业创新。上述四种技术创新模式中，合作社的引进社会创新模式与一般企业类似，但合作社在其他三种创新模式方面更是禀赋独特。

（2）进一步补充了技术创新绩效评估理论。鉴于合作社本身具有可持续发展的基因，不能单纯从经济绩效评价农民合作社技术创新绩效。本章突破了以往单纯从经济绩效角度探讨组织技术创新绩效的局限，借助于合作社本身具有可持续发展的基因，引入三重底线绩效评估原则（Elkington，1998），研究合作社技术创新的经济绩效、社会绩效和环境绩效。基于合作社更加注重技术创新的社会绩效和环境绩效，政府的技术创新政策更应该向合作社倾斜，引导更多的合作社参与农业技术创新。

（3）进一步深化了草根创新和社会创新的理论内涵。从技术获取模式角度，合作社的技术创新一般由合作社技术能人等草根人物发起，其内部获取模式属于典型的草根创新。从技术溢出角度，大部分合作社的技术创新具有较高的溢出效应，具有社会创新的性质。作为两个独立的创新概念，文章发现农民合作社的技术创新能够将草根创新和社会创新交叉融合，引申为"草根社会创新"。

（4）进一步拓展了合作社在农产品供应链中的作用。从供应链视角，目前关于农民合作社的研究主要集中在采购、生产和销售、物流等方面。而关于合作社是否具有技术创新能力，以及如何实施技术创新，则鲜有学者涉足。本章探讨了农民合作社技术创新的四种模式及其主要特征，并从技术获取模式方面探讨了合作社技术获取的主要路径，从技术溢出角度验证了合作社的技术创新具有较强的外部性，能够惠及更多的农户，提升农产品供应链的绩效。

（5）进一步完善了需求侧的技术创新政策。目前，大部分农业技术创新政策主要从供给侧结构性改革出发，在实施过程中存在系统失灵现象。本章根据四种技术创新模式的特征，分别从供给侧创新政策和需求侧创新政策两个方面，提出了政府针对不同创新模式的政策设计。

二　研究的局限性

首先，本章通过 8 个案例探索性分析了合作社技术创新模式和创新绩效。但案例本身就具有特殊性，研究结果也仅仅是一个初步的、探索性的命题，只具有一定范围的解释性，需要在今后的研究中通过进一步的大样本实证对这些假设命题进行检验。

其次，由于中国合作社的发展处于初级阶段，典型的具有技术创新实践的合作社样本不多，无法从同一行业选择典型案例。因此，本章的研究无法消除由于行业之间的差异对研究结果造成的影响。因此，随着合作社参与农业技术创新的推进，今后进一步针对特定行业进行相关研究能够消除行业差异性的干扰。

最后，本章通过技术溢出和技术获取模式构建了合作社的四种技术创新模式及其创新绩效。但是，现有技术创新政策仅仅对部分合作社的技术创新发挥作用，或者很多政策的实施没有取得预期的效果。因此，在政府政策制定过程中，如何利用四种技术创新模式和创新绩效进行政策细分，分别制定相应的政策，从而提高政策制定的针对性和适用性，是将来研究中值得深入的地方。

第九章

农民合作社的技术创新风险

　　技术创新存在较大的不确定性与风险性，一旦创新失败，可能给企业带来不可挽回的损失。高收益、高风险是企业技术创新的显著特征，创新的程度越高，不确定性就越大，相应的风险就越大。因此，技术创新不确定性和风险性直接影响企业的技术创新行为，特别是在技术创新过程中起支配作用的企业决策者的行为。因此，分析农民合作社的技术创新战略，就必须考察风险和不确定性这一重要参量。

　　农民合作社数量快速增长的同时，存在生产规模偏小、缺乏技术创新意识、科技含量低等问题，这与贯彻落实党中央、国务院"科技兴农"战略格格不入。因此，加强技术创新将是发展合作社的根本动力。但由于技术创新本身存在的巨大风险性，以及合作社目前正处于发展初期，创新风险成为制约和影响合作社技术创新的重要因素。如何正确认识和分析技术创新风险并加以有效防范是摆在合作社面前的一个重要课题。本章首先从技术创新的技术因素、外部环境因素、合作社自身因素三个维度探讨了合作社的技术创新风险范式。接着，在三个风险维度的基础上，利用粗糙集和信息熵相结合的方法确定各个风险指标的权重，并运用模糊综合评价方法确定参与农业科技创新的风险系数。最后在分析三个风险维度的基础上，提出了具体的风险防范策略。

第一节　国内外研究现状

　　技术创新是一项高风险活动，受众多因素的影响，从事技术创新活动的组织往往对这些内外因素认识不足或者没有足够的力量加以控制和防范，技术创新的过程和结果达不到预期目标，导致创新失败，使组织承受巨大的损失（O'Connor et al., 2008）。我国合作社目前正处于发展初期，创新风险是制约和影响合作社技术创新的重要因素。

一 技术创新风险的内涵

任何新技术在其诞生之初都面临着两个不确定性，即技术不确定性和市场不确定性，这是由新技术产业化这一行为的固有特性决定的。能否尽快克服这两种不确定性就成为决定"发明—创新"时滞长短的关键因素。不确定性作为技术创新的固有属性和基本特征，一方面能够对企业技术创新产生不利的影响，制约着创新成功的可能性；另一方面不确定性在技术创新中能够发挥积极的作用，影响着创新成功所带来的利润回报（吴永忠，2002）。

风险性是技术创新战略的一个重要特征。技术创新战略的长期性、市场未来的不确定性特点决定了技术创新战略面临的环境是变化的，容易导致技术创新战略失误。而技术创新战略的全局性特点则会使技术创新战略失误的损失放大，因而技术创新战略存在较大的风险性。技术创新的风险性影响农民合作社技术创新战略管理的整个过程。

技术创新风险是指由外部环境的不确定性、技术创新项目本身的难度与复杂性，以及农民合作社自身能力与实力的有限性，从而导致技术创新活动中止、撤销、失败或达不到预期目标的可能性。从创新主体企业的角度看，技术创新风险包括技术风险、市场风险、财务风险、政策风险、生产风险和管理风险等。每一种风险又分为许多风险因素，具体见表9-1。

表9-1 技术创新风险分类

风险分类	主要风险因素
技术风险	①技术开发难度大，关键技术预料不足；②技术知识无法获得；③关键技术难以突破；④存在技术障碍和技术壁垒；⑤实验基地、设备和工具缺乏
市场风险	①新产品由于性能、稳定性或消费者惯性等因素一时难以被市场接受；②市场需要开拓且难度较大；③因价格等原因市场需求不旺或增长不快；④市场定位不准，营销策略、营销组合失误；⑤新产品寿命短或开拓的市场被更新的产品代替

风险分类	主要风险因素
财务风险	①技术创新资金不足；②融资渠道不畅
政策风险	①不符合国家或地方的环保政策、能源政策、科技政策和外贸政策；②无法获得产品、原辅材料、设备、技术的进口许可证
生产风险	①难以实现大批量生产；②工艺不合理或现有工艺不适应；③生产周期过长或生产成本过高；④原材料供应无法解决；⑤检测手段落后、产品质量难以保证、可靠性差
管理风险	①组织协调不力、其他部门配合不好；②高层领导关注不够；③调研不充分、市场信息失真；④创新主体的领导人做出错误的决策；⑤风险决策机构机制不健全、研发过程不协调

在上述六种风险中，其中最主要的风险是技术风险和市场风险。技术风险是指在技术创新过程中由于技术方面的因素及其变化的不确定性而导致创新失败的可能性。市场风险是指由于市场方面的有关因素及其变化的不确定性而导致创新失败的可能性。

二　技术创新的风险指标和风险识别

关于技术创新风险的研究主要集中于两个方面：风险指标和风险识别技术。风险指标研究主要关注技术创新过程中面临的不确定性来源、对创新活动的影响及风险指标间的相互关系等。关于风险指标的建立，主要有两种方法，一是采用定量的方法，在分析实证数据的基础上建立相应的风险指标，如利用聚类方法，通过数据分析对各类技术创新风险要素进行聚类，归纳出相对重要的风险指标（田方军和董静，2007）。二是定性方法，按照某种分类方法，对技术创新风险指标进行分析。如Benaroch 等（2007）的92个技术创新风险因素体系、Rubenstein 等（1976）的103个创新风险因素体系、Cooper 和 Kleinschmidt（1987）的77个创新风险因素体系、谢科范（1999）的58个创新风险因素体系、李晓峰的48个创新风险因素体系等。对于风险识别技术的研究主要关注技术创新活动中风险的判断、计算和评价。目前，关于风险识别技术的方法主要包括定性方法和定量方法。定性方法主要借助领域专家的经验，评估技术创新活动成功和失败的可能性，通过悲观法、乐观法、现实主义法以及最小最大后悔法等方法计算损益值，判断风险大小。这类方法的优点是计算过程简单明了；缺点是过度依赖于专家经验，主观性太强。定量方法则借助于历史案例数据的学习和分析，构建模型，用模型总结和表达技术创新活动的内在规律，并基于此模型评价未来技术创新活动的风险性。主要包括 BP 神经网络方法（陈建新等，2007）、贝叶斯网络方法（杨超和王双成，2011）、模糊群体决策方法（包国宪和任世科，2010）、灰色系统理论和可拓物元理论（索贵彬和赵国杰，2008）等。

目前关于技术创新风险的指标及其风险评估已经取得了丰富的成果。然而，已有的研究主要针对一般的利润最大化企业，农民合作社作为一种共营企业（罗建利和仲伟俊，2010），其技术创新行为（Luo and Zhong，2009a）、技术创新特征和模式（罗建利和仲伟俊，2009）等方面与利润最大化企业存在较大的差别。因此，需要研究适用于农民合作社的技术创新风险范式。本章主要根据农民合作社技术创新的风险特征，分别从农民合作社技术创新的技术因素、外部环境因素、合作社自身因素三个维度探讨了合作社的技术创新风险范式，并在三个风险维度的基础上，提出了具体的风险评估和防范策略。

第二节　农民合作社技术创新的风险特征

相对于传统的利润最大化企业，农民合作社技术创新除了具有一般企业的技术创新风险特征，如存在的"客观性、相对性、模糊性、渐进性、综合性"等特点。合作社自身的企业制度特点和发展的初级阶段，决定了合作社技术创新同时具有自身的风险特征。

一　风险承受能力低

农民合作社因为资金、技术水平、研究人员、规模和吸收风险投资等方面相对比较欠缺，其风险承受的能力很低，一旦创新失败不仅会影响合作社经营活动的正常进行，甚至还会影响合作社的生死存亡。相对于传统的利润最大化企业，合作社要承担更大的技术创新风险。合作社成员风险意识、投资意识不强，只想从合作社分享利益，而不愿向合作社出资冒风险，入社成员多，出资成员人数少，导致合作社资金短缺。

农民合作社风险承受能力低主要是由以下原因造成的：①农民合作社的产权属于社员所有，容易出现期界问题，致使合作社的技术创新资金积累不足。②合作社一般从事单一的技术创新项目，很难同时从事多种途径的技术创新项目的替代研究，以便相互补充，降低风险。③农民合作社的技术成果商业转化能力较低，即使在技术创新的应用研究和技术开发阶段取得了成功，但由于合作社在生产过程中，每个社员的生产相对独立，在技术推广阶段，很容易失败。另外，在商业化过程中，由于合作社缺少营销能力，很难将技术成果推向市场，取得预期的商业利润。

二　知识产权保护能力低

农民合作社是在家庭联产承包责任制的基础上建立起来的，组织相对分散。因此，技术创新成果在推广过程中，涉及每个社员，容易造成创新成果泄露的后果。加上目前合作社普遍缺乏专利保护意识，容易导致农民合作社丧失从创新投资中获利的机会。当知识产权被盗的现象发生时，合作社往往难以承担昂贵的法律诉讼费用，最后只能接受因知识产权被盗所带来的经济损失和企业竞争力损失。

第三节　农民合作社技术创新风险的影响因素

农民合作社进行技术创新存在很大的不确定性和风险性，对合作社技术创新风险进行全面分析，有助于合作社更好地进行风险管理。本章从合作社因素、技术因素、外部环境因素三个维度分析技术创新的影响因素（见图9-1）。

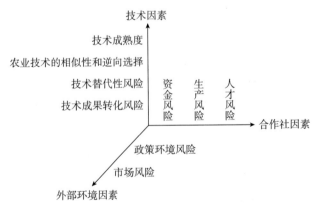

图9-1　合作社技术创新风险的影响因素

一 合作社因素

（一）资金风险

技术创新资金的高投入以及收益的不确定性，给合作社的融资渠道、融资成本带来很大的风险，从而影响了合作社技术创新实施的资本运营。技术创新的资金风险是指在技术创新的各个阶段由于预算不到位，或者出现分阶段超支、资金筹集出现意外迫使技术创新某阶段停止，从而使整个创新项目搁浅的可能性。

农民合作社作为一种共营企业组织，资金筹集渠道比较少，而且在贷款方面存在逆向选择和道德风险，因此合作社很难从金融机构或其他风险投资机构获得技术创新基金。合作社在贷款方面的逆向选择是指银行等贷款人通过事先观察，寻找合适借款人的成本太高，因而可能与不合适的借款人签订贷款合同。现实中，合作社中的社员如果有一个值得投资的项目，但由于他们前期资金积累很少时，将无法进行产权投资。因此，贷款人在这种情况下一般不愿意为一个完全依赖外部资金的合作社进行融资，合作社也就无法从潜在的贷款人那里得到后续融资。合作社在贷款方面的道德风险指社员作为借方，在签订借贷合同后，将设法以非契约行为，对作为贷款人的资本家施加成本。比如，作为借方的社员可能选择风险过高的创新项目。风险过高往往伴随高回报率和高风险率。在合作社中作为借方的社员享有剩余价值的控制权。所以当这种高风险的创新项目成功之后，受益的是合作社社员，即使失败了，则可能造成的损失将由贷款人承担。

在银行贷款业务中，抵押贷款是被认为相对于保证贷款较为安全的一种贷款种类。但由于农户资产抵押较少，而且农产品受到的自然灾害影响较大，贷款风险高，资金的流动性差，因此金融机构或风险投资机构一般不愿意把钱贷给农民。另外，成本问题也是金融部门所考虑的，在放贷之前，要对农民的还款能力进行评估。因为每个农民都是分散进行贷款，对他们评估需要耗费大量的人力、物力、财力。而且金融部门所承担的风险也很高。如果农民无法偿还贷款，金融部门也没有任何办法，损失是非常大的。金融部门作为营利性的机构，认为这种投资不能带来预期的收益。

中国银保监会辽宁监管局刘庆田通过对辽宁省农民合作社的调研发

现，合作社自身相关的条件增加了合作社的资金风险。具体表现在：①农民合作社管理缺失，信用体系不健全难以融合支农信贷资金。许多合作社的内部体系不健全，组织运作不规范，缺乏必要的约束和制衡，合作社管理及信用机制缺位，金融服务有效性欠缺。如某县蔬菜专业合作社的社员中总共有62户申请贷款，额度166万元。但符合贷款条件的只有28户，占申请贷款社员的45%。发放贷款58万元，申请贷款额度35%，未获得贷款的农户多数是因为在合作社组建前有陈欠贷款，且逾期时间较长。②组织结构松散未能有效构建信用体系。农民合作社组织形式比较松散，农民入社初衷仅为争取优惠政策和项目支持等利益驱使，大多是通过签订购销合同建立利益关系。如辽宁省有85%的合作社为"松散式"的农民联合组织，这部分农民合作社只能以社员身份获取贷款。③联保连带责任不清晰。联保贷款是指没有直系亲属关系的农户在自愿基础上组成联保小组，金融机构对联保小组成员提供的贷款称为农户联保贷款，联保小组成员承担连带责任。部分农民合作社为获取贷款，或合作社为社员担保，或社员为合作社担保，主要表现在贷款承贷与使用主体不清，信用资质厘清工作没有跟进，容易在贷款偿还时产生权利义务纠纷，极易出现违约。

（二）生产风险

生产风险是指在技术创新过程中，在新技术、新工艺研究开发之后，由于生产系统中有关因素及其变化的不确定性而导致创新失败的可能性。合作社通过开展生产技术培训，实施品牌战略，集中开发市场，统一收购销售社员产品，在一定程度上降低了农产品的生产风险和销售风险。但合作社作为一种相对松散的组织，社员在生产过程中保持相对的独立性。当技术创新成果投入生产过程中，由于社员众多，每个社员的生产又保持相对的独立性，合作社很难对每个社员的生产过程进行控制。因此，最终的新产品可能在质量、交货时间等方面难以满足市场要求。

目前，很多农民合作社在生产技术上不成熟，必须借助外力，因而承担较大的生产风险。例如，有一个土地经营合作社，流转土地2800多亩，引进技术采取机械化操作，种植优质水稻。由于水稻生产的农艺流程季节性强，在品种搭配、育插秧、植保、用水管理、收割、储藏、营销等各个环节都必须认真设计，稍有不慎，就可能带来减产和损失，而该合作社在晚稻的育插秧环节与耕种收配合上出了纰漏，育秧早了，收割迟了，以致晚稻秧龄期拉长，造成晚稻的田间管理、机械化植保统防统治等环节出现多种问题，造成晚稻减产，给农民合作社带来损失。

（三）管理风险

管理风险是指在技术创新过程中因管理不善而导致失败的可能性。农民合作社由于制度设计方面的原因和发展阶段限制，相对于传统的利润最大化企业，农民合作社在管理方面存在更大的风险。

一方面，由于技术创新风险管理中需要对技术创新涉及的知识方法等有一定程度的理解，增强与技术创新人员的沟通，以使得创新活动的组织更为科学。然而目前很多农民合作社没有设立专门的技术部门，因此很难进行技术引进、技术创新和技术实施方面的管理。

另一方面，在组织结构方面，农民合作社中社员在技术实施和生产中保持相对的独立性，在技术推广阶段很难实施有效的管理，因此农民合作社很难控制在生产和技术实施过程中出现的风险。

（四）人才风险

人才风险是指由于农民合作社管理者对人力资源的认识不足，导致相关方面的人才不足，或者由于管理者管理不当而导致创新项目不能继续的可能性。

目前，我国农民合作社正处于发展初级阶段，合作社组织中，懂技术、善经营、会管理的人才少，了解合作社知识，甘于利益共享、风险共担的农民社员少。由于科技人才比较稀缺，大部分合作社的科技人才主要来自科研机构、高校的科研人员，采取科技特派员的形式进行租借。科技特派员在帮助合作社进行技术创新过程中，存在较大的不确定性。一方面，当原单位需要其回到原单位时，会造成创新项目的终止；另一方面，科技人才外聘会造成技术外溢的风险大大增加。

二 技术因素

技术风险是指由于技术或工艺开发失败的可能性以及技术创新结果的不确定性而给合作社带来的风险。农业技术创新具有高难度性和超前性，并且存在较高的技术壁垒，导致技术创新过程中存在更大的不确定性。

（一）技术成熟度

研究表明，当农业项目中带有大量不稳定和不成熟的技术时，技术风险会增加。农业技术的成熟度，在很大程度上决定了一个农业项目的成功。这里所说的成熟度，不仅包括农业技术本身，同时也包括合作社社员对农业技术掌握的程度。在农民合作社中，由于在技术实施和生产中社员保持相对的独立性，因此社员对农业技术的掌握显得尤为重要。

（二）技术的相似性风险和逆向选择

目前，我国农户所采用的技术多属于常规技术，高新技术所占比重很小，导致农业技术具有弱质性。即不同地域的农业生产结构、品种结构、技术水平、技术内容都具有很强的相似性。其技术资源过度竞争，政府农业科研推广机构应对科技推广在农产品水平、档次等结构性水平方面进行统筹规划。

农业技术信息的制约，即信息不完备和信息的不对称。信息的不完备性导致农产品不能正确地估计新技术的产出水平和投入水平。信息的不对称导致科技含量低的技术排挤科技含量高的技术，从而发生逆向选择情况。

（三）技术替代性风险

现在科技突飞猛进，新技术的替代风险越来越高。当农民合作社进行一项新技术的研发时，即使该项技术在目前是先进的，但是这项技术刚刚完成研究推向市场，在合作社进行技术推广的过程中，一项更新更先进的技术出现了，这时原来的技术已经过时，农民合作社无法收回成本，原来的投入就付诸东流。

（四）技术成果转化风险

一项新技术可能在理论界、学术界看来是完美的，但是如果不能将其商品化，技术创新也是失败的。由于农民合作社的出现，农业技术成果转化相对以前有了很大的提高。但是，新技术如果无法成功地转化为市场上认可的产品，技术创新就不能给合作社带来任何利润，甚至会给合作社带来很大的损失。例如，内蒙古赤峰市松山区碱洼子村和郎郡哈拉村以保护性耕作农机化示范园区为平台，有能力在自己经营的土地上应用新的农业生产技术，农技部门的技术推广变得更加容易，科技成果转化更加快速。但仍然存在很多问题和不足，主要表现在农民的科技文

286

化素质偏低、科技服务网络不健全、科技人员服务不到位等造成农业科技成果在转化过程中出现较大的风险，转化失败，给农民带来很大的损失。

三 外部环境因素

（一）市场风险

技术创新的市场风险，是指由于创新产品不适应市场需求或市场变化，而导致创新产品未被市场充分有效地接受而导致的风险。技术创新的市场风险包括两方面，即市场本身存在的不确定性和技术的不确定性的顺序传递。如技术开发、技术转化中的市场不确定，开发新产品所形成的新市场规模、产品的相对竞争优势不确定，市场接受的时间、市场寿命以及市场开发所需资源投入强度等难以确定。

技术不确定性的风险，是指由于技术创新前期阶段准备不足而导致对后期市场阶段产生不利影响，从而产生损失的可能性。具体来说，技术创新在调研阶段、创新阶段、生产阶段所产生的风险都会随着技术创新的进行而向后传递，最后累积到市场，在市场化阶段爆发。传递性市场风险一般是由于前期新技术的市场前景缺乏正确、清晰的认识，或者是在技术开发过程中对消费者的需求认识不足，或者是虽然对于消费者的需求有一定了解，但是对于如何满足这些需求做得不到位，而对后续的市场销售阶段产生影响，使农民合作社受损。

（二）政策和环境风险

政策和环境风险，是指由于国家、地方相关政策、环境的变化或者行业内相关环境的变化，对创新项目产生负面影响而导致技术创新失败的可能性。由于目前农民合作社的发展还处于初级阶段，在农业技术创新方面，大部分依赖于政府的政策支持。因此，政府的政策变化，对农民合作社的技术创新会产生很大的影响。

外部政策、环境风险，主要是指国家或地方政府在农民合作社开始技术创新过程中，出台了某些相关政策，而对合作社技术创新造成了不利影响。例如，蔬菜的农药残留量标准、动物饲料的激素含量标准等政策，无法获得原材料、设备、新技术的进口许可证等，或者国家对此项技术的认证出台了新规定等。

内部政策、环境风险。由于农民合作社技术创新离不开其他合作社联盟、高校、研究机构等服务组织的支持；同时合作社资金、技术创新能力有限，有时不得不联合其他合作社或者合作社联盟、农业科技企业、科研院所等进行合作创新，这时技术联盟的相关规定和条例发生的变化，势必会对合作社技术创新成功率产生影响。

第四节　农民合作社技术创新的风险评估

一　基本步骤

（一）风险评估指标体系的确立

根据上述对技术创新风险范式的分析，可以制定关于合作社技术创新风险的评价指标体系，如表9-2所示。

表9-2　　　　　　　　合作社技术创新风险指标体系

一级指标	二级指标
技术因素 C_1	技术成熟度 C_{11}
	技术的相似性风险和逆向选择 C_{12}
	技术替代性风险 C_{13}
	技术成果转化风险 C_{14}
合作社因素 C_2	资金风险 C_{21}
	生产风险 C_{22}
	管理风险 C_{23}
	人才风险 C_{24}
外部环境因素 C_3	政策环境风险 C_{31}
	市场风险 C_{32}

（二）风险评估指标权重的确定

分析现有的各种风险评估方法，风险因素的权重往往是凭借人们的经验和相关的知识水平进行确定的，结果具有一定的主观性和模糊性。本章将应用粗糙集理论消除技术创新因素权重确定过程中所存在的模糊性与不确定性，再结合模糊综合评价法对各风险因素进行评价，对合作社技术创新整体风险进行度量，使评价结果更客观、科学、实用。最终确定的风险评估指标的权重如表9-3所示。

表 9 - 3　　　　　合作社技术创新风险因素一级指标的决策

风险项目序号	技术因素 C_1	合作社因素 C_2	外部环境因素 C_3	决策属性 D
U_1	V_{11}	V_{12}	V_{13}	d_1
U_2	V_{21}	V_{22}	V_{23}	d_2
U_3	V_{31}	V_{32}	V_{33}	d_3
…	…	…	…	…
U_n	V_{n1}	V_{n2}	V_{n3}	d_n

1. 基于粗糙集理论的权重确定方法

在决策表中，不同的属性可能具有不同的重要性，为判断某些属性的重要性，采用从表中去掉一些属性，再考察没有该属性后分类会如何变化的方法。若去掉该属性相应分类变化较大，则说明该属性的强度大，即重要度高；反之，说明该属性的强度小，即重要度低。

U 按决策属性 D 的分类由 U/D 表示，$U/D = \{(U_i, \cdots, U_j), \cdots, (U_k, \cdots, U_l)\}$，$i, j, k, l = 1, 2, \cdots, n$，且 $i \neq j \neq k \neq l$。同理，U 按条件属性 C 的分类由 U/C 表示；去掉属性 C_i 以后 U 按条件属性 C 的分类由 $U/(C - C_i)$ 表示。

属性集 C 的重要度可用以下公式来判断，即：

$$r_C(D) = \text{card}\left[\text{pos}_C(D)\right]/\text{card}(U) \tag{9-1}$$

去掉某属性 C_i 以后，属性集 $(C - C_i)$ 的重要度为：

$$r_{(C-Ci)}(D) = \text{card}\left[\text{pos}_{(C-Ci)}(D)\right]/\text{card}(U) \tag{9-2}$$

其中，式 (9-1) 中的 card $\left[\text{pos}_C(D)\right]$ 表示分类集合 $\text{pos}_C(D)$ 的个数，若分类集合 U/C 中的一些分类是分类集合 U/D 中的某一分类的子集，则这些 U/C 中的分类构成的集合由 $\text{pos}_C(D)$ 表示。条件属性 C_i 关于 D 的重要性可表示为：

$$k_i = r_C(D) - r_{(C-Ci)}(D) \tag{9-3}$$

条件属性 C_i 关于 D 的重要性 k_i 进行归一化处理计算权重，即：

$$w_i = \frac{k_i}{\sum_{i=1}^{n} k_i} \tag{9-4}$$

2. 基于信息熵的权重确定方法

设决策表系统 $T = (U, A, V, f)$，$A = C \cap D = \Phi$，C 和 D 分别为

条件属性和决策属性集，设 $X = U/IND$（C）$= \{X_1, X_2, \cdots, X_n\}$，$Y = U/IND$（$D$）$= \{Y_1, Y_2, \cdots, Y_m\}$，分别表示由等价关系 IND（C）和 IND（D）导出的 U 上划分。

则 $[p(X_1), p(X_2) \cdots, p(X_n)]$ 和 $[p(Y_1), p(Y_2) \cdots, p(Y_m)]$ 分别为 C 和 D 在 X 和 Y 上的有限概率分布。

属性集 C 的信息熵为：

$$H(C) = -\sum_{i=1}^{n} p(X_i) \ln p(X_i) \qquad (9-5)$$

其中，ln 为以 2 为底的对数符号，当某个 p_i 为 0 时，定义 $0 \cdot \ln 0 = 0$。

属性集 D $[Y = U/IND$（D）$= \{Y_1, Y_2, \cdots, Y_m\}]$ 相对于属性集 C $[X = U/IND$（C）$= \{X_1, X_2, \cdots, X_n\}]$ 的条件熵为：

$$H(D \mid C) = \sum_{i=1}^{n} p(X_i) H(Y \mid X_i) \qquad (9-6)$$

其中，$H(Y \mid X_i)$ 为：

$$H(Y \mid X_i) = -\sum_{j=1}^{m} p(Y_j \mid X_i) \ln p(Y_j \mid X_i) \qquad (9-7)$$

其中，$p(Y_j \mid X_i) = \dfrac{|Y_j \cap X_i|}{|X_i|}$，$i = 1, 2, \cdots, n$；$j = 1, 2, \cdots, m$。

则条件属性 C_i 与决策属性 D 之间的互信息为：$I(C_i, D) = H(D) - H(D \mid C_i)$

因此，信息观下条件属性 C_i 的权重为：

$$\beta_i = \frac{I(C_i, D)}{\sum_j I(C_j, D)} \qquad (9-8)$$

（三）制定评价指标的评分等级标准

评价指标 V_{ij} 是定性指标，将之转化为定量指标可以通过制定评价指标评分等级标准来实现。考虑人思维的最大可能分辨能力，以及风险投资项目风险较高的特点，将评价指标 U_{ij} 的风险等级高低划分为 5 级，分别赋值为 1、2、3、4、5 分。

（四）组织评价专家评分，求评价样本矩阵

组织评价专家序号为 k，$k = 1, 2, \cdots, l$，即有 l 位评价专家。通过阅读商业计划书及相关材料，第 k 个专家对第 i 个投资项目的第 j 个评价指标 V_{ij} 评分等级标准打分，并填写评价专家评分表。据此得 n 个投资项目的评价样本矩阵 $V^{(k)}$。

$$V^{(k)} = \begin{bmatrix} v_{11}^{(k)} & v_{12}^{(k)} & \cdots & v_{1m}^{(k)} \\ v_{21}^{(k)} & v_{22}^{(k)} & \cdots & v_{2m}^{(k)} \\ \cdots & \cdots & \cdots & \cdots \\ v_{n1}^{(k)} & v_{n2}^{(k)} & \cdots & v_{nm}^{(k)} \end{bmatrix} \begin{matrix} U_1 \\ U_2 \\ \cdots \\ U_n \end{matrix} \qquad (9-9)$$

因此，项目 i 的第 j 个指标的风险值可以表示为 l 个专家评分的平均值，即 $v_{ij} = \dfrac{1}{l} \sum\limits_{k=1}^{l} v_{ij}^{k}$。

（五）模糊综合评价每个项目的风险系数

模糊综合评价就是应用模糊数学中模糊关系合成理论，对多个因素隶属于被评价事物的等级状况进行综合性评价的一种方法。模糊综合评价作为模糊数学的一种具体应用方法，最早是我国学者汪培庄提出的。其基本原理是：首先，确定被评价对象的因素（指标）集和评语（等级）集；其次，分别确定各个因素的权重及它们的权向量，获得模糊评价矩阵；最后，把模糊评价矩阵与因素的权向量进行模糊运算并进行归一化，得到模糊评价综合结果。

设影响事物的因素集合为 $C = \{C_1, C_2, \cdots, C_m\}$，$m$ 为风险因素的个数。评语集是评价者对评价对象做出的各种总的评价结果组成的集合，用 $V = \{v_1, v_2, \cdots, v_n\}$ 表示，其中 v_j 为第 j 个评价结果，n 为评价结果总数。

建立模糊关系矩阵：

$$R = \begin{bmatrix} r_{11} & r_{12} & \cdots & r_{1n} \\ r_{21} & r_{22} & \cdots & r_{2n} \\ \vdots & \vdots & & \vdots \\ r_{m1} & r_{m2} & \cdots & r_{mn} \end{bmatrix} \qquad (9-10)$$

R 是从因素集 C 到评语集 V 的一个模糊关系矩阵，其中，$r_{ij} = u_R$ (C_i, v_j) $(0 \leqslant r_{ij} \leqslant 1)$ 表示就评价因素 C_i 而言，被评价事物被评为 v_j 的程度，即 C_i 隶属于 v_j 的程度。

应用粗糙集理论确定评价因素权重向量 $W = (w_1, w_2, \cdots, w_m)$，其中 $w_i \geq 0$ $(i = 1, 2, \cdots, m)$ 表示单因素 C_i 的权重，$\sum\limits_{i=1}^{m} w_i = 1$。

应用模糊矩阵的复合运算，用模型 $M(\cdot, +)$ 计算得 $A = W \cdot R$，即：

$$(a_1, a_2, \cdots, a_n) = (w_1, w_2, \cdots, w_n) \begin{bmatrix} r_{11} & r_{12} & \cdots & r_{1n} \\ r_{21} & r_{22} & \cdots & r_{2n} \\ \vdots & \vdots & & \vdots \\ r_{m1} & r_{m2} & \cdots & r_{mn} \end{bmatrix}$$

$$(9-11)$$

二　算例分析

为了更清晰地说明粗糙集和模糊综合评价方法在合作社技术创新风险评价中的应用，以下利用相关数据对该模型进行算例分析。

假设某农民合作社进行了 8 项技术创新项目，根据表 9 - 4 可知，每个项目的风险因素由技术因素 C_1、合作社因素 C_2、外部环境因素 C_3 组成。

表 9 - 4　合作社技术创新项目的风险因素的一级指标及其评语

风险项目序号	技术因素 C_1	合作社因素 C_2	外部环境因素 C_3	决策属性 D
1	3	4	4	1
2	5	4	4	2
3	5	5	5	2
4	4	4	4	1
5	4	5	4	2
6	4	3	4	1
7	5	5	3	2
8	5	5	4	1

注：C_i 表示风险因素 $C_i = \{1, 2, 3, 4, 5\}$，其属性值分别表示低风险、较低风险、中等风险、较高风险、高风险；D 表示决策属性集 $D = \{1, 2\}$，其属性值分别表示技术创新风险可承担和不可承担。

（一）计算风险因素权重

1. 基于粗糙集理论的权重计算

由合作社技术创新风险决策表，分别计算各个一级指标风险因素的重要程度。计算过程如下：

U 按决策属性 D 的分类为：$U/D = \{(1, 4, 6, 8), (2, 3, 5, 7)\}$；

U 按决策属性 $C = \{C_1, C_2, C_3\}$ 的分类为：$U/C = \{1, 2, 3, 4, 5, 6, 7, 8\}$；

去掉条件属性 C_1 后，U 的分类为：$U/IND(C - C_1) = \{(1, 2, 4), 3, (5, 8), 6, 7\}$；

去掉条件属性 C_2 后，U 的分类为：$U/IND(C - C_2) = \{1, 2, 3, (4, 5, 6), 7, 8\}$；

去掉条件属性 C_3 后，U 的分类为：$U/IND(C - C_3) = \{1, 2, (3, 7, 8), 4, 5, 6\}$；

因此，

$POS_C(D) = \{1, 2, 3, 4, 5, 6, 7, 8\}$；$POS_{(C-C1)}(D) = \{3, 6, 7\}$；

$POS_{(C-C2)}(D) = \{1, 2, 3, 7, 8\}$；$POS_{(C-C3)}(D) = \{1, 2, 4, 5, 6\}$。

所以 C_1、C_2、C_3 的重要程度即权重分别计算如下：

$d_1 = d_{(C-C1)}(D) = 1 - r_{(C-C1)}(D)/r_C(D) = = 1 - 3/8 = 5/8$；

$d_2 = d_{(C-C2)}(D) = 1 - r_{(C-C2)}(D)/r_C(D) = 1/2$；$d_3 = d_{(C-C2)}(D) = 1 - r_{(C-C3)}(D)/r_C(D) = 1/2$。

归一化处理得 $\alpha_1 = 5/13$，$\alpha_2 = 4/13$，$\alpha_3 = 4/13$。

2. 基于信息观的风险因素的权重计算

U 按决策属性 D 的分类为：$Y = U/D = \{(1, 4, 6, 8), (2, 3, 5, 7)\} = \{Y_1, Y_2\}$；

U 按条件属性 C_1 的分类为：$U/C_1 = \{1, (2, 3, 7, 8), (4, 5, 6)\}$；

U 按条件属性 C_2 的分类为：$U/C_2 = \{(1, 2, 4), (3, 5, 7, 8), 6\}$；

U 按条件属性 C_3 的分类为：$U/C_3 = \{(1, 2, 4, 5, 6, 8), 3, 7\}$；

$H(D) = -[p(Y_1) \cdot \ln p(Y_1) + p(Y_2) \cdot \ln p(Y_1)] = -(4/8 \cdot \ln 4/$

$8 + 4/8 \cdot \ln4/8) = 1$

（1）计算 $H(D \mid C_1)$。

U 按条件属性 C_1 的分类为：$U/\{C_1\} = \{1, (2, 3, 7, 8), (4, 5, 6)\} = \{X_{11}, X_{12}, X_{13}\}$。

$$p(Y_1 \mid X_1) = \frac{|Y_1 \cap X_{11}|}{|X_1|} = \frac{|\{1\}|}{|\{1\}|} = 1, \quad p(Y_2 \mid X_{11}) = \frac{|Y_2 \cap X_{11}|}{|X_{11}|} = \frac{0}{|\{1\}|} = 0$$

$H(Y \mid X_1) = -[p(Y_1 \mid X_{11}) \cdot \ln p(Y_1 \mid X_{11}) + p(Y_2 \mid X_{11}) \cdot \ln p(Y_2 \mid X_{11})] = -(1 \cdot \ln1 + 0 \cdot \ln0) = 0$

$$p(Y_1 \mid X_{12}) = \frac{|Y_1 \cap X_{12}|}{|X_{12}|} = \frac{|\{8\}|}{|\{2, 3, 7, 8\}|} = \frac{1}{4}, \quad p(Y_2 \mid X_{12}) = \frac{|Y_2 \cap X_{12}|}{|X_{12}|} = \frac{|\{2, 3, 7\}|}{|\{2, 3, 7, 8\}|} = \frac{3}{4}$$

$H(Y \mid X_{12}) = -[p(Y_1 \mid X_{12}) \cdot \ln p(Y_1 \mid X_2) + p(Y_2 \mid X_{12}) \cdot \ln p(Y_2 \mid X_{12})] = -\left(\frac{1}{4} \cdot \ln\frac{1}{4} + \frac{3}{4} \cdot \ln\frac{3}{4}\right)$

$$p(Y_1 \mid X_{13}) = \frac{|Y_1 \cap X_{13}|}{|X_{13}|} = \frac{|\{4, 6\}|}{|\{4, 5, 6\}|} = \frac{2}{3}, \quad p(Y_2 \mid X_{13}) = \frac{|Y_2 \cap X_{13}|}{|X_{13}|} = \frac{\{5\}}{|\{4, 5, 6\}|} = \frac{1}{3}$$

$H(Y \mid X_3) = -[p(Y_1 \mid X_3) \cdot \ln p(Y_1 \mid X_{13}) + p(Y_2 \mid X_{13}) \cdot \ln p(Y_2 \mid X_{13})] = -\left(\frac{2}{3} \cdot \ln\frac{2}{3} + \frac{1}{3} \cdot \ln\frac{1}{3}\right)$

所以：

$H(D \mid C_1) = p(Y \mid X_1) \cdot H(Y \mid X_1) + p(Y \mid X_2) \cdot H(Y \mid X_2) + p(Y \mid X_3) \cdot H(Y \mid X_3)$

$$= -\left[\frac{1}{8} \cdot 0 + \frac{4}{8}\left(\frac{1}{4} \cdot \ln\frac{1}{4} + \frac{3}{4} \cdot \ln\frac{3}{4}\right) + \frac{3}{8}\left(\frac{2}{3} \cdot \ln\frac{2}{3} + \frac{1}{3} \cdot \ln\frac{1}{3}\right)\right] = \frac{3}{4}\ln2 = 0.52$$

（2）计算 $H(D \mid C_2)$。

U 按条件属性 C_2 的分类为：$U/C_2 = \{(1, 2, 4), (3, 5, 7, 8),$

294

$6\} = \{X_{21}, X_{22}, X_{23}\}$。

同理可得：

$$H(D|C_2) = p(Y|X_{21}) \cdot H(Y|X_{21}) + p(Y|X_{22}) \cdot H(Y|X_{22}) + p(Y|X_{23}) \cdot H(Y|X_{23})$$

$$= -\left[\frac{3}{8}\left(\frac{2}{3} \cdot \ln\frac{2}{3} + \frac{1}{3} \cdot \ln\frac{1}{3}\right) + \frac{4}{8}\left(\frac{1}{4} \cdot \ln\frac{1}{4} + \frac{3}{4} \cdot \ln\frac{3}{4}\right) + 0\right] = \frac{3}{4}\ln 2 = 0.52$$

（3）计算 $H(D|C_3)$。

U 按条件属性 C_3 的分类为：$U/C_3 = \{(1, 2, 4, 5, 6, 8), 3, 7\} = \{X_{31}, X_{32}, X_{33}\}$。

同理可得：

$$H(D|C_3) = p(Y|X_{31}) \cdot \ln p(Y|X_{31}) + p(Y|X_{32}) \cdot \ln p(Y|X_{32}) + p(Y|X_{33}) \cdot \ln p(Y|X_{33})$$

$$= -\left[\frac{6}{8}\left(\frac{2}{3} \cdot \ln\frac{2}{3} + \frac{1}{3} \cdot \ln\frac{1}{3}\right) + 0 + 0\right] = \frac{3}{4}\ln 3 - \frac{1}{2}\ln 2$$

$$= 0.477$$

条件属性 C_1 与决策属性 D 之间的互信息为：$I(C_1, D) = H(D) - H(D|\{C_1\}) = 1 - 0.52 = 0.48$。

同理，条件属性 C_2 与决策属性 D 之间的互信息为：$I(C_2, D) = H(D) - H(D|\{C_2\}) = 1 - 0.52 = 0.48$。

条件属性 C_3 与决策属性 D 之间的互信息为：$I(C_3, D) = H(D) - H(D|\{C_3\}) = 1 - 0.477 = 0.523$。

从而信息观下属性 C_1、C_2、C_3 的权重分别为：

$\beta_1 = I(C_1, D)/[I(C_1, D) + I(C_2, D) + I(C_3, D)] = 0.48/1.483 = 0.324$

$\beta_2 = I(C_2, D)/[I(C_1, D) + I(C_2, D) + I(C_3, D)] = 0.48/1.483 = 0.324$

$\beta_3 = I(C_1, D)/[I(C_1, D) + I(C_2, D) + I(C_3, D)] = 0.523/1.483 = 0.353$

3. 基于信息观和代数观的风险因素权重最优解

根据前面的分析可知，$(\alpha_1, \alpha_2, \alpha_3)$ 和 $(\beta_1, \beta_2, \beta_3)$ 分别为代

数观和信息观下风险因素的权重。令（w_1，w_2，w_3）为两者的综合权重。取 $\varepsilon = 0.7$，得到属性（C_1，C_2，C_3）的综合权重分别为：

$$\begin{cases} w_1 = 0.7\alpha_1 + 0.3\beta_1 = 0.7 \cdot \dfrac{5}{13} + 0.3 \cdot 0.324 = 0.3664 \\[2mm] w_2 = 0.7\alpha_2 + 0.3\beta_2 = 0.7 \cdot \dfrac{4}{13} + 0.3 \cdot 0.324 = 0.3126 \\[2mm] w_3 = 0.7\alpha_3 + 0.3\beta_3 = 0.7 \cdot \dfrac{4}{13} + 0.3 \cdot 0.353 = 0.3213 \end{cases}$$

在确定二级指标相对于一级指标权重时，仍将决策属性值定为 $\{1, 2, 3, 4, 5\}$，分别表示低风险、较低风险、中等风险、较高风险、高风险。经过计算，最后得到技术创新风险各评价指标的相对权重如表 9 - 5 所示。

表 9 - 5 　　　　　　　合作社技术创新风险指标体系

一级指标	权重	二级指标	权重
技术因素 C_1	5/13	技术成熟度风险 C_{11}	3/10
		技术的相似性风险和递向选择 C_{12}	2/5
		技术替代性风险 C_{13}	1/10
		技术成果转化风险 C_{14}	1/5
合作社因素 C_2	4/13	资金风险 C_{21}	3/8
		生产风险 C_{22}	1/8
		管理风险 C_{23}	1/8
		人才风险 C_{24}	3/8
外部环境因素 C_3	4/13	政策环境风险 C_{31}	2/5
		市场风险 C_{32}	3/5

（二）模糊综合评价

本章应用二级模糊评价模型，即风险评价指标体系由二级指标构成，则因素集 C 由一些单因素集组成，如表 9 - 5 所示，即 $C = \{C_1, C_2, C_3\}$，$C_1 = \{C_{11}, C_{12}, C_{13}, C_{14}\}$，$C_2 = \{C_{21}, C_{22}, C_{23}, C_{24}\}$，$C_3 = \{C_{31}, C_{32}\}$。为使技术创新风险评价更科学有效，建立评语集：$V = \{V_1, V_2, V_3, V_4, V_5\}$ ｛低风险，较低风险，中等风险，较高风

险，高风险}，属性值为{1，2，3，4，5}。合作社技术创新的风险因素模糊评价如表9－6所示。

表9－6 合作社技术创新的风险因素模糊评价

因素	V_1	V_2	V_3	V_4	V_5
C_{11}	0	0	0.2	0.3	0.5
C_{12}	0.8	0.1	0.1	0	0
C_{13}	0	0.2	0.7	0.1	0
C_{14}	0.2	0.6	0.2	0	0
C_{21}	0.1	0.8	0.1	0	0
C_{22}	0	0	0.1	0.2	0.7
C_{23}	0	0.2	0.6	0.1	0
C_{24}	0.1	0.4	0.4	0.1	0
C_{31}	0	0.1	0.8	0.1	0
C_{32}	0.1	0.2	0.5	0.1	0.1

分层作综合评价得：

$$b_1 = (w_{11}, w_{12}, w_{13}, w_{14}) R_1 = \left(\frac{3}{10}, \frac{2}{5}, \frac{1}{10}, \frac{1}{5}\right)$$

$$\begin{bmatrix} 0 & 0 & 0.2 & 0.3 & 0.5 \\ 0.8 & 0.1 & 0.1 & 0 & 0 \\ 0 & 0.2 & 0.7 & 0.1 & 0 \\ 0.2 & 0.6 & 0.2 & 0 & 0 \end{bmatrix} = \left(\frac{9}{25}, \frac{9}{50}, \frac{21}{100}, \frac{1}{10}, \frac{3}{20}\right)$$

$$b_2 = (w_{21}, w_{22}, w_{23}, w_{24}) R_2 = \left(\frac{3}{8}, \frac{1}{8}, \frac{1}{8}, \frac{3}{8}\right)$$

$$\begin{bmatrix} 0.1 & 0.8 & 0.1 & 0 & 0 \\ 0 & 0 & 0.1 & 0.2 & 0.7 \\ 0 & 0.2 & 0.6 & 0.1 & 0 \\ 0.1 & 0.4 & 0.4 & 0.1 & 0 \end{bmatrix} = \left(\frac{3}{40}, \frac{19}{40}, \frac{11}{40}, \frac{3}{40}, \frac{7}{80}\right)$$

$$b_3 = (w_{31}, w_{32}) R_3 = \left(\frac{2}{5}, \frac{3}{5}\right)\begin{bmatrix} 0 & 0.1 & 0.8 & 0.1 & 0 \\ 0.1 & 0.2 & 0.5 & 0.1 & 0.1 \end{bmatrix}$$

$$= \left(\frac{3}{50}, \frac{8}{50}, \frac{31}{50}, \frac{5}{50}, \frac{3}{50}\right)$$

归一化得：

$B_1 = (9/25，9/50，21/100，1/10，3/20)$

$B_2 = (3/43，19/43，11/43，3/43，7/43)$

$B_3 = (3/50，8/50，31/50，5/50，3/50)$

对一级指标的综合评价为：

$$B = WR = (w_1，w_2，w_3)\begin{bmatrix} B_1 \\ B_2 \\ B_3 \end{bmatrix} = (0.3664，0.3126，0.3213)$$

$$\begin{pmatrix} \dfrac{9}{25} & \dfrac{9}{50} & \dfrac{21}{100} & \dfrac{1}{10} & \dfrac{3}{20} \\ \dfrac{3}{43} & \dfrac{19}{43} & \dfrac{11}{43} & \dfrac{3}{43} & \dfrac{7}{43} \\ \dfrac{3}{50} & \dfrac{8}{50} & \dfrac{31}{50} & \dfrac{5}{50} & \dfrac{3}{50} \end{pmatrix} = (0.173，0.255，0.356，0.091，$$

$0.125)$

根据最大隶属原则，该技术创新项目属于中等风险水平。

第五节　农民合作社技术创新的风险控制

虽然技术创新风险不可能完全消除，但技术创新管理比较完善的创新主体，在一定程度上能够有效地防范和控制某些风险因素。因此，技术创新要取得成功，必须在完善技术创新管理的同时，还要加强技术创新的风险管理。通过对技术创新系统树立风险意识，完善风险管理，在一定程度上防范和控制风险的发生和发展，使受控的技术创新活动向预期目标发展。本节结合农民合作社技术创新风险的主要特征，提出农民合作社技术创新风险的控制方法。

一　发展合作社联社，提高风险控制能力

发展合作社联社，可以有效推进合作社规范化发展、规模化经营，提升合作社竞争力，增强抵御技术创新风险的能力。合作社联社是合作社发展到一定阶段的产物。随着外部市场竞争的不断加剧和合作社业务的不断扩大，合作社相互之间也愿意联合起来，进一步提升市场竞争力、降低经营成本。成立合作社联社，不仅可以通过横向一体化实现规模经济，最大限度地降低合作社的交易成本、提高议价能力，改善为社员提供服务，解决合作社依靠自身力量无法解决的问题；而且可以促进纵向一体化经营，向农产品深加工领域延伸、扩大合作社的业务范围，巩固和增强合作社的市场地位。组建合作社联社，能够提高合作社在技术创新人才、资金等方面的储备，增强抵御技术创新市场风险的能力。

政府应该引导支持合作社内部制度建设，外部横向联合，夯实产业发展基础。目前很多农民合作社彼此之间相互封闭，缺乏必要的信任和合作基础等问题，政府各相关部门要利用自己特有的社会资源优势，作为第一推动者，填补合作社联社发起人能量不足的空缺，牵头帮助指导组建合作社联社。同时，政府部门参与指导合作社联社的创建，要充分尊重合作社联社，要维护合作社联社的独立、自治，要确保合作社联社成员对决策层人选、发展战略制度、重大经营事项等决定权，绝不能取而代之。

二 利用政府采购等方式，防范市场风险

技术创新的市场阶段是技术价值直接实现的阶段，市场风险程度决定着技术创新的成败。技术经济学表明，即使创新成功后能为农民合作社带来超额利润，由于市场的缺陷，合作社也无法收回创新的全部利益，差额包括消费者剩余、使用创新产品的产业生产力的增加量和技术扩散的收益。技术创新具有投入高、市场风险大的特点，依靠政府采购合同，合作社技术创新可以获得预期的稳定市场，只要合作社技术开发成功就能得到持续利润，从而大大降低了技术创新过程中市场不确定性，降低了技术创新的市场风险。另外，大多数农民合作社创新经费有限，如何将其使用在拥有较高价值和市场前景的领域十分关键。作为个体的合作社技术创新决策者，由于存在市场信息不对称等情况，无法准确把握技术创新的市场动态，容易导致创新的决策失误。政府采购则能使农民合作社清楚确定政府所需要的创新产品的数量、质量、型号及相关技术要求，从而明确农民合作社的技术创新的方向，避免创新投资的低效率，有效降低创新决策风险。

第一，利用政府采购为农民合作社与政府相关采购部门的对接提供平台，展示农民合作社的发展成果，增加农民合作社的销售渠道，帮助

农民合作社的优质、高端、有机特色的农产品和政府采购对接成功。利用政府采购直接扶植我国农业的发展，直接帮助农民解决产品销售难的实际问题，帮助农民将优质农产品卖上价钱。因此，一方面政府采购仍然需要进行内部完善，为合作社的健康发展提供制度保障；另一方面政府采购要支持、引导和推动全国农民合作社的发展，尽可能地为合作社的发展提供宽松的政策和社会环境。采购监督管理部门应当为农民合作社进入政府采购市场提供指导和服务。

例如，由于新西兰进口奶粉价格低、质量好，诱使国内乳企对进口奶粉使用量不断提高，相应地对国内原料奶产生替代作用，发生挤出效应，导致国内合作社的牛奶销售出现问题，奶牛养殖环节萎缩，产生"去奶牛化"。为了降低农民合作社的市场风险，同时保住东北地区奶牛业，国家给予了农民合作社市场资源支持，采取行政手段进行市场采购。如组织黑龙江与北京对口进行肉蛋奶产销对接专供，吉林与上海实行肉蛋奶产销对口专供。将东北肉蛋奶作为大专院校学生食堂专供产品、军队食堂专用产品等。

第二，政府可以在农民合作社与超市、合作社和企业等之间牵线搭桥，实现"农超对接""农企对接"等，解决合作社的农产品销路问题。例如，2011年4月以来，从中央到地方媒体纷纷报道各地大白菜、土豆、大葱、莴笋等蔬菜滞销，价格大幅度下跌，导致不少菜农种植蔬菜出现严重亏损现象。椒江区章安街道杨司村鸿绿瓜菜专业合作社通过"农超对接"，该合作社搭起了一座通往超市、食堂、酒店、农贸市场的桥梁，并减少了10%以上的中间环节成本，实施订单生产，从而摆脱了农产品滞销问题。

三 技术风险控制对策

（1）建立以引进再创新和合作创新为主，自主创新为辅的创新机制。合作社在技术创新过程中，由于自身的资金、人才、规模等约束，其风险承受能力也相对较弱。因此，在合作社发展初期，由于其技术能力、资金、科技人才等方面的限制，不足以独立完成技术创新，而且对风险的承受能力有限，属于风险规避型组织。目前合作社的主要技术创新功能一般是建立技术推广平台，发挥合作社在农业技术推广中的作用，部分具有较强技术创新能力的合作社，一般选择一个及几个同类型的中小企业或其他合作社进行优势互补的合作创新，或者利用政府对合作社的政策性支持，从高校、科研院所等进行技术引进，选择风险较小的引进再创新。

目前全国的高等院校、科研院所开发了大批新技术、研制了许多新成果，但是大量的技术开发成果束之高阁，产学研严重脱节。同时，合作社由于种种原因却得不到相应的技术支持。因此，各级政府组织应该发挥牵头作用，积极组织和推动高校、科研机构面向市场、面向企业和合作社，开展关键、高新技术的研究。建立符合市场规律、以合作社为主体的产学研紧密结合的新体系，明确产学研体系中合作社的主体地位。要以"产"字当头，支持和鼓励合作社与高校建立风险共担、优势互补、利益共享的合作机制。对于一些只有依靠自身力量进行自主创新的技术，合作社应该尽量利用政府提供的创新基金、科技人员下乡提供的人才优势等，尽量降低自主创新带来的风险。

（2）加强知识产权的管理和保护。由于农民合作社所涉及的技术创新一般是由公共部门引导的，即使是合作社内部的自主创新或合作创新，其知识产权保护意识比较薄弱。尤其是作为合作社的内部成员普遍缺乏专利保护意识，导致其他合作社或私人企业可以无偿获取其创新成果。因此，大多数合作社进行技术创新却无法独占其创新成果，导致大量的技术为其他企业无偿使用，从而加大了合作社技术创新的技术风险。

因此，为了加强技术创新的独占性，需要大力开展有关知识产权法律、法规和规章的宣传活动；认真执行国家和省有关知识产权的法律、法规和规章，严肃查处专利侵权和违法行为，切实保护合作社和科技人员的权益。另外，各级科技行政管理部门要加强对农民合作社的宏观管理和指导，与有关部门协同做好合作社技术创新成果的统计和监测工作，农民合作社在开发出一项新技术后，要及时帮助其申报专利，避免不法之徒钻空子而造成不必要的损失。

四 完善金融和财政政策，控制技术创新资金风险

农民合作社由于自身产权制度的因素，存在道德风险和逆向选择。因此，技术创新资金风险的控制主要体现在怎样扩大融资渠道，怎么管理和调度有限资金方面。而对于国家和地方政府而言是如何完善金融政

策、财政政策，加大农民合作社技术创新扶持的力度。

（1）完善合作社技术创新的财政扶持政策。一方面，国家可以将一定期限内由财政部门对其实际上缴所得税额新增部分和增值税的地方留成部分，以上一年度为基数，按一定比例以科技创新基金项目等形式返还农民合作社，作为对技术开发的补助；另一方面，地方财政要加大对技术创新的奖励力度和技术创新扶持项目的数量，并进一步提高奖励资金、扶持资金的发放效率和速度，适当简化审批和发放程序，使合作社的技术创新资金能够及时到位，避免了"空头账户"现象的发生。

丹麦政府把农业研究与开发看作发展农业的先决条件，政府对农业的直接扶持主要体现在对科研开发的支持及协调创新的双边与多边关系上。由于丹麦农业的基本生产单位（农场）的经营规模不大，自主创新能力差，丹麦90%以上的农业研究经费源于政府（约占全国GDP的0.05%）。

我国农业科研投资占农业总产值的比值仅为发达国家的1/10，应加大农业基础研究、应用研究、高新技术研究、重大科技攻关的资金投入，确保农业自主科技创新能力的不断提高。同时，建立和完善以政府资金为引导、社会各方积极参与的多渠道、多层次的农业技术推广资金投入体系，促进农业高新技术的产业化。

（2）完善农村信用合作社的金融服务功能。农村信用合作社（Rural Credit Cooperatives，农村信用社、农信社），是指经中国人民银行批准设立、由社员入股组成、实行民主管理，主要为合作社社员提供金融服务的农村合作金融机构。农村信用合作社的性质决定了其必须以服务"三农"为宗旨。然而，在现阶段利润最大化目的的驱动下，大部分农村信用合作社并没有发挥其应有的功能，真正发放给农民合作社或其成员的信贷资金微乎其微，缺乏扶持力度。

农村信用合作社要尽快制定相关信贷政策，构建信贷"绿色通道"，因地制宜，采取灵活的信贷策略，在技术创新风险可控的前提下，积极探索做好信贷产品的创新工作，提高整体服务水平。农村信用合作社要优先把农民合作社全部纳入农村信用评定范围，尽快与当地农村经营管理部门构建合作机制，对辖内农民合作社逐一建立信用档案，加快建立和完善符合农民合作社特点的信用评价体系，稳步构建合作社自愿参加、政府监督指导、金融机构提供贷款支持的授信管理模式，为实施信贷支持打下基础。目前，农民合作社存在潜在的技术创新风险问题，在信贷运作过程中必须强化风险意识。要建立信贷担保机制，加强与政府之间的协作，使政府对合作社提供最直接的资金支持，如对合作社贷款进行贴息支持和担保费支持，构建政府、合作社、农村信用合作社"三位一体"的担保格局。

五　生产风险控制对策

（1）建立生产保险。农民合作社生产的产品，尤其是农产品、畜牧产品等，受到自然灾害、瘟疫等风险影响比较大。因此，合作社需要购买相应的生产保险。

（2）实行标准化作业，对创新农产品的生产实行全面检测。对于新创农产品质量的控制，首先要通过标准化作业来实现。标准化作业是现代农业管理的基本要求，也是合作社正常运作的基本保证。标准化作业要求合作社实施统一施肥技术、统一耕种、统一除虫除草等。它促使农业的生产活动等更加合理化、高效化和规范化。保证在成本控制过程中做到合作社农产品的农药残留物、动物激素等达到标准。

例如，许屯镇东马屯苹果合作社通过规范生产标准和操作规程，建立内部生产管理和自律机制，为农户提供统一服务，较好地促进农业标准化实施和推广。许屯镇东马屯苹果合作社，把农民组织起来，以提高组织化程度为载体，推进标准化生产，带动果农增收增效，成为农业部合作组织示范项目试点单位。合作社按照"龙头企业＋合作社＋农户"的经济模式运行，实行规范化营运、标准化生产、产业化经营，并且实行"统一品牌、统一标准、统一品质、统一农资、统一操作规程、统一生产技术、统一储藏销售、统一分配结算"八统一生产服务。为提高农产品质量标准，合作社按绿色食品标准组织生产，实行严格的规范管理，制定水果生产技术操作规程，建立生产技术档案和田间作业档案，从果树剪枝、春灌、施肥、打药、授粉、稀花、转果到套袋、采摘、储藏、运输、销售等环节，均在合作社生产管理技术人员具体指导下，按绿色食品生产标准和技术操作规程进行。农民合作组织不断发展壮大，加快了农业标准化从文本走向田间、从理论走向生产的进程，使农业标准得到更广泛、更深入、更实在的推广与应用。

六　人才风险控制对策

技术创新人才指既具有较广博的专业科学技术知识又了解市场需求，专门从事将科学技术成果转化为实用技术或转化开发为新产品的科技人才。对农民合作社，由于待遇相对较低，因此很难吸引高科技人才，缺乏高科技人才是农民合作社技术创新普遍存在的问题，建立一支富有创新能力的高素质科技人才队伍对于提高合作社技术创新能力，减少技术创新的风险有重要意义。农民合作社技术创新人才的风险需要合作社自身和政府机构共同来防范。

（1）合作社自身人才风险控制对策。合作社很难引进和留住所需的高科技人才。首先，要建立一个和谐的环境，使科技人员真心接受合作社文化。其次，由于资金上的限制，合作社中科技人员的工资与大企业相比较低，但在工资待遇上要体现出科技人员与普通员工的差别，实行科技人员的技术入股。最后，要在精神激励方面做得更加到位，要给予科技人员必要的精神奖励、人文关怀，并给予他们更大自由研究、创作的空间。

对于合作社技术创新外聘的技术人员，为了防止合作社技术外溢，首先在选择外聘科技人员时要经过仔细、认真的考察，最好是有熟人推荐并担保；其次要与之签订技术保密合同，签订合同后也要给予外聘人员一定的信任和自由研究的空间。

（2）政府对合作社技术创新人才风险防范的对策。鉴于合作社在资金、环境等方面的限制，而且大部分合作社位于农村，在吸引科技人才方面的能力相对较弱，因此需要政府为它们营造较为宽松的人才引进环境。政府应该鼓励大学生毕业后参加农村合作社工作，实地了解合作社面临的困难。例如，为了激励大学生进入合作社工作，可以让大学生在合作社工作3年以上，优先报考农村基层公务员等措施。鼓励高校、科研院所的产学研合作，鼓励科技下乡活动，实施科技特派员制度解决合作社科技人才风险。

除此之外，政府还可以通过提高合作社内部技术人员的技术能力，增加合作社的技术人才储备。例如，通过举办技术培训班或者免费让合作社技术能人继续参加深造等方式，提高和增加合作社的技术创新人才数量和质量。丹麦农业高度发达，其中较高的国民素质起了关键性作用，丹麦政府更是以此作为提高农业生产率的重要手段。丹麦100%的农民都受过不同程度的教育。通过基础教育、技术教育、管理教育、高级管理教育等不同层次的学习，学员不仅可以很快从事系统的农场工作，还可以在实践中成为技术农民或熟练农民，甚至有资格成为农场的高级管理人员。此外，农民的学习花销也比较便宜。由于丹麦的农业学校大都采取农民团体创办、政府补助的形式创建，一般政府补助资金占办学经费的70%，接受培训的农民只需花极少的钱就可以受到教育。丹麦特别重视对青年农民的教育和继续教育。丹麦法律规定，农民想要购买30公顷以上的土地必须持有绿色证书（一般管理人员层次），并由此享受政府提供的优惠条件。这样，不仅新农民可以学习，技术熟练的农民以及农场的管理人员也可以继续进修。农民继续教育一般由地方农业咨询中心负责组织，全国农业咨询中心总部进行协调，各地农校及地方咨询中心相互合作，共同开发课程。

第六节　本章小结

在推动农业技术创新的过程中，农民合作社面临一系列技术创新风险。本章研究农民合作社的技术创新风险范式和风险评估，对于完善企业技术创新理论，丰富农村合作组织理论具有重要的价值。目前全国各地积极开展科技型合作社的认定和培育工作，如江苏省、铁岭市、泉州市和汨罗市等，为农民合作社积极参与农业科技创新提供了政策支持和保障。然而，在农民合作社开展技术创新，面临着比传统企业更大的风险。本章关于农民合作社技术创新的风险范式和风险评估的研究，为农民合作社实施技术创新过程中，建立技术创新风险预警，以及如何防范相应的风险提供了理论依据和政策倡导。主要观点和学术贡献如下：

（1）合作社技术创新的特征与传统企业存在较大的差别。

①技术创新的主体除了传统的利润最大化企业，目前部分科技型合作社具备了一定的技术能力参与农业技术创新，在农业科技创新体系中解决了部分技术供需问题。②合作社的自主创新成果属于微创新，自主研发过程具有前期研发资金投入少、风险低等特点。合作社的技术研发

成果主要是由合作社领导或技术能人等草根人物完成，合作社草根人物的技术能力是合作社实施自主创新最重要的因素。③合作社的技术创新风险具有独有的特征，决定了合作社技术创新风险的影响因素、风险评估方法和风险防范都需要结合合作社的治理结构和现阶段合作社的发展特点进行分析。④农民合作社技术创新除了具有一般企业的技术创新风险特征，如存在的"客观性、相对性、模糊性、渐进性、综合性"等特点，相对于传统企业，还具有风险承受能力低和知识产权保护能力低等特点。

（2）结合合作社的治理结构和发展阶段考量合作社的风险范式和风险评估。

①农民合作社进行技术创新存在很大的不确定性和风险性，对合作社技术创新风险进行全面分析，有助于合作社更好地进行风险管理。本章从技术因素、合作社因素、外部环境因素三个维度分析技术创新的影响因素，并详细探讨了各种因素对农民合作社技术创新风险的影响。②已有的技术创新风险评估方法适用于大量的样本数据，而国内合作社参与农业科技创新的样本量较小，因此需要重新寻找适用于小样本的评估方法。鉴于此，该成果在分析三个风险维度的基础上，利用粗糙集和信息熵理论相结合的方法，确立各个风险指标的权重，并利用模糊综合评价方法确定技术创新的风险系数，最后通过相关算例对具体技术创新项目进行了风险评估。

（3）结合合作社的治理结构和技术创新特征构建合作社技术创新的风险防范框架。

虽然技术创新风险不可能完全消除，但技术创新管理比较完善的创新主体，在一定程度上能够有效地防范和控制某些风险因素。因此，技术创新要取得成功，必须在完善技术创新管理的同时，还要加强技术创新的风险管理。通过对技术创新系统树立风险意识，完善风险管理，在一定程度上防范和控制风险损失的发生和发展，使受控的技术创新活动向预期目标发展。本章结合合作社技术创新风险的主要特征，提出合作社技术创新风险的控制方法，主要包括：①发展合作社联社，提高风险控制能力；②利用政府采购等方式，防范市场风险；③建立以引进再创新和合作创新为主、独立创新为辅的创新机制，同时加强知识产权的管理和保护，防范技术风险；④完善合作社技术创新的财政扶持政策，完善农村信用合作社的金融服务功能，控制技术创新资金风险；⑤实行标准化作业，对创新农产品的生产实行全面检测，通过建立生产保险，控制生产风险；⑥通过一系列农村留人和引人政策防范技术创新的人才风险。

第十章

农民合作社的技术推广职能

　　加速农业技术推广对落实"科技兴农"战略具有重要意义，但目前却陷入体制不顺和参与主体能力不足相互制约的困境：一方面政府主导的农业技术推广模式不能适应农户多元的技术需求；另一方面农户生产规模小而分散，不利于技术推广，这意味着农业技术推广主体和技术需求客体之间出现了某种断裂。农民合作社作为农民利益的代表，承担农业技术市场需求方的角色，成为农业技术推广的重要纽带，能够破解我国小农户分散经营下农业技术推广难的困境。因此，从合作社视角探讨农业技术推广具有重要意义。通过深入研究农业技术推广体系中合作社的服务功能及其影响因素，构建新的合作社的角色理论，为合作社参与农业技术推广提供理论基础。研究农业技术推广体系中合作社的服务功能及其实现机制，为推进农业科技进步和创新，促进农业农村现代化提供实践参考和政策建议。

　　本章运用多案例研究方法，分析农民合作社技术推广服务功能，探讨技术来源与合作社的技术推广绩效，以及农业标准化中合作社的服务功能。

第一节　技术来源与农民合作社的技术推广绩效

　　连续 18 年（2004—2021 年）的中央一号文件以"三农"为主题，着力解决转型期农村改革发展面临的新问题。尤其是 2012 年中央一号文件，首次明确以"农业科技创新"为主题，坚持科技兴农战略，把农业科技摆上更加突出的位置。党的十八届三中全会进一步指出"加快转变农业发展方式,推进农业科技进步和创新",更加表明我国未来的农业发展出路在科技、潜力在科技、希望也在科技。据统计,2008—2013年农业技术进步贡献率从50%提升到55.2%,平均每年提升0.87个百分点,由此可见农业技术对农业现代化发展具有重要的意义。在"科学技术是第一生产力"的普遍共识下,国家从政策、资金、法律等各个方面支持农业科技研发,增加技术供给,全国每年鉴定的农业科技成果有6000多项。然而,可转化为现实生产力的只有2000项左右,农业科技成果转化率不足40%,远低于发达国家的80%(张淑辉和郝玉宾,2014)。如何将农业技术推广到"最后一公里",让农户切实享受到科技进步的成果,成为一个关键而迫切的问题。

农民合作社作为一种农民的经济组织,在农民增收、农业增效、农村发展等方面发挥了重要作用。同时,合作社作为农民利益的代表,担当农业技术市场需求或供给方的角色,成为农业科技成果转化的重要纽带,能够有效破解我国小农户分散经营下农业技术推广难的困境。一方面合作社作为一个有效的组织平台,能够提高农业技术推广效率、降低推广成本;另一方面合作社作为农业推广体系的重要组成部分,是对现有农技推广体系的重要补充。然而,现有研究多是从农民合作社参与农业技术推广的成因和意义等层面进行描述,没有从根本上揭示合作社参与农业技术推广的机理。基于此,本章以农业技术来源为切入点,从技术来源、社会嵌入与农业技术推广绩效三方面探讨合作社参与农业技术推广的具体机理,为提高农民合作社参与农业技术推广服务功能提供理论参考。

一 文献回顾

(一)社会嵌入

"嵌入"(Embedded)的概念最先由Polanyi提出,直到20世纪80年代,社会嵌入理论才真正地得到关注和发展。Granovetter(1985)在反驳"社会化不足"和"社会化过度"观点的基础上,从关系(Relational)和结构(Structural)两个维度来阐释社会嵌入。关系嵌入是指社会网络中行为主体之间的关系以及它们之间的关系强弱程度,可以从互动频率、亲密程度、关系持续时间以及互惠内容四个方面来衡量关系强弱程度;结构嵌入是指从宏观视角来分析整个社会网络的结构以及行为主体在社会网络中的位置，一般用网络密度和程度中心度测度结构嵌入程度。Andersson 等（2002）从嵌入的主体视角，把社会嵌入分为业务嵌入和技术嵌入。Zukin 和 DiMaggio（1990）从嵌入的客体视角，把社会嵌入分为认识嵌入、文化嵌入、政治嵌入和结构嵌入。

随着社会嵌入理论的发展，许多学者开始研究社会嵌入与技术知识转移之间的关系。从关系嵌入视角，Granovetter（1973）认为，弱连接能够获得更多的异质性信息，促进知识在不同主体的转移。Marsden（1990）认为，在强关系建立信任的基础上，主体之间交流频繁，具有强烈的感情依附，易于信息技术知识的转移。Hansen（2002）则综合上述学者的理论观点，通过对 120 个产品开发项目知识转移的过程分析，认为弱连接理论侧重于知识、信息的搜寻，而强连接有利于知识、信息的流动。从结构嵌入视角，Burt（2009）的结构洞理论认为，占据结构洞的行为主体能获得更多的非冗余信息。因此，嵌入结构松散、密度低的社会网络具有更多的信息优势。Coleman（1994）则认为，网络密度越高，行为主体的联系越密切，越能够获得更多的社会资本，从而有利于技术知识的转移。Reagans 和 McEvily（2003）从社会内聚性、网络范围、联结强度与共有知识四个方面来衡量网络特性，认为网络特性对不同缄默程度的知识转移有不同的影响。

（二）农业技术推广绩效

Jin 等（2002）认为，农业技术推广是农业高质量发展的主要推动力，相关研究主要从绩效指标构建和绩效影响因素两个方面展开。一是绩效指标构建。娄迎春和李琦（2009）以平衡计分卡为基础，从推广对象、推广效益、内部管理、学习与创新四个层面构建农技推广的绩效考核体系。邵飞等（2008）以公平原则、稳定性原则、回应性原则为标准，构建科技专家绩效评估指标体系，具体包括技术培训、技术水平、推广方法、推广效率、经济效益、技术推广的可持续性。李宪松和王俊芹（2011）着重从内部管理制度、硬件设施、创新能力、农技推广人员特征、学习能力 5 个方面构建基层农业技术推广行为绩效考核指标体系。二是绩效影响因素。廖西元等（2012）从农户视角，以增产效果、指导作用和满意度来衡量农技推广绩效，基于全国 18 个省 454 名农业技术人员和 4259 名农户的调查数据，结果显示农技推广绩效与农技推广人员、农户的熟悉程度、推广内容呈正相关。田壮（2008）以经济指标衡量农技推广绩效，运用结构方程模型具体分析农业技术推广人员胜任力、人力资源策略与绩效之间的关系。

上述对农业技术推广绩效的研究侧重于经济指标，而对社会指标和生态指标的研究较少。因此，本章借鉴英国学者 Elkington（1998）提出的"三重底线理论"，从经济、社会和生态三个方面来评价农业技术推广的绩效。

（三）文献评述

上述关于社会嵌入和农业技术推广绩效的研究都比较丰富，这些研究成果为本章的研究提供了重要的参考价值和借鉴基础，但是，目前的研究仍存在不足之处。一方面，合作社作为一个特殊的经济组织，其本身就是一个社会网络，那么社会嵌入如何影响农业技术推广，需要理论和实证的检验。另一方面，对于不同来源的农业技术，其推广过程和推广绩效也不尽相同，而现有农业技术推广的研究往往忽略了对不同来源的农业技术的分析。

二 研究方法

本研究采用归纳性的多案例研究方法。一方面案例研究适合回答"为什么""怎么样"的问题，而本章的目的就是要探讨技术来源、社会嵌入如何影响农业技术推广绩效，并尝试探索它们之间的作用机理，这正是一个"为什么""怎么样"的问题。另一方面，多案例研究能够运用复制逻辑，即通过逐项复制（Literal Replication）或差别复制（Theoretical Replication）来验证或反驳理论假设，相比于单案例研究来说，这一过程通常可以产生更稳健、更一般的理论（Yin，2013）。另外，关于农民合作社主导的农业技术推广研究，还是一个"黑箱"，多案例研究正契合了本章的探索性研究目的（Eisenhardt，1989）。

（一）案例选择

本章的分析单位是农民合作社，根据 Glaser 和 Strauss（2009）的建议，我们采用理论抽样方法。具体来说，我们运用最大变化抽样策略（就独立变量来说，我们选取的案例具有多样性）来实施理论抽样。由于技术来源作为一个独立变量，所选合作社参与推广的技术具有不同的来源特征。为提高研究的信度和效度，本研究选取农民合作社发展比较好的浙江、江苏和山东三个省份作为案例选取对象。为了方便在同一行业进行比较，选取的合作社所属行业都为种植业。最终，选取 8 家合作社作为典型案例（见表 10 - 1）。为了保护农民合作社的隐私，对每个合作社我们用两个大写字母表示。

表 10 - 1　　　　　　　　　　案例合作社

案例合作社	生产产品	所在地	访谈对象
HD	杨梅	浙江乐清	社长、社员
DX	苹果	山东青岛	社长、社员
NR	茶叶	浙江乐清	社长、社员
LJ	葡萄	浙江嘉兴	社长、社员
XX	葡萄	浙江乐清	社长、技术人员、社员
YH	甘蔗	浙江义乌	社长、社员
WY	茶叶	江苏常州	社长、社员
XY	蘑菇	浙江平阳	社长、社员

（二）数据收集

Yin（2013）认为，使用多种证据来源最大的优点在于相互印证，使研究结果或结论更准确，更有说服力和解释力。本研究的数据来源主要有以下三种：①档案资料，包括合作社内部的宣传资料、会议记录、内部刊物等，以及外部关于合作社的新闻报道、数据和期刊论文等。②半结构访谈，主要是与合作社主要成员的访谈。③非正式交流获得的信息，包括 E - mail、电话回访和参与式观察。

半结构访谈是本章最重要的数据来源。为了保证所采集数据的可靠性，我们首先设计好访谈提纲，包括合作社概况、合作社参与推广的技术特征、合作社的社会网络关系、合作社技术推广绩效。其次，在访谈过程中，我们提供足够的开放空间让其他问题自然涌现。最后，我们对每个合作社访谈多个成员以增加研究数据的信度和效度。Piekkari 等（2008）建议访谈人员的选取要具有不同的层级和广泛的代表性。基于此，每个合作社都选取社长、普通社员或技术人员。最终，我们选取 42 个访谈人员，如表 10 - 1 所示。

（三）数据分析

课题组 4 名成员分成两个小组，分别独立地对案例资料进行编码分析，以保证编码的相互信度。针对编码结果的不一致和模糊之处，两个小组相互讨论，以澄清和精练一些构念，最终两个小组对所有构念达成一致共识。具体步骤如下：

首先，进行案例内（Within - case）分析，在没有任何先验假设的情况下，通过对每个案例的独立分析，以形成每个案例的理论构念和关系。对于每个合作社，我们鉴别出所推广技术的来源特征、合作社所处的社会关系网络以及技术推广绩效；然后构建它们之间的相关关系，并初步构建每个合作社的技术推广理论框架。

接着，进行跨案例（Cross - case）分析，以寻找相似的构念和主题。通过对每个案例的分析、比较，我们鉴别出 4 组技术特征相似的合作社，并比较不同组之间的异同点，并利用图和表的形式来精练不同的构念和理论关系。同时，运用复制逻辑，用其他的案例资料来验证和精练最初的理论框架。其中，一些理论关系得到验证，另一些则被修改或舍弃。通过理论、数据和文献之间不断的迭代过程，来进一步精练我们的研究结果并和现存的理论进行比较，以阐明本章的理论贡献。

为了提高研究结果的信度和效度，我们运用 Yin（2013）提出的四个检验标准，如表 10 - 2 所示。

表 10 - 2   案例研究结果的检验

检验	案例研究策略	策略所使用的阶段
建构效度	（1）采用多元的证据来源 （2）形成证据链 （3）草案进行检查、核实	（1）资料收集 （2）资料收集 （3）撰写报告
内在效度	（1）进行模式匹配 （2）分析与之相对立的竞争性解释 （3）使用逻辑复制	（1）证据分析 （2）证据分析 （3）证据分析
外在效度	（1）用理论指导单案例研究 （2）通过重复、复制的方法进行多案例研究	（1）研究设计 （2）研究设计
信度	（1）采用案例研究草案 （2）建立案例研究数据库	（1）资料收集 （2）资料收集

三 结果分析

(一) 农业技术来源

经过对 8 个合作社的逐个分析,我们发现每个合作社都在不同程度上参与农业技术推广。而且,经过深入分析发现,每个合作社参与推广的技术有不同的来源特征。不同于 Hedlund (1994)、Grant (1996) 等从技术知识本身的属性对技术特征的划分,本章根据技术来源的不同来划分农业技术特征。我们发现农民合作社的推广技术划分为政府推广技术、外部引进技术、联合开发技术、自主研发技术 (见表 10 - 3)。

表 10 - 3 　　　　　　　　合作社技术推广的技术来源特征

案例合作社	推广的技术	技术来源
HD	政府每年会组织省农业科学院的专家到合作社培训 2—3 次,乐清市政府推广的 "罗幔杨梅栽培技术" "树体矮化技术"	政府推广
DX	政府推广的 "花期喷洒硼蜜钾" 和 "测土配方施肥" 技术,政府会免费推广一些农药	
NR	从茶叶研究所引进:中茶 108;从省农业科学院引进:浙农 139	科研院所或公司引进
LJ	从中国移动嘉兴分公司和中兴通讯公司引进物联网技术	
XX	与省农业科学院、温州农业科学院、浙江亚热带研究所联合培育 "宇选系列" 新品种	合作社和科研院所合作开发
YH	与省农业科学院、福建农林大学联合培育 "义红 2 号"	
WY	自主研发 "无性系茶苗工厂化快速繁育技术",并自主选育 "黄金芽茶、郁金香、五星黄金叶" 新品种	合作社自主研发
XY	自主研发 "蘑菇盐渍加工技术" "香菇菌棒转色技术" 等,以及《实用香菇栽培学》《标准化蘑菇冬闲田栽培学》等多部专著	

从表 10 - 3 可以看出,不同的合作社参与推广的技术来源各不相同,如 HD 合作社和 DX 合作社主要是接受政府的技术培训、信息技术服务以及政府推广的农药、化肥等相关产品,然后将这些技术和产品在社员之间推广,具有非营利性和社会效益性,称为政府推广技术。NR 合作社和 LJ 合作社主要是从高校、科研机构或公司引进相关技术,然后在社员之间推广使用,称为外部引进技术。XX 合作社和 YH 合作社

主要是与高校、科研机构合作，联合开发新产品、新技术，然后在社员和非社员之间推广，称为联合开发技术。WY 合作社和 XY 合作社主要是合作社自主研发新技术，然后在社员和非社员之间推广，称为自主研发技术。

（二）社会嵌入

1. 关系嵌入

合作社的关系嵌入是指合作社与社会网络中不同行为主体之间的关系及其强弱程度，本章从互动频率、亲密程度、关系持续时间以及互惠内容四个方面来衡量合作社与不同行为主体的关系强弱程度。本章将合作社的关系嵌入分为对内关系和对外关系，其中对内关系主要是指合作社与社员或研究所的关系，对外关系主要是指合作社与政府、科研机构、金融机构、社外农户等的关系。

从对内关系看，农民合作社主要由当地的农民组成，具有相似的文化认同和生活方式，属于熟人社会，与农户的互动频率较高，亲密程度较高，关系持续时间较长，互惠内容较多。较强的对内关系更有利于技术在社员之间的推广。案例中 8 家合作社对内关系都表现为强关系，强关系的行为主体之间建立在信任和长期合作的基础上，具有强烈的感情依附，更容易促进技术推广。调研的 8 家合作社中，它们的社员基本上都是由本村或附近村镇的农户组成。如 YH 合作社社长所说，"我们和社员是利益共同体的关系，我们实行'五统一'服务……最终实现大家共同富裕"。在调研中也发现，合作社社长一般都是当地比较有能力的生产大户，在当地具有较高的威望。如 HD 合作社社长获得当地"突出贡献人才"称号，是温州市政协委员，经常帮助社员解决生活等方面的问题。NR 合作社社长以前是本村的村干部，为了把当地具有悠久历史的茶叶传承下来，带领大家成立农民合作社。因此，合作社社长与当地的社员或研究所具有强关系，建立在信任基础上的强关系更有利于农业技术的推广。

从对外关系看，8 家农民合作社表现出明显的区别。HD 合作社、DX 合作社、NR 合作社和 LJ 合作社与科研机构或企业之间的互动频率较低、亲密程度较低，一般都是短期合作，互惠内容主要是政府向合作社实施技术培训或合作社从科研机构引进技术。XX 合作社、YH 合作社、WY 合作社和 XY 合作社与科研机构或企业之间等互动频率高、亲密程度高，一般都是与科研机构等形成长期战略合作，互惠内容主要是联合技术开发或技术推广。

如表 10-4 所示，技术来源为政府推广技术和外部引进技术的合作社，对内为弱关系。异质性主体之间的弱关系更容易获得异质性群体信息（Granovetter，1973）。由于合作社与政府、科研机构属于异质性群体，合作社可以从政府、科研机构获得相关技术。如 HD 合作社获得政府的技术培训和农业推广，LJ 合作社从中国移动嘉兴分公司和中兴通讯公司引进物联网技术。技术来源为联合开发技术和自主研发技术的合作社对外关系为强连接。当成员间的同质性较高时，强连接更容易获得冗余性比较高的信息（Granovetter，1973）。由于合作社与政府、科研机构、社外农户等异质性较大，相互之间的信任、合作与稳定更有利于技术的获取与传播，这也契合了 Marsden（1990）的观点。如 YH 合作社与省农业科学院、福建农林大学形成长期战略合作，由合作社出甘蔗品种，省农业科学院、福建农林大学提供人才和技术，最终培育出"义红 2 号"。XY 合作社社长是平阳县农业局退休干部，与政府部门保持良好的合作关系。WY 合作社社长目前是江苏省供销合作社理事会之一，与南京农业大学、省农业科学院等茶叶科研院校建立长期产学研合作关系，设立南京农业大学茶学研究生实习基地、江苏省博士工作站等。上述 4 家合作社对外关系都表现为强关系，其行为主体之间建立在信任和长期合作的基础上，具有强烈的感情依附，更容易促进技术推广和扩散。

表 10-4 技术来源与合作社关系嵌入

技术来源	案例合作社	关系嵌入	
		对内关系 （社员、研究所）	对外关系（政府、科研机构、金融机构、社外农户）
政府推广技术	HD	强关系	弱关系
	DX	强关系	弱关系
外部引进技术	NR	强关系	弱关系
	LJ	强关系	弱关系

续表

技术来源	案例合作社	关系嵌入	
		对内关系 （社员、研究所）	对外关系（政府、科研机构、 金融机构、社外农户）
联合开发技术	XX	强关系	强关系
	YH	强关系	强关系
自主研发技术	WY	强关系	强关系
	XY	强关系	强关系

通过上述分析，我们提出以下命题。

命题1：技术来源不同的合作社关系嵌入不同。

命题1a：技术来源为政府推广技术和外部引进技术的合作社，关系嵌入的对外关系为弱关系，对内关系为强关系。

命题1b：技术来源为联合技术开发技术和自主创新技术的合作社，关系嵌入的对外关系和对内关系都为强关系。

2. 结构嵌入

结构嵌入侧重于从宏观视角来分析整个社会网络的结构以及行为主体在社会网络中的位置。本章从网络密度、程度中心度和中间中心度来测度整个社会网络。网络密度是网络中包含的全部行动者的数目，网络密度越大，该网络对其中行动者的态度、行为等产生的影响也越大。程度中心度是指点的实际度数与图中最大可能度数之比，度数越大，说明该点与其他行动者"关系越密切"。中间中心度测量的是行动者对资源的控制程度，度数越高，越是网络的核心，拥有的权利越大。本章根据合作社的社会关系网络，计算出每个合作社的社会网络结构特征。

从表10-5可以看出，技术来源不同的合作社结构嵌入也不相同。技术来源为政府推广技术和外部引进技术的合作社，其网络密度较低。说明整个网络的行动者数目较少，从而影响网络成员对农业技术推广的信任和资源投入。

HD合作社、DX合作社、NR合作社和LJ合作社的网络密度、程度中心度和中间中心度总体较低。整体上与这4家合作社有直接或间接联系的主体较少。其中，HD合作社直接与社员、金融机构和政府联系，

表 10 – 5   合作社网络结构特征

技术来源	案例合作社	结构嵌入		
		网络密度	程度中心度	中间中心度
政府推广技术	HD	中	中高	中
	DX	中低	中高	低
外部引进技术	NR	低	中	低
	LJ	低	中高	中低
联合开发技术	XX	中高	高	高
	YH	高	高	高
自主研发技术	WY	高	高	高
	XY	高	高	高

注：对上述表格的绩效指标汇总，请 1 名教授、2 名博士生进行综合绩效评估，采用了"高、中高、中、中低、低"五档分类法（Creswell，2013），并遵循"分别打分—比较差异—协商统一"的步骤确定最终结果。

处于社员与政府和金融机构的中间位置。DX 合作社直接与社员和政府联系，处于社员和政府之间。NR 合作社直接与社员、公司和政府联系，处于社员、公司和政府之间。LJ 合作社直接与社员、金融机构和政府有联系，处于社员和政府、金融机构之间。根据 Burt（2009）的研究结论，占据结构洞的行为主体不仅有资源优势，还有信息和控制优势。虽然 HD 合作社、DX 合作社、NR 合作社和 LJ 合作社具有一定的信息控制优势，但是不明显。而且 LJ 合作社和 HD 合作社所处关系网络中政府具有较大的程度中心度和中间中心度，可能原因是合作社网络成员少，与科研机构的联系都需要经过政府。技术来源为联合开发技术和自主研发技术的合作社，其网络密度较大，说明成员之间交往较多，具有更大的技术推广优势。

XX 合作社、YH 合作社、WY 合作社和 XY 合作社的网络密度、程度中心度和中间中心度总体较高。整体上与这 4 家合作社有直接或间接联系的主体较多，不同主体之间的联系也较为紧密。其中，XX 合作社与政府、浙江农业科学院、非合作社成员、葡萄研究所和资金互助会都有直接联系，政府和浙江农业科学院通过合作社与非合作社成员、葡萄研究所和资金互助会联系。YH 合作社与政府、浙江农业科学院、社员、非合作社社员、资金互助会都有直接联系，各主体之间联系比较紧密。WY 合作社与天目山研究所、中国农业科学院与南京农业大学、社员、非合作社社员和供销社都有直接联系，各主体之间联系比较紧密。XY 合作社与政府、浙江农业科学院、供销社、社员和非合作社社员、研究机构和资金互助社都有直接联系，各主体之间联系比较紧密。

通过上述分析我们提出以下命题。

命题 2：技术来源不同的合作社结构嵌入不同。

命题 2a：技术来源为政府推广技术和外部引进技术的合作社，其网络密度、程度中心度和中间中心度整体较低。

命题 2b：技术来源为联合技术开发技术和自主研发技术的合作社，其网络密度、程度中心度和中间中心度整体较高。

（三）农业技术推广绩效

本章借鉴英国学者 Elkington（1998）提出的"三重底线理论"，从经济、社会和生态三个方面来评价农业技术推广的绩效。经济效益是指农民合作社参与技术推广所带来的经济收入，主要衡量指标包括合作社销售收入和农户收入。社会效益是指合作社参与农业技术推广给社会其他人所带来的效益，主要衡量指标包括带动社员和非社员的收入、社会就业和合作社的影响范围。生态效益是指合作社参与技术推广对自然环境的影响，主要衡量指标包括环境保护和资源利用。具体的经济效益和社会效益如表 10 - 6、表 10 - 7 所示。从表 10 - 6 可以看出，农业技术推广普遍带来合作社经济效益的增加，其主要原因是合作社缺乏相关的技术。如 HD 合作社使用政府推广的罗幔杨梅栽培技术，可以有效防止虫害，减少杨梅落果。DX 合作社推广"花期喷洒硼蜜钾"和"测土配方施肥"技术，能够有效提高土壤肥力，增加苹果坐果率。从表 10 - 7 可以看出，采取政府推广技术和外部引进技术的合作社仅仅实现社员收入增加，带动当地就业。而采取联合开发技术和自主研发技术的合作社会向全国推广技术品种；而且，这些合作社的技术和经济实力较强，积极地制定本行业技术标准。

表 10 - 6　　　　　　　　　　农业技术推广的经济效益

技术来源	案例合作社	经济效益（举例）
政府推广技术	HD	2014 年实现销售收入 3700 万元，每户平均增收 3000 元，杨梅价格达到 50 元/kg，高于市场价格 20—30 元
	DX	2014 年产值达 450 多万元，社员技术水平有所提高，人均收入达 9627 元，高于非社员收入 2546 元
外部引进技术	NR	2014 年销售收入 500 万元，每公斤价格提高 200 元，社员每户每年收入增加 2000 元左右
	LJ	2014 年销售收入 1508.84 万元，每年省下 150 万元左右的人工成本，收入从原来的每亩 5130 元增加到 9600 元
联合开发技术	XX	2014 年销售收入 650 万元，每公斤葡萄高于市场价 10 元，产品供不应求
	YH	2014 年销售收入达 2000 万元，每亩产量增加 25%，而且使甘蔗的成熟和上市期提早 20 天左右，平均每户每年增加 2000 元左右
自主研发技术	WY	2014 年产值达 1.2 亿元，"无性系茶苗工厂化快速繁育技术"，单位面积育苗能力大，育苗周期缩短 30%—40%，提高茶苗合格率和移栽成活率，累计帮助农民增收 670 多万元
	XY	2014 年产值 2500 万元，每户社员平均净增加收入 1.5 万元，蘑菇品质大大提高，避免了许多生产风险

表 10 - 7　　　　　　　　　　农业技术推广的社会效益

技术来源	案例合作社	社会效益（举例）
政府推广技术	HD	实现社员收入增加，带动当地就业
	DX	实现社员收入增加，带动当地就业
外部引进技术	NR	实现社员收入增加，带动当地就业
	LJ	实现社员收入增加，带动当地就业
联合开发技术	XX	在实现社员收入和就业增加的基础上，以技术入股形式在云南、广西推广种植，经常外出授课，讲授葡萄栽培技术，推广"宇选系列"新品种，制定葡萄行业标准
	YH	在实现社员收入和就业增加的基础上，果蔗合作社社员已发展到全省及江苏、湖北等省。"义红 1 号"果蔗新品种和无公害标准化栽培技术已推广到全国 10 个省份 27 个县市，面积达 50 万亩，示范带动全国 5 万多农户，制定行业标准

续表

技术特征	案例合作社	社会效益（举例）
自主研发技术	WY	在实现社员收入基础上，合作社研发的新技术和新品种在江苏、南京的雨花台、连云港、丽水，溧阳市等地广泛推广，茶叶采摘期，每年都会请河南、安徽的人来做工，并制定行业标准
	XY	在实现社员收入和就业增加的基础上，生产基地已经辐射到江西、贵州等省区，预计每户可增收 1 万元以上，努力推广标准化蘑菇冬闲田栽培技术，制定行业标准

对于生态效益，在某种意义上讲，合作社的成立、发展及技术推广本身就是在改善农业生态环境、有效利用土地资源和水资源，从而实现生态效益的过程（赵佳荣，2010）。如 HD 合作社通过使用无公害农药、化肥等有利于土地资源的开发利用实现无公害杨梅的生产。LJ 合作社引进的"物联网技术"，利用电脑的精密控制，可以有效地节约水资源，充分利用土地资源，保护生态环境。XX 合作社的"宇选系列"抗病能力强，减少农药的喷洒，而且可以有效地利用土地。WY 合作社"无性系茶苗工厂化快速繁育技术"，单位面积育苗能力大，占用土地少，育苗周期缩短了 30%—40%，提高了茶苗合格率和移栽成活率，节省了土地资源和保护环境，有效增加了农户收入等。

通过上述分析，我们提出以下命题。

命题 3：技术来源不同的合作社实现的经济、社会、生态效益不同。

命题 3a：技术来源不同的合作社都实现一定的经济效益。

命题 3b：技术来源为政府推广技术和外部引进技术的合作社实现的社会效益较低，技术来源为联合技术开发技术和自主研发技术的合作社实现的社会效益较高。

命题 3c：技术来源不同的合作社都实现一定的生态效益。

四 讨论

通过上述对农业技术来源、社会嵌入及农业技术推广绩效的分析，可以得到它们之间的关系（见表 10－8）。

表 10 – 8　　　　　　　　农业技术来源、社会嵌入与农业技术推广绩效

农业技术来源	案例合作社	关系嵌入		结构嵌入			经济绩效	社会绩效	生态绩效	整体绩效
		对外关系	对内关系	网络密度	程度中心度	中间中心度				
政府推广技术	HD	弱关系	强关系	中	中高	中	高	低	高	中
	DX	弱关系	强关系	中低	中高	低	高	低	高	中低
外部引进技术	NR	弱关系	强关系	低	中	低	中高	中低	高	低
	LJ	弱关系	强关系	低	中高	中低	高	低	高	中低
联合开发技术	XX	强关系	强关系	中高	高	高	高	高	高	高
	YH	强关系	强关系	高	高	高	高	高	高	中高
自主研发技术	WY	强关系	强关系	高	高	高	高	高	高	高
	XY	强关系	强关系	高	高	高	高	高	高	高

注：对上述表格的绩效指标汇总，请 1 名教授、2 名博士生进行综合绩效评估，采用了"高、中高、中、中低、低"五档分类法（Creswell，2003），并遵循"分别打分—比较差异—协商统一"的步骤确定最终结果。

　　从表 10 – 8 可以看出，对农业技术来源为政府推广技术和外部引进技术的合作社，在关系嵌入中对外关系为弱关系。虽然可以获得相关的技术，但它们之间没有形成信任或长期的合作意向，无法充分利用政府、科研机构等相关的真正优势。对内关系都是强连接，内部的信任基础，有利于在社员之间推广农业技术。在结构嵌入中，网络密度较低，说明整个网络的互动都比较少；程度中心度和中间中心度比较低，说明合作社获取信息和控制资源的能力较差。由于合作社的技术主要在合作社内部进行推广，因此实现的社会效益较小，最终导致合作社的整体绩效较差。

　　对于农业技术来源为联合开发技术和自主研发技术的合作社，其关系嵌入中对外关系上为强连接，在信任和长期协作的基础上，合作社可以充分利用政府、科研机构的优势。对内关系为强联结，同样有利于农业技术的推广。在结构嵌入中，网络密度较高，说明每个合作社的整体网络的互动较为密切，正如 Coleman（1984）的社会资本理论所阐述的，网络密度高的网络，成员之间的信任程度高，更有利于社会资本的形成。程度中心度和中间中心度比较高，说明合作社占有更多的"结

构洞"，有更强的信息控制能力。由于合作社积极地实现对外技术推广，社会效益较高，合作社的整体绩效较高（见图10-1）。

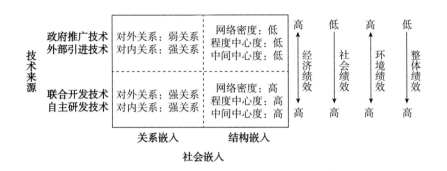

图 10-1　农业技术来源、社会嵌入与农业技术推广绩效实现机制

五　研究结论

本章运用多案例的研究方法，基于 8 家合作社的调研分析，探讨了农业技术来源、社会嵌入与农业技术推广绩效的关系。结果显示农民合作社农业技术来源分为四种类型，即政府推广技术、外部引进技术、联合开发技术和自主研发技术。针对不同类型的技术来源，探讨它们的关系嵌入和结构嵌入，对政府推广技术和外部引进技术，其关系嵌入中对内关系为弱关系，对外关系为强关系，网络密度、程度中心度和中间中心度较低，最终绩效也比较低。针对联合开发技术和自主研发技术，其关系嵌入的对内关系为强关系，对外关系也为强关系，网络密度、程度中心度和中间中心度较高，最终绩效也比较高。

农民合作社最初都是以农民对实用技术的迫切需求为基础建立的，所以它所推广的农业技术都是以市场需求为依据，特别注重技术的实用性和适用性。主要可以通过以下方式进行技术推广。

（1）典型示范。农民合作社主要是以农民中的科技能人和科技示范户为核心建立起来的，这些人较好地掌握了专项技术，在农民中拥有较高威望，对周边农户起到了良好的示范效应，从而大大加快了创新技术的推广速度。部分合作社采取设立示范基地的方式推广技术，同样也取得了良好效果。

例如，乐清市红麟果蔬合作社负责人牟帮贵，可以说是乐清在外瓜农的"带头大哥"。他于1996年年底开始种植反季节西瓜，从3两西瓜种子、租地6亩开始，建起了种植大棚，获得了成功。到2002年，牟帮贵为了扩大种植规模，在海南海口美兰区租下了1600亩地，建起了西瓜种植大棚。2003年1月，牟帮贵的西瓜获得了丰收，平均亩产3000多千克，总产量达到了5000吨，畅销全国10多个城市。现在，红麟果蔬合作社还致力于开发礼品西瓜，打造西瓜品牌。比如，在西瓜挂果的时候，就给标记上它的"生日"，把西瓜的授粉日期做成标签贴在瓜藤上，又给西瓜量身定做了礼品包装盒。"红麟"西瓜，从而走红市场。2004年，乐清市红麟果蔬合作社成立，有5个分社、470多名社员，在海南、广东、广西、云南、湖北等地建有10多个种植基地。

（2）为科研单位提供试验基地。许多农民合作社都与科研单位和大专院校建立了稳定的协作关系，科研机构将自己的最新研究成果放到合作社来试验、推广。试验基地不仅加快了科研周期，拉近了科研与实践的距离，使科技成果的转化率明显提高，同时也使农民有机会快速学习和掌握先进的知识和技术，形成了产、学、研一体化的农业科技推广机制。

瑞安市沙洲温莪术专业合作社与温州医科大学和浙江天瑞药业有限公司共建沙洲温莪术技术试验基地，开展产学研结合，积极实施温莪术GAP种植。目前，基地占地达1000多亩，并且配套建立了应用基础研究平台、药物中试基地和产业化平台。基地的温莪术种植已达标准化水平，从药材种子、仓储等源头为药物制剂提供了质量保障，为温莪术开拓了更广阔的药用市场，其研发的莪术油葡萄糖注射液已收录于中国药典，成为国家一类新药。此外，基地温莪术顺利通过国家食品药品监督管理局GAP认证现场检查，既是温州科技创新的一件大事，也对浙江省中药现代化发展及中药面向海外与国际接轨有着重要的意义。

（3）举办科技培训班。舒尔茨认为，农民的技能和知识水平与其耕作的生产率之间存在正相关关系，因此有必要对农民进行人力资本投资，如教育和在职培训等。通过定期或不定期举办各种层次和各种形式的免费培训班，正是农民合作社传播和普及科技知识所普遍采用的办法。

永嘉县壶山香芋专业合作社从广西引进香芋品种，使永嘉县的香芋从无到有，从有到壮大。到现在为止，全县上下，每乡每村都有香芋种植。因香芋种植的技术要求很高，社员尚缺乏生产技术服务。为此，合作社不定期组织有关技术人员进行业务学习，总结推广新技术，定期进行市场预测，每年开展多种形式的培训班和总结交流会，不断提高自身业务水平，更好地指导芋农及社员的生产和经营。耗费 5 万元，创办多媒体平台，举办培训班 5 期，培训人员 500 多人次，网上培训 5600 人次。

温州市民鑫畜禽专业合作社 2007 年筹措投入资金 22 万元，创建了"民鑫专业社科技培训中心"，建立"科技服务部"，为农民开展科技培训和技术服务。先后培训 14 期，1845 人次，还举办讲座 6 期，聘请专业人员讲课，传授养鸡科学技术。为了提高农民参加培训的积极性，培训期间还发给每人 40 元的误工补贴费。三年来为培训农户养殖技术的开支费用近 30 万元。采用墙报、宣传窗、指示广告牌、分发科技资料等多种方式宣传、广泛推广。两年来向农民群众分发各种科技资料 2000 份，科技宣传窗出刊 12 期。

（4）提供技术咨询和技术服务。提供技术咨询是合作社普遍开展的服务项目之一。举办技术培训班和提供技术咨询是相辅相成的两个方面。培训班通常是解决，具有普遍性的问题，因此要定期举办。而技术咨询则常年提供，是解决农民在专项生产中临时遇到的特殊问题，针对性较强。不少合作社都有自己专职的技术人员，他们除了为会员和农户开办技术培训以及提供技术咨询以外，还直接登门，为那些技术水平较低或人手不足的会员和农户解决生产中遇到的各种技术问题。

平阳县雪雁蘑菇专业合作社，运用各级政府扶持的有限资金，并投入 70 多万元科技推广经费，创建了适应新时期农技推广的五个层次"金字塔"形的全方位科技服务网络新体系。即由专业合作社总部的培训中心的科技培育为第一层次"塔尖"的启动点，3 个收购站和加工厂 6 名技术辅导员组成的辅导站为技术服务基层点，5 个中心基地乡镇农技站与 2 个专业协会的技术网络为联络点，18 个基地 18 名农民技术辅导员蹲点包干挨户跟踪技术指导为落脚点，38 个中心基地村择优选设的 38 户科技示范户作为第五层次"塔基"示范点的农技推广服务新体系，并对五个层次服务点明确地落实了不同的职责。

第二节　农业标准化中合作社的服务功能

农业标准化作为我国农业现代化发展的重要技术支撑，为农业科技成果和先进技术的推广和应用，推动农业生产向集约型和效益型转变的过程中发挥了重要作用（刘晓利，2012；黄少鹏，2002）。长期以来，我国非标准化条件下生产出来的农产品不仅存在质量隐患，而且难以抵御国际贸易壁垒。我国是农业大国，农业标准化的实施成为提高我国农产品竞争力、品牌培育、保障农产品质量安全的重要措施。然而，目前农业标准化生产体系仍然不完善，农业组织化程度和规模化程度偏低，农产品标准化和规范化实施与监控成本高。同时，政府主导的农业标准化实施和推广经常出现"政府失灵"（于冷，2007）。高度分散的农业经营方式与农业标准化的高要求之间存在矛盾，对标准化的实施和监督都增加了很大的难度，如何确保分散经营的农户自觉自愿地按照标准开展规范化的生产是当前农业标准化实施的关键问题，也是农业标准化的瓶颈所在。农民合作社作为农民利益代表的中介组织，为社员统一提供农资供应、产品销售、市场信息和技术交流等服务。同时，通过实施农业标准化可以提高产品质量，增加市场占有，降低农业标准化生产中的学习成本和经营成本，最终增加社员收入。因此，探讨农业标准化生产中合作社的服务功能及其影响因素具有重大的理论和现实意义。

鉴于农民合作社与农业标准化的高度相关性，本章拟采用扎根理论分析合作社在农业标准化生产中的服务功能。本章第二部分为文献回顾与述评，主要介绍关于农业标准化与合作社的研究现状；第三部分为案例设计，运用扎根理论三级编码，构建合作社参与农业标准化生产的服务功能理论模型；第四部分为案例分析，具体分析合作社的服务功能；第五部分为结论和对未来研究的展望。

一　文献综述

（一）农业标准化生产的研究现状

农业标准化是以农业科学技术和实践经验为基础，运用简化、统一、协调、优选的原理，把科研成果和先进技术转化成标准，并加以实施，取得良好的经济效益和社会效果。是否按照标准化的要求组织农业生产，直接影响农产品的市场占有率和农业效益的提高（高国盛和闫俊强，2010）。农业标准化实施的主体包括政府（地方政府、区县镇农委、农技推广中心、质监局等）、农业龙头企业、农民合作社、农户和消费者（金爱民，2011）。由于农户的规模小，经营分散，资金匮乏，信息不通畅，既没有动力也没有能力实施标准化生产（韩淑明，2007）。农民一家一户的小规模生产、规模化和组织化程度低，加上资金和技术限制，从而缺乏农业标准化生产的意识和条件（谌贻庆等，2004）。因此，农业标准化推广的主要模式有政府主导型、龙头企业带动型、农民合作社拉动型（刘晓利，2012）。政府主导模式往往会出现"政府失灵"，如标准的制定落后于现实需求、与市场脱轨、政府干预过多等（于冷，2007）。其主要原因在于政府主导型模式下，农业标准化的项目选择和实施范围选择都表现为政府行为，不一定能适应市场、技术与农民的需求，从而导致推广效率低下，甚至会引起农民的逆反心理，拒绝采用政府推广的标准化技术（刘薇等，2005；闫耀良，2005）。龙头企业带动型模式下，由于龙头企业追求利润最大化的特性，使农民在标准化过程中始终处于弱势地位，导致企业与农户之间的契约存在种种不稳定因素，产业化和标准化进程也会因此遇到障碍（金爱民，2011）。农民合作社连接农户与市场，在社员内部实施利益共享、风险分担，具有牢固的契约关系。合作社将生产规模小、经营分散的农户组织起来，按照国家或行业标准和规范，在生产过程中进行标准化生产，引导农户进入大市场，增加农户经济收入（田文勇，2012）。因此，在我国农业标准化的进程中，农业合作社拉动型是标准化实施主体的发展方向（金爱民，2011）。

农业标准化的实施同时受到多方面因素的共同影响。Henson 和 Holt（2000）认为，内部效率、商业压力、外部需求和良好规范是英国乳品加工行业采用 HACCP（Hazard Analysis and Critical Controls Points）标准化体系的主要动因。Herath 等（2007）通过二元 Logit 模型分析得出影响加拿大食品加工行业采用食品安全标准体系的因素包括企业规模、企业创新能力、出口水平、食品安全检验的形式和企业所属的具体行业，尤其是进入国际市场对该行业采取标准化生产的影响最为显著。

国内研究侧重于从组织、农户、政府行为等视角分析其影响因素（张娟娟和张宏杰，2010；耿宁和李秉龙，2013）。娄旭海等以河南省为例，探讨了小农户实施农业标准化生产意愿的影响因素，具体包括组织形式、农户家庭特征、认知度和生产特征；在统计意义上，小农户家庭劳动力数多、主要生产品种为畜禽类、认知度高、组织形式采用"协会＋农户"或"中介＋农户"，这些均会增强小农户实施农业标准化生产的意愿（娄旭海等，2007）。通过对西安市农业标准化实施的探讨，李馨（2013）认为，农业标准化实施的制约因素包括农村经济体制、农民科技文化素质、农业标准体系不健全且滞后于产业的发展、农业生态环境污染、政府监管的力度不足、农业标准化宣传和认识的力度不高。范小菲（2011）通过对四川省郫县锦宁韭黄生产合作社的调研，发现影响合作社标准化实施的因素包括市场需求、政府支持、严格监管程度、技术培训和品牌意识。

（二）合作社参与农业标准化生产研究

鉴于农业标准化生产在现代农业生产中的重要性，关于合作社参与农业标准化生产的研究也逐步展开。相对于其他农业标准化主体，梁红卫（2009）认为，农民合作社具有推动农业标准化的内在动力，在标准化实施过程中熟悉农业流程，是农业标准化监管机构的最佳主体。因此，要依托合作社，大力推行农业标准化，充分发挥合作社统筹协调、组织管理的作用，改变现有组织规模状况，降低学习成本和经营成本（卢岚等，2005；张娟娟和张宏杰，2010；高国盛和闫俊强，2010）。鞠立瑜和傅新红（2010）通过对四川省 147 个种植专业合作社的调研，得出农民合作社通过统一供应生产资料、产品技术控制、统一销售等措施实施农业标准化生产，农户对合作社的标准化生产具有较高满意度。因此，农民合作社作为农业标准化的重要载体，有利于推动农业标准化生产的发展（周发源等，2007）。

然而，农民合作社在实施农业标准化过程中，也存在一些问题。目前大部分合作社组织化程度不高，发展相对滞后，极大地降低了农业标准化的实施进程中合作社和农民的生产积极性（刘薇等，2006）。为了提高合作社参与农业标准化的积极性，相关学者探讨了合作社参与农业标准化生产的影响因素。王翔（2008）通过相关分析以及二元 Logistic

回归模型，认为土地规模、首要目标市场、是否注册商标和生产力利用程度等因素对合作社标准化行为有显著影响。而安全蔬菜价格满意程度、网络技术、政府作用以及控制程度强弱四个变量对合作社标准化行为影响不显著。田文勇（2012）以四川省种植业为例，探讨了农民合作社实施农业标准化行为受市场距离、年利润额、服务范围、拥有社员人数、拥有土地亩数、农产品品牌及政府相关支持与扶持影响较显著，而受负责人自身因素的影响不显著。因此，应该加大对合作社的扶持与培育，充分发挥其利益联结作用，以促进标准化生产全面展开。

（三）文献述评

综上所述，国内外学者关于农业标准化生产与农民合作社的研究取得了许多丰富的成果，为本章的研究奠定了理论基础。然而，关于合作社参与农业标准化生产的研究较少，既有文献或基于文献演绎法分析合作社参与农业标准化生产的作用，或侧重运用定量研究分析农业标准化生产的影响因素。因此，已有研究难以深入挖掘和系统整合合作社在农业标准化中的具体作用及其影响因素。针对上述两种方法所探讨的合作社参与标准化生产理论的不足，本章运用基于扎根理论研究方法，从案例资料中提炼该研究领域的基本理论，逐渐创建和完善相关理论体系，对合作社参与农业标准化生产的职能配置及其实现机制进行尝试性研究。

二 案例研究设计

本研究的主要目的在于探究农业标准化中合作社的职能配置及其影响因素。目前，关于合作社在农业标准化中参与职能的研究还处于探索阶段，尚未形成成熟的变量范畴、测量量表和理论假设。因此，关于农业标准化中合作社的作用，需要提供新鲜的观点来建构和发展理论。另外，根据课题组的实地调查，很多农户或合作社成员由于知识结构、文化水平等约束，对技术获取模式的相关概念理解也不尽一致，甚至存在误解，直接设计无差异的结构化问卷对农户和社员进行大样本量化研究未必有效。鉴于此，本研究与案例研究方法的优势有着良好的契合度（Yin, 2013），符合 Eisenhardt（1989）所提出的适合案例研究的相关条件。本章采用非结构化访谈对合作社主要负责人和成员代表进行访谈收集第一手资料，结合二手资料，基于扎根理论的探索性案例分析，以便

能更有效地探索合作社在农业标准化中的作用。扎根理论（Grounded
Theory）是一种定性研究方法，其宗旨是从经验资料的基础上建立理
论，主张直接从实际观察入手，从原始资料中归纳出经验概括，然后上
升到系统的理论（Glaser and Strauss，2009）。

（一）案例选择

根据本章研究的主题，在选择样本案例时，严格限定于合作社。具
体标准如下：①合作社涵盖不同的行业；②合作社实施农业标准化生
产；③合作社实施标准化生产取得了良好绩效。关于样本数目选择，徐
宗国（1994）认为，扎根理论案例的多寡全凭研究者的判断，根据研
究者研究现象所蕴含的特征、面向与歧义性，所收集的样本案例达到
"理论性饱和"（Theoretical Saturation）为止。根据以上四个标准，最终
选取了三个不同行业（种植业、养殖业、加工业）的15家合作社作为
研究样本（见表10-9）。

表10-9 样本合作社基本信息

合作社类别	编号	合作社名称	访谈人员
种植型	Z1	嘉兴市绿江葡萄专业合作社	社长、技术人员
	Z2	平阳雪雁蘑菇专业合作社	社长、技术人员、社员
	Z3	杭州萧山围垦蔬菜服务专业合作社	社长、技术人员
	Z4	永嘉县壶山香芋专业合作社	社长、技术人员
	Z5	浙江省桐庐仲山蜜梨专业合作社	社长、技术人员、社员
养殖型	Y6	丰城市恒衍鹌鹑养殖专业合作社	社长、技术人员
	Y7	浙江省旗海海产品专业合作社	社长、技术人员
	Y8	吴江市梅堰蚕业合作社	社长、技术人员、社员
	Y9	浙江省洲泉镇坝桥养鸭专业合作社	社长、技术人员
	Y10	湖州荻港青鱼专业合作社	社长、技术人员
加工型	J11	常州市聪聪乳业合作社	社长、技术人员、社员
	J12	桐庐怡合素食品合作社	社长、技术人员、社员
	J13	海宁市康艺鲜切花专业合作社	社长、技术人员
	J14	缙云县稆生粮油专业合作社	社长、技术人员
	J15	三门县丰安粮油专业合作社	社长、技术人员

（二）信度和效度分析

案例研究的信度是研究过程的可靠性，所有过程必须是可以重复的。针对所选案例，首先，完成了包含研究目的、研究问题、研究程序和研究报告结构的研究计划书；其次，构建了包含调研报告和资料分析记录的研究资料库。其中的调研报告是对通过不同渠道获取的案例材料进行整理后而形成的。为了提高案例研究的效度，本章根据 Miles 和 Huberman（1994）所描述的三角测量法，即对本章样本中的每一个合作社，主要以实地观察和半结构化访谈的方式收集一手资料，访谈对象至少包括 3 名农民合作社社长、理事长、技术等管理人员，以及至少 5 名合作社社员、尽可能多的外部利益相关者。对每个农民合作社的观察和访谈由 3 位课题组成员共同进行，具体资料收集途径包括实地访谈、电话采访、现场参观。对二手资料的收集包括在报纸杂志上发表的与合作社相关的文章；网络和媒体报道；直接从合作社获取的材料，如合作社内部刊物、年度报告、技术资料等。在数据收集过程中，课题组成员对样本合作社资料进行反复审查，以确保所有案例分析具有一致的结构和质量。

本章为强化资料的可信性，在采访前会根据合作社的实际情况拟定访谈大纲，访谈过程中在征得受访人的同意下对访谈语音进行记录，来对笔录中的不足进行补充。访谈后对大纲中的一些不足及时做出修正。

（三）案例数据编码

在扎根理论资料收集和资料分析过程中，遵循理论抽样的原则，通过不断提高理论触觉，使资料收集和分析不断比较和更迭推进，从烦琐的资料中去粗存精，提炼资料的内涵意义（Glaser，1978）。作为核心的资料分析，扎根理论通过开放编码、轴心编码、选择编码将资料分解、概念化，然后再以一个崭新的方式把概念重新组合的操作化过程，从而理论得以从资料中被建立起来（Corbin and Strauss，2007）。本章采用 Nvivo，对获取的访谈笔记、录音、文本等数据进行快速组织和分类，通过开放编码、轴心编码和选择编码挖掘隐藏于数据背后的信息，从而达到构建理论的目的。

1. 开放编码

开放编码是将资料分析、比较、检视、概念化与范畴化的一种过程

（见图 10 - 2）。首先，将原始资料经由分析、比较与检视，分解成独立的事故、念头或事件等各个现象，再给这些不同现象赋予不同名字，即概念化，对现象命名的目的是将这些相似的事件、事例、事物等加以群组，并归类在共同的标题或分类下（Srauss and Corbin，2001）；其次，将相似的概念聚拢成一类，即范畴化，范畴化可以使分析者减少资料单位分量的处理；最后，对开发的每一个范畴，发掘范畴的性质和性质的面向，性质是一个范畴的诸多特质或特征，而面向代表一个性质在一个连续系统上所有的不同位置。

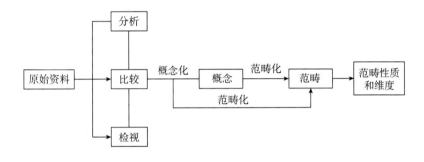

图 10 - 2　开放编码分析流程

在开放编码过程中，研究者要以开放的心态，将资料按其本身所呈现的状态进行编码，其过程类似一个漏斗。开始编码时比较宽，对资料内容进行逐句、逐行的编码，随后不断地缩小范围，直至达到"理论饱和"。在具体操作中，课题组 3 名成员对 30 家合作社的资料进行编码，然后就编码结果的异同与内涵进行详细讨论，以确定在本课题研究情境下编码的基本规则。接着两位成员继续对剩下的案例独立进行编码，一名成员负责检核。最终从资料中抽象出 121 个概念和 19 个范畴，挖掘的 19 个范畴（KK1—KK19）如下：企业家精神、政府扶持、产学研合作、品牌、技术支持、信息传递、市场、共同声誉、营销、社员增收、人力资源、规范化管理、风险最小化、规划生产、配套设施、增加附加值、奖惩机制、资金、创新，具体过程如表 10 - 10 所示。

表 10 – 10　　　　　　　　开放编码表示例（节选）

原始语句	开放编码			
	概念化	范畴化	范畴性质	性质维度
Y6（恒衍鹌鹑养殖专业合作社编码）：我觉得有责任和义务将自己大学学到的专业知识应用于实践，回报家乡（K1）…… 到北京、南京拜师学艺，攻克了一系列技术难题（K3）……我们每年都会承接政府一些"星火项目"（K6），合作社与农业科学研究院、农业大学都有合作项目（K7）……在市场上有"恒衍"和"孙渡汉太"两个品牌（K15），在国内享有很高知名度（K16）。 ……	K1：奉献精神 …… K3：虚心学习 …… K6：项目支持 K7：技术交流 …… K15：打造品牌 K16：品牌形象 …… K39：勇于改革 K45：统一技术标准 ……	KK1 企业家精神（K1、K3、K39、K52） KK2 政府扶持（K6、K50、K82） KK3 产学研合作（K7、K41、K81、K97）	企业家精神作用 政府扶持力度 产学研合作水平	作用：大—小 力度：大—小 水平：高—低
Y7：在"一斤青蟹四两绳"的市场状况下，我就发动"青蟹革命"：制定优化产品规格、包装、生产标准（K39）……合作社自主制定和完善了一系列养殖技术标准（K45）。 ……	K72：资金扶持 …… K89：产品宣传 K90：把握市场信息 …… （共计 121 个概念）	KK4 品牌（K15、K16、K89） （共计 19 个范畴）	品牌延伸、品牌效益 ……	延伸：有—无 效益：好—坏 ……
Z2：合作社设有专门的基金，每年都会无息贷给菇农以保证其正常的种植活动（K72）。 ……				
J11：经常参加一些博览会，一方面宣传产品（K89），还可以了解市场最新动态（K90）。 ……				

　　注：课题组成员首先对恒衍鹌鹑养殖合作社进行编码，得到 35 个暂时性的概念并作为概念模板，然后利用第二个案例得到的概念与概念模板对照，修正和补充后得到新的概念模板，最终得到 121 个概念，进一步抽象为 19 个范畴。

　　2. 轴心编码

　　经过开放编码后，原始资料被分裂为具有不同等级与类型的代码，需要进一步进行轴心编码。在轴心编码中，研究者每一次只对一个类属进行深度分析，围绕着这一个类属寻找相关关系，因此称为"轴心"
（陈向明，2000）。具体而言，轴心编码是通过联结主范畴和副范畴
把分解的资料重新整合，以形成对现象更复杂、更形象的解释，我们
借助于一种典范模式（Paradigm Model）即条件—现象—脉络—中介
条件—行动/策略—结果把各范畴联系起来，在这里，我们的目的不
是构建一个全面的理论框架，而是要更好地发展主范畴。通过典范模
式，归纳和抽象出"资源吸附""资源利用""资源共享"三个轴心
编码（见图10-3）。

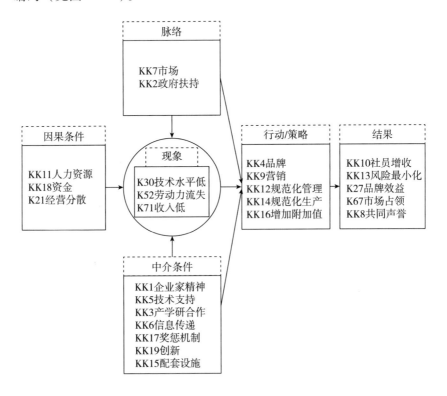

图10-3 轴心编码的典范模型

3. 选择编码

通过上述轴心编码的典范模型，开发了许多范畴及其相关关系，而
这些范畴代表什么意义呢？这就需要一个统领所有范畴的核心范畴。选
择编码是从主范畴中挖掘核心范畴，分析核心范畴与主范畴及其他范畴
的联结关系，并以"故事线"（Story Line）方式描绘行为现象和脉络条

件，完成"故事线"后实际上也就发展出新的实质理论构架。

Glaser（1978）认为，核心范畴必须具有"中央性"，也就是与最多范畴和特征相联系，不断地发生在资料中，成为一个稳定的模式，和其他范畴可以很容易地、很快地、有意义地有所联系。通过对企业家精神、政府扶持、产学研合作等 19 个范畴的考察，尤其是对资源吸附、资源利用、资源共享三个主范畴的性质和维度的进一步分析，发现"资源配置"最具"中央性"。农民合作社在农业标准化生产中通过对人力资本、物质资本和社会资本等各种资源的不断整合与优化，实现资源的优化配置。因此，围绕核心范畴"资源配置"的故事线可以概括为：由于人力资源、资金等因素的影响，合作社通过资源吸附即政府扶持、产学研合作等实现自身建设，经过技术扶持、规范化管理、规划生产等手段，打造合作社共有的品牌、实现统一销售，增加附加值，最终实现社员增收，达到资源共享，而这又会激励社员进行标准化生产。

三 结果分析

上一部分对所选的 15 个合作社案例进行了 3 级数据编码，接下来借助于轴心编码和选择编码具体分析合作社参与农业标准化生产中的职能配置及其影响因素。

（一）农业标准化生产中合作社的作用

1. 资源吸附

资源依赖理论认为组织的生产需要不断地从周围环境中吸取资源，需要与周围环境相互依存、相互作用才能达到目的。合作社的资源吸附即组织为达到某种目的不断地从内外部环境中吸取各种资源，尤其是在农业实施标准化实施过程中。一方面，一家一户的小农生产，资金少、规模小，许多小农户成为农业标准化实施的风险规避者。另一方面，指由于农产品市场价格不稳定，容易出现"柠檬效应"。因此，农民合作社需要不断地从周围环境中吸取资源，从而更好地发挥在农业标准化生产中的作用。首先，合作社作为农民利益的经济组织，可以申请政府项目、获得政府财政补贴等。通过政府项目，获取农业标准化生产资金扶持，进一步完善合作社的基础设施，包括相关生产设备、检测仪器等。例如，案例合作社中平阳雪雁蘑菇专业合作社利用浙江省农业厅的 50 万元资助和省供销社 10 万元补贴，以及国家科技部 2003—2005 年"万亩规范化出口蘑菇基地建设"的国家级星火项目支持,在全国率先推广标准化蘑菇冬闲田栽培技术,为全国农业生产标准化、规范化推广应用树立榜样。其次,合作社通过整合单个农户分散的资金和土地,有更多的财力、物力投资基础设施和购买设备,从而实施标准化生产。同时,合作社作为一个整体力量,可以通过多种渠道了解市场信息,把握市场机遇,实现市场占领。再次,合作社可以通过产学研合作,与高校、科研机构等开展人才交流、信息技术服务、技术引进或联合技术开发等方面的合作,实现自身技术的发展。最后,合作社作为一个平台可以网罗和聚集人才,尤其是"农村精英"。

2. 资源利用

资源利用是指合作社根据农业标准化实施的需要,充分利用各种内部和外部资源,从而达到农业标准化生产。具体表现在以下三个方面:首先,合作社定期对农户进行农业标准化生产技术教育或培训,统一种子、农药供应,严格按照技术标准生产。本章考察的 15 个案例合作社,在教育培训、统一农资采购和供应等农业标准化实施过程中均发挥了不同程度的作用。其次,合作社通过打造品牌、利用网络等手段及时了解市场信息,根据市场需求,调节好农业生产,扩大农产品销售渠道,极大提高社员收入。旗海海产品专业合作社通过注册"旗海"商标,通过建立网站、媒体及室内外广告、发送宣传彩页和参与产品评奖等多项活动,宣传"旗海"牌三门青蟹,进一步扩大了"旗海"产品的影响力。合作社先后制定了蟹贝虾混养、绿色食品青蟹、缢蛏和有机产品青蟹养殖技术规程等 6 个企业标准,在全国同类产品中首先获得国家绿色食品认证。"旗海"三门青蟹的品牌效应已经显现,价格要高出同类其他品牌的青蟹的 5%—10%,品牌青蟹的销售量占总销售量的 75% 以上。最后,合作社实行规范化管理,建立规范的农业技术标准推广体系,通过示范户或试验示范等措施带动社员的标准化生产,笔者在访谈中发现,许多合作社都设有自身的技术标准,如恒衍鹌鹑养殖专业合作社制定了《鹌鹑无公害标准养殖技术规程》,要求社员严格实施,而对于不按照合作社标准生产的社员,采取相应的措施如拒绝收购、降价收购等。

3. 资源共享

资源共享是指合作社对农业标准化生产所带来的品牌效益、市场效益、产品附加值等共同分享。通过农业标准化生产，可以提高农产品质量，相应地会提高农产品的市场信誉，农产品需求量增加，从而降低农产品市场风险，最终会增加农民的收入。首先，合作社会通过博览会、广告等手段打造自身品牌，对符合标准的社员农产品统一品牌包装，统一营销，实现社员和合作社的"双赢"。如旗海海产品合作社，通过参加推介会、农博会，建立自己的网站来宣传"旗海"牌青蟹，在优质青蟹贝壳刻上防伪商标，使每千克价格从40元猛升到60元。其次，合作社通过对社员农产品进行深加工，延长产业链，不仅降低了产品积压的风险，而且提高了产品的附加值，最终增加了社员收入。例如，为打破市场上鹌鹑蛋好卖而淘汰鹌鹑不好卖的格局，丰城市恒衍鹌鹑养殖合作社率先研发加工新工艺，将鹌鹑制成板鹌鹑。目前，在市场上畅销的孙渡汉太板鸭和"板鹌鹑"是全市独创，行情十分看好，远销到广东、福建等地，并通过丰城人馈赠亲友的方式，漂洋过海到了美、英及加拿大等国，大大提高了社员的收入。最后，品牌、营销市场作为集体的声誉，降低了市场风险，增加了社员的收入，同时会激励社员去维护集体的声誉，更有动力实施农业标准化。

（二）合作社职能配置影响因素

合作社参与农业标准化生产过程中，其职能的发挥受到内外部因素的影响，而这些因素最终会影响合作社职能配置的效率。其中，内部因素包括人力资源、资金、配套设施，外部因素包括政府扶持、市场、产学研。通过对案例资料的分析，对内外部影响因素进行属性定位，如表10-11所示。

表 10-11 　　　　　　　合作社职能配置影响因素分析

	影响因素	性质	性质维度	维度定位
内部因素	人力资源	人力资源素质	高—低	人力资源素质低
	资金	资金规模	大—小	资金规模小
	配套设施	配套设施完善度	完善—不完善	配套设施不完善
外部因素	政府扶持	政府扶持力度	大—小	政府扶持力度小
	市场	市场风险	大—小	市场风险大
	产学研	产学研水平	高—低	产学研水平低

目前合作社在实施标准化过程中,受到内部因素的影响主要表现为社员文化素质低下、缺乏资金支持、配套设施落后。首先,合作社的成员目前主要是农民,资金少,规模小,文化素质不高。根据郭红东和张若健(2010)对全国 50 家合作社的入户调查,被调查社员文化程度高中以下的占 69.3%,而高中以上的占 5.8%。因此,文化水平低成为合作社面临的普遍问题。其次,由于合作社在贷款方面存在道德风险和逆向选择问题,很难获得银行贷款。例如,嘉兴市绿江葡萄专业合作社在实施配套滴灌设施和绿色、无公害标准化生产技术过程中,由于缺乏相应的资金配套,同时农产品生产又缺乏相应的抵押政策,导致很多银行都不愿意贷款给合作社。因此,资金成为合作社发展普遍面临的问题,缺少资金的支持,很多标准化基础设施无法完成。最后,合作社在实施农业标准化过程中,由于相应的配套设施如培训场所、生产设施等不完善,会严重阻碍农业标准化的实施。例如,常州市聪聪乳业合作社,2003 年之前由于缺乏先进的挤奶设备、保鲜设备和质量检测仪器,生产出来的牛奶达不到国内牛奶加工企业的要求。2003 年与常州洁农科技有限公司合作开展《奶牛绿色养殖标准化技术的研究与应用》技术攻关研究,并配备国内先进的自动化挤奶设备、牛奶保鲜缸和质量检测仪器,在奶牛公寓实行"统一选种选配、统一饲料饲养、统一防疫诊疗、统一卫生消毒、统一挤奶收购、统一粪便处理"六统一全程质量控制技术,实现无公害标准化生产。

合作社参与农业标准化受到的外部影响因素表现在政府扶持力度不足、农产品市场需求波动大、产学研体系不完善等。首先,由于我国合作社正处于发展初期,规模小,缺乏资金和人才。合作社在实施农业标准化生产过程中,政府应该在标准规范制定、资金资助和技术等方面给予支持。从调研的合作社来看,多个合作社社长反映政府的扶持力度不够大,体现在农业用地、标准化设施补助等方面。例如,永嘉县壶山香芋专业合作社采用技术培训、分发材料、专家下乡指导、统一用药、签订质量安全责任书等手段,推行无公害标准化香芋生产,通过浙江省无公害产地认证。但是,在具体实施过程中,碰到了土地流转问题,缺乏自然灾害救助机制等问题,需要政府的相关支持。其次,合作社在农业标准化生产中面临严重的"柠檬市场"问题,即合作社通过投入大量的资金兴建标准化设施、统一技术等,由于市场的波动,导致农业标准化生产的效益不高。比如平阳县雪雁蘑菇专业合作社推广无公害优质蘑菇标准化栽培技术,规模不断扩大。但后来蘑菇消费市场日益饱和,菇农收益不断下降,最终退出市场。产学研合作是推进农业标准化生产的重要手段,然而合作社与高校、科研机构的合作主要是信息技术服务方面,技术开发、技术引进等方面较少。

（三）理论模型构建

基于上述对轴心编码的分析,以资源吸附、资源利用、资源共享为合作社参与农业标准化生产职能配置的主线,以选择编码——"资源配置"为核心,构建农业标准化生产中合作社的职能配置模型,如图10-4所示。

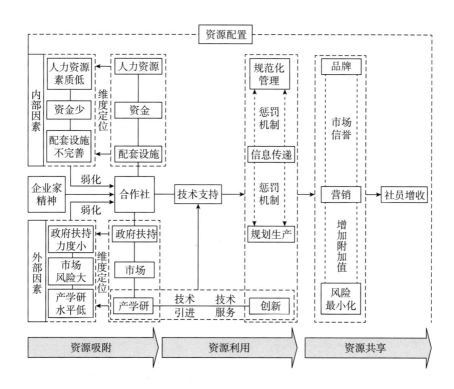

图10-4 农业标准化生产中合作社的职能配置模式

四 研究结论

推行农业标准化生产是改变我国农业生产落后现状的必由之路。特别是加入 WTO 以来，我国的小生产农业正在面临越来越多的挑战，面对大市场带来的激烈竞争，农户分散经营的方式早已不合时宜。农业标准化的概念在国际上并没有明确的界定，但很多国家都在实施类似的政策，通过对机械农具、原料、技术等的规定，使农业生产及产品趋向一致。而通过合作社组织进行推广标准化也是大部分国家发展标准化农业的选择。我国的农业合作社组织，即农民合作社，起步较晚，相较发达国家动辄几万名社员的合作社组织，在规模、管理等方面仍有很长的路要走。但这种处在初级阶段的合作社，也正在发挥着越来越重要的作用。

本章的研究目的是探究合作社在农业标准化生产中的作用及其实现途径。为了更加深入地了解，本章采取质性研究方法中的扎根理论，通过对访谈资料、实地考察资料、历史资料的深度剖析来达到研究目的。研究中共选取了 15 家合作社作为研究样本，对这 15 家合作社资料进行了数据编码，产生了 121 个开放编码、19 个轴心编码，进一步抽象出选择编码——资源配置，并对轴心编码和选择编码的结果进一步分析，最后归纳出合作社在农业标准化生产中的职能配置及其影响因素。合作社参与农业标准化生产的核心职能包括资源配置，具体内容包括资源吸附、资源利用、资源共享。资源吸附表现为合作社作为标准化生产的驱动平台，集聚人力资本、获得政策支持和政府财政补贴等各种资源。资源利用表现为合作社充分发挥组织和规模的优势条件，通过技术支持、信息服务等实现标准化生产。资源共享指合作社通过品牌、市场的共享，增加产品附加值，实现风险最小化和共同声誉，进而实现农民增收。同时，合作社在实现职能配置中受到内外部因素的影响，其中内部因素包括人力资源、资金、配套设施；外部因素包括政府扶持、市场和产学研。

此外，研究过程中还发现标准化的推广是一项非常消耗时间的工作，特别是对于我国这样一个幅员辽阔、各种资源分布不均的长期小农经营的国家来说，整体上仍处在依靠传统方式进行农业生产阶段。通过合作社推动标准化生产的过程中，必须充分认识到合作社各个职能的具体作用。同时，农业标准化生产中合作社的各项参与职能也是相互影响，具有连贯性。为了进一步推进农业标准化中农民合作社的作用，我们提出了相应的建议和政策倡导。

（1）大力推进合作社的建设和发展。

合作社作为新兴的经济组织，成为农业标准化生产领域的重要力量，也是未来发展的重要力量。然而合作社的规模一般比较小，资金缺乏，难以承担农业标准化生产的制度变迁成本，进而规模效益和范围效益也相对有限。因此，政府应该通过补贴、奖励等方法发展壮大合作社，促进合作社实施农业标准化生产。合作社则应通过吸纳社员、增资扩股等方式增强自身实力。同时积极采取品牌战略、销售战略等措施发展和壮大合作社，增加合作社和社员收入，进一步促进合作社实施农业标准化生产。

（2）调动社员参与农业标准化的积极性。

农户作为合作社实施农业标准化生产的主体，调动其积极性具有重要意义。首先，合作社通过产前统一采购农药化肥，产中及时进行技术指导，产后统一品牌、统一销售等方式，改善合作社内部利益分配机制，通过风险提成、二次分红等方式增加社员的收入，提高其参与农业标准化生产的积极性。其次，合作社定期举办培训教育，如通过印发宣传手册、示范户带动等方式，提高社员对农业标准化生产的认识度，同时可以提高社员的技术水平，在一定程度上减少农业标准化生产过程中的阻碍。

（3）政府转换职能。

政府在农业标准化生产中发挥了重大的作用，但是其弊端越来越明显，最主要的是政府与实际的农业生产脱轨。合作社作为农民的经济组织，最了解农业生产过程中的实际需求。因此，政府应该减少行政干预，把更多的行政权力下放到合作社。如原来由政府负责的农业标准化制定下放到合作社，既能更好地促进农业标准化生产的发展，又能进一步增强合作社的技术能力。因此，政府应把政府组织的教育培训、标准制定等下放到合作社，同时给予相应的财政补贴。

第三节　本章小结

本章运用多案例研究，基于 15 家合作社的调研分析，探讨了农业技术来源、社会嵌入与农业技术推广绩效的关系。主要结论如下：

农民合作社的技术来源分为四种类型，即政府推广技术、外部引进技术、联合开发技术和自主研发技术。对政府推广技术和外部引进技术，其关系嵌入的对内关系为弱关系，对外关系为强关系，网络密度、程度中心度和中间中心度较低，最终绩效也比较低。对联合开发技术和自主研发技术，其关系嵌入的对内关系为强关系，对外关系也为强关系，网络密度、程度中心度和中间中心度较高，最终绩效也比较高。

以资源基础观为视角，农业标准化生产中农民合作社的功能包括资源吸附、资源利用、资源共享。其中，资源吸附表现为合作社作为标准化生产的驱动平台，集聚人力资本、获得政策支持和政府财政补贴等各种资源。资源利用表现为合作社充分发挥组织和规模的优势条件，通过技术支持、信息服务等实现标准化生产。资源共享指合作社通过品牌、市场的共享，增加产品附加值，实现风险最小化和共同声誉，进而实现农民增收。从合作社的内外部角度，农民合作社参与农业标准化的内部影响因素包括人力资源、资金和配套设施，外部因素包括政府扶持、市场环境和产学研合作环境。

参考文献

安同良、施浩：《中国制造业企业 R&D 行为模式的观测与实证——基于江苏省制造业企业问卷调查的实证分析》，《经济研究》2006 年第 2 期。

白春礼：《加强基础研究 强化原始创新、集成创新和引进消化吸收再创新》，《光明日报》2015 年 11 月 2 日第 1 版。

白静静等：《合作社在农业新技术转移中的作用》，《北方园艺》2017 年第 19 期。

包国宪、任世科：《基于模糊 AHP 的企业技术创新风险评价及决策》，《科技管理研究》2010 年第 1 期。

蔡荣：《合作社农产品质量供给：影响因素及政策启示》，《财贸研究》2017 年第 1 期。

蔡荣等：《小农户参与大市场的集体行动：合作社社员承诺及其影响因素》，《中国农村经济》2015 年第 4 期。

陈关聚、张慧：《创新网络中组织异质性、互动强度与合作创新绩效的关系》，《中国科技论坛》2020 年第 2 期。

陈建新等：《BP 神经网络在企业技术创新风险评价中的应用》，《科技管理研究》2007 年第 7 期。

陈劲、陈钰芬：《企业技术创新绩效评价指标体系研究》，《科学学与科学技术管理》2006 年第 3 期。

陈丽萍、丁媛媛：《农业上市公司自主创新能力影响因素实证分析》，《黑龙江对外经贸》2011 年第 1 期。

陈莫凡、黄建华：《政府补贴下生态农业技术创新扩散机制——基

于"公司＋合作社＋农户"模式的演化博弈分析》，《科技管理研究》
2018 年第 4 期。

陈暮紫等：《跨区域知识流动和创新合作网络动态演化分析》，《科
学学研究》2019 年第 12 期。

陈向明：《质的研究方法与社会科学研究》，北京教育出版社 2000
年版。

陈艳莹、程瑞雯：《企业合作创新研究述评》，《科技和产业》2005
年第 8 期。

陈志英、王楠：《农业合作社在农业技术推广方面的国际比较》，
《世界农业》2015 年第 12 期。

谌贻庆等：《农业发展新阶段应加快农业标准化进程》，《科学学与
科学技术管理》2004 年第 5 期。

崔宝玉：《农民专业合作社的治理逻辑》，《华南农业大学学报》
（社会科学版）2015 年第 2 期。

崔宝玉：《农民专业合作社中的委托代理关系及其治理》，《财经问
题研究》2011 年第 2 期。

崔宝玉：《政府规制，政府俘获与合作社发展》，《南京农业大学学
报》（社会科学版）2014 年第 5 期。

崔雪松、王玲：《企业技术获取的方式及选择依据》，《科学学与科
学技术管理》2005 年第 5 期。

戴勇等：《研发投入，企业家精神与产学研绩效的关系研究——以
广东省部产学研合作企业为例》，《科学学与科学技术管理》2010 年第
11 期。

邓军蓉等：《农民专业合作社利益分配问题调查研究》，《经济纵
横》2014 年第 3 期。

董杰等：《基层农技推广机构与农民合作社技术供需比对——以四
川省为例》，《科技管理研究》2017 年第 3 期。

杜鹏程、高先锋：《企业自主创新能力的影响因素及对策探讨》，
《科技与经济》2010 年第 4 期。

樊胜岳、梁宇程：《农民合作社的基本能力对其规范程度的影
响——以内蒙古多伦县为例》，《中国农业资源与区划》2020 年第 1 期。

范凯文、赵晓峰：《农民合作社重塑基层农技推广体系的实践形态、多重机制及其影响》，《中国科技论坛》2019 年第 6 期。

范小菲：《农业生产合作社标准化生产影响因素分析——以四川省郫县锦宁韭黄生产合作社为例》，《农村经济》2011 年第 2 期。

扶玉枝、徐旭初：《技术进步、技术效率与合作社生产率增长》，《财贸研究》2013 年第 6 期。

傅家骥：《技术创新学》，清华大学出版社 1998 年版。

高国盛、闫俊强：《农业标准化生产经营微观决策分析》，《经济问题》2010 年第 3 期。

耿宁、李秉龙：《基于利益博弈的农业标准化生产行为分析——以"龙头企业＋农户"模式为例》，《农村经济》2013 年第 8 期。

宫兴国等：《企业技术创新成本的归集与计算》，《统计与决策》2009 年第 5 期。

龚春红：《丹麦农业创新体系特点及对我国的启示》，《农业经济》2006 年第 8 期。

管珊等：《农民专业合作社的网络化治理——基于鄂东 H 合作社的案例研究》，《中国农村观察》2015 年第 5 期。

郭红东、张若健：《中国农民专业合作社调查》，浙江大学出版社 2010 年版。

郭璐：《我国农业合作社的家庭保障功能》，《吉林农业》2014 年第 6 期。

郭晓鸣等：《龙头企业带动型，中介组织联动型和合作社一体化三种农业产业化模式的比较——基于制度经济学视角的分析》，《中国农村经济》2007 年第 4 期。

郭焱：《论农民合作社对农产品质量安全管理功能的提升》，《农村经济与科技》2015 年第 6 期。

国鲁来：《农业技术创新诱致的组织制度创新——农民专业协会在农业公共技术创新体系建设中的作用》，《中国农村观察》2003 年第 5 期。

国鲁来：《农业技术创新中的农民专业协会分析》，《古今农业》2003 年第 2 期。

海莉娟：《综合性农民合作社及与乡村振兴战略的耦合机制研究》，《贵州社会科学》2019 年第 12 期。

韩国明、安杨芳：《贫困地区农民专业合作社参与农业技术推广分析——基于农业技术扩散理论的视角》，《开发研究》2010 年第 2 期。

韩淑明：《山东省潍坊市农村合作经济组织发展状况考察》，《中国农村经济》2007 年第 8 期。

胡树华、李荣：《产业联盟中的企业集成创新研究》，《工业技术经济》2008 年第 3 期。

黄峰：《我国合作社技术创新效率评价与省际差异分析》，博士学位论文，江西财经大学，2015 年。

黄少鹏：《农业标准化是我国现代农业发展的重要技术支撑——以安徽省农业标准化工作成效为例》，《中国农村经济》2002 年第 5 期。

黄胜忠、伏红勇：《公司领办的农民合作社：社会交换，信任困境与混合治理》，《农业经济问题》2019 年第 2 期。

黄胜忠、徐旭初：《成员异质性与农民专业合作社的组织结构分析》，《南京农业大学学报》（社会科学版）2008 年第 3 期。

黄祖辉、扶玉枝：《创新与合作社效率》，《农业技术经济》2012 年第 9 期。

黄祖辉、徐旭初：《基于能力和关系的合作治理——对浙江省农民专业合作社治理结构的解释》，《浙江社会科学》2006 年第 1 期。

黄祖辉、徐旭初：《中国的农民专业合作社与制度安排》，《山东农业大学学报》（社会科学版）2006 年第 4 期。

黄祖辉等：《农民专业合作组织发展的影响因素分析——对浙江省农民专业合作组织发展现状的探讨》，《中国农村经济》2002 年第 3 期。

嵇忆虹、倪锋：《产学研合作模式的探讨与分析》，《大连海事大学学报》（自然科学版）1998 年第 1 期。

汲朋飞等：《借力农民专业合作社打造新型农村养老模式》，《中国集体经济》2015 年第 13 期。

贾旭东、谭新辉：《经典扎根理论及其精神对中国管理研究的现实价值》，《管理学报》2010 年第 5 期。

金爱民：《农业标准化作用与机理研究》，博士学位论文，上海交通大学，2011 年。

鞠立瑜、傅新红：《四川省农民专业合作社的农业标准化生产能力研究——基于对四川省 147 个种植专业合作社的调研》，《南方农村》2010 年第 4 期。

可星：《企业组织能力系统涌现性度量模型及实证研究》，《科研管理》2020 年第 8 期。

孔祥智：《中国三农前景报告》，中国时代经济出版社 2005 年版。

孔逸萍：《产学研合作模式选择的影响因素》，《中国新技术新产品》2010 年第 7 期。

李柏洲、高硕：《企业合作型原始创新知识流动演化研究》，《科学学研究》2019 年第 8 期。

李春玲：《企业自主创新模式的选择》，《统计与决策》2014 年第 13 期。

李冬梅等：《产学研合作与实现自主创新的相关性及影响因素研究》，《统计与决策》2009 年第 21 期。

李光泗：《大中型工业企业技术引进及二次创新问题研究》，博士学位论文，南京农业大学，2007 年。

李国强等：《嵌入式合作网络要素如何影响企业双元创新？——基于 fsqca 方法的比较研究》，《科学学与科学技术管理》2019 年第 12 期。

李建军、刘平：《农村专业合作组织发展》，中国农业大学出版社 2010 年版。

李金珊等：《农民专业合作社的内外协同创新——来自浙江省 23 家农民专业合作社的证据》，《浙江大学学报》（人文社会科学版）2016 年第 2 期。

李金玮、韦倩：《企业家社会资本能获得资本市场认可吗?》，《制度经济学研究》2021 年第 2 期。

李廉水：《论产学研合作创新的组织方式》，《科研管理》1998 年第 1 期。

李凌汉：《农村合作社驱动农业技术跨区域扩散：逻辑机理、影响因素与实践探讨》，《湖湘论坛》2021 年第 1 期。

李明堂、吴大华：《乡村振兴战略视域下民族地区农民合作社可持

续运作研究——基于贵州省的实证分析》,《贵州民族研究》2021 年第
3 期。

李伟民、薛启航:《新型农业经营主体参与精准扶贫的优势与困
境:基于多元主体视角》,《农村经济》2019 年第 3 期。

李文博、郑文哲:《企业集成创新的动因、内涵及层面研究》,《科
学学与科学技术管理》2004 年第 9 期。

李喜岷:《中国技术引进问题及其现状研究分析》,《云南科技管
理》2001 年第 3 期。

李宪松、王俊芹:《基层农业技术推广行为综合评价指标体系研
究》,《安徽农业科学》2011 年第 3 期。

李想:《农民合作社技术扶贫的福利效应研究——基于江西省调研
数据的实证》,《农业技术经济》2020 年第 5 期。

李馨:《西安市推广农业标准化的制约因素及对策研究》,《安徽农
业科学》2013 年第 1 期。

李嫣资等:《基于乡村战略视角下农业合作社在新技术转移系统中
的效率评价》,《北方园艺》2018 年第 21 期。

李垣等:《外部因素对企业自主创新的影响》,《统计与决策》2007
年第 20 期。

李征等:《基于产业链的产学研合作创新模式研究》,《科技与经
济》2008 年第 1 期。

李中华、高强:《以合作社为载体创新农业技术推广体系建设》,
《青岛农业大学学报》(社会科学版)2009 年第 4 版。

梁红卫:《农民专业合作社是推行农业标准化的重要依托》,《科技
管理研究》2009 年第 6 期。

廖西元等:《中国农业技术推广管理体制与运行机制对推广行为和
绩效影响的实证——基于中国 14 省 42 县的数据》,《中国科技论坛》
2012 年第 8 期。

廖小静等:《农民合作社高质量发展机制研究》,《南京农业大学学
报》(社会科学版)2021 年第 2 期。

林坚、黄胜忠:《成员异质性与农民专业合作社的所有权分析》,
《农业经济问题》2007 年第 10 期。

林坚、马彦丽：《农业合作社和投资者所有企业的边界——基于交易费用和组织成本角度的分析》，《农业经济问题》2006 年第 3 期。

林毅夫、张鹏飞：《适宜技术、技术选择和发展中国家的经济增长》，《经济学（季刊）》2006 年第 4 期。

刘斐然等：《产学研合作对企业创新质量的影响研究》，《经济管理》2020 年第 10 期。

刘贵伟、吴立贤：《产学研合作创新的模式及评价》，《辽宁教育学院学报》2001 年第 5 期。

刘同山、孔祥智：《加入合作社能够提升家庭农场绩效吗？——基于全国 1505 个种植业家庭农场的计量分析》，《学习与探索》2019 年第 12 期。

刘同山、苑鹏：《农民合作社是有效的益贫组织吗?》，《中国农村经济》2020 年第 5 期。

刘薇等：《从农民合作经济组织培育的角度审视农业标准化推广模式》，《农村经济》2006 年第 1 期。

刘薇等：《论农业标准化推广模式与农民合作经济组织的培育》，《大众标准化》2005 年第 9 期。

刘晓利：《吉林省农业标准化问题研究》，博士学位论文，吉林农业大学，2012 年。

刘洋、丁云龙：《论产学研合作模式的进化——一个共生进化视角的透视》，《北京理工大学学报》（社会科学版）2011 年第 1 期。

刘玉玲：《农民专业合作社技术吸收能力对创新绩效影响研究》，硕士学位论文，山东财经大学，2016 年。

娄旭海等：《河南省小农户农业标准化生产意愿的影响因素分析》，《农业经济问题》2007 年第 S1 期。

娄迎春、李琦：《基于平衡计分卡的基层农技推广机构绩效评价体系设计》，《中国农技推广》2009 年第 12 期。

卢岚等：《中国特色的农业标准化体系研究》，《中国软科学》2005 年第 7 期。

陆林、刘烊铭：《中国农民专业合作社研究脉络与演进——基于 1999—2019 年 cnki 核心期刊，Cssci 数据的可视化研究》，《西南民族大学学报》（人文社科版）2020年第3期。

罗建利：《共营企业的技术创新战略研究——以农民专业合作社为例》，博士学位论文，东南大学，2011年。

罗建利：《农业技术创新体系中合作社的技术获取模式——基于扎根理论的研究》，《管理案例研究与评论》2015年第2期。

罗建利、郑阳阳：《农民专业合作社参与产学研合作的行为分析——基于扎根理论和6c家族模型的探索性研究》，《湖南农业大学学报》（社会科学版）2015年第3期。

罗建利、郑阳阳：《农民专业合作社自主创新能力影响因素分析——一个多案例研究》，《农林经济管理学报》2015年第3期。

罗建利、仲伟俊：《共营企业和利润最大化企业的R&D战略互动》，《系统工程学报》2010年第5期。

罗建利、仲伟俊：《合作社的技术创新模式选择问题研究》，《中国科技论坛》2009年第10期。

罗建利等：《技术获取模式、技术溢出和创新绩效：以农民合作社为例》，《科研管理》2019年第5期。

罗炜、唐元虎：《企业合作创新的组织模式及其选择》，《科学学研究》2001年第4期。

马彦丽、孟彩英：《我国农民专业合作社的双重委托—代理关系——兼论存在的问题及改进思路》，《农业经济问题》2008年第5期。

毛世平等：《改革开放以来我国农业科技创新政策的演变及效果评价——来自我国农业科研机构的经验证据》，《农业经济问题》2019年第1期。

梅姝娥：《技术创新模式选择问题研究》，《东南大学学报》（哲学社会科学版）2008年第3期。

闵耀良：《推广实施农业标准的模式选择与机制创新》，《中国农村经济》2005年第2期。

倪细云：《农民专业合作社发展能力研究：以山西省运城市为例》，博士学位论文，西北农林科技大学，2012年。

倪细云、王礼力：《农民专业合作社技术创新能力：测度模型及实证分析》，《科技与经济》2012年第1期。

潘代红：《农村专业技术协会发展探讨》，《第四届云南省科学技术论坛论文集》2009 年版。

彭新敏等：《我国 it 企业新产品开发中的技术获取模式研究》，《科学学研究》2007 年第 5 期。

秦德智等：《农民合作社反贫困绩效研究》，《当代经济管理》2019年第 4 期。

曲如晓等：《国际人才流入、技术距离与中国企业创新》，《暨南学报》（哲学社会科学版）2021 年第 6 期。

任笔墨等：《集体行动理论视角下农民合作社益贫机理与益贫效果提升路径》，《农村经济》2020 年第 5 期。

阮荣平等：《新型农业经营主体辐射带动能力及影响因素分析——基于全国 2615 家新型农业经营主体的调查数据》，《中国农村经济》2017 年第 11 期。

邵飞等：《农村科技推广中科技专家绩效评价体系的构建》，《中国市场》2008 年第 48 期。

邵科、徐旭初：《合作社社员参与：概念，角色与行为特征》，《经济学家》2013 年第 1 期。

施勇峰：《杭州市农民专业合作社科技创新调查分析》，《杭州科技》2008 年第 3 期。

石火学：《产学研结合的典型模式述评》，《高等教育研究》2000年第 3 期。

舒尔茨：《改造传统农业》，商务印书馆 2009 年版。

宋利青：《FDI 技术外溢效应对我国企业自主创新能力的影响分析》，硕士学位论文，浙江大学，2008 年。

苏敬勤：《产学研合作创新的交易成本及内外部化条件》，《科研管理》1999 年第 5 期。

孙诚、冯之浚：《企业自主创新与企业家精神》，《中国科技论坛》2006 年第 4 期。

孙红霞等：《涉农类企业科协与农民合作社深度合作的对策研究》，《中国科技论坛》2019 年第 3 期。

孙林杰等：《研发成本黏性与技术创新绩效的关联性研究》，《科学学研究》2021 年第 5 期。

孙琳:《农民专业合作社功能对社员农业现代化贡献性实证研究》,《北方园艺》2012 年第 6 期。

索贵彬、赵国杰:《基于灰色可拓物元模型的企业技术创新风险度量研究》,《科学管理研究》2008 年第 1 期。

汤建影:《技术特征对企业技术获取方式的影响——基于中小民营企业的实证研究》,《科研管理》2012 年第 9 期。

唐宗焜:《合作社功能和社会主义市场经济》,《经济研究》2007 年第 12 期。

田方军、董静:《企业技术创新风险的聚类分析:一项实证研究》,《科技进步与对策》2007 年第 1 期。

田文勇:《专业合作社实施农业标准化生产行为影响因素研究——以四川种植类农民专业合作社为例》,硕士学位论文,四川农业大学,2012 年。

田壮:《农业技术推广人员胜任力,人力资源策略与绩效关系研究》,硕士学位论文,浙江大学,2008 年。

童亮、陈劲:《复杂产品系统创新过程中跨组织知识管理的障碍因素》,《管理学报》2007 年第 2 期。

万俊毅、曾丽军:《合作社类型、治理机制与经营绩效》,《中国农村经济》2020 年第 2 期。

王爱芝:《强化农民专业合作社的农业科技创新职能》,《上海集体经济》2010 年第 3 期。

王莉静、王庆玲:《高技术产业技术引进消化吸收再创新分阶段投入与产出关系研究——基于分行业数据的实证研究》,《中国软科学》2019 年第 1 期。

王麦宁:《供给侧改革下考虑政府补助的农民合作社技术创新研究》,《农业经济》2020 年第 10 期。

王庆喜、宝贡敏:《社会网络、资源获取与小企业成长》,《管理工程学报》2007 年第 4 期。

王恕立等:《国际直接投资技术溢出效应分析与中国的对策》,《科技进步与对策》2002 年第 3 期。

王文岩等：《产学研合作模式的分类、特征及选择》，《中国科技论坛》2008 年第 5 期。

王翔：《影响农业生产合作社实施标准化行为的因素研究——以浙江省蔬菜生产合作社为例》，硕士学位论文，浙江大学，2008 年。

王晓：《合作社发展中的县域政府角色研究》，硕士学位论文，郑州大学，2013 年。

王晓璇：《合作社在村庄治理中的作用研究》，《理论观察》2015 年第 5 期。

王亚娜等：《农业信息技术采纳影响因素的结构方程模型分析——基于农民合作社的视角》，《农机化研究》2020 年第 7 期。

魏锴：《中国农业技术引进研究》，博士学位论文，中国农业大学，2013 年。

温铁军：《农民专业合作社发展的困境与出路》，《湖南农业大学学报》（社会科学版）2013 年第 4 期。

吴彬、徐旭初：《合作社治理结构：一个新的分析框架》，《经济学家》2013 年第 10 期。

吴晓波、陈颖：《基于吸收能力的研发模式选择的实证研究》，《科学学研究》2010 年第 11 期。

吴永忠：《论技术创新的不确定性》，《自然辩证法研究》2002 年第 6 期。

武兰芬、姜军：《基于双源数据的云计算创新合作网络多维分析》，《科研管理》2020 年第 2 期。

谢科范：《技术创新的风险因素及其实证分析》，《科技进步与对策》1999 年第 3 期。

谢园园等：《产学研合作行为及模式选择影响因素的实证研究》，《科学学与科学技术管理》2011 年第 3 期。

徐冠华：《加强高校原始性创新能力建设》，《中国高校科技与产业化》2002 年第 8 期。

徐旭初：《农民合作社发展中政府行为逻辑：基于赋权理论视角的讨论》，《农业经济问题》2014 年第 1 期。

徐旭初：《农民专业合作：基于组织能力的产权安排——对浙江省

农民专业合作社产权安排的一种解释》，《浙江学刊》2006 年第 3 期。

徐旭初：《中国农民专业合作经济组织的制度分析》，经济科学出版社 2005 年版。

徐旭初、吴彬：《治理机制对农民专业合作社绩效的影响——基于浙江省 526 家农民专业合作社的实证分析》，《中国农村经济》2010 年第 5 期。

徐宗国：《扎根理论研究法——渊源、原则、技术与含义》，《香港社会科学学报》1994 年第 4 期。

闫威、夏振坤：《利益集团视角的中国"三农"问题》，《当代财经》2003 年第 5 期。

杨超、王双成：《基于动态朴素贝叶斯网的企业技术创新风险识别》，《情报杂志》2011 年第 1 期。

杨国忠、陈佳：《企业突破性技术创新行为研究——基于前景理论的演化博弈分析》，《工业技术经济》2020 年第 5 期。

杨磊：《产学研合作创新收益动态共享机制研究》，博士学位论文，山东科技大学，2020 年。

杨磊、刘建平：《农民合作组织视角下的村庄治理》，《农村经济》2011 年第 6 期。

杨瑞龙、卢周来：《对劳动管理型企业的经济学研究：一个方法论的述评》，《中国社会科学》2005 年第 2 期。

杨天荣、李建斌：《农民专业合作社创新发展问题研究——基于农业技术应用的视角》，《西安财经大学学报》2020 年第 6 期。

杨忠泰：《试析中国特色自主创新三种实现方式的差异》，《自然辩证法研究》2008 年第 9 期。

姚水琼：《北欧国家农业合作社在城乡衔接中的载体功能及启示》，《中国合作经济》2014 年第 4 期。

姚潇颖、卫平：《产学研合作创新效率、影响因素及时空差异》，《中国科技论坛》2017 年第 8 期。

尹兴宽：《国外农业合作社的人力资本特征及启示》，《商业研究》2008 年第 5 期。

于建原等：《营销能力对企业自主创新影响研究》，《中国工业经济》2007年第7期。

于冷：《对政府推进实施农业标准化的分析》，《农业经济问题》2007年第9期。

原长弘：《用案例研究方法构建产学研合作理论探析》，《科研管理》2013年第1期。

苑鹏：《"公司+合作社+农户"下的四种农业产业化经营模式探析——从农户福利改善的视角》，《中国农村经济》2013年第4期。

张朝辉、刘怡彤：《加入农业合作社能促进果农采纳新型生物农药技术吗》，《林业经济》2021年第12期。

张纯刚等：《乡村公共空间：作为合作社发展的意外后果》，《南京农业大学学报》（社会科学版）2014年第2期。

张娟娟、张宏杰：《农业标准化生产中的农户行为分析》，《安徽农业大学学报》（社会科学版）2010年第3期。

张连刚：《农民合作社研究的多维度特征与发展态势分析——基于1992—2019年国家社科和自科基金项目的实证研究》，《中国农村观察》2020年第1期。

张淑辉、郝玉宾：《农业科技成果低转化率的主要原因探讨》，《理论探索》2014年第1期。

张素勤：《农民合作社在促农增收脱贫攻坚中的功能作用及发展对策》，《现代农业科技》2016年第12期。

张炜、杨选良：《自主创新概念的讨论与界定》，《科学学研究》2006年第6期。

张雪莲、冯开文：《农民专业合作社决策权分割的博弈分析》，《中国农村经济》2008年第8期。

张永强等：《合作社保障农产品质量安全机制研究》，《北方园艺》2018年第23期。

张永翙等：《农民专业合作社与农村社会事业治理——农民专业合作社的功能研究》，《生产力研究》2011年第11期。

张宇翔、赵国堂：《全产业链模式下国际高铁项目联盟绩效影响研究》，《宏观经济研究》2020年第8期。

张玉臣、王芳杰：《研发联合体：基于交易成本和资源基础理论视角》,《科研管理》2019 年第 8 期。

张泽一:《企业自主创新能力影响因素的评价——基于探索性因子分析法》,《广东行政学院学报》2013 年第 5 期。

赵昶、董翀:《民主增进与社会信任提升:对农民合作社"意外性"作用的实证分析》,《中国农村观察》2019 年第 6 期。

赵佳荣:《农民专业合作社"三重绩效"评价模式研究》,《农业技术经济》2010 年第 2 期。

赵伟、李芬:《异质性劳动力流动与区域收入差距:新经济地理学模型的扩展分析》,《中国人口科学》2007 年第 1 期。

赵晓峰:《农民专业合作社制度演变中的"会员制"困境及其超越》,《农业经济问题》2015 年第 2 期。

郑金英:《农民专业合作社与农业产业化经营》,《福建农林大学学报(哲学社会科学版)》2007 年第 4 期。

郑适:《土地规模、合作社加入与植保无人机技术认知及采纳——以吉林省为例》,《农业技术经济》2018 年第 6 期。

郑阳阳、罗建利:《微创新与农民合作社发展——基于 8 家合作社的多案例分析》,《中国科技论坛》2018 年第 12 期。

郑阳阳、罗建利:《影响农民合作社技术创新的因素探究》,《中国科技论坛》2020 年第 3 期。

中华全国供销合作总社国际合作部:《国际合作社联盟》,中国社会出版社 2009 年版。

周春芳、包宗顺:《农民专业合作社产权结构实证研究——以江苏省为例》,《西北农林科技大学学报》(社会科学版)2010 年第 6 期。

周发源等:《发展农民专业合作组织的调查与建议》,《湖南社会科学》2007 年第 1 期。

周海文等:《政府对农民专业合作社产业扶贫的整合治理机制及效果研究——基于陇,川,黔三省连片特困地区调查》,《中国行政管理》2020 年第 7 期。

周怀峰:《市场需求发展阶段对企业技术创新的影响》,《科技进步与对策》2009 年第 23 期。

周解波:《制约我国技术引进和技术扩散的因素分析及对策研究》,

《财贸经济》1998 年第 3 期。

朱彬钰：《集群企业资源获取、吸收能力与技术创新绩效——珠三角传统产业集群中的企业研究》，《科技进步与对策》2009 年第 10 期。

朱桂龙、彭有福：《产学研合作创新网络组织模式及其运作机制研究》，《软科学》2003 年第 4 期。

朱永明、郭家欣：《产业技术创新战略联盟企业竞合策略研究——基于联盟企业不对称学习能力视角》，《科技管理研究》2020 年第 20 期。

朱哲毅等：《农民专业合作社的"规范"与"规范"合作社》，《中国科技论坛》2018 年第 1 期。

邹承鲁：《自然、人文、社科三大领域聚焦原始创新》，《中国软科学》2002 年第 8 期。

Aggarwal, Aradhna, "Deregulation, Technology Imports and in – House R&D Efforts: An Analysis of the Indian Experience", *Research Policy*, Vol. 29, No. 9, 2000.

Andersson, Ulf, et al., "The Strategic Impact of External Networks: Subsidiary Performance and Competence Development in the Multinational Corporation", *Strategic Management Journal*, Vol. 23, No. 11, 2002.

Ariyaratne, C. B., et al., "Measuring X – Efficiency and Scale Efficiency for a Sample of Agricultural Cooperatives", *Agricultural & Resource Economics Review*, Vol. 29, No. 2, 2000.

Arrow, Kenneth, "Economic Welfare and the Allocation of Resources for Invention", In *The Rate and Direction of Inventive Activity: Economic and Social Factors*, Princeton University Press, 1962.

Azzam, Azzeddine and Andersson, Hans, "Measuring Price Effects of Concentration in Mixed Oligopoly: An Application to the Swedish Beef – Slaughter Industry", *Journal of Industry, Competition and Trade*, Vol. 8, No. 1, 2008.

Belderbos, René, et al., "Cooperative R&D and Firm Performance", *Research Policy*, Vol. 33, No. 10, 2004.

Ben – Ner, Avner, "Labor – Managed and Participatory Firms: A

Note", *Journal of Economic Issues*, Vol. 18, No. 14, 1984.

Benaroch, Michel, et al. , "Option – Based Risk Management: A Field Study of Sequential Information Technology Investment Decisions", *Journal of Management Information Systems*, Vol. 24, No. 2, 2007.

Benbasat, Izak, et al. , "The Case Research Strategy in Studies of Information Systems", *MIS Quarterly*, Vol. 11, No. 3, 1987.

Berglas, Eitan, "On the Theory of Clubs", *The American Economic Review*, 1976.

Bettis, R. A. and Hitt, M. A. , "The New Competitive Landscape", *Strategic Management Journal*, Vol. 16, No. 1, 2010.

Beverland, Michael, "Can Cooperatives Brand? Exploring the Interplay between Cooperative Structure and Sustained Brand Marketing Success", *Food Policy*, Vol. 32, No. 4, 2007.

Bidault, Francis, et al. , "The Drivers of Cooperation between Buyers and Suppliers for Product Innovation", *Research Policy*, Vol. 26, No. 7 – 8, 1998.

Bonaccorsi, Andrea and Piccaluga, Andrea, "A Theoretical Framework for the Evaluation of University – Industry Relationships", *R&D Management*, Vol. 24, No. 3, 1994.

Buchanan, James M. , "An Economic Theory of Clubs", *Economica*, Vol. 32, No. 125, 1965.

Burt, Ronald S. , *Structural Holes: The Social Structure of Competition*, Harvard University Press, 2009.

Yin, Robert K. , *Case Study Research: Design and Methods*, Fifth Edition ed. : SAGE Publications, 2013.

Cato, Molly Scott, et al. , "So You Like to Play the Guitar? Music – Based Social Enterprise as a Response to Economic Inactivity", *Social Enterprise Journal*, Vol. 3, No. 1, 2007.

Cato, Molly Scott, "Green Economics: An Introduction to Theory, Policy and Practice", Earthscan, 2009.

Chapman, Brian A. and Christy, Ralph D. , "The Comparative Performance of Cooperatives and Investor – Owned Firms: The Louisiana Sugar Manufacturing Industry", *Journal of Food Distribution Research*, Vol. 20, No. 1, 1989.

Chatzichristos, Georgios and Nagopoulos, Nikolaos, "Social Entrepreneurs as Institutional Entrepreneurs: Evidence from a Comparative Case Study", *Social Enterprise Journal*, ahead – of – print, 2021.

Cho, Dae – Hyun and Yu, Pyung – Il, "Influential Factors in the Choice of Technology Acquisition Mode: An Empirical Analysis of Small and Medium Size Firms in the Korean Telecommunication Industry", *Technovation*, Vol. 20. No. 12, 2000.

Clark, Kim B and Fujimoto, Takahiro, "Heavyweight Product Managers", *McKinsey Quarterly*, No. 1, 1991.

Cockburn, Iain M. and Henderson, Rebecca M., "Absorptive Capacity, Coauthoring Behavior, and the Organization of Research in Drug Discovery ", *The Journal of Industrial Economics*, Vol. 46, No. 2, 1998.

Coe, David T. , et al. , "International R&D Spillovers and Institutions", *European Economic Review*, Vol. 53, No. 7, 2009.

Cohen, Boyd, et al. , "Toward a Sustainable Conceptualization of Dependent Variables in Entrepreneurship Research", *Business Strategy and the Environment*, Vol. 17, No. 2, 2008.

Cohen, Wesley M. , et al. , "Links and Impacts: The Influence of Public Research on Industrial R&D ", *Management Science*, Vol. 48, No. 1, 2002.

Cohen, Wesley M. and Levinthal, Daniel A. , "Innovation and Learning: The Two Faces of R&D", *The Economic Journal*, Vol. 99, No. 397, 1989.

Coleman, James S. and Coleman, James Samuel, *Foundations of Social Theory*, Harvard University Press, 1994.

Coleman, James S. , "Introducing Social Structure into Economic Analysis", *The American Economic Review*, 1984.

Comino, Stefano, et al. , "Joint Ventures Versus Contractual Agreements: An Empirical Investigation", *Spanish Economic Review*, Vol. 9, No. 3, 2007.

Cooper, Robert G. and Kleinschmidt, Elko J., "Success Factors in Product Innovation", *Industrial Marketing Management*, Vol. 16, No. 3, 1987.

Corbin, Juliet and Strauss, Anselm, *Basics of Qualitative Research: Techniques and Procedures for Developing Grounded Theory*, Sage Publications (CA), 2014.

Corbin, Juliet M. and Strauss, Anselm C., *Basics of Qualitative Research: Techniques and Procedures for Developing Grounded Theory*, Sage Publications, 2007.

Creswell, John W., *Research Design: Qualitative, Quantitative, and Mixed Methods Approaches*, Sage Publications, 2013.

Dow, Gregory K., *Governing the Firm: Workers' Control in Theory and Practice*, Cambridge University Press, Cambridge, 2003.

Drivas, K, Giannakas, K., "The Effect of Cooperatives on Quality – Enhancing Innovation", *Journal of Agricultural Economics*, Vol. 61, No. 2, 2010.

Drivas, Kyriakos and Giannakas, Konstantinos, "Agricultural Cooperatives and Quality – Enhancing R&D in the Agri – Food System.", *European Association of Agricultural Economists*, 2006.

Durrani, T. S., et al., "Managing the Technology Acquisition Process", *Technovation*, Vol. 18, No. 8 – 9, 1998.

D' Aspremont, Claude and Jacquemin, Alexis, "Cooperative and Noncooperative R&D in Duopoly with Spillovers", *The American Economic Review*, Vol. 78, No. 5, 1988.

D' Este, Pablo and Patel, Pari, "University – Industry Linkages in the Uk: What Are the Factors Underlying the Variety of Interactions with Industry?", *Research Policy*, Vol. 36, No. 9, 2007.

Eilers, Christiane and Hanf, Claus Henning, "Contracts between Farmers and Farmers' Processing Co – Operatives: A Principal – Agent Approach for the Potato Starch Industry. ", In *Vertical Relationships and Coordination in the Food System*, Springer, No. 267 - 84, 1999.

Eisenhardt, Kathleen M. and Graebner, Melissa E. , "Theory Building from Cases: Opportunities and Challenges", *Academy of Management Journal*, Vol. 50, No. 1, 2007.

Eisenhardt, Kathleen M. , " Building Theories from Case Study Research", *The Academy of Management Review*, Vol. 14, No. 4, 1989.

Elkington, John, "Partnerships from Cannibals with Forks: The Triple Bottom Line of 21st - Century Business", *Environmental Quality Management*, Vol. 8, No. 1, 1998.

Fiss, Peer C. , "A Set - Theoretic Approach to Organizational Configurations", *Academy of Management Review*, Vol. 32, No. 4, 2007.

Futagami, Koichi and Okamura, Makoto, "Strategic Investment: The Labor - Managed Firm and the Profit - Maximizing Firm", *Journal of Comparative Economics*, Vol. 23, No. 1, 1996.

Gandolfo, Giancarlo, *Mathematical Methods and Models in Economic Dynamics*, Amsterdam: North - Holland Pub. Co. , 1971.

Garnevska, Elena, et al. , " Factors for Successful Development of Farmer Cooperatives in Northwest China", *International Food & Agribusiness Management Review*, Vol. 14, No. 4, 2011.

George, G. , et al. , "The Effects of Alliance Portfolio Characteristics and Absorptive Capacity on Performance - a Study of Biotechnology Firms", *Journal of High Technology Management Research*, 2001.

Giannakas, Konstantinos and Murray E. Fulton, Murray, "Agricultural Cooperatives and Cost - Reducing R&D in the Agri - Food System", American Agricultural Economics Association (New Name 2008: Agricultural and Applied Economics Association), 2003.

Gisselquist, David, et al. , *Deregulating the Transfer of Agricultural Technology : Lessons from Bangladesh*, India, Turkey, and Zimbabwe, 2002.

Glaser, Barney and Strauss, Anselm, *The Discovery of Grounded Theory:*

Strategies for Qualitative Research, Chicago: Aldine Transaction, 1999.

Glaser, Barney G. and Strauss, Anselm L. , *The Discovery of Grounded Theory: Strategies for Qualitative Research*, Chicago: Transaction Publishers, 2009.

Glaser, Barney G. , *Theoretical Sensitivity: Advances in the Methodology of Grounded Theory*, San Francisco: Sociology Press, 1978.

Glaser, Barney G. and Holton, Judith, "Remodeling Grounded Theory", Vol. 5, No. 2, 2004. Forun Qualitative Soziarforschung.

Glaser, Barney G. , *Basics of Grounded Theory Analysis: Emergence Vs. Forcing*, Mill Valley, CA: Sociology Press, 1992.

Goel, Rajeev K. and Haruna, Shoji, "Cooperative and Noncooperative R&D with Spillovers: The Case of Labor – Managed Firms", *Economic Systems*, Vol. 31, No. 4, 2007.

Goes, James B. and Park, Seung Ho, "Interorganizational Links and Innovation: The Case of Hospital Services", *Academy of Management Journal*, Vol. 40, No. 3, 1997.

Granovetter, Mark S. , "The Strength of Weak Ties", *American Journal of Sociology*, 1973.

Granovetter, Mark, "Economic Action and Social Structure: The Problem of Embeddedness", *American Journal of Sociology*, 1985.

Grant, Robert M. , "Toward a Knowledge – Based Theory of the Firm", *Strategic Management Journal*, Vol. 17, No. S2, 1996.

Grubert, Harry and Mutti, John, "Taxes, Tariffs and Transfer Pricing in Multinational Corporate Decision Making", *The Review of Economics and Statistics*, 1991.

Grunfeld, Leo A. , "Meet Me Halfway but Don't Rush: Absorptive Capacity and Strategic R&D Investment Revisited", *International Journal of Industrial Organization*, Vol. 21, No. 8, 2003.

Guisado – González, Manuel, et al. , "Radical Innovation, Incremental Innovation and Training: Analysis of Complementarity", *Technology in Society*, No. 44, 2016.

Gulati, Ranjay, "Network Location and Learning: The Influence of Network Resources and Firm Capabilities on Alliance Formation", *Strategic Management Journal*, Vol. 20, No. 5, 1999.

Hansen, Morten T., "Knowledge Networks: Explaining Effective Knowledge Sharing in Multiunit Companies", *Organization Science*, Vol. 13, No. 3, 2002.

Hansmann, Henry and Hansmann, Henry, *The Ownership of Enterprise*, Harvard University Press, 2009.

Harrison, Helena, et al., "Case Study Research: Foundations and Methodological Orientations", *Forum: Qualitative Social Research*, No. 18, 2017.

Hedlund, Gunnar, "A Model of Knowledge Management and the N – Form Corporation", *Strategic Management Journal*, Vol. 15, No. S2, 1994.

Hemmert, Martin, "The Influence of Institutional Factors on the Technology Acquisition Performance of High – Tech Firms: Survey Results from Germany and Japan", *Research Policy*, Vol. 33, No. 6 – 7, 2004.

Hendrikse, G., "Challenges Facing Agricultural Cooperatives: Heterogeneity and Consolidation", *Unternehmen im Agrarbereich vor neuen Herausforderungen. Münster – Hiltrup*, 2006.

Hendrikse, George WJ and Veerman, Cees P., "Marketing Cooperatives and Financial Structure: A Transaction Costs Economics Analysis", *Agricultural Economics*, Vol. 26, No. 3, 2001.

Henson, Spencer and Holt, Georgina, "Exploring Incentives for the Adoption of Food Safety Controls: Haccp Implementation in the Uk Dairy Sector", *Review of Agricultural Economics*, Vol. 22, No. 2, 2000.

Herath, Deepananda, et al., "Adoption of Food Safety and Quality Controls: Do Firm Characteristics Matter? Evidence from the Canadian Food Processing Sector", *Canadian Journal of Agricultural Economics/Revue canadienne d' agroeconomie*, Vol. 55, No. 3, 2007.

Herriott, Robert E. and Firestone, William A., "Multisite Qualitative Policy Research: Optimizing Description and Generalizability", *Educational Researcher*, Vol. 12, No. 2, 1983.

Hobday, Mike, "The Project – Based Organisation: An Ideal Form for Managing Complex Products and Systems?", *Research policy*, Vol. 29, No. 7 – 8, 2000.

Hoffmann, Ruben, "Ownership Structure and Endogenous Quality Choice: Cooperatives Versus Investor – Owned Firms", *Journal of Agricultural & Food Industrial Organization*, Vol. 3, No. 2, 2005.

Howaldt, J., et al., *Social Innovation: Concepts, Research Fields and International Trends*: IMA/ZLW, 2010.

Hung, Shiu – Wan and Tang, Ruei – Hung, "Factors Affecting the Choice of Technology Acquisition Mode: An Empirical Analysis of the Electronic Firms of Japan, Korea and Taiwan", *Technovation*, Vol. 28, No. 9, 2008.

Jaffe, Adam B., "Technological Opportunity and Spillovers of R&D: Evidence from Firms' Patents, Profits and Market Value", *National Bureau of Economic Research Working Paper Series*, Vol. 76, No. 5, 1986.

Jaffe, Adam B., "The Importance of 'Spillovers' in the Policy Mission of the Advanced Technology Program", *The Journal of Technology Transfer*, Vol. 23, No. 2, 1998.

Jin, Songqing, et al., "The Creation and Spread of Technology and Total Factor Productivity in China's Agriculture", *American Journal of Agricultural Economics*, Vol. 84, No. 4, 2002.

Johnston, Birchall, "Rediscovering the Cooperative Advantage: Poverty Reduction through Self – Help", *Geneva: International Labour Organization*, 2003.

Jones, Gary K., et al., "Determinants and Performance Impacts of External Technology Acquisition", *Journal of Business Venturing*, Vol. 16, No. 3, 2001.

Karantininis, Kostas and Zago, Angelo, "Endogenous Membership in Mixed Duopsonies", *American Journal of Agricultural Economics*, Vol. 83, No. 5, 2001.

Katz, Eliakim, "The Optimal Location of the Competitive Firm under

Price Uncertainty", *Journal of Urban Economics*, Vol. 16, No. 1, 1984.

Kebede, B. and Zizzo, D. J., "Social Preferences and Agricultural Innovation: An Experimental Case Study from Ethiopia", *World Development*, No. 67, 2015.

Kim, Youngbae, et al., "The Roles of R&D Team Leaders in Korea: A Contingent Approach", *R&D Management*, Vol. 29, No. 2, 1999.

Kiyota, Kozo and Okazaki, Tetsuji, "Foreign Technology Acquisition Policy and Firm Performance in Japan, 1957 – 1970: The Japanese Industrial Policy Revisited", *International Journal of Industrial Organization* Vol. 23, No. 7/8, 2005.

Koeller, C. Timothy, "Technological Opportunity and the Relationship between Innovation Output and Market Structure", *Managerial and Decision Economics*, Vol. 26, No. 3, 2005.

Lado, Cleophas, "The Transfer of Agricultural Technology and the Development of Small – Scale Farming in Rural Africa: Case Studies from Ghana, Sudan, Uganda, Zambia and South Africa", *Geo Journal*, Vol. 45, No. 3, 1998.

Lambe, C. Jay and Spekman, Robert E., "Alliances, External Technology Acquisition, and Discontinuous Technological Change", *Journal of Product Innovation Management*, Vol. 14, No. 2, 1997.

Lane, Peter J., et al., "The Reification of Absorptive Capacity: A Critical Review and Rejuvenation of the Construct", *Academy of Management Review*, Vol. 31, No. 4, 2006.

Leonard – Barton, Dorothy, *Wellsprings of Knowledge: Building and Sustaining the Sources of Innovation*, Harvard Business School Press, 1995.

Linsu, Kim, *Imitation to Innovation: The Dynamics of Korea's Technological Learning*, Boston: Harvard Business School Press, 1997.

Liu, S. and Zhi, T., "Near – Optimum Soft Decision Equalization for Frequency Selective Mimo Channels", *IEEE Transactions on Signal Processing*, Vol. 52, No. 3, 2004.

Lorenzoni, G. and Lipparini, A., "The Leveraging of Interfirm Relationships as a Distinctive Organizational Capability: A Longitudinal Study", *Strategic Management Journal*, Vol. 20, No. 4, 1999.

Los, Bart and Verspagen, Bart, "Localized Innovation, Localized Diffusion and the Environment: An Analysis of Reductions of CO_2 Emissions by Passenger Cars", *Journal of Evolutionary Economics*, Vol. 19, No. 4, 2009.

Luo, Jian Li and Hu, Zhen Hua, "Risk Paradigm and Risk Evaluation of Farmers Cooperatives' Technology Innovation", *Economic Modelling*, No. 44, 2015.

Luo, Jianli and Zhong, Weijun, "Absorptive Capacity and R&D Strategy of Labor – Managed Firms", *Journal of Southeast University (English Edition)*, Vol. 25, No. 3, 2009a.

Luo, Jianli, et al., "Technological Innovation in Agricultural Co – Operatives in China: Implications for Agro – Food Innovation Policies", *Food Policy*, No. 73, 2017.

Luo, Jianli, "Absorptive Capacity and R&D Strategy in Mixed Duopoly with Labor – Managed and Profit – Maximizing Firms", *Economic Modelling*, Vol. 31. No. C, 2013.

Marsden, Peter V., "Network Data and Measurement", *Annual Review of Sociology*, Vol. 16, No. 1, 1990.

Martinelli, Arianna, et al., "Becoming an Entrepreneurial University? A Case Study of Knowledge Exchange Relationships and Faculty Attitudes in a Medium – Sized, Research – Oriented University", *The Journal of Technology Transfer*, Vol. 33, No. 3, 2008.

Medhurst, James, et al., "An Economic Analysis of Spillovers from Programmes of Technological Innovation Support.", In, 97. Lodon: RCUK SSC LTD, 2014.

Melese, Teri, et al., "Open Innovation Networks between Academia and Industry: An Imperative for Breakthrough Therapies", *Nature Medicine*, Vol. 15, No. 5, 2009.

Menard, Claude, "Cooperatives: Hierarchies or Hybrids?", Springer: In *Vertical Markets and Cooperative Hierarchies*, No. 1 – 18, 2007.

Miles, Matthew B. and Huberman, A. Michael, *Qualitative Data Analysis: An Expanded Sourcebook: SAGE Publications*, 1994.

Miles, Raymond E. , et al. , "Organizational Strategy, Structure, and Process", *Academy of Management Review*, Vol. 3, No. 3, 1978.

Mishra, Anant A. and Shah, Rachna, "In Union Lies Strength: Collaborative Competence in New Product Development and Its Performance Effects", *Journal of Operations Management*, Vol. 27, No. 4, 2009.

Monaghan, A. , "Conceptual Niche Management of Grassroots Innovation for Sustainability: The Case of Body Disposal Practices in the Uk", *Technological Forecasting and Social Change*, Vol. 76, No. 8, 2009.

Monjon, S. and Waelbroeck, P. , "Assessing Spillovers from Universities to Firms: Evidence from French Firm – Level Data", *International Journal of Industrial Organization*, Vol. 21, No. 9, 2003.

Mowery, David C. , "Collaborative R&D: How Effective Is It?", *Issues in Science and Technology*, Vol. 15, No. 1, 1998.

Munro, H. and Noori, H. , "Measuring Commitment to New Manufacturing Technology: Integrating Technological Push and Marketing Pull Concepts", *Engineering Management, IEEE Transactions on*, Vol. 35, No. 2, 1988.

Nahapiet, Janine and Ghoshal, Sumantra, "Social Capital, Intellectual Capital, and the Organizational Advantage", *The Academy of Management Review*, Vol. 23, No. 2, 1998.

Nohria, Nitin and Garcia – Pont, Carlos, "Global Strategic Linkages and Industry Structure ", *Strategic Management Journal*, Vol. 12, No. S1, 1991.

Nourse, Edwin G. , "The Economic Philosophy of Co – Operation", *The American Economic Review*, Vol. 12, No. 4, 1922.

OECD/Eurostat, *Oslo Manual: Guidelines for Collecting and Interpreting Innovation Data*, 3rd Edition, France: *OECD Publishing*, 2005.

Olson, Mancur, *The Logic of Collective Action*, Cambridge: Harvard University Press, 1965.

Ouchi, William G. and Bolton, Michele Kremen, "The Logic of Joint

Research and Development", *California Management Review*, Vol. 30, No. 3, 1988.

O' Connor, Gina Colarelli, et al. , "Risk Management through Learning: Management Practices for Radical Innovation Success", *Journal of High Technology Management Research*, Vol. 19, No. 1, 2008.

Pavitt, Keith, "Sectoral Patterns of Technical Change: Towards a Taxonomy and a Theory", *Research Policy*, Vol. 13, No. 6, 1984.

Philbin, Simon, "Measuring the Performance of Research Collaborations", *Measuring Business Excellence*, Vol. 12, No. 3, 2008.

Piekkari, Rebecca, et al. , "The Case Study as Disciplinary Convention: Evidence from International Business Journals", *Organizational Research Methods*, Vol. 12, No. 3, 2008.

Pinto, A. C. , "Agricultural Cooperatives and Farmers Organizations – Role in Rural Development and Poverty Reduction", *Agricord*, *Swedish Cooperative Centre*, *UN – Department of Economic and Social Affairs* (*DESA*), 2009.

Pisano, Gary P. , "The Governance of Innovation: Vertical Integration and Collaborative Arrangements in the Biotechnology Industry", *Research Policy*, Vol. 20, No. 3, 1991.

Potterie, Bruno van Pottelsberghe de la and Lichtenberg, Frank, "Does Foreign Direct Investment Transfer Technology across Borders?", *The Review of Economics and Statistics*, Vol. 83, No. 3, 2001.

Poyago – Theotoky, Joanna, "R&D Competition in a Mixed Duopoly under Uncertainty and Easy Imitation", *Journal of Comparative Economics*, Vol. 26, No. 3, 1998.

Reagans, Ray and McEvily, Bill, "Network Structure and Knowledge Transfer: The Effects of Cohesion and Range", *Administrative Science Quarterly*, Vol. 48, No. 2, 2003.

Reinhilde, Veugelers and Cassiman, Bruno, "Make and Buy in Innovation Strategies: Evidence from Belgian Manufacturing Firms", *Research Policy*, Vol. 28, No. 1, 1999.

Rihoux, Benoit and Ragin, Charles C. , *Configurational Comparative Methods: Qualitative Comparative Analysis (Qca) and Related Techniques*, London: *Sage Publications*, 2009.

Rivera – Batiz, Luis A. and Romer, Paul M. , "Economic Integration and Endogenous Growth. " In, *National Bureau of Economic Research*, 1990.

Roelants, Bruno, *Cooperatives and Social Enterprises: Governance and Normative Frameworks*, CECOP Publications, 2009.

Ronde, Patrick and Hussler, Caroline, "Innovation in Regions: What Does Really Matter?", *Research Policy*, Vol. 34, No. 8, 2005.

Royer, Jeffrey S. and Smith, Darnell B. , "Patronage Refunds, Producer Expectations, and Optimal Pricing by Agricultural Cooperatives", *Journal of Cooperatives*, No. 20, 2007.

Royer, Jeffrey S. and Sanjib Bhuyan, "Forward Integration by Farmer Cooperatives: Comparative Incentives and Impacts", *Journal of Cooperatives*, No. 10, 1995.

Rubenstein, Albert H. , et al. , "Factors Influencing Innovation Success at the Project Level", *Research Management*, Vol. 19, No. 3, 1976.

Sanyang, Saikou E. , et al. , "The Impact of Agricultural Technology Transfer to Women Vegetable Production and Marketing Groups in the Gambia", *World Journal of Agricultural Sciences*, Vol. 5, No. 2, 2009.

Schaltegger, Stefan and Wagner, Marcus, "Sustainable Entrepreneurship and Sustainability Innovation: Categories and Interactions", *Business Strategy and the Environment*, Vol. 20. No. 4, 2011.

Schumpeter, Joseph A. and Nichol, A. J. , "Robinson's Economics of Imperfect Competition", *Journal of Political Economy*, Vol. 42. No. 2, 1934.

Sexton, Richard J. and Iskow, Julie, "The Competitive Role of Cooperatives in Market – Oriented Economies: A Policy Analysis", *Agricultural Cooperatives in Transition*, 1993.

Sexton, Richard J. , "Imperfect Competition in Agricultural Markets and the Role of Cooperatives: A Spatial Analysis", *American Journal of Agricul-

tural Economics, Vol. 72, No. 3, 1990.

Sexton, Richard J. and Iskow, Julie, "Factors Critical to the Success or Failure of Emerging Agricultural Cooperatives", In.: University of California, Davis, Giannini Foundation, 1988.

Sexton, Richard J., "The Formation of Cooperatives: A Game – Theoretic Approach with Implications for Cooperative Finance, Decision Making, and Stability", *American Journal of Agricultural Economics*, Vol. 68, No. 2, 1986.

Shaffer, James D., "Thinking About Farmers' Co – Operatives, Contracts, and Economic Coordination", *Cooperative Theory: New Approaches*, No. 18, 1987.

Simonin, B. and Helleloid, Duane, "Do Organizations Learn? An Empirical Test of Organizational Learning in International Strategic Alliances", *Academy of Management Proceedings*, 1993.

Smith, A., et al., "Grassroots Innovation Movements: Challenges and Contributions", *Journal of Cleaner Production*, No. 63, 2014.

Soboh, Rafat, et al., "Efficiency of Cooperatives and Investor Owned Firms Revisited", *Journal of Agricultural Economics*, Vol. 63, No. 1, 2012.

Souder, William and Nassar, Suheil, "Choosing an R&D Consortium", *Research – Technology Management*, No. 33, 1990.

Spence, Michael, "Cost Reduction, Competition and Industry Performance." London: Palgrave Macmillan UK: In *New Developments in the Analysis of Market Structure: Proceedings of a Conference Held by the International Economic Association in Ottawa, Canada*, edited by Joseph E. Stiglitz and G. Frank Mathewson, No. 475 – 518, 1986.

Staatz, John M., "The Cooperative as a Coalition: A Game – Theoretic Approach", *American Journal of Agricultural Economics*, Vol. 65, No. 5, 1983.

Staatz, John M., *A Theoretical Perspective on the Behavior of Farmers' Cooperatives*, Michigan State University, 1984.

Stjernberg, Torbjorn and Philips, Ake, "Organizational Innovations in a Long – Term Perspective: Legitimacy and Souls – of – Fire as Critical Factors of Change and Viability", *Human Relations*, Vol. 46, No. 10, 1993.

Sunding, David Loren and Zilberman, David, "The Agricultural Innovation Process: Research and Technology Adoption in a Changing Agricultural Sector." Elsevier: In *Handbook of Agricultural Economics*, edited by B. L. Gardner and G. C. Rausser, Vol. 207, No. 61, 2001.

Tang, H. K., "An Integrative Model of Innovation in Organizations", *Technovation*, Vol. 18, No. 5, 1998.

Taylor, Atlan, Bring Together Industry and University Engineering Schools in Getting More out for R&D and Technology, *The Conference Board Research Report*, 1987.

Teece, David J., "Profiting from Technological Innovation: Implications for Integration, Collaboration, Licensing and Public Policy", *Research Policy*, Vol. 15, No. 6, 1986.

Tiebout, Charles M., "A Pure Theory of Local Expenditures", *Journal of Political Economy*, Vol. 64, No. 5, 1956.

Todo, Yasuyuki and Shimizutani, Satoshi, "R&D Intensity for Innovative and Adaptive Purposes in Overseas Subsidiaries: Evidence from Japanese Multinational Enterprises", *Research in International Business and Finance*, Vol. 23, No. 1, 2009.

Tortia, Ermanno, "*Temporal Horizon and Capital Maintenance Requirement in Labour Managed Firms*", *The Role of Equity*, *Loan Financing and Divisible Reserves*, 2001.

Uzzi, Brian, "Social Structure and Competition in Interfirm Networks: The Paradox of Embeddedness", *Administrative Science Quarterly*, Vol. 42, 1997.

Vanhaverbeke, Wim, et al., "External Technology Sourcing through Alliances or Acquisitions: An Analysis of the Application – Specific Integrated Circuits Industry", *Organization Science*, Vol. 13, No. 6, 2002.

Verhofstadt, Ellen and Maertens, Miet, "Can Agricultural Cooperatives Reduce Poverty? Heterogeneous Impact of Cooperative Membership on Farmers' Welfare in Rwanda", *Applied Economic Perspectives & Policy*, Vol. 37,

No. 1, 2014.

Veugelers, Reinhilde and Cassiman, Bruno, "Make and Buy in Innovation Strategies: Evidence from Belgian Manufacturing Firms", *Research Policy*, Vol. 28, No. 1, 1999.

Wallach, Ellen J., "Individuals and Organizations: The Cultural Match", *Training & Development Journal*, 1983.

Ward, Benjamin, "The Firm in Illyria: Market Syndicalism ", *The American Economic Review*, Vol. 48, No. 4, 1958.

Weerawardena, Jay, "The Role of Marketing Capability in Innovation – Based Competitive Strategy", *Journal of Strategic Marketing*, Vol. 11, No. 1, 2003.

Wiethaus, Lars, "Absorptive Capacity and Connectedness: Why Competing Firms Also Adopt Identical R&D Approaches", *International Journal of Industrial Organization*, Vol. 23, No. 5 – 6, 2005.

Williams, Robert B., "Advances in the Economic Analysis of Participatory and Labor – Managed Firms (Book Review)", *Southern Economic Journal*, Vol. 53, No. 2, 1986.

Williamson, Oliver E., "Transaction Cost Economics", *Handbook of Industrial Organization*, 1989.

Xinmin, Peng, et al., Research on the Mode of Firm's Technology Acquisition Based on the Growth of Technological Capability: A Case Study, *Industrial Engineering and Engineering Management*, 2007 IEEE International Conference on, 2 – 4 Dec. 2007.

Yin, Robert K., *Applications of Case Study Research*, Third Edition ed: SAGE Publications, Inc, 2012.

Zafiris, Nicos, "Appropriability Rules, Capital Maintenance, and the Efficiency of Cooperative Investment", *Journal of Comparative Economics*, Vol. 6, No. 1, 1982.

Zahra, S. A. and George, G., "Absorptive Capacity: A Review, Reconceptualization, and Extension", *Academy of Management Review*, Vol. 27, No. 2, 2002.

Zahra, Shaker A. , "Technology Strategy and Financial Performance: Examining the Moderating Role of the Firm's Competitive Environment", *Journal of Business Venturing*, Vol. 11, No. 3, 1996.

Zartman, I. William, *Cowardly Lions: Missed Opportunities to Prevent Deadly Conflict and State Collapse*, Lynne Rienner Publishers, 2005.

Zhu, Lei and Jeon, Bang Nam, "International R&D Spillovers: Trade, FDI, and Information Technology as Spillover Channels", *Review of International Economics*, Vol. 15, No. 5, 2007.

Cohen, Wesley M. , "Absorptive Capacity: A New Perspective on Learning and Innovation", *Administrative Science Quarterly*, Vol. 35, No. 1, 1990.

Levinthal, Peniel A. , "Comparative Economic Organization: The Analysis of Discrete Structural Alternatives", *Administrative Science Quarterly*, 1991.

Wiliamson, Oliver E. , "The Effect of Marketing Cooperatives on Cost – Reducing Process Innovation Activity", *American Agricultural Economics Association*, 2007. Drvas, Kyriakos Giahhakas, Konstantinos.

后　记

　　本书是在我的博士论文基础上修改拓展而成，是继《共营企业的技术创新战略研究》之后出版的第二部著作。第一部著作《共营企业的技术创新战略研究》一书以农民合作社为例，从基础研究层面探讨共营企业技术创新的内涵；分别讨论了技术溢出、技术吸收能力与技术创新不确定性和风险性对共营企业技术创新战略的影响；并以农民合作社为例，阐述了共营企业的技术创新模式，以及农业科技创新体系中农民合作社的职能配置。因此，第一部著作重基础研究，以农民合作社为例探讨共营企业的技术创新理论；本书重应用研究，以共营企业技术创新战略为理论基础探讨农民合作社的技术创新模式。本书的研究与第一部著作一脉相承，分析农民合作社的技术创新模式的理论框架，具体探讨了农民合作社的引进再创新、合作创新和自主创新三种模式；在此基础上，阐述了以技术创新推动农民合作社高质量发展的政策倡导。希望通过本书的阅读，学者在传统企业技术创新模式理论的基础上，进一步增强对共营企业（农民合作社）类型的企业技术创新模式理论的理解和运用；农民合作社负责人能够在本书的理论指导下，通过借鉴本书涉及的农民合作社技术创新案例，更加精确和有效地实施农业技术创新战略；农业政府部门能够根据本书的合作社技术创新理论和政策倡导，制定适合农民合作社的技术创新政策。

　　书稿完成之际，颇具感慨。从本科应用数学专业转到硕士的计算机应用技术专业，再到博士管理学科与工程，最后在博士后期间转到农林经济管理。以优秀成绩完成国家自然科学基金和国家哲学社会科学基金，我已经从懵懂、迷茫，转变到略有几分稳重成熟和理智；从一个对经济和管理领域的学术门外汉、初学者，开始向一个真正的研究者转变，真正享受交叉学科的丰富多彩！

本书是我与我的硕士研究生郑阳阳共同完成，书稿完成之际，郑阳阳博士毕业，目前一起在温州大学工作，成为同事。在探索书稿研究内容过程中，我和郑阳阳博士亦师亦友，从数据调研、数据分析到结果讨论，都倾注了我们之间的师生情和友情。从 2012 年国家自然科学基金立项资助本书的研究，以及国家社会科学基金资助本书的进一步完善，迄今历时 9 年。书稿能够顺利完成，首先要特别感谢浙江大学 CARD 中心郭红东教授（浙江大学博士后合作导师）和英国 York 大学首席教授贾甫博士（Exeter 大学访学期间的合作导师），从研究框架的构建、文献、数据、案例、实证、初稿、修改到定稿，两位合作导师全程都给予了悉心指导，倾注了大量心血。感谢浙江大学 CARD 中心黄祖辉教授、钱文荣教授、季晨副教授、梁巧副教授、金松青教授等给予的启迪、教诲和鼓励。感谢温州大学的领导和同事的体谅和支持。感谢我的父母、爱人和一对可爱的女儿，是你们一直温暖着我，精心照顾着我，使我有更多的时间和勇气投入到教学和科研工作之中。衷心感谢我所拥有的一切爱与关怀。

限于笔者的水平和合作社体系观察的长期性特点等原因，本书肯定有不足之处，敬请各位同行批评指正！

罗建利

2021 年 8 月 31 日于温州大学